# 臺灣學校輔導發展史

葉一舵 著

# 目錄

CONTENTS

# 作者簡介

## 葉一舵

福建省永泰縣人，出生於 1963 年。教育學博士，中國心理學會認定的心理學家。現任福建師範大學心理學系教授、博士生導師。兼任中國青少年研究會理事、中國心理學會理論心理學與心理學史分會理事、中國心理學會危機干預工作委員會委員、福建省心理學會副理事長、福建省青少年心理健康教育專業委員會理事長、福建省學校心理健康教育指導中心主任等。曾任福建師範大學心理學系主任。長期致力於學校心理健康教育的研究、實務與教學。著有《現代學校心理健康教育研究》等著作三十多種，在 *School Psychology International*（SSCI）、《心理學報》等刊物上發表學術論文一百餘篇，獲國家級、省部級成果獎十三項。為福建省「新世紀百千萬人才工程」人選。曾獲霍英東教育基金會全國高等院校青年教師獎，並曾被國際積極心理學協會（美國，IPPA）授予「優秀社會貢獻獎」。

# 張植珊推薦序

　　臺灣學校輔導工作經過五十餘年的發展，已大體建立了較為完整的制度，且在績效方面有相當成就。同時，臺灣學校輔導雖取經於西方，卻經過長期的本土化，形成了自己的特色，在華人社會的學校教育中占有一席之地。五十餘年來，臺灣學校輔導的研究成果頗為豐碩，實務經驗也很豐富，在華人社會中同樣擁有影響力。然而，應當承認，在歷史研究這一塊，卻甚薄弱，始終未能見到對臺灣學校輔導發展史的系統梳理與探討，這不能不說是一個缺憾。如今，這個缺憾由來自中國大陸輔導學者葉一舵教授的跨海研究得到了彌補。

　　讀了葉教授的《臺灣學校輔導發展史》，深覺這是一部傾注了作者心血的研究性的鼎力之作。概括起來，本人以為該書有如下幾個特點：

　　**其一，內容系統、完整。**這表現在兩個方面：一是該書採取紀實性手法，按照歷史的順序（縱向上）進行敘述和評論，首次對學校輔導發展史進行全程梳理。作者以「歷史發展任務」、「階段發展特徵」及「指標性事件」為依據，將臺灣學校輔導五十餘年的發展分為六個時期，並且分專章分別論述了學校輔導的緣起、實驗探索、建制與推行、全面推展、專業效能的提升以及統合與轉型等。在此基礎上，總結學校輔導發展的特點、成功經驗和存在問題，並提出未來的展望。二是首次對學校輔導各領域（橫向上）的發展進行全方位的探討。在主要歷史發展階段，作者都緊緊圍繞輔導體系中的輔導課程、法規建設、組織與管理、輔導人員的培育與任用、校外輔導機構的發展以及各級學校輔導工作的開展等方面展開論述。可以

說，該書在展現臺灣學校輔導發展的完整性和系統化方面是前所未有的。

其二，研究方法多樣，彰顯有效性。作者在具體研究方法上，實現文獻法、歷史比較、個案研究、口述歷史（訪談）以及現場考察等多種研究方法的有機綜合。雖然這些方法本身不具創新性，但作者相當嫻熟地綜合運用這些方法，彰顯了對學校輔導發展研究的有效性。綜觀全書，作者對幾十年來臺灣學校輔導文獻資料的把握是豐富的，也是準確的；對不同歷史發展階段學校輔導的縱向比較和同一階段不同輔導領域的橫向關聯性比較是富有邏輯的；對「東門國小方案」、「張老師機構」等的個案研究也是比較深入的。特別值得一提的是，作者在寫作本書之前對臺灣老、中、青三代輔導學者及前輔導行政官員的系列訪談（部分見本書附錄Ⅱ），不僅構成本書的亮點之一，也成為進一步研究臺灣學校輔導發展史的珍貴資料。

其三，寫作思路清晰，「述」、「作」相得益彰。在寫作思路上，本書採用「縱橫貫通」與「史論結合」的模式。全書以臺灣學校輔導的歷史進程為縱軸，以輔導領域為橫軸，成功構建起學校輔導發展的「縱橫貫通」之邏輯架構。同時，作者在充分了解相關研究的現狀和掌握研究資料的基礎上，能夠站在相關學科的研究前沿，借助史料所顯示的歷史事實來「說話」，作出了符合歷史演進軌跡的「史實」梳理以及符合歷史變遷實情的「史論」解析，從而再現了臺灣半個多世紀來學校輔導發展的主體脈絡和事業成效的真實情形。全書「述」（敘事）、「作」（析論）結合，「述」之客觀，「作」則有據，可謂「述」、「作」相得益彰。

其四，視角（「解釋」）的獨立性。「史論結合」的「論」在本書中占有重要位置。葉教授作為「旁觀者」，本書之「論」在諸多點上具有作者自己客觀的視角與獨立見解，其中不乏鞭辟入裡、頗具深度的析論。如學校輔導的歷史分期（導論第二節）、臺灣學校輔導的興起是一種歷史的必然（第一章第四節）、蔣建白等人在臺灣學校輔導興起中的特殊作用（第

一章第四節）、對臺灣學校輔導實驗探索的評價（第二章第四節）、推展期學校輔導法規建設的特點與問題（第四章第三節）、「輔導工作六年計畫」的歷史評價（第五章第四節）、「新教育改革運動」中學校輔導是「向上提升」還是「向下沉淪」的問題（第六章第五節）、輔導哲學的迷失與重構（結語）等。

**其五，研究、寫作視野寬闊。**本書將學校輔導發展研究的視野置於廣闊的歷史背景之下，無論是對學校輔導緣起的歷史背景分析（第一章），還是對「輔導工作六年計畫」實施的時代背景分析（第五章第一節），抑或是對「新教育改革運動」中學校輔導「統合」與轉型的考察（第六章）等，都從不同時期的社會政治、經濟、文化等對學校輔導的影響作了較全面的分析與解剖，從而提升了學校輔導發展研究及本書閱讀的時代感與歷史縱深感。

總之，作為臺灣輔導戰線上的一名「老兵」，本人為能讀到這樣精采的《臺灣學校輔導發展史》而感到欣喜。同時，本書不僅是第一部臺灣學校輔導史書，而且也是兩岸學術交流與合作的結晶。據我所知，作者為了完成這一研究與寫作，曾多次深入臺灣學校和相關機構考察、蒐集資料，並訪問一批資深輔導學者和相關政策的制定者，也因此與臺灣輔導學界結下了不解之緣。的確，在兩岸交流日益頻繁，特別是在臺灣學校輔導事業面臨巨大挑戰，而大陸學校心理健康教育工作正在推進的今天，加強兩岸學術交流特別是輔導學界的交流與合作，就顯得尤為重要。我想，這也是葉教授的《臺灣學校輔導發展史》延伸的意義所在。

前臺灣教育學院院長 **張植珊**

*2012* 年夏於臺北

# 吳武典推薦序

　　臺灣學校輔導工作已有五十餘年的歷史，論述者多，研究成果不少，實務經驗亦堪稱豐富，但在歷史性探究這一塊，卻甚貧瘠，至於完整的探討，則尚闕如。如今，這個缺憾由於大陸知名心理學者葉一舵教授的跨海研究獲得了彌補。葉教授的《臺灣學校輔導發展史》採用嚴謹的「縱橫貫通」與「史論結合」之研究思路，透過文獻法、歷史比較、個案研究、口述歷史（訪談）以及現場考察等方法，對臺灣學校輔導的發展作了系統的探討，不但理出了清楚的歷史脈絡，精確地分析了實施現況，還診斷出現存的問題，並提出未來的展望。每一項析論都有根有據，鞭辟入裡，令人由衷欽佩。個人在臺灣從事心理輔導服務與研究三十餘年，未曾見過這樣精采的臺灣輔導史研究，深覺獲益良多。這篇研究，有述（敘事）有作（析論），極具深度，並且由於葉教授是「旁觀者」，不像個人是「參與者」，因此有「旁觀者清」的特殊效果，而葉教授的研究也明確地守住歷史研究客觀公正的立場。因此，本書不但是臺灣第一部「輔導史書」，也是臺灣輔導工作的一面明鏡。正是「以史為鑑，可以知興替」（唐太宗語），從此臺灣的學校輔導工作有了一面明鏡，何其有幸！

　　葉教授的研究並不著眼於「比較」，但此項研究成果卻可以作為中國大陸的「借鏡」。據個人的了解，大陸最近在學校心理健康教育或心理輔導工作上，非常重視，參與人員也愈來愈多。由於海峽兩岸的人民同文同種，教育文化交流日益頻繁，基於共同的需要（輔導源於需要），學校輔導工作經驗的交流也愈來愈熱絡。個人有幸參與此類交流，深感大陸心理輔導工作「起步慢，起點高，熱忱夠，進步快」，可謂形勢大好；但由於

發展過熱，也產生了一些品管的問題。然而比起五十餘年前的臺灣心理輔導工作，不是抄襲美國，就是「土法煉鋼」，不可同日而語。當然，經過五十餘年的努力，臺灣學校輔導工作已大體建立了完整的制度，且有相當成就，然其中的艱辛與挫折，例如至今猶有爭議的「普及化」或「專業化」問題，以及最近「誰才比較專業」的校園內牆之爭，有許多是可以避免的。這也是大陸推展輔導工作時，藉臺灣的「他山之石」可以「攻錯」的地方。

不過，話說回來，臺灣學校輔導經驗顯示：輔導永遠被需求，也永遠不能滿足需求，這是我們的壓力和挑戰，也是我們的驕傲和承擔。輔導要與時俱進，不斷求新、求變、求進，我們應珍惜歷史傳承，勇於接受現實挑戰，永遠擁抱未來！這應是兩岸須共同面臨的問題和挑戰，也是攜手合作的良緣和契機。

葉教授任教於福建師範大學心理學系，曾主持系務多年，是大陸知名的心理學者，也是推動大陸心理健康教育與學校輔導工作的大將，他能寫、能說，也能實際操作，且具行政長才，是福建「新世紀百千萬人才工程」人選，非常難得。個人與葉教授相交多年，深知他為學極富洞察力和反思力，對輔導工作深具熱忱，且有高度的親和力（難怪學生都暱稱他為「舵哥」），確是心理健康教育與學校輔導工作不可多得的人才。幾年前，大陸與臺灣學者曾合作撰著《心理健康教育師資培訓教材》，共十二冊（北京師大林崇德教授、上海教科院吳增強教授和個人及林家興教授等四人共同主編，天津新蕾出版社，2008），其中《心理輔導課程與教學》一書便是他的專著。個人一向佩服他的熱情和功力，今日欣見他的「空前」鉅著出爐，分饗兩岸輔導界同道，忍不住附綴數語，以為慶賀，並鄭重推薦。

國立臺灣師範大學名譽教授　吳武典

2012 年 8 月 20 日於臺北

# 林家興推薦序

　　欣聞福建師範大學心理學系葉一舵教授的大作《臺灣學校輔導發展史》要在臺灣出版，我很樂意撰寫這篇序來推薦本書。我認識葉教授已經很多年了，曾經兩次以臺灣師範大學教授兼主任的名義邀請他來臺灣進行學術交流，以及蒐集本書的資料，因此，對於葉教授在本書的撰寫上所下的功夫，有相當多的了解，也對他做學問的精神感到十分敬佩。

　　臺灣學校輔導工作始於 1950 年代，至今超過六十年，坊間輔導相關的學術論述不知其數，但是獨缺有關臺灣學校輔導發展史的系統論著。這在臺灣學校輔導文獻上是一個明顯的不足和遺憾。在臺灣本地學者沒有人關注這個文獻缺口的時候，葉教授以大陸知名心理學者、教授、系主任的身分，進入福建師範大學教育史博士班，接受嚴謹的史學訓練，挑起了這個艱難的研究工作，選擇以「臺灣學校輔導發展研究」作為他的博士論文。

　　葉教授兼具心理輔導學與史學的訓練，以旁觀者清的角度，以有系統的、嚴謹的、客觀的方式，進行臺灣學校輔導發展歷史的梳理。除了採用傳統的文獻探討、歷史比較、個案研究等，葉教授更兩度親自來臺，進行輔導前輩學者的口述歷史和輔導機構的現場考察。對於葉教授撰寫本書的用心和投入，我是十分的欽佩。放眼兩岸當代輔導學者，葉教授可以說是撰寫本書的最佳人選。

　　本書係葉教授根據其博士論文所改寫的，改寫的用意在於讓讀者更容易親近本書，讓本書更容易閱讀，但是本書仍然保留著濃濃的學術嚴謹性和客觀性。作者將臺灣學校輔導發展史分為六個時期，包括萌芽期、實驗期、建制期、推展期、提升期，以及轉型期。每一章論述一個時期，包括

該時期的國際潮流、社會變遷、教育變革，以及具有特色的輔導相關政策、法規、組織、人力、課程、實驗研究、制度等。閱讀本書可以有系統的了解臺灣學校輔導工作發展的歷史脈絡和前因後果，呈現許多有助於理解現行眾多輔導制度和措施的演變軌跡。

　　本書不僅有助於大陸心理健康教育學者和教師認識臺灣的學校輔導工作，作為大陸推展學校輔導工作的借鏡，也有助於臺灣本地學校輔導專家和教師，了解輔導前輩學者、早期教育和學校行政人員以及一線輔導教師的貢獻。想要做好學校輔導工作，我們不能不知道自己工作的歷史脈絡和前人的貢獻。閱讀本書可以提升我們的歷史視野，掌握我們的輔導脈絡，激發我們從事學校輔導工作的熱情。

國立臺灣師範大學教育心理與輔導學系教授　　**林家興**

（本文作者現任國立臺灣師範大學教育心理與輔導學系教授，
曾任中國輔導學會理事長、臺灣諮商心理學會理事長）

# 導論

發軔於人性關懷思想、根植於學校心理學領域的學校心理服務，是當代教育體系的一個不可或缺的組成部分，深刻體現了現代教育中科學、人文與人性化的重要特徵。在西方發達國家，學校心理服務已有近百年的歷史，目前已經進入穩定的繁榮期。在臺灣，學校輔導已有五十多年的歷史，它取經於西方，卻經過長期的本土化，形成了自己的特色，在華人社會的學校教育中具有範本意義。因此，對於臺灣學校輔導發展史的系統梳理與討論，對學校輔導自身的未來發展無疑富有歷史與現實的雙重價值。

##  第一節　學校輔導及其相關概念

概念是理論大廈的基石。要對長達半個多世紀的學校輔導發展史進行系統研究，就必須首先明確學校輔導及其相關概念。

### 一、輔導與學校輔導

輔導（guidance），在中文裡，輔是幫助、佐助、從旁協助的意思；導是指引、帶領、引導、教導的意思，合起來就是幫助與指導的意思。英語裡輔導的含義和中文相同或一致，泛指有關專業人員對當事人的協助與服務，並且引導他們規正行為。

## (一)輔導概念的解析

Jones（1951: 11）認為：「輔導是指某人對另一個人的個別的協助，其任務在協助個人決定所要前往的方向、所要達成的工作，以及如何最能實現其目的。同時，輔導也協助解決其生活所遭遇的各項問題。但輔導不代替個人解決問題，只是協助個人去解決問題，最注意的對象是『個人』而非『問題』，其目的在促進個人的『自我指導』（self-direction）方面的生長。此種對於個人的協助，或在團體中實施，或單獨直接給予，但無論如何，輔導總是用以協助個人。」

McDaniel（1957: 11）認為：「輔導是一種合作的過程，學校輔導人員的任務，是在如何幫助個別學生，其責任有二：一是認識每個學生的各種需要、資料與適應的方法；二是給個別學生以機會與幫助，使他們經由自己的思考，去解決他們的問題。」

Good（1960）認為：(1)輔導是一種人與人之間發生相互關係的動力過程，這種關係的建立是一個人（當事人及輔導員）的態度及其相隨而來的行為；(2)輔導是安排環境引導當事人朝著一個有目的的方向進行的助人方法。這種環境必須促使當事人覺察自身的需要，並採取有效的步驟來滿足其需求（引自劉焜輝，1997：11）。

Miller（1961: 449-450）認為：(1)輔導是持續的過程；(2)輔導以一國的文化、傳統為基礎；(3)輔導並非發展的指導，而是在發展過程中對於個人的幫助；(4)輔導的領域包括個體與外在的社會條件；(5)輔導並不只是專家的工作，而是更多人要參與的功能；(6)輔導應該從許多不同的主張導出洞察與方法；(7)輔導有其限制，因此，輔導的目標必須明確；(8)輔導與其說是科學，不如說是藝術。

Arbuckle（1966）和 Peters 與 Farwell（1967）指出：輔導是一種概念、一種組合和一種服務。它是應用某種觀點，結合某些經驗，以達成助人關係的方法和歷程（引自吳武典等，1990：3-4）。

Mortensen 與 Schmuller（1976: 3）把輔導定義為：「整個教育計畫的一部分，它提供機會與特殊性服務，以便所有學生根據民主的原則充分發展其特殊能力與潛能。」

Shertzer 與 Stone（1981: 38）把輔導視為：「協助個人了解自己及其世界的歷程。」

Chaplin（1985: 201）在其主編的心理學詞典中，把輔導解釋為：「輔導是協助個人在教育與職業生涯中獲得最大滿足的方法。它包括使用晤談、測驗和資料蒐集，以協助個人有系統地計畫其教育與職業的發展。它緊鄰治療，而可能用到輔導諮詢員（guidance counselors）。」

唐守謙（1964：10）認為輔導是：「協助個人得到自我了解、自我決定，以調適學校、家庭和社會的一個歷程。」

宗亮東與張慶凱（1966：5）認為：「輔導是對個人各種幫助的一個教育過程，輔導人員須充分了解個體生理的生長發展，及其所處的各種情況，在民主社會生活方式中，運用輔導的專業知識及技術，以一個有組織的工作計畫，為青少年或成人作熱忱服務。」

崔德禮（1971：186）認為：「輔導是一種新興的教育方法，是由受過專業訓練的人員協同有關人士，根據可靠資料，經由諮商方法，幫助學生了解其性向，發掘其潛能，達成自我發展與自我教育，以期在教育上、職業上、生活上各方面作最佳的適應。」

鄭心雄（1976：1-3）認為，輔導「經由一個專業化的人際關係，由此關係中經由合格訓練的一方，幫助另一方的個人，使之能發動、整理並綜合自己的思考能力，進而求得深度的自我了解，並依此成立一較佳的自我選擇及決定，而解決難題，同時面對未來。這全部的歷程，不論使用理論、工具及方法的不同，統稱為輔導」。

張植珊（1980：479）指出：「輔導是現代行為中的一門新興學問，是一種合作性協助式的教育方法，具有長期性綜合式的研究過程。透過觀念溝通與方法提供，以促進自覺，發展人類潛能，使之經自我了解、自我實

現，以調適社會，而達人力發展的理想境地。」

張春興（1989）認為：輔導是一種教育的歷程，在輔導歷程中，受過專業訓練的輔導人員，運用專業知能，協助受輔者了解自己，認識世界，根據其自身條件（如能力、興趣、經驗、需求等），建立其有助於個人與社會的生活目標，並使之在教育、職業及人際關係等各方面的發展上，能充分展現其性向，從而獲得最佳的生活適應。

陳若璋（1993）、林幸台（1992）、劉焜輝（1995）、賴保禎（1994）與張德聰（1996）等臺灣學者對輔導的特質分析後認為：輔導是一種專業，一種專業協助的過程，是一種專業助人關係（引自劉焜輝，1997：12-14）。

吳武典（1982：2）認為：「輔導是一種助人的歷程或方法，由輔導人員根據某種信念，提供某些經驗，以協助學生自我了解與充分發展。在教育體系中，它是一種思想（信念），是一種情操（精神），也是一種行動（服務）。」他還進一步指出，輔導乃是基於對人的基本關懷（愛），以協助學生自我了解為起點，並協助學生自我實現為鵠的，同時須兼備正確的思想、崇高的情操與具體的行動三個要素，才能充分發揮輔導之功能（吳武典等，1990；吳武典，1985，1987）。

筆者認為，雖然學者們對輔導所下的定義很多，但其實大同小異。任何輔導定義的基本含義，莫不是指對學生發展的一種協助或幫助。因此，吳武典的觀點可以看作是臺灣本土學者對輔導具有代表性的解析，也是本書所認同的對輔導概念的界定。

除了輔導的概念，輔導學也是臺灣輔導領域不時能見到的一個用語，這是臺灣輔導界把輔導看作一門學問或當作一門學科時的稱謂。臺灣早期的一些輔導書籍常冠以輔導學的名稱。

## (二) 學校輔導概念的解析

一般而言，輔導的含義要比學校輔導的含義寬泛，至少在服務對象、服務領域和服務範圍上。因為學校輔導（school guidance）就是指在學校中

開展的輔導工作，而輔導則泛指一種助人活動，除學校外，還有企業輔導、社會輔導等。然而，由於輔導最早源於學校中的職業輔導工作，它在學校中有最長的歷史，也有最豐富的實踐，更具有較高程度的普遍化，因此在某種意義上，輔導往往指的就是學校輔導。正因為如此，臺灣本土學者出版、發表的學校輔導類論著，多半直接冠以輔導之名，而行學校輔導之實，例如：蔣建白的《輔導之基本原理》、《我國輔導工作的回顧與前瞻》，宗亮東的《輔導概論》，吳鼎的《輔導原理》，張植珊的《教育與輔導論集》，吳武典等的《輔導原理》，劉焜輝主編的《輔導原理與實施》、《輔導原理與實務》，馮觀富的《輔導行政》、《輔導原理與實務》，賴保禎等的《輔導原理與實務》等。在這些論著中，甚至在吳武典主編的《學校輔導工作》中，我們都看不到對學校輔導概念的解析，有的只是對輔導概念的解析與界定。可見，在臺灣的教育體系中，學校輔導與輔導這兩個概念基本上是等義使用的。正如吳武典所指出的：在臺灣，一般提到輔導，「多半指的是學校中進行的輔導工作」（吳武典，1982：1）。事實上，英文輔導書刊中常用到的輔導服務（guidance services）一詞，也「意為學校提供給學生的一種服務或協助」（吳武典，1982：1）。

臺灣的學校輔導就工作目標而言，可分為以治療為主的輔導、以預防為主的輔導和以發展為主的輔導（馮觀富，1997：4-5）；就工作內容而言，可分為生活輔導、教育輔導及生涯輔導（劉焜輝，1997：23；吳武典口述，見本書附錄 II）或生活輔導、學習輔導及生涯輔導（馮觀富，1997：5）[1]；就工作方式而言，「可簡分為個別輔導及團體輔導兩種」（劉焜輝，1997：22）。以學校輔導工作的內容為例，其中生活輔導包括對當事人的日常生活、健康生活、社交生活、休閒生活、經濟生活、家庭生活及品德或宗教

---

[1] 教育部 1983 年修訂、1994 年再修訂的《國民中學輔導活動課程標準》將輔導活動綱要分為學習輔導、生活輔導和生涯輔導三大類；1979 年公布、1993 年修訂的《國民小學輔導活動課程標準》將小學輔導活動綱要分為生活輔導和學習輔導兩大類。

方面的輔導，目的在於幫助學生良好地適應家庭、學校及社會生活。教育輔導的狹義方面為學業輔導，廣義方面則指凡應用輔導工作於教育方面，協助學生於教育之適應及發展的所有輔導活動，如始業輔導、課程銜接輔導、學習輔導、升學輔導、特殊學生輔導、聯課活動輔導等。而生涯輔導，不僅包括如何協助學生未來畢業之就業或繼續升學，也包括協助學生自我探索以增進自我了解其興趣、性向、價值觀，探索其生涯發展之任務、環境、機會，以協助當事人探索其生涯目標並作適合的生涯抉擇（劉焜輝，1997：23-24）。

綜上所述，在臺灣教育體系中，學校輔導就是指學校為學生的成長、發展而提供的一種服務或協助，其工作領域、工作內容是相當廣泛的。

## 二、學校輔導的相關概念

與學校輔導關係比較密切的有三個概念，分別為訓導、諮商與社會工作。

### （一）訓導

訓導（discipline）是一個與學校輔導密切相關的概念。在學校輔導的發展歷程中，輔導與訓導的關係也成為一種重要的主題。有學者認為，從教育的觀點來看，訓導較偏重於外表的統一和要求，希望從外在的約束中來限制一個人的行為，使之能合乎道理，而不逾矩。由點與面來說，訓導要求外在行為的一致，是屬於「面」的；而輔導是針對少數無法適應的個案，是「點」的經營。依嚴與慈來分野，訓導是法治的，從大多數人的利益著眼來制定規章制度，然後要求大家遵守（劉焜輝，1990：347）。在臺灣教育體系中，訓導與輔導的具體區別如表 1 所示。

**表 1** 訓輔差異的比較

| 差異情形 | 訓導 | 輔導 |
|---|---|---|
| 特　性 | 在行政立場上，是獨立明確的，且以團體規範約束學生的言行舉止，強調立即性的效果。 | 強調學生的個別差異，採用科學的專業方法，如測驗、諮商、專業研究等探討學生的問題，尊重學生的自主性與個性尊嚴。 |
| 限　制 | 由於強調規範與法令，運作方式往往由上而下，要求一致與順從，忽視個別差異與學生的心理反應。 | 輔導工作的地位與角色是處於支持立場的，如果非專業人員參與，再加上校長的干預與漠視等，將影響其專業的運作。 |
| 採行方法 | 1. 直接判斷學生的好與壞，給予明確的指導與建議，僅適合學生被動之接納和外顯行為之處理。<br>2. 以預防性的輔導工作為主，無法勝任診斷性、治療性的輔導工作。 | 1. 採用主動性、啟發性的開導方法，以接納、了解、鼓勵、支持的態度幫助個案解決問題。<br>2. 對於有較嚴重問題的學生可以給予專業性的輔導或轉介。 |

資料來源：吳武典（1997：4）。

## （二）諮商

　　諮商（counseling）也是學校輔導中常用的一個概念。雖然 Rogers（1942）、Robinson（1950）、李東白（1967）和宗亮東等（1969）眾多學者都對諮商做過界定，但實際上要給諮商下一個確切的定義是很難的。不過，諮商的基本意義可以做這樣的理解：諮商是協助個人解決心理適應問題的過程，是一種協助當事人自我成長的歷程，是由諮商員以個別諮商或團體諮商協助個人的專業關係，基本上是一種心理上的協助，但須透過專業訓練的諮商員對於有需要協助的當事人的專業協助歷程（鄭玄藏，1990；Burks & Stefflre, 1979; Tyler, 1969；引自劉焜輝，1997：26-27）。在學校輔導體系中，諮商是輔導工作的核心（宗亮東等，1969：24）。

## （三）社會工作

社會工作（social work）是指運用社會工作的理論、原則與方法，為學生、老師、家長提供服務的一項重要工作。「學校社會工作，是指學校中的社會工作，又稱學校社會服務（school social service），服務對象包括全體學生，尤其是少數在學習和適應上有困難的學生。學校社會工作以社會個案工作與社會團體工作並重，並兼顧社區工作方法，同時也在學校內提供對教師的諮詢服務，並促成行政的統整」（引自簡秀芬，2000：24-25）。「學校社會工作是學校輔導工作的一環，經由專業工作者運用社會工作的理論與方法協助學生與學校、家庭及社區之間建立良好的適應關係，以準備現在及未來的生活，從而達成學校教育之目的」（林勝義，1991：2）。筆者認同此一對學校社會工作與輔導之間關係的理解。

 **學校輔導發展的歷史分期**

學校輔導發展的歷史分期是研究學校輔導發展史首先要涉及的一個問題。對於跨度長達半個多世紀的學校輔導發展研究課題而言，進行合理的歷史階段劃分既是研究的一種必要方式，也是研究的一項重要內容，有助於對學校輔導發展歷程的整體理解與把握。

## 一、臺灣學者對學校輔導發展的歷史分期及其解讀

由於研究視角的不盡相同，臺灣本土學者對學校輔導發展的歷史分期也不完全一致。這種差異體現著研究者們對學校輔導發展某些方面的不同認識。

## (一) 臺灣學者的「歷史分期」

下面簡要介紹幾種具有代表性的觀點。

### 1. 宗亮東的四階段劃分

宗亮東（1978）將學校輔導工作的發展分為四個階段：介紹時期、實驗時期、推廣時期、發展時期（見宗亮東等，1983：5-7）。介紹時期從1951年至1959年，以教育部就美援計畫項下，派遣十幾位大專教師與教育行政人員到美國進修輔導學為標記。這個時期主要是介紹歐美的輔導理論與實踐，將輔導理念引入臺灣教育界。實驗時期從1960年至1963年，以開展輔導制度與實施方法的實驗為標記。這一階段，在中國輔導學會的配合下，進行了各種輔導工作方面的實踐探索。推廣時期從1964年至1967年，以臺灣為其他國家和地區提供輔導訓練，和聘請聯合國文教組織專家來臺協助開展輔導工作為標記。發展時期從1967年開始，以「九年國教」在國中全面推行「指導活動」課程為標記，學校輔導進入了一個不斷發展的時期。

### 2. 宋湘玲等的三階段劃分

宋湘玲、林幸台與鄭熙彥在1983年合著的《學校輔導工作的理論與實施》一書中將學校輔導的發展分為三個階段（宋湘玲等，1983；引自吳武典等，1990：61-70）：起源期、實驗期、建立期。李宏鎰（2003：23）也將學校輔導的發展分為發源期、試驗期、建立期。起源期（發源期）從民國建立至1954年，以民國初年職業教育運動的興起為標記，這一時期的職業輔導運動隨著國民政府的遷臺而告一段落。實驗期（試驗期）從1954年至1967年，以僑生教育的實施為標記，主要包括對僑生輔導工作的開展以及1958年中國輔導學會的成立。建立期從1968年開始，以「九年國教」在國中全面推行「指導活動」課程為標記。之後，進入了輔導體制與制度的建立期。

### 3. 黃宜敏的四階段劃分

黃宜敏（1997）將學校輔導的發展分為萌芽時期、開拓時期、制度建立

時期、專業效能提升時期（引自劉焜輝，1997：46-51）。萌芽時期以僑生教育為起點，以僑生輔導為標記。開拓時期以 1958 年中國輔導學會的成立為里程碑。這一時期，中國輔導學會為輔導工作的開拓做出了重要貢獻。制度建立時期以高校設置輔導相關課程、成立輔導相關專業等為標記。這一時期主要內容包括：高校輔導課程與輔導相關專業的設置；輔導工作納入學校教育體系；政府與民間輔導機構的創設。專業效能提升時期主要指 1990 年以來，開始強化中小學輔導教師的專業知能，重視社區諮商師的培養，以及推動督導制度，也包括社會輔導機構的蓬勃發展。

### 4. 吳武典的五階段劃分

吳武典將學校輔導的發展分為五個階段：介紹期、實驗期、推廣期、發展期、轉型期（吳武典，2003：1）。介紹期從 1951 年至 1962 年，這時期主要是介紹美國的輔導理論與實踐；實驗期從 1962 年至 1968 年，臺灣開始推動中等學校輔導工作實驗計畫；推廣期從 1968 年至 1991 年，以實施「九年國教」為代表；發展期從 1991 年至 2002 年，以 1991 年教育部實施「輔導工作六年計畫」為代表，學校輔導進入了一個系統發展與提升的時期；轉型期從 2002 年至今，學校輔導在教育改革的影響下，進行了許多重大調整，學校輔導工作的發展充滿各種爭議，進入了一個相對比較混亂的時期。

## (二)對臺灣學者學校輔導發展歷史分期的解讀

臺灣學者對學校輔導的歷史分期，總體上可以歸納為兩種：一種是以民國初年的職業輔導運動作為學校輔導的開始。主要代表人物有張植珊、宋湘玲等；另一種則是將 20 世紀 50 年代中期臺灣開展的僑生教育作為學校輔導的開端。

臺灣學者在學校輔導發展歷史分期上的分歧，首先在於起源問題。宋湘玲等學者將學校輔導從民國初年開始，分成起（發）源期、實（試）驗期、建立期三個階段。起源期主要包括民國初年到 50 年代開展的一系列職

業輔導活動。他們認為臺灣的學校輔導與美國一樣，都是起源於職業輔導。宗亮東等則以 50 年代的僑生教育作為學校輔導的起點，認為僑生教育所推動的對僑生的輔導、留學美國的輔導專家學者回臺，才真正帶動了學校輔導工作。在階段劃分的具體時間段上，宋湘玲等學者所劃分的實驗期包括了 50 年代開始的僑生教育，以及「九年國教」實施前的一系列中小學輔導實驗工作；而在宗亮東的劃分體系中，這一時間段的輔導發展被細分為介紹期、實驗期和推廣期。而前者對建立期的劃分與宗亮東的發展時期劃分則基本一致。雖然對學校輔導的起源與階段劃分的細緻程度上有所區別，但他們都將僑生教育與「九年國教」實施後國中全面推行「指導活動」課程作為劃分輔導發展階段的重要標誌。

黃宜敏對輔導發展的階段劃分中，在起源問題上與宗亮東的觀點一致，認為僑生教育是學校輔導的起點，同時也將僑生教育和「九年國教」的實施作為重要標誌。不同的地方在於黃宜敏將中國輔導學會的成立及早期開拓作為一個重要標誌，將中國輔導學會成立到「九年國教」實施之前的這段時間稱為開拓時期。另外，輔導工作在國中全面推行之後，增加了一個專業效能提升階段。

吳武典的劃分方式在起源問題上的觀點與宗亮東、黃宜敏一樣，也將僑生教育作為起點。在具體的階段劃分方面，與宗亮東較為類似。不過，他將在學校中開展輔導實驗一直到「九年國教」實施前的這一段時間，統稱為實驗期。在以「九年國教」為標誌的後續時期的劃分上，在黃宜敏兩個階段的基礎上更進了一步，劃分出推廣期、發展期、轉型期三個階段，從「九年國教」實施、輔導工作在國中全面推行，到「輔導工作六年計畫」之間稱為推廣期；以「輔導工作六年計畫」為標記，學校輔導進入了一個發展期；發展期基本上以後來的教育改革為結束，之後學校輔導便進入一個調整與整合的轉型期。

從臺灣學者對學校輔導歷史階段的幾種劃分中，我們可以發現兩個特點。首先，在學校輔導的起源問題上，目前較多的學者還是傾向於將僑生

教育作為學校輔導的起點。其次，在階段劃分的指標性事件上，學者們都對僑生教育和「九年國教」的重要性給予了充分的肯定，這兩個重要事件都成為階段劃分的重要標準。由此可見，對於僑生教育在學校輔導史上的開創性地位，眾多學者還是較為認同的。「九年國教」實施後在國中全面推行輔導工作也成為學校輔導發展的重要事件，畢竟，如此大規模地以政府主導的形式推行輔導，對輔導的發展提供了強有力的保障，影響深遠。

這裡特別需要對學校輔導與早期職業教育的關係進行探討。在學校輔導發展歷史分期的問題上，臺灣學者在起源問題上的分歧較大。張植珊（1983）、宋湘玲等（1983）為代表的輔導學者傾向於將學校輔導追溯到20世紀初國民政府開展的職業指導運動，即1917年中華職業教育社的成立。張植珊認為：「從已有的文獻資料觀察，臺灣地區而今的輔導運動導源於最初的職業指導運動」（張植珊，1983：27）。張植珊在〈我國近六十年的輔導運動及其發展動向〉一文中寫到：臺灣地區的輔導淵源可以追溯到20世紀早期，中華職業教育社在職業輔導方面的積極推動。1919年該社的《教育與職業》雜誌出版了「職業指導」專刊，宣導職業輔導的理論與方法。1924年，中華職業教育社特設「職業指導股」，出版了《職業指導》一書，並組織了「職業指導委員會」。之後，調查職業種類及各校教育內容，供擇業者參考。另外於1925年春開展職業指導運動，在上海、南京、濟南、武昌四地進行實驗工作（張植珊，1983：22）。但多數學者認為，臺灣學校輔導的發源與興起是在1950年以後。劉焜輝認為：「若干文獻均以1917年中華職業教育社的成立為中國引進輔導工作的起始，職業輔導在大陸時期的確有若干推動，但是與臺灣的輔導運動並無直接的關聯」（劉焜輝，2008：90）。馮觀富也認為，臺灣的輔導工作與早期的職業教育「有一定的關聯，但不是直接關聯」（馮觀富口述，2006）。他們都認同臺灣的輔導運動是由於僑生輔導這一行政上的需要才應運而生的。事實上，張植珊也認為雖然臺灣的學校輔導與早期的職業教育有關，「但卻少有充足的證據以證明當今臺灣的輔導理論基礎和技術與三十年前的職業輔

導有直接的『血緣關係』」（張植珊，1983：27）。

筆者認同多數臺灣學者的看法，因為「現代學校輔導運動在臺灣的發源與興起，雖在『血緣』上不可避免地與職業輔導運動『一脈相承』，但卻沒有足夠證據證明其在直接動因上與早期國民政府的職業輔導有必然的關係」（葉一舵，2006：26）。雖然從世界範圍的輔導發展歷程來看，輔導往往起源於職業指導運動，職業指導運動的擴展，才促使了職業輔導不斷走向壯大與成熟，從而成為推動輔導工作開展的重要力量，中國最早開始的輔導也可以認為是早期開展的職業指導活動，但臺灣學校輔導的發展歷程則有所不同。雖然學校輔導與早期國民政府的職業指導運動在輔導理念上類似，但是在輔導工作的延續性和行動層面上，沒有任何直接的關聯，缺乏歷史的連貫性。從僑生教育時期開始的輔導工作，無論是輔導理論、輔導技術還是輔導人員以及政策措施上，和早期的職業指導完全沒有任何的繼承關係。僑生教育中的輔導工作完全是臺灣在 50 年代特定的時代和社會背景下，透過借鑑美國的輔導理論與技術，在一批和早期職業指導毫無相關的專家學者的積極努力下，逐步發展起來的。因此，學校輔導的歷史分期以 20 世紀 50 年代的僑生教育作為起點應該是比較合理的。本書所研究的也是 20 世紀 50 年代在臺灣本土興起的學校輔導的發展。

## 二、對學校輔導發展階段的新劃分

筆者認為，對學校輔導發展的歷史分期，要以三個表徵為依據。

第一是歷史發展任務。歷史發展任務是一段時間內歷史發展的核心與主題，這是劃分歷史發展階段的重要依據。從臺灣學者對學校輔導的歷史分期中我們可以很明顯地看到，不同階段的劃分體現了不同的歷史發展任務，例如：將輔導的開創階段稱為輔導的起源期、萌芽期，將輔導的建立階段稱為建立期、制度建立期等等。從名稱上，我們就能明顯地感受到歷史發展任務幾乎決定了學校輔導的歷史分期。

　　第二是階段發展的獨特性。作為階段劃分的另一個重要標準，就是一個階段是否具備自身的獨特性和獨特的發展狀態。一個歷史階段只有具備這個歷史階段明顯不同於其他歷史階段的特殊之處，它的劃分才有存在的必要，例如：在吳武典對學校輔導階段的劃分中，實驗期最重要的特徵就是將輔導理論在少數學校中進行實驗，希望透過輔導工作實驗，為輔導工作的大規模推廣積累經驗。而推廣期的劃分，則充分體現了輔導工作在這個時期的全面推行，成為輔導工作大規模推行的重要階段。

　　第三是指標性事件。指標性事件在歷史階段劃分中，往往發揮標記起始時間的作用。在歷史發展的進程中，一個個重要事件和關鍵人物往往成為一個新時期的開端，例如：僑生教育的開展和「九年國教」的實施，就成為學校輔導階段劃分中的重要標誌。指標性事件可以讓我們更為準確地界定一個階段，既讓我們了解學校輔導發展的關鍵轉捩點，也為研究提供了方便。

　　基於此，筆者在回顧、借鑑、整合臺灣學者對學校輔導發展階段的劃分，並經過對學校輔導發展史實進行大量考證的基礎上，綜合考慮歷史發展任務、發展的獨特狀態以及指標性事件，將學校輔導的發展劃分為六個時期。

## (一)萌芽期（20世紀50年代）

　　從20世紀40年代末國民政府遷臺，到50年代中期僑生教育中開始實施僑生輔導這一時間段，基本上屬於學校輔導工作的萌芽期。這個時期最重要的指標性事件是50年代僑生教育中開始的僑生輔導工作。40年代末50年代初，特殊的時代背景為學校輔導的產生提供了有力的環境支持，臺灣開始引進輔導理念，嘗試開展輔導實踐，學校輔導工作經歷了從無到有的過程。

　　國民政府遷臺後，臺灣社會經歷了一系列政治、經濟、人口和文化上的巨大變遷，對民眾的心理造成了巨大衝擊。同時，臺灣當局為了消除日

本殖民化教育的影響，實現「反攻大陸」的目標，在教育領域實施了一系列革新。在教育革新的大背景下，為了鼓勵海外華僑子女來臺學習，減少他們來臺後出現的學習和生活方面的問題，就在僑生教育中產生了臺灣最早的學校輔導工作，僑生教育因此成為學校輔導工作的起點。於此同時，在美國以及世界範圍內迅速興起的輔導運動也開始影響到臺灣，許多留美輔導人士紛紛返臺，參與對僑生的學習與生活輔導工作，積極介紹輔導理念，開展輔導實踐，學校輔導工作由此萌芽。

## (二)實驗期（20 世紀 60 年代初中期）

從 20 世紀 50 年代末籌劃的「東門方案」到 1968 年「九年國教」實施之前，為學校輔導工作的實驗期。這一時期的重要事件包括「東門方案」的實施、中國輔導學會成立、中等學校輔導制度與輔導方法的實驗等。

60 年代初，在世界範圍的心理衛生運動潮流的影響下，臺北東門國小實施了「東門方案」，探索心理衛生工作與學校教育相結合的有效模式。中國輔導學會成立後，在其成員的努力推動下，陸續在小學、中學、職業學校、大專、大學中開展輔導工作實驗，進行學校輔導工作制度與方法的一系列實驗與探索，為學校輔導的正式推行和制度建立奠定了基礎。

## (三)建制期（20 世紀 60 年代後期至 70 年代）

以「九年國教」在國中全面推行輔導工作為指標，學校輔導進入了建制期。至 70 年代末，各級學校建立了初步的輔導工作組織與機構，形成了基本的輔導師資培養體系，各項輔導工作制度也相繼實施。「九年國教」實施後，在國中全面推行的以「指導活動」為名之輔導工作，標示著學校輔導已經成為臺灣基礎教育體系中的一項強制性制度。

1968 年，臺灣正式在九年國民教育課程體系中設置「指導活動」課程，國中全面推行輔導工作。隨著國中輔導工作的實施，小學、職業高中、大專校院也相繼開始推行輔導工作。輔導工作以課程的形式在國中開展後，

輔導課程的配套體系也開始形成，編印出版了《指導活動》教師手冊和學生手冊，作為課程的教學參考。同時，為了滿足學校對輔導教師的需求，開始透過在職培訓、高校設置相關專業的形式大規模培養輔導師資，並逐漸建立起師資培養體系。除了教材建構與師資培養，各級學校開始建立輔導制度，規定輔導教師的任職資格，設置輔導室，在學校行政體系中增設輔導工作推行委員會等輔導工作組織與管理機構。輔導工作全面展開後，學校輔導的評鑑工作也開始逐漸推行，校外輔導機構如「張老師」等也開始建立。

### (四) 推展期（20 世紀 80 年代）

20 世紀 80 年代，學校輔導工作進入了一個推展與完善的階段，學校輔導工作在各級學校全面展開，學校輔導工作的組織與管理機構不斷完善，各種輔導制度與輔導工作配套體系日益健全，輔導工作進入了一個較為穩健的發展時期。

進入 80 年代，大部分學校都已建立了基本的輔導制度與輔導工作組織體系，學校輔導發展進入了一個內容深化與體系完善的階段。修訂後的國中輔導活動課程標準以「輔導」取代「指導」，從而使輔導工作終於得以名正言順地在國民中學推行。學校輔導的評鑑制度也開始逐漸完善，評鑑的內容更加豐富，方法更加多樣，為改進學校輔導工作發揮了重要作用。輔導人才的培養從最初的幾所大學發展到幾十所大學，建立起從本科到博士完整的輔導人才培養體系。除了全日制的培育模式，還建立了較為完善的輔導教師在職進修制度，輔導教師的培育與任用體系日益健全。這一時期實施了大量輔導工作法規，輔導工作制度建設日趨完善。校外輔導機構也呈現出蓬勃發展的景象，與校內輔導工作一起，共同建構起完整的輔導工作體系。

## (五)提升期（20世紀90年代初至90年代中後期）

1991年「輔導工作六年計畫」實施到90年代後期，是學校輔導工作全面提升的時期。「輔導工作六年計畫」既是這一時期的重要指標性事件，也是此一時期輔導工作發展的核心內容。

進入90年代，臺灣社會發生了巨大變化，社會問題層出不窮，青少年犯罪率升高。在這樣的背景下，教育部於1991年2月頒布了「輔導工作六年計畫」，希望結合家庭、學校、社會等各種資源，建立全面的輔導體制。臺灣當局為此投入了高達幾十億新臺幣的費用，全面改善輔導工作的各項設施，提高輔導師資的專業水準，希望能有效提升輔導工作的成效，更有效解決青少年教育中出現的諸多問題。雖然「輔導工作六年計畫」在後來的實施過程中遇到了許多問題，很多計畫並沒有良好執行，但總體看來，這一階段在輔導專業效能提升方面依然是學校輔導發展歷史上一個堪稱「輝煌」的時期。

## (六)轉型期（統合期，20世紀90年代後期至今）

從90年代後期至今，是學校輔導的轉型期。這一時期的輔導工作伴隨著教育改革進入了一個不斷調整與變革的階段，輔導工作的原有體系經歷了巨大的調整，學校輔導工作進入了一個多元化並充滿爭議的時期。

隨著90年代後期臺灣教育改革運動進入行動階段，學校輔導也進入了一個調整與統合的時期。九年一貫制課程體系的實施，輔導被整合進「綜合活動領域」之中，輔導不再是學校中一門獨立的課程。「教訓輔三合一」體制的建立也讓輔導工作開始嘗試打破原有的工作領域，試圖與教學、訓導工作進行整合。輔導教師的任用與資格認定也在不斷調整，心理諮商師和社會工作師可以在取得執照後進入學校，為學生提供輔導和諮商服務。呼應教育改革的學校輔導出現了前所未有的困惑，輔導學科地位的喪失、輔導工作地位被邊緣化、輔導的專業性受到衝擊以及輔導體系亟待重建等

各種議論充斥著輔導學界，學校輔導工作遭遇到了幾十年來最大的挑戰。

透過對指標性事件、主要特點及發展任務的把握，將學校輔導發展史劃分為萌芽期、實驗期、建制期、推展期、提升期、轉型期，能夠大致勾勒出學校輔導半個多世紀以來的發展脈絡，體現出不同階段的發展特點。這種劃分不可能盡善盡美，但這種劃分並且由以此建構的本書「縱向框架」中，可以比較清晰地感受到學校輔導幾十年來的起伏與轉折，為解讀學校輔導的發展與變革提供一種更為科學也更為貼近歷史的視角。❖

# 參考與延伸閱讀文獻

中國輔導學會（主編）（1990）。《邁向 21 世紀輔導工作新紀元》。臺北：心理出版社。

中國輔導學會（1991）。《輔導原理與實務》。臺北：心理出版社。

中國輔導學會（主編）（1999）。《輔導學大趨勢》。臺北：心理出版社。

王淑華（1982）。〈我國中等學校輔導制度之演變〉。《今日教育》，（41），42-45。

王連生（1985）。《教育輔導與技術》。臺北：五南圖書出版公司。

王麗斐等（2005）。〈臺灣小學輔導工作的發展與專業內涵之實施現況〉。《香港中文大學基礎教育學報》，*14*（1），83-99。

余惠芬（1983）。〈我國中等學校輔導制度之演變〉。《今日教育》，（42），59-63。

吳武典（1982）。《學校輔導工作》。臺北：張老師出版社。

吳武典（1985）。《青少年問題與對策》。臺北：張老師出版社。

吳武典（1987）。《散播愛的種子——輔導的理念與方法》。臺北：張老師出版社。

吳武典（1997）。〈教育改革與學校輔導工作——組織與人員的教改課題〉。《輔

導季刊》，*33*（2），1-7。

吳武典（2003）。〈臺灣心理輔導的發展與現況〉（會議資料）。廣西桂林：第一屆海峽兩岸心理輔導研討會。

吳武典等（1990）。《輔導原理》。臺北：心理出版社。

宋湘玲、林幸台、鄭熙彥（1983）。《學校輔導工作的理論與實施》。高雄：復文書局。

李宏鎰（2003）。《輔導學（諮商與輔導）》（第二版）。臺北：考用出版社。

李東白（1967）。《輔導學原理》。臺北：中國輔導學會。

宗亮東（1983）。〈中國輔導學會二十年來的回顧與今後的展望〉。載於《輔導學的回顧與展望——中國輔導學會成立二十週年學術論文集》（第三版）（頁3-13）。臺北：幼獅文化事業公司。

宗亮東、張慶凱（1966）。《教育輔導》。臺北：正中書局。

宗亮東等（1969）。《指導活動理論與實務》。臺北：正中書局。

宗亮東等（1983）。《輔導學的回顧與展望——中國輔導學會成立二十週年學術論文集》（第三版）。臺北：幼獅文化事業公司。

林建平（1993）。《輔導原理與技術》。臺北：五南圖書出版公司。

林勝義（1991）。〈學校社會工作的基本概念〉。《輔導月刊》，*27*（9，10），1-10。

洪莉竹（2000）。〈從回歸教育本質的觀點探討教師在學校輔導工作中扮演的角色——以高職教師為例〉。《學生輔導》，（71），80-89。

唐守謙（1964）。《教育指導》。臺中：東海大學。

徐慰筠（1979）。〈學校輔導發展史〉。《張老師月刊》，*3*（1），43-49。

袁天行（1974）。《教育輔導》。臺北：中華書局。

崔德禮（1971）。《怎樣辦理生活輔導——青少年輔導研究專集》。臺北：幼獅書局。

張春興（1989）。《張氏心理學辭典》。臺北：東華書局。

張植珊（1980）。《我國中等學校輔導工作之規畫（抽印本）》。臺北：幼獅文化事業有限公司。

張植珊（1983）。〈我國近六十年的輔導運動及其發展動向〉。載於宗亮東等（著），《輔導學的回顧與展望——中國輔導學會成立二十週年學術論文集》（第三版）（頁 15-76）。臺北：幼獅文化事業公司。

張植珊（1995）。《文化建設與文化教育》。臺北：正中書局。

馮觀富（1989）。《輔導與諮商》。臺北：心理出版社。

馮觀富（1997）。《輔導原理與實務》。臺北：心理出版社。

葉一舵（2006）。〈臺灣學校輔導的歷史回顧〉。《中小學心理健康教育》，（1），26-27。

賈紅鶯（1986）。〈諮詢的基本概念及其在學校輔導上的應用〉。《諮商與輔導》，（141），2-9。

蔣建白（1971）。〈我國輔導工作之回顧與前瞻〉。《輔導月刊》，7（5，6），1-2。

劉焜輝（1986）。《輔導工作實務手冊》。臺北：天馬圖書公司。

劉焜輝（1990）。〈學校輔導工作的「結」與「解」〉。載於中國輔導學會（主編），《邁向 21 世紀輔導工作新紀元》（頁 335-355）。臺北：心理出版社。

劉焜輝（1997）。《輔導原理與實務》。臺北：三民書局。

劉焜輝（2008）。〈回到原點，重新定位〉。《輔導季刊》，44（3），90-94。

鄭心雄（1976）。《輔導學研究在中國——理論及應用的科學探討》。臺北：幼獅書局。

鄭崇趁（1993）。《教育與輔導的發展取向》。臺北：心理出版社。

盧欽銘（1986）。《教育與職業輔導》。臺北：中國行為科學出版社。

賴保禎、周文欽、張德聰（1993）。《輔導原理與實務》。臺北：空中大學出版社。

簡秀芬（2000）。《駐校社工師與輔導教師在學校體系角色分工之探討——以臺北市模式為例》。靜宜大學碩士論文，臺中。

Chaplin, J. P. (1985). *Dictionary of psychology* (2nd edition). New York: McGraw-Hill Co.

Educational Policies Commission. (1944). *Education for all American youth*. Washington, DC: National Education Association of the United States.

Gibson, R. L., & Mithell, M. H. (2003). *Introduction to counseling and guidance* (6th edition). Upper Saddle River, NJ: Merrill.

Hoppock, R. (1959). *Group guidance: Principles, techniques, and evaluation.* New York: McGraw-Hill Co.

Huston, P. W. (1958). *The guidance function in education.* New York: Appleton-Century-Crofts Inc.

Jones, A. J. (1951). *Principles of guidance* (4th edition). New York: McGraw-Hill Co.

Kleinman, A. (1988). *Rethinking psychiatry.* New York: The Free Press.

McDaniel, H. B. (1957). *Guidance in the modern school* (3rd edition). New York: The Dryden Press.

Miller, C. H. (1961). *Foudations of guidance.* New York: Harper & Row.

Mortensen, D. G., & Schmuller, A. M. (1976). *Guidance in today's schools* (3rd edition). New York: John Wiley & Sons.

Patterson, C. H. (1979). *Theories of counseling and psychotherapy* (2nd edition). New York: Harper & Row.

Peters, H. J., & Farwell, G. F. (1960). *Guidance reading for counselors.* Chicago, IL: Rand McNally.

Robinson, F. P. (1950). *Principles and procedures in student counseling.* New York: Harper & Row.

Rogers, C. R. (1942). *Counseling and psychotherapy.* Boston, MA: Houghton Mifflin Co.

Shaw, M. C. (1973). *School guidance systems.* Boston, MA: Hougton Mifflin.

Shertzer, B., & Stone, S. C. (1981). *Foundamentals of guidance* (4th edition). Boston, MA: Mifflin Company.

Shostrom, E. L., & Brammer, L. M. (1952). *The dynamics of the counseling process.* New York: McGraw-Hill Co.

Traxler, A. E. (1957). *Techniques of guidance.* New York: Harper & Brothers.

# 第1章

# 學校輔導緣起的歷史背景

（20 世紀 40 年代中期至 50 年代）

　　20 世紀初，心理衛生運動開始興起。20 世紀 50 年代，輔導成為世界範圍內一股重要的教育思潮。西方國家特別是美國的輔導工作對臺灣學校輔導的產生有著巨大的影響。這時，臺灣在經濟、政治、文化等方面發生著劇烈的變革，對人們的心理造成了很大的衝擊，社會對於輔導的需求日益強烈。在教育方面，臺灣的教育革新日益重視對青少年人格、倫理等心理與行為的教育，其中的許多觀點與輔導理念不謀而合。在這一系列因素的共同作用下，以僑生教育為「導火線」，學校輔導工作應運而生。

 **第一節　心理輔導運動與學校輔導**

　　進入 20 世紀以來，隨著工業社會的加速發展，美國等西方國家民眾面臨的壓力日益增加，為了減輕人們的心理壓力，緩解社會矛盾，心理輔導成為一種強烈的社會需求。同時，民眾對自身權利要求的呼聲也日益高漲，心理衛生運動在世界各地興起。在人們內在的需求和外在人文關懷思潮雙重力量的推動下，心理輔導在美國等西方國家開始興起，並得到了巨大發

展，最終成為 20 世紀教育思潮的主流之一。

# 一、心理輔導運動的推動力量

在心理輔導運動的興起與發展過程中，工業社會造成的嚴重社會矛盾和心理危機為其提供了社會基礎，心理輔導成為安撫人們心靈、提高工作效率的重要手段。心理輔導始於職業輔導並隨著職業輔導的進一步發展，內容也由職業輔導逐漸擴展到其他方面，影響領域也逐漸擴大，最後在世界各地的心理衛生運動推動下，正式登上歷史舞臺，成為 20 世紀教育發展中的一股時代潮流。第二次世界大戰後，由於美國等發達國家政府對心理輔導的重視，心理輔導得到了飛速的發展，進入了一個繁榮的發展階段，在社會發展中扮演著日益重要的角色。

## (一)工業社會的需求

現代意義上的心理輔導最初出現於 19 世紀末 20 世紀初的美國。當時，伴隨著工業化的進程，農業生產模式被工業革命帶來的生產方式所代替，原有的生活方式被徹底摧毀，移民大量湧入城市，人口膨脹和失業導致社會問題日益嚴重。同時，由於工業革命的影響，美國紐約和芝加哥等大城市工商業迅速發展，工業社會中職業分工的多樣化，要求勞動者能夠盡快適應種類繁多的工作。在這種社會背景下，一些學者和慈善家出於人道目的，開始進行早期的職業輔導，幫助人們順利就業，改變生活狀況。「輔導學之所以興起於美國，19 世紀後半期，這個新興國家的民間疾苦該是重要的因素之一」（朱秉欣，1983：87）。工業革命所帶來生產方式的巨大變革以及由此帶來日益嚴重的社會矛盾，成為推動輔導在美國誕生的重要原因，職業輔導也成為工業社會的一項重要特徵。

## (二)職業輔導的開展

最早的心理輔導主要是職業方面的輔導。早在 1894 年，舊金山加州手工藝學校在 Merill 的領導下開展職業輔導工作，內容包括個人分析、個別諮詢、就業輔導及追蹤研究四項，可以被認為是早期輔導的萌芽。

1908 年，慈善家 Shaw 出資在波士頓民眾服務之家（Civic Service House）設立波士頓職業局（Boston Vocation Bureau），由心理學家 Parsons 主持工作。Parsons 在波士頓職業局裡收留了許多失學青年，他根據不同人的興趣和能力特點，對他們開展個性化的職前輔導，幫助他們順利擇業和就業。1909 年，《選擇職業》（*Choosing a Vocation*）一書出版，Parsons 首次在書中使用了「職業輔導」一詞，後人以此作為心理輔導誕生的標誌，Parsons 也因此被稱做「輔導之父」。由於波士頓職業局對職業輔導的貢獻，1910 年，美國第一屆全國職業輔導會議在波士頓召開。此時，美國已經有 35 個城市的學校正式開始或計畫實施職業輔導（朱秉欣，1983：80）。1912 年，在美國紐約召開了第二屆全國職業輔導會議。1913 年，美國的國家職業輔導協會（National Vocational Guidance Association）在密西根正式成立，輔導內容開始由狹義的職業輔導擴展到教育輔導與人格輔導（朱秉欣，1983：80）。1915 年，美國國家職業輔導協會發行了職業輔導月刊與職業輔導公報。30 年代，美國出現空前的經濟不景氣，聯邦政府為了安定社會及增加青年就業機會，成立了多種有關青年輔導的團體，如平民保守團（Civilian Conservation Corps.）、國民青年團（National Youth Administration）等，不過這些都只是對青年職業上的輔導（袁天行，1974：7）。其中值得重視是 1931 年在明尼蘇達大學成立的固定工作研究所（Minnesota Employment Stabilization Research Institute），這是對輔導進行廣泛深入研究的學術機構，輔導逐漸成為一門專門的學科。

第二次世界大戰爆發以後，心理測驗在軍隊中扮演了重要角色，成為選拔訓練士兵的一個重要方法，並在第二次世界大戰尚未結束時，就紛紛

用於輔導工作。隨著心理學的發展，更多的心理測驗被用以區分個別差異。同時，隨著輔導內容與方法的不斷發展，輔導便從職業輔導推展到其他領域。1910 年成立的全國職業輔導協會到 1952 年逐漸演變成了美國輔導學會（American Personnel and Guidance Association, APGA），並出版《輔導雜誌》，成為領導全美輔導運動的學術機構（張植珊，1982：31-32）。

## (三) 心理衛生運動的興起

工業革命不僅促進了生產力的提高，也帶來生產和生活方式的巨大變化，對人的心理與行為方式產生了強烈的衝擊，在 20 世紀人文主義思潮興起的背景下，心理衛生運動也開始興起。

1908 年，大學生 Beers 根據自己在精神病院的親身經歷和體驗，出版了《一顆發現自我的心》（*A Mind that Found Itself*）一書，呼籲改善精神病院的醫療條件，改革對心理疾病患者的治療方法和手段，引起美國大眾對心理衛生工作的注意和重視。1909 年，由 Beers 發起成立了美國全國心理衛生委員會，其宗旨是防止心理異常和精神疾病的產生，增進人的心理健康。

在美國等國家的帶動下，世界上許多國家也紛紛成立了心理衛生組織。1918 年，加拿大全國心理衛生協會宣告成立。1919 年至 1926 年的七年間，法國、比利時、英國、巴西、匈牙利、德國、日本、義大利等國先後建立起全國性的心理衛生組織。此後，阿根廷、古巴、印度、紐西蘭、蘇聯、土耳其、挪威等國也建立了心理衛生機構。1930 年 5 月 5 日，第一屆國際心理衛生大會在美國華盛頓召開，有 3,042 人代表 53 個國家和地區出席了會議，產生了一個永久性的國際心理衛生委員會，標誌著心理衛生運動已經發展成為一種世界性的潮流。心理衛生運動的興起成為推動輔導發展的一股重要力量，在學校教育體系中，為了促進學生的心理健康，更能適應社會發展，一些國家開始先後設立心理輔導這一科目，透過各種方式為學生提供經驗性的幫助，促進學生的心理健康和職業發展。

## （四）政府的支持

第二次世界大戰後，美國政府的支持成為心理輔導發展的巨大動力。為了解決戰後士兵中廣泛存在的心理和精神方面的問題，幫助他們恢復到正常的生活狀態，美國政府積極為退伍軍人提供職業指導服務和心理輔導，這在一定程度上推進了心理輔導的發展及其職業化進程。美國退伍軍人管理委員會透過提供獎學金的方式，鼓勵更多的學生接受心理輔導和心理學培訓，並正式將輔導人員定義為「諮詢心理學家」（counseling psychologist）。心理輔導開始作為一種專門的職業，與職業輔導相分離，心理輔導的內容從職業輔導和適應輔導轉向對個人全面發展的關注，服務範圍逐漸擴大到社會生活的許多方面。

# 二、美國學校心理輔導的產生與發展

由於臺灣與美國關係密切，美國學校心理輔導的產生與發展對臺灣學校輔導的緣起有特殊的推動作用。

## （一）美國學校心理輔導的產生

1898 年，Davis 在底特律市成立了一個教育職業指導中心。1907 年，Davis 任密西根大瑞城中學校長時，受當時美國改良主義教育思想的影響，認為心理輔導有助於醫治美國的社會問題。他要求學校開設每週一次的輔導課程，命名為「職業與倫理輔導」，推行職業與品德輔導工作，以塑造學生的人格，避免問題行為的發生。這是心理輔導被納入學校教育的開始，Davis 也因此成為第一個在公立學校建立系統輔導課程的人。1906 年，紐約的一位校長 Weaver 也將職業輔導帶進了學校。1909 年，在波士頓職業局的協助下，波士頓的公立學校建立了職業輔導體系。1911 年，接替 Parsons 擔任波士頓職業局負責人的 Bloomfield 在哈佛大學開設第一個有關輔導的科

目，培養心理輔導專業人員。

## (二) 美國學校心理輔導的發展

20 世紀 20 年代和 30 年代，心理輔導的範圍已經開始從職業輔導擴展到學生生涯、社交、人格等方面的輔導。隨著 Rogers 的人本主義心理學之興起，輔導的方式也開始從指導式轉向非指導式。1932 年，美國在明尼蘇達大學校園內設立了輔導機構。40 年代到 50 年代，關於輔導理論與實踐的刊物、著作和心理測驗等大量湧現，使心理輔導的經驗、技術得到進一步推廣和提升，輔導的模式日漸增多。20 年代中期，波士頓和紐約開始為諮詢者頒發資格證書。1952 年，美國中小學指導人員協會和美國心理學會第 17 分會——諮詢心理學分會成立以後，60 年代出現了專業輔導人員培養標準的全國性文件。

美國的學校心理輔導工作雖然在 20 世紀初就已經開始，但是直到 50 年代，還缺乏有力的政府支持和法律保證，這也影響到學校心理輔導工作的廣度和深度。直到 1917 年，美國國會才通過了 Smith-Hughes Act 法案，支持中學的職業教育與教師的在職訓練（朱秉欣，1983：81）。之後陸續通過的幾部相關法案，肯定了職業教育是公立學校的合法課程。雖然這個時期美國心理輔導在立法上取得了一定的進展，但由於教育行政部門對職業輔導缺乏理解和信任，職業輔導在學校中的發展依舊緩慢（朱秉欣，1983：81），到 1937 年為止，人口在萬人以上的城市公立學校中還有一半沒有開展職業輔導，這種情況直到 1958 年《國防教育法》通過後，才有了根本性的改觀（輔導學在美國擴展的時間如圖 1-1 所示）。

20 世紀 40 年代和 50 年代，美國的中小學教育遭到社會的批評。1957年蘇聯發射第一顆人造地球衛星，給了美國很大的震撼，輿論界驚呼美國的科技發展落後了，學校教育也因此受到了激烈的批評。美國社會要求改革學校的課程和教學方法，提高課業的標準；加強科學和數學的訓練；選拔有天資的學生，採用更高的標準培養他們；改進外語教學等等。

在這種歷史背景下,美國國會於 1958 年通過《國防教育法》(The National Defense Education Act)。這個法案的重要精神之一是:「全國各中學應建立輔導制度,並對全國中學生施以測驗、諮商、指導服務,以鼓勵有能力的學生繼續深造。」其中第五條規定有關輔導的各種設施。

作為教育改革的一項重要內容,學校輔導工作的重要性在這部法案中得到了鮮明的體現。《國防教育法》一共十章,其中第五章「教育指導、輔導和測驗」專門論述了學校中的輔導工作,並特別對輔導工作的經費支持做了具體規定:(1)每年撥款 1,500 萬美元,給各州教育行政部門,建立和實施教育指導、輔導和測驗工作;(2)每年撥款 725 萬美元,設置訓練機構,以提高中等學校現任指導員、輔導員以及準備指導員、輔導員的專業能力。

根據這個法律,授權美國聯邦政府撥款數百億美元,採取各種方式援助教育事業,從各個方面提高學校教育的整體品質,以保證培養出高品質的人才,滿足國際競爭的需要。這個法律對美國改革學校教育教學內容、提高教育品質,有很大的促進作用。

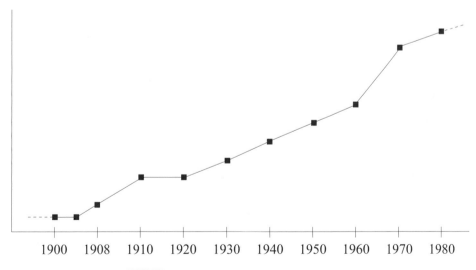

圖 1-1 美國輔導學擴展的時間曲線圖

資料來源:吳武典等(1990:48)。

《國防教育法》的頒布成為美國學校心理輔導發展史上具有里程碑意義的重要事件。有了政府的重視，再加上充分的政策與經費支持，從 60 年代開始，美國的學校心理輔導進入了一個快速提升的階段，1964 年，學校心理輔導已擴展到小學，1965 年美國學校心理輔導工作者達到三萬人。在社會需求的推動和國家政策的大力支持下，學校心理輔導在美國得到了迅速發展，成為世界上學校心理輔導工作開展的典範。

## 三、輔導成為全世界的一種教育潮流

隨著心理衛生運動的開展，在學校教育領域中，輔導也成為一項重要的工作內容。特別是在美國的帶動下，20 世紀初、中期，世界許多國家都先後提倡輔導運動，輔導工作也日趨普遍化、制度化和專業化，輔導成為全世界的一種教育潮流。

英國戰後中等教育分為文法中學、現代中學與技藝中學三類，學生根據個人能力入學，這是實施輔導工作的基本制度。學校對青年身心發展的輔導由教師負責，導師制則是輔導的另一形式。職業輔導在現代中學與技藝中學極受重視，多數學校設有職業導師（career master），負責指導學生就業。學生遇到情緒或其他心理問題，教師無法處理時，則轉介至各地方的心理中心就診。

1959 年，法國教育部的教育改革方案中以加強各級學校學生的輔導為主要原則之一。政府規定各校設觀察組（Observation Unit），對 11 歲至 15 歲的學生給予充分的個別輔導，並根據學生的能力性向安排不同的學校。每所學校都設有輔導委員會（Guidance Council），推動輔導工作。

德國早在第一次世界大戰時職業輔導就相當發達，政府為適應戰時需要，曾設立就業輔導機構。這些機構多數兼做心理輔導，實施心理測驗工作。1933 年納粹當政後，雖繼續輔導業務，但以服務國家為目的。第二次世界大戰後，西德在教育重建計畫中，標明輔導工作基於民主原則，重新

組織與擴充，今日德國各校推行輔導工作特別重視職業輔導，按照新的學校制度，學生都能根據其能力、性向，進入不同的學校。

　　日本的職業輔導開始得很早，由政府機構推動的是在 1922 年文部省設立的職業指導講習班，1927 年組織全國職業指導學會，由小學起即實施職業輔導。第二次世界大戰後，教育重建，注重民主思想，引進更多美國的輔導理論與技術，改進其傳統的訓導制度與教學方法，成效甚宏（張植珊，1982：32-33）。

## 第二節　社會變遷、教育革新與學校輔導

　　學校輔導工作的緣起，除了輔導成為 20 世紀以來教育思潮的主流這一時代背景外，還有其自身的內在因素及直接動因。

### 一、社會變遷與學校輔導

　　臺灣社會從 50 年代開始，經歷了政治、經濟、文化各方面的劇烈變化。

### (一) 國民政府遷臺後的政治生態

　　1949 年，國民政府遷臺，臺灣的政治處在國民黨的控制之下。從 50 年代起的統治初期，國民黨在臺灣的政治主要有以下特徵：首先是以黨領政，由國民黨決定臺灣所有重大的政策。其次是臺灣被定義為地方政府，而國民黨的中央政府代表「全中國」，形成「中央政府」和「地方政府」共存一島的局面。兩級機構實行不同的政治管理制度，對臺灣省政府成員採取適當開放選舉的辦法。再其次，實行一黨專政，採取戒嚴體制，禁止成立其他政黨，並以「國家安全」為名，透過情報和安全部門，對島內居民實施嚴格的監控和管理，以維護國民黨的統治地位。國民政府在臺灣透過戒

嚴令和《動員戡亂時期臨時條款》等法令，配合黨、政府、軍隊、特務等一系列統治工具，保持政治與社會管理上的強勢，壓制民眾的反抗，鞏固一黨專政。在這種專政制度下，許多人因反對言論或行動，甚至無故被汙衊為「匪諜」而受到迫害，造成白色恐怖的政治統治氛圍。

國民黨在臺灣一方面透過政黨的強力控制體系，壓制社會的反對意見，維持政權的運作，另一方面也採用一些柔性措施緩和矛盾。一是開放地方選舉，籠絡地方政客，讓地方各種派別勢力參與政權；二是透過組織化的方式，吸納和控制社會團體，讓他們為維護社會政治秩序出力；三是透過積極發展經濟來維護統治，引導經濟發展方向，控制重要的產業，獲取經濟上的控制力。1950 年起，臺灣實行地方自治，縣以下民意代表與行政首長及省議會由公民直選產生。50 年代起，雷震等知識份子在《自由中國》雜誌上批評時政，要求民主。1960 年，雷震等人士籌組「中國民主黨」，但很快就被鎮壓。在國民政府解除戒嚴之前，臺灣的「黨外」團體一直透過私下發行的政論雜誌，醞釀對國民政府進行大規模抗爭，要求全面落實民主政治與言論自由。

## (二)戰後經濟的發展與轉型

第二次世界大戰後初期，由於國民黨的措施失當和混亂的社會環境造成了物資缺乏，臺灣島內陷入了嚴重的通貨膨脹和經濟危機，人民生活貧困。1945 年到 1949 年為惡性通貨膨脹形成時期，物價水準逐年、逐月乃至於逐日上升。為了因應嚴重的通貨膨脹情形，1949 年 6 月，臺灣省政府公告《新臺幣發行辦法》，進行幣制改革（薛化元，2004：1022），使搶購囤積的情形逐漸緩和，農業和工業生產開始恢復。1950 年下半年開始有美援物資到達臺灣，物價上漲率趨於下降，臺灣開始從惡性通貨膨脹轉入溫和通貨膨脹階段。

為了促進臺灣的經濟發展，國民政府從 1949 年開始進行了一系列的改革措施，目的是以農業建設為重點，支持並促進工業發展。在工業得到發

展後，又以工業建設為重點促進農、工、商業的發展，最終達到產業升級、實現現代化的總目標。同時，美國的經濟援助也成為臺灣經濟發展的重要推動力量。至 1965 年為止，15 年間美國對臺灣的援助金額約為 15 億美元，占有舉足輕重的地位（林鐘雄，1987：37-38）。這樣，有日治時期所奠定的基礎，加上大陸來臺的大量資金、人才與技術及美援等因素的作用，臺灣經濟逐步走向恢復性成長。至 1953 年，臺灣經濟已恢復到戰前水準。

　　在實現經濟恢復後，臺灣經濟開始轉型。60 年代臺灣因善於利用國際經濟擴張的機會，藉加工出口產業的快速發展而擺脫了農業經濟的束縛。1963 年，工業占臺灣經濟中的比重已超過農業，轉型成工業經濟社會。之後臺灣以平均每年 10.4%的高經濟增長率領先許多國家和地區，奠定了邁向工業化和現代化的基礎（黃枝興，1981：101）。同時，50 年代臺灣開始推行「進口替代」戰略，著重發展勞動密集型加工工業。60 年代初中期即實現由「進口替代」轉向「出口擴張」。至 1965 年，因出口已開始穩定成長，便放寬設廠限制。1966 年，臺灣成立高雄出口加工區，以擴大加工生產，這是亞洲第一個出口加工區。從此，臺灣以加工中繼站的角色，成為國際分工體系中的一環（黃枝興，1981：100）。

## (三) 戰後人口、文化的變遷

　　首先，人口數量和構成的變化。第二次世界大戰後臺灣人口增加快速，人口密度高居世界第二。家庭結構從 60 年代以前的以擴大家庭為主的模式，轉變到 60 年代至 70 年代以三代同堂的折衷家庭為主。同時自 1953 年臺灣實施第一期四年經濟計畫之後，工業經濟快速成長，創造大量藍領就業機會，人口大量移往都市。人口結構隨著工業社會的變遷，有都市化的趨勢。同時，臺灣的人口構成複雜，主要由原住民、平埔族、河洛人、客家人以及光復後遷臺的大陸居民構成。「臺灣人民的祖先，大多數都是來自於福建省閩南的河洛人，和來自於與福建省相鄰的廣東省客家人的後裔」（劉世閔，2005：9）。國民政府遷臺時，帶來了大量的大陸人口，在 1945

年至 1949 年之間從中國大陸來臺的人，當時約 200 萬軍民遷入，約占當時人口數的 20%，「由閩客族裔的眼光觀之稱之為外省，即非原籍臺灣者所組成」（劉世閔，2005：10）。於是，「在臺灣，當年由中國大陸來臺的外省籍人士和本土臺灣人（河洛人和客家人）之間，普遍存在著族群的緊張關係」（劉世閔，2005：10）。由於國民政府沒有充分考慮這種差異，導致臺灣「本省人」和「外省人」之間出現矛盾，並終因矛盾的激化，在 1947 年發生了「二二八事件」。這一事件成為臺灣後來的所謂本土居民和外省族群矛盾的起點，並影響到了之後的臺灣社會關係。

其次，就業結構的變化。自 50 年代中期開始的快速工業化進程，顯著改變了臺灣以地主和農民為主的階級結構。從農村遷出的勞動人口持續流向都市，形成工人階級群體，原來的地主、豪紳與買辦蛻變成資產階級群體。1953 年後，隨著四年經濟建設計畫的完成，農業人口占總人口的比例開始逐步下降。1961 年，工業與服務業的人口已經超過了農業人口。60 年代開始，大量人口從鄉村遷移到都市，都市中產階級群體出現並逐漸壯大。在職業結構上白領取代了藍領勞工，知識與技術精英取代了傳統工業的企業主。

第三，農業文化向工業文化轉變。第二次世界大戰後初期，臺灣還是一個農業社會。農業文化從兩個方面塑造了臺灣社會結構的特質：一是在生活的多數領域中皆是中央集權、單一威權統治的；二是人民全然的順從、徹底服從權威的管理。隨著工業化的進行和農業在經濟中的比重下降，幾千年來中國人賴以維生的農業衰弱了，農耕技術被徹底取代了，建立在農業社會基礎上的農業文化的消逝是理所當然的發展趨勢。傳統社會文化中的一元論與從屬原則，逐漸被講求平等的並立原則所取代了。總之，戰後的臺灣，文化已從傳統的、重農的、集體取向的以及充滿念舊情懷的文化型態，轉變而為外向的、個人主義的、充滿前瞻性的文化。然而這種文化的轉變卻帶來了人們價值觀和心態上的巨大衝突，在很多時候，讓人無所適從，各種社會問題也層出不窮。

第四，生活方式的改變。工業化的結果，也使原來的社會結構產生極大變化。工業化和都市化使居民大量聚居於工業和城市地區，人們不再局限於原來的初級關係中。家庭人口逐漸減少，父權低落，原來的家族關係難以維持。新的技術和工作的專業化使社會關係和價值體系必須重新調整，以自由民主為核心的多元價值觀和生活方式成為一種必然的趨勢。在這個過程中，由於親密的初級關係正在不斷地被消解，人們在住所、工作、社交場合遇到或見到的，多半是一些既不能交往又無法信任的陌生人。生活在這種既冷漠又陌生的環境中，人們的心理疏離感日趨嚴重，心理上的各種問題和危機也日益增多。

總之，20 世紀 50 年代開始的臺灣社會的巨大變遷導致傳統生活方式與當代社會環境的尖銳衝突，舊習慣與新制度之間矛盾日益凸顯，使得臺灣社會在經濟發展和社會轉型的同時，也出現了類似西方社會的都市、犯罪、族群衝突、分配不均、環境汙染等問題。這種變化為心理輔導在臺灣社會的誕生提供了豐富的土壤，也使學校輔導成為臺灣社會變遷的一種必然需求。

## 二、教育革新與學校輔導

1945 年臺灣光復到 50 年代初中期，國民政府開始對臺灣教育進行全面調整，在教育方面實施了一系列的革新舉措，涉及學制、教育體系以及教育與課程內容等方面。在這一系列的教育革新中，實際上已經蘊含了學校輔導在觀念上的萌芽。

### （一）教育革新的背景與內容

#### 1. 教育革新的背景

臺灣光復後，教育面臨著去殖民化的重要任務。1949 年，國民政府遷臺，教育又成為國民政府實現「反攻大陸」政治目標的重要手段。承載著雙重任務，國民政府在教育領域實施了一系列教育革新。「教育為百年樹

人之大計，且為民族文化之所寄。由於臺灣復歸祖國，在教育政策與行政措施上，必須有一番劃時代之變更；而且由於大陸之不幸『淪陷』，臺灣成為『民族復興』之基地，教育設施自然更須順應此時代之要求，配合當前國策，作各必要之改革」（李汝和，1970b：147）。臺灣光復後十幾年間，教育設施的變遷過程大體上可以分為三個階段（李汝和，1970b：147）：改制時期（1945～1947），改進時期（1947～1948），建設時期（1948以後）。

1945 年，國民黨當局接管了各級教育機構，依據其統治意志確定了新的教育宗旨，以及建立符合國民政府法律規定的教育制度和具體過渡辦法，開啟了由日本殖民地教育向國民黨統治區教育轉型的進程。由於臺灣受日本殖民統治五十年，導致島內風俗民情與中國大陸存在許多差異，教育面臨著去殖民化、重塑中國文化素養的任務。之後，臺灣行政長官公署確立了實施以「三民主義教育」為核心的教育方針，對臺灣教育的性質及接收、改造和發展做出了規定。1945 年開始根據《國民學校法》實施國民教育，臺灣省教育處提出五大教育方針：闡揚三民主義，培養民族文化，適合國家和本省需要，獎勵學術研究（與民族文化相關），教育機會均等（李汝和，1970b：81），體現了當時國民黨促進臺灣教育「中國化」的方針。

1949 年，國民政府遷臺，「反攻大陸」成為所有政策的出發點。「唯此時一切施政一本『反共抗俄復國建國』的最高國策，教育方面亦以此國策為依據」（徐南號，2002：29）。國民黨政權希望透過教育向民眾灌輸「反共」思想意識，也試圖透過教育儲備豐富的人才資源，促進臺灣經濟發展，為其政治目的服務。因此，各項教育措施的實施也主要考慮配合動員備戰的需要，教育部於 1950 年 6 月訂頒《戡亂建國教育實施綱要》，明確提出「務使全國教育設施皆以戡戰為中心」（教育部，1945：1）。在這種政治目標的指導下，當時臺灣教育政策的本質「就是如何反共、如何復國的精神教育和生產教育，也就是道德教育和職業教育」（孫邦正，1971：268）。

## 2. 教育革新的主要內容

　　這一階段的教育革新主要涉及教育政策、教育體系等方面的調整。在教育政策方面，根據國民黨原有的教育宗旨，推行自由民主的三民主義教育，其主要內容即為「五大教育方針」。在這些方針的指導下，這一時期的臺灣教育革新主要體現在調整學校制度、增加學校數量、充實教育內容、編訂教材、修訂學校課程、加強社會教育、推行國語教育、培養優良師資、訓練教育行政人員、加強學術研究等方面。在教育體系革新方面，國民政府對師資、學制、課程、語言等進行了一系列的改革。

　　特別要指出的是，這一時期的教育革新主要是以強調民族精神教育、科學教育與職業教育為核心，對教育內容進行相應調整。在民族精神教育方面，1950 年 5 月，臺灣省教育廳頒布《非常時期教育綱領》，強調民族精神教育、勞動生產教育和文武合一教育的重要性。1953 年，教育部根據蔣介石的指示，整理《論語》、《孟子》等中國文化典籍，提供中學以上學生閱讀。1954 年，行政院長俞鴻鈞表示根據蔣介石的《民生主義育樂兩篇補述》，臺灣教育政策將著重民族精神教育與科學教育。次年，俞鴻鈞進一步提出民族精神教育的重要措施在於培養優良師資，編寫反映中國文化與國情的教材。1956 年，科學教育正式成為臺灣教育政策的重點之一，但主要是重視講求實用的科技或職業教育，忽視自然科學的理論與基礎研究。

## (二)教育革新中的輔導萌芽

　　這一時期的教育革新雖然沒有明確出現輔導的概念，卻蘊含了一些輔導的萌芽。

### 1. 學校教育目標中的輔導理念

　　光復初期，國民政府以教育方針及當時的學校系統為依據，根據臺灣各級學校的實際情況，對臺灣學校的教育目標和內容進行了調整，建立了完整的學校制度。

　　這一時期臺灣學校教育目標的規定中，有些內容與輔導理念有著異曲

同工之妙，例如：國民學校教育目標中規定「國民學校……應注重國民道德之培養及身心健康之訓練，並授以生活必須之知識與技能」（李汝和，1970a：85）。在學前教育的目標方面，提到了「增進兒童身心健康，培養幼兒優良習慣，啟發幼兒基本生活知能，增進幼兒應有之快樂與幸福」。要從事「知能訓練」與「生活訓練」（李汝和，1970a：84）。教育目標無疑對於具體的教育層面有著積極的影響，雖然這些宏觀目標並沒有與之對應的教育措施相配合，但是也體現出當時臺灣教育政策的制定者們知道僅有身體健康與知識獲得是不夠的，更要身心都健康，這種理念恰與輔導欲實現其「全人」教育的目標相一致。

### 2. 生活教育中的輔導理念

對於生活教育的提倡，也與輔導理念有一些相似之處。1962 年頒布的《生活教育實施方案》指出：「生活教育之推展，除知識技能教育外，較著重從生活的實踐中，培養國民具備發揚民族文化及實行三民主義之智慧與修養，並注意國民優良品德之養成。以期從日常生活中，養成優良品格，使其能成為身心平衡、手腦並用、智德兼修、文武合一之健全國民。」

1966 年 11 月，臺灣開始推動中華文化復興運動。教育部長閻振興向立法院報告時，指出九年國民教育的課程設計，應以「民族精神教育及生活教育為中心」。

生活教育的本質就是不僅僅將教育的內容局限於知識的傳授，更要重視學生生活技能、道德品質的培養。這些觀點無疑與輔導有諸多相似。

這一時期臺灣的教育革新，無論是在宏觀的教育理念還是一些具體的教育內容上，都與輔導的部分理念及內容有所契合，這些觀點與理念為日後臺灣學校輔導的正式產生提供了觀念上的啟發作用。更為重要的是，作為臺灣學校輔導正式誕生指標的僑生教育，恰恰是在教育革新背景下蓬勃開展的。正是對僑生開展的輔導工作，最終推動了輔導在臺灣學校中的產生。因此可以說教育革新已經蘊含了輔導的萌芽，教育革新為輔導正式產生提供了有利的氛圍。

## 第三節　僑生教育與學校輔導

　　隨著 20 世紀 50 年代初臺灣社會、經濟的發展變化，愈來愈多的海外僑胞返臺工作與生活，返臺就學的僑胞子女也不斷增加。1954 年，返臺就學的僑生人數驟增，並且在此後的七年間每年均在遞增，達到前所未有的規模。這些青少年學生因僑居地環境不同、教育水準不一，返臺後出現嚴重的生活與學習適應問題。為了加強僑民教育，推行華僑教育政策，教育部開始對僑生學業、品德行為與生活適應等方面予以輔導，由於成效顯著，引起各方面的重視。於是，教育部於 1956 年在各大專校院設置僑生輔導委員會，除了辦理海外各地僑生回臺升學事宜外，還定期舉辦輔導工作研習會，在學生輔導方面做了大量工作。僑生教育由此成為學校輔導運動的直接動因，並成為學校輔導工作的起跑點。

## 一、僑生教育的發展歷程

　　中國人口眾多，海外華僑遍布世界各地。由於意識到華僑的巨大力量和影響力，國民政府對僑生教育也比較重視，制定了一系列的政策。「政府對於華僑子弟之教育問題，自始即甚為重視，民國三年所公布之《僑民子弟回國就學規程》，為政府重視僑生教育之發軔」（餘書麟，1966：1155）。1931 年，國民政府設立僑務委員會，頒布《指導僑生回國升學章程》，作為辦理僑生回臺升學的法律依據。

　　50 年代初，分布在全球各地的華僑總數已達 1,100 餘萬人（夏誠華，2006：23），成為一股龐大的力量。華僑在僑居地勤勉努力，創造了優越的經濟地位與實力，因此無論在政治、經濟、社會等方面，在海外僑居地都有著巨大的影響力。1949 年冬，國民政府遷臺，為了達到自己的政治目的，極力拉攏海外華僑，鼓勵華僑子女來臺就學。在這種背景下，僑生教

育開始興起並得到迅速發展。

## (一) 僑生概況

僑生指由其他國家回到祖國就學的華僑學生。1958 年 5 月 24 日，教育部僑務委員會公布了《僑生回國就學及輔導實施辦法》。其中第二條、第三條對僑生的資格做了規定：「凡僑居海外五年以上，在國外僑民小學以上學校畢業，或相當於僑民小學以上程度之外文學校畢業之僑生，志願回國就學中等以上學校者，均得申請保送。」「初中新生入學年齡須在 16 歲以下，高中新生須年齡在 19 歲以下，學制不同之特殊地區，得酌予變通。專科以上學校僑生入學年齡，暫不規定。」後來，隨著僑教政策的調整，對僑生的界定及條件要求有所變化，變得更為嚴格。

臺灣於 1951 年開始招收僑生，由於當時臺海局勢仍不穩定，加上缺乏經濟誘因，早期來臺的僑生人數十分有限。隨著 1954 年美國援助臺灣，招收東南亞僑生回臺升學，以防止東南亞華裔青年投奔「中共」，讓原本欲振乏力的僑生教育立即重獲生機，從 1953 年的 632 名回臺僑生跳升至 1954 年的 1,236 人，幾乎翻了兩倍；此後一直到美援完全停止的 1965 年，每年回臺升學的僑生大約維持在 1,000 人至 2,000 人之間（參見表 1-1 至 1-3）。

美援停止後，臺灣透過制定新的措施，包括增設僑生獎學金、清寒僑生補助金、僑生公費以及受理捐贈僑生獎學金等，成功讓每年回臺升學的僑生人數進一步攀升至大約 2,000 人至 3,000 人之間。由此可見，臺灣在美援終止後，仍不惜持續投入龐大的資源來維持僑生教育的運作。

## (二) 國民黨的僑生教育政策

國民黨中央改造委員會於 1950 年發表「本黨現階段政治主張」，在僑生教育方面提出「解決僑胞子弟教育問題，應盡速採取合理的措施」。1951 年，行政院施政計畫就提到了鼓勵並輔導僑生回臺升學，由僑務委員會依據《華僑學生申請保送來臺升學辦法》之規定實施，並於當年開始招收僑

生。在有駐外使領館的地區，根據《駐外使領館辦理僑民教育行政規則》及《駐外使領館派員視導轄區僑民教育文化辦法》，均由使領館負責辦理海外僑生回臺升學事宜。1951 年，僑務委員會頒布《僑生申請保送來臺升學大專辦法》，此後大量招收海外高中畢業華僑青年免試分發臺灣各大專校院就讀，為僑社造就了大量的人才（餘書麟，1966：1155-1157）。

1952 年 5 月，立法院通過《當前僑務施政政策要點》，包括「積極鼓勵海外技術青年回國參加反共抗俄實際工作，大量招訓海外各地忠貞優秀青年，儲備海陸空軍幹部」等項。10 月 18 日國民黨第七次代表大會通過的國民黨政綱第七章涉及「僑生回國升學就業，特予便利之規定」。

1953 年 4 月，僑務委員會與教育部會同公布《海外僑生來臺升入中等學校肄業辦法》後，當年就有 188 名來自越南、印尼、韓國、緬甸等地的僑生升入中等學校，就讀於建國中學、成功中學、第一女中、第二女中及新竹中學等（夏誠華，2006：27-28）。

1955 年 9 月，僑務委員會在臺北召開華僑文教會議，重要決議案為《當前華僑文教工作綱領》，規定華僑教育文化之最高方針，標舉華僑文教之主要任務為「華僑文教事業之鞏固，內容之充實，以及水準之提高」等三項，尤其注意僑生回臺升學之實施，通過《鼓勵僑生回國升學方案》。僑務委員會在方案中表示：鼓勵僑生回臺升學之目的，在使其接受優良教育，培養真正人才……成為中國良好公民及僑居地之良好居民，以為祖國及僑居地服務。同年，教育部增設華僑實驗中學及僑生大學先修班，擴大輔導僑生回臺升學。華僑實驗高級中學是臺灣島內唯一培育回臺僑生接受高中教育的學府（張碧娟，1999：19）。

1956 年，臺灣當局頒布《港澳高中畢業成績優良學生保送辦法》，擴大招收海外僑生回臺升學大專校院及中等學校，回臺升學僑生人數逐年增加。1957 年起，為照顧北越、印尼、緬甸等地區撤僑、難僑子弟回臺升學，按照師範生公費待遇給予救助。1957 年，設置道南中學，專收由越南接運來臺的僑生。

表 1-1　歷年度分發實到及在學僑生人數統計表

| 年度 | 學校類別 | 分發僑生人數 | 實到僑生人數 | 實到僑生人數累計 | 在學僑生人數 | 在學僑生人數合計 | 大專畢業僑生人數 | 大專畢業僑生人數合計 |
|---|---|---|---|---|---|---|---|---|
| 51-52 | 大專學校 | 103 | 60 | 60 | 60 | 60 | 0 | 0 |
|  | 中學職校 | 0 | 0 |  | 0 |  |  |  |
| 52-53 | 大專學校 | 307 | 182 | 268 | 196 | 222 | 5 | 5 |
|  | 中學職校 | 31 | 26 |  | 26 |  |  |  |
| 53-54 | 大專學校 | 746 | 329 | 695 | 390 | 502 | 48 | 53 |
|  | 中學職校 | 139 | 98 |  | 112 |  |  |  |
| 54-55 | 大專學校 | 1,127 | 738 | 1,753 | 886 | 1,288 | 76 | 129 |
|  | 中學職校 | 375 | 320 |  | 402 |  |  |  |
| 55-56 | 大專學校 | 1,457 | 1,321 | 3,584 | 1,746 | 2,662 | 200 | 329 |
|  | 中學職校 | 651 | 510 |  | 916 |  |  |  |
| 56-57 | 大專學校 | 1,931 | 1,396 | 5,454 | 2,836 | 4,169 | 215 | 544 |
|  | 中學職校 | 739 | 474 |  | 1,333 |  |  |  |
| 57-58 | 大專學校 | 2,511 | 2,064 | 8,632 | 4,271 | 6,363 | 449 | 993 |
|  | 中學職校 | 1,148 | 1,114 |  | 2,092 |  |  |  |
| 58-59 | 大專學校 | 2,380 | 1,446 | 10,640 | 4,623 | 6,778 | 656 | 1,649 |
|  | 中學職校 | 604 | 562 |  | 2,155 |  |  |  |
| 59-60 | 大專學校 | 2,352 | 1,813 | 13,067 | 5,172 | 7,404 | 641 | 2,290 |
|  | 中學職校 | 647 | 614 |  | 2,232 |  |  |  |
| 60-61 | 大專學校 | 2,216 | 1,857 | 15,621 | 5,804 | 8,218 | 1,084 | 3,374 |
|  | 中學職校 | 1,122 | 697 |  | 2,414 |  |  |  |
| 61-62 | 大專學校 | 1,968 | 1,485 | 17,293 | 5,795 | 7,860 | 928 | 4,302 |
|  | 中學職校 | 190 | 187 |  | 2,065 |  |  |  |
| 62-63 | 大專學校 | 1,892 | 1,484 | 18,868 | 5,899 | 7,529 | 1,217 | 5,519 |
|  | 中學職校 | 101 | 91 |  | 1,630 |  |  |  |

資料來源：田漢祥等（1982）。

**表 1-2　歷年度大專校院畢業僑生人數統計表**

| 學校 \ 學年度 | 合計 | 臺灣大學 | 政治大學 | 臺灣師範大學 | 成功大學 | 中興大學 | 臺灣海洋學院 | 國防醫學院 | 輔仁大學 | 臺北醫學院 | 高雄醫學院 | 淡江大學 | 中國文化大學 | 臺北工專 | 其他院校 |
|---|---|---|---|---|---|---|---|---|---|---|---|---|---|---|---|
| 合計 | 33,234 | 13,155 | 4,044 | 5,226 | 4,650 | 1,690 | 459 | 588 | 391 | 327 | 239 | 357 | 307 | 336 | 1,465 |
| 1952 | 5 | | | | | 5 | | | | | | | | | |
| 1953 | 48 | 3 | | 8 | | 37 | | | | | | | | | |
| 1954 | 76 | 5 | | 4 | 1 | 62 | | | | | | | | 4 | |
| 1955 | 200 | 56 | | 79 | 1 | 42 | 7 | | | | | | | 15 | |
| 1956 | 215 | 59 | | 89 | 41 | 22 | 2 | | | | | | | 2 | |
| 1957 | 449 | 235 | | 126 | 61 | 9 | 4 | 10 | | | | | | 4 | |
| 1958 | 656 | 289 | 80 | 161 | 98 | 6 | 3 | 14 | | | | | | 4 | 1 |
| 1959 | 641 | 320 | 63 | 144 | 83 | 5 | 7 | 15 | | | | | | 4 | |
| 1960 | 1,084 | 454 | 165 | 295 | 120 | 15 | 1 | 19 | | | | 1 | | 4 | 10 |
| 1961 | 928 | 379 | 132 | 190 | 143 | 21 | 8 | 19 | | | | 3 | | 10 | 23 |
| 1962 | 1,217 | 421 | 141 | 316 | 214 | 48 | 11 | 38 | | | 2 | | | 3 | 23 |
| 1963 | 1,196 | 408 | 209 | 303 | 151 | 54 | 3 | 31 | | | | 1 | | 7 | 29 |
| 1964 | 993 | 398 | 129 | 208 | 132 | 57 | 4 | 33 | 2 | | 1 | 8 | | 7 | 14 |
| 1965 | 994 | 439 | 111 | 219 | 119 | 31 | 2 | 21 | | 2 | | 7 | | 22 | 21 |
| 1966 | 1,223 | 508 | 183 | 201 | 198 | 50 | 23 | 15 | 2 | 1 | | 9 | 8 | 21 | 4 |
| 1967 | 1,119 | 435 | 160 | 194 | 160 | 69 | 12 | 24 | 8 | 4 | | 7 | 15 | 17 | 14 |
| 1968 | 1,223 | 526 | 148 | 190 | 209 | 71 | 25 | 14 | 14 | 4 | 2 | 8 | 7 | 5 | |
| 1969 | 1,411 | 619 | 169 | 195 | 209 | 68 | 18 | 27 | 14 | 5 | 5 | 7 | 10 | 19 | 46 |
| 1970 | 1,681 | 841 | 193 | 188 | 172 | 111 | 28 | 23 | 18 | 15 | 22 | 12 | 12 | 9 | 37 |
| 1971 | 1,647 | 702 | 211 | 226 | 230 | 55 | 34 | 38 | 13 | 11 | 4 | 11 | 17 | 9 | 86 |
| 1972 | 1,976 | 811 | 258 | 258 | 284 | 95 | 38 | 29 | 31 | 14 | 16 | 11 | 16 | 10 | 105 |
| 1973 | 1,972 | 813 | 243 | 236 | 262 | 98 | 39 | 29 | 29 | 31 | 23 | 26 | 25 | 22 | 96 |
| 1974 | 1,605 | 589 | 213 | 184 | 241 | 84 | 27 | 35 | 24 | 22 | 20 | 15 | 27 | 9 | 115 |
| 1975 | 1,593 | 681 | 179 | 192 | 223 | 35 | 23 | 20 | 24 | 34 | 25 | 29 | 16 | 17 | 95 |
| 1976 | 1,802 | 663 | 248 | 222 | 234 | 91 | 26 | 37 | 43 | 35 | 28 | 31 | 17 | 13 | 114 |
| 1977 | 1,826 | 652 | 194 | 207 | 269 | 114 | 18 | 25 | 42 | 35 | 21 | 41 | 36 | 20 | 152 |
| 1978 | 1,905 | 692 | 234 | 188 | 277 | 115 | 30 | 26 | 35 | 37 | 21 | 29 | 35 | 23 | 163 |
| 1979 | 1,741 | 495 | 201 | 218 | 266 | 122 | 32 | 23 | 43 | 33 | 21 | 55 | 40 | 30 | 162 |
| 1980 | 1,808 | 662 | 180 | 185 | 252 | 98 | 34 | 23 | 49 | 44 | 28 | 46 | 26 | 26 | 155 |

資料來源：田漢祥等（1982）。

表 1-3　歷年度大專校院畢業僑生僑居地人數統計表

| 學校學年度 | 統計 | 港澳 | 馬來西亞 | 印尼 | 越南 | 韓國 | 菲律賓 | 新加坡 | 泰國 | 緬甸 | 高棉 | 汶萊 | 印度 | 日本 | 寮國 |
|---|---|---|---|---|---|---|---|---|---|---|---|---|---|---|---|
| 統計 | 33,234 | 11,574 | 9,026 | 2,937 | 3,044 | 2,577 | 399 | 301 | 680 | 1,238 | 247 | 214 | 124 | 143 | 455 |
| 1952 | 5 | 5 | | | | | | | | | | | | | |
| 1953 | 48 | 42 | | 2 | | 4 | | | | | | | | | |
| 1954 | 76 | 65 | 5 | 1 | 1 | 1 | | | 1 | 1 | | | | | |
| 1955 | 200 | 126 | 6 | 8 | 23 | 9 | 11 | 4 | 7 | 1 | 1 | | 1 | 1 | |
| 1956 | 215 | 121 | 12 | 27 | 18 | 9 | 11 | 5 | 5 | | 3 | | 2 | | |
| 1957 | 449 | 323 | 25 | 14 | 39 | 16 | 11 | 11 | 3 | 1 | 1 | | 1 | 1 | |
| 1958 | 656 | 503 | 22 | 29 | 36 | 27 | 20 | 8 | 1 | 2 | 1 | | 5 | | 1 |
| 1959 | 641 | 465 | 43 | 36 | 23 | 23 | 23 | 9 | 1 | 5 | | 7 | 3 | 1 | |
| 1960 | 1,080 | 548 | 195 | 84 | 114 | 26 | 31 | 42 | 9 | 15 | 7 | 5 | | 4 | |
| 1961 | 927 | 388 | 205 | 115 | 99 | 24 | 27 | 36 | 6 | 5 | 12 | 5 | | 3 | 1 |
| 1962 | 1,217 | 457 | 320 | 132 | 134 | 21 | 51 | 50 | 16 | 11 | 7 | 10 | | 4 | 1 |
| 1963 | 1,195 | 390 | 357 | 178 | 119 | 30 | 43 | 27 | 14 | 5 | 8 | 11 | 5 | 4 | |
| 1964 | 992 | 300 | 281 | 171 | 120 | 38 | 22 | 6 | 14 | 7 | 11 | 10 | 8 | | 2 |
| 1965 | 994 | 251 | 291 | 177 | 137 | 48 | 14 | 3 | 21 | 12 | 14 | 9 | 5 | 1 | 5 |
| 1966 | 1,225 | 251 | 416 | 129 | 197 | 75 | 16 | 3 | 36 | 21 | 21 | 18 | 17 | 4 | 10 |
| 1967 | 1,117 | 317 | 416 | 91 | 102 | 81 | 9 | 2 | 31 | 21 | 6 | 10 | 12 | 4 | 5 |
| 1968 | 1,224 | 365 | 418 | 162 | 114 | 57 | 9 | 2 | 25 | 32 | 12 | 7 | 5 | 1 | 4 |
| 1969 | 1,411 | 434 | 470 | 164 | 113 | 71 | 9 | 5 | 34 | 68 | 6 | 10 | 5 | 2 | 6 |
| 1970 | 1,680 | 496 | 635 | 198 | 122 | 84 | 6 | 6 | 27 | 62 | 5 | 7 | 8 | 4 | 9 |
| 1971 | 1,649 | 515 | 532 | 176 | 128 | 105 | 10 | 8 | 29 | 70 | 8 | 14 | 15 | 8 | 12 |
| 1972 | 1,977 | 653 | 537 | 188 | 205 | 179 | 17 | 10 | 26 | 97 | 3 | 2 | 7 | 14 | 29 |
| 1973 | 1,972 | 707 | 565 | 126 | 163 | 177 | 10 | 15 | 35 | 88 | 4 | 14 | | 13 | 33 |
| 1974 | 1,605 | 622 | 461 | 93 | 117 | 109 | 10 | 11 | 33 | 74 | 5 | 9 | 10 | 10 | 27 |
| 1975 | 1,592 | 587 | 312 | 89 | 147 | 160 | 11 | 10 | 59 | 119 | 10 | 11 | 4 | 16 | 43 |
| 1976 | 1,802 | 611 | 375 | 106 | 200 | 243 | 11 | 2 | 58 | 111 | 9 | 6 | 2 | 7 | 48 |
| 1977 | 1,826 | 471 | 502 | 106 | 201 | 261 | 7 | 7 | 43 | 113 | 14 | 9 | 1 | 11 | 57 |
| 1978 | 1,906 | 525 | 524 | 124 | 198 | 232 | 2 | 6 | 44 | 105 | 32 | 14 | | 12 | 62 |
| 1979 | 1,739 | 502 | 538 | 107 | 107 | 222 | 3 | 5 | 47 | 89 | 25 | 7 | 1 | 9 | 57 |
| 1980 | 1,808 | 534 | 563 | 104 | 67 | 245 | 5 | 8 | 55 | 103 | 22 | 19 | | 9 | 43 |

**表 1-3　歷年度大專校院畢業僑生僑居地人數統計表（續）**

| 學校／學年度 | 帝汶 | 美國 | 莫里斯 | 秘魯 | 澳洲 | 馬拉加西 | 加拿大 | 法國 | 巴拿馬 | 南非 | 黎巴嫩 | 土耳其 | 大溪地 | 委內瑞拉 | 紐西蘭 | 奧地利 |
|---|---|---|---|---|---|---|---|---|---|---|---|---|---|---|---|---|
| 統計 | 142 | 49 | 18 | 9 | 4 | 23 | 5 | 3 | 2 | 6 | 2 | 2 | 1 | 5 | 3 | 1 |
| 1952 | | | | | | | | | | | | | | | | |
| 1953 | | | | | | | | | | | | | | | | |
| 1954 | | | 1 | | | | | | | | | | | | | |
| 1955 | | | 2 | | | | | | | | | | | | | |
| 1956 | | | 2 | | | | | | | | | | | | | |
| 1957 | | | 3 | | | | | | | | | | | | | |
| 1958 | | 1 | | | | | | | | | | | | | | |
| 1959 | | 1 | | | 1 | | | | | | | | | | | |
| 1960 | | | | | | | | | | | | | | | | |
| 1961 | 1 | | | | | | | | | | | | | | | |
| 1962 | | 2 | | | | | 1 | | | | | | | | | |
| 1963 | | | | 3 | 1 | | | | | | | | | | | |
| 1964 | 2 | | | | | | | | | | | | | | | |
| 1965 | 4 | 1 | | 1 | | | | | | | | | | | | |
| 1966 | 5 | 1 | | 1 | | 2 | | 1 | | 1 | | | | | | |
| 1967 | 4 | 1 | 1 | 1 | | 3 | | | | | | | | | | |
| 1968 | 4 | 1 | | 2 | | 3 | | | | | | | 1 | | | |
| 1969 | 6 | 1 | | 1 | 1 | 1 | 1 | | | | | 2 | | | | |
| 1970 | 5 | 4 | | | | 1 | | | | | | | 1 | | | |
| 1971 | 8 | 4 | | | | 2 | 1 | | | | | 2 | | 2 | | |
| 1972 | 7 | 2 | | | | | | | | | | 2 | | | | |
| 1973 | 9 | 3 | | | | 2 | | | | | | | | | 1 | |
| 1974 | 11 | | | | | 1 | | | | | | | | | 2 | |
| 1975 | 10 | 2 | | | | 1 | | | | | | | | | 1 | |
| 1976 | 11 | | | | | 1 | 1 | | | | | | | | | |
| 1977 | 14 | 2 | 3 | | | 1 | | | | | 1 | | | | 1 | 1 |
| 1978 | 19 | 4 | 1 | | | | | | 1 | | | | | | 1 | |
| 1979 | 13 | 4 | | | | 2 | | 1 | | | | | | 1 | 1 | |
| 1980 | 11 | 15 | | | | 3 | 1 | 1 | | | | | | | | |

資料來源：田漢祥等（1982）。

1963 年，海外青年技術訓練班成立，專門招收有華人血統的海外青年，目的是幫助海外華僑謀生，協助華僑僑居地經濟繁榮，促使華僑熱愛祖國，加強華僑與臺灣的聯繫等。自 1965 年起，海外大專畢業僑生人數增多，於是僑務委員會制定了《海外學生回國升學保送小組工作要點》，委託畢業僑生同學會負責人參加僑居地保送單位，組成保送小組，接受僑生申請回臺升學保送的審查工作。1967 年，頒布《教育部清寒僑生公費待遇核發要點》，擴大救助清寒僑生。1984 年，僑生大學先修班完成遷移林口新校址，華僑實驗中學完成擴建工程，更新校舍。

## (三) 美國對臺灣僑生教育的支持

國共戰爭期間，美國全力支持臺灣這個反共堡壘。1953 年 12 月 8 日，美國副總統尼克森在東南亞訪問各國後，來臺於私立東海大學奠基典禮上發表演說，認為東南亞各地華僑民眾多，且對當地社會、經濟有影響力，如果讓他們回大陸接受「共產邪說」，將來對東南亞遺害甚大，而如果鼓勵其到臺灣接受教育，不僅可以提高僑民知識水準，協助當地政府經濟開發，而且可以對抗大陸對東南亞地區的影響，因此建議國民政府制定爭取僑生來臺升學之計畫。尼克森返美後，建議美國政府對臺灣僑生教育計畫加以援助，以充實學校設備，容納更多的僑生。1945 年，成立「中美華僑教育委員會」，制定教育援助方案和基本政策。美國政府自 1954 年起至 1965 年止，實施支持臺灣僑生招收計畫（臺灣教育資料館，1957：52-55）。

為鼓勵臺灣吸收僑生，規定各大專校院凡收一名僑生，由美援經費依照科系之不同，補助新臺幣 1.2 萬元至 2.2 萬元。此項援助使僑生回臺升學計畫得以落實（周陸僑，1971：14-15）。從 1954 年起至 1965 年止，12 年間，僑務委員會及教育部共接受美國援助新臺幣 2 億元。這些資助主要用於三個方面：增添學校建築、設備，支付僑生的旅費、生活費及相關的課程活動費，資助出國進修人員的培訓。學校的教育設施費如建築、設備、輔導活動、會議講習、翻譯印刷等，主要由教育部轉撥至招收僑生的學校，

90%以上用於建築及設備，例如：臺灣大學體育館、工學院實驗室及教室、僑生宿舍等；政治大學、中興大學、師範大學、成功大學等校學生宿舍及圖書館、實驗室；中等學校如華僑實驗中學、建國中學、新竹中學等校也獲得不少款項。補貼僑生在臺就學期間生活費、旅費等則由僑務委員會辦理，自 1954 年起至 1965 年止，共接受新臺幣 1.172 億元。為了培育僑教師資，在美援計畫項下出國進修人員，赴美國者 15 人，赴日本、菲律賓及其他國家者 23 人，出國費用及其他僑教採購、顧問人員等費用，合計美金 105.74 萬元（夏誠華，2006：27）。

## 二、僑生輔導成為學校輔導工作的起點

由於對海外華僑影響力的重視，臺灣對僑生的教育也就不遺餘力。當時的僑生教育已經不僅僅是一個教育任務，更是一項政治任務，這在客觀上大大地促進了僑生教育的開展。臺灣當局為來臺就學的僑生制定了各種優惠措施，對僑生進行全方位的教育，包括對僑生開展的生活和學習等方面的輔導。政府的支持，加上專家的推動，僑生輔導工作獲得了良好的發展條件。

### (一)僑生輔導的起因

1954 年間，隨著返臺就學的僑生人數驟增，僑生輔導也開始日益迫切。由於僑生長期旅居各地，來臺後必然出現學習和生活各方面的問題：唯回臺升學僑生在海外所受之教育，由於文化背景、社會環境有異，有關學制、課程、教材甚至生活等，均與臺灣不盡相同，回臺後往往難以適應（陳金雄，1999：5）；「根據僑務委員會的調查結果發現，回國升學大學校院僑生在學業上所表現的一般缺失，包括……(三)初抵祖國，驟臨新環境，生活上既未能妥為適應，對學校的教育措施，學習方法及師長同學等俱感陌生與隔閡」（引自陳金雄，1999：6）。基於這種情況，負責制定僑生輔導政

策和措施的主管部門（教育部僑民教育委員會及行政院僑務委員會）均規定，僑生在學期間享有各項課業輔導及生活輔導等措施，對僑生的輔導有了政策上的支持。此時，適逢一批旅美返臺的專家開始宣揚輔導理念，仿效美國心理輔導的方式方法，不遺餘力地推動僑生教育中的輔導工作。

## (二) 僑生輔導的相關規定

為了有效促進僑生適應來臺後的學習和生活，臺灣當局實施了一系列政策措施來保證僑生教育的品質，不少內容涉及到了對僑生輔導工作的開展，例如《僑生回國升學及輔導實施要點》做出了如下規定：入學輔導；各學校對新生入學，應定期舉辦新生訓練及個別指導；各學校對國語文或主要科目成績較差僑生，應設法予以分科分組補習；一般中等學校並應盡可能實施能力分組，以資適應；各學校應於每學年開始前，擬具僑生輔導計畫（包括學業、品德、生活之輔導等）及實施辦法，呈報教育部，每學期終了時，並將實施情形呈報核備。

1952 年 5 月，立法院通過《當前僑務施政政策要點》，提到了「獎勵華僑青年回國就學，對於入境入學，應予以切實便利與輔導」。1953 年，行政院所訂的施政計畫僑務部分中提到了鼓勵並便利僑生回臺升學，加強對回臺僑生的輔導工作。1958 年，行政院施政計畫的僑務部分仍有「便利僑生回國升學並加強其輔導」一項。1960 年 10 月 10 日，國民黨八屆四中全會通過僑務決議案，明確提出對於僑生回臺升學，應加強輔導。1962 年，行政院施政計畫中提出了「便利僑生回國升學，並輔導改進僑生生活」，「輔導畢業僑生在海外就業，並加強聯繫」等。1962 年 1 月，僑務委員會為改進僑民教育品質，指導僑民教育發展，設置僑民教育組，聘請有關學者專家為設計委員，指出僑生教育既須重量亦須重質，既要重視學術教育也要重視精神教育，在分科方面要給予輔導。

由此可見，政策上的依據為僑生輔導工作的具體實施提供了有力的保證。

## (三)僑生輔導的具體措施

在僑生輔導工作的相關規定與政策的指導下，僑生輔導工作開始培養輔導師資，研討輔導理論與具體實踐，進行輔導工作的一些實驗和探索。

為了加強對僑生學習與生活的輔導，從 1957 年起，每年暑期舉辦「僑生輔導研習會」，先後六期。參加研習會的多為大專校院與高中教師，人數達到三百多人。編輯《輔導研究》三卷 26 期，《輔導小叢書》五十多種。1960 年 3 月，教育部指定華僑中學與臺北第二女子中學研究輔導制度與實施方法（宗亮東，1983：5）。8 月，提出了針對僑生的學業程度和生活習慣，設立華僑大學，專收僑生，以便施教；對於僑生回臺升學各種辦法，盡量給予便利，貫徹爭取僑生政策；積極援助並增加港澳僑生名額，輔導其入學。

與此同時，許多留美回臺的學者積極參與僑生輔導工作，推動學校輔導工作的發展。1951 年至 1962 年間，教育部在美援計畫下，選派十幾位大專教師與教育行政人員赴美國進修輔導，這些人員回臺後成為推動輔導工作開展的中堅力量（宗亮東，1983：5）。「其後僑教會諸君子繼續努力，遂成立輔導學會，此時留學各國研究輔導工作諸先生亦先後返回國，參加輔導學會，陣容為之一壯」（蔣建白，1964：序）。

在僑生教育這個平臺上，學校輔導正式登上了歷史舞臺。在僑生教育中，開展了最早的學習輔導與生活輔導，創辦了輔導刊物與雜誌宣揚輔導的理念與技術。同時，僑生教育也為臺灣培養了最早的輔導師資，許多輔導學者透過僑生教育聚集在一起，成為推動學校輔導發展的重要力量。「輔導學的前輩宗亮東、孫邦正，國立政治大學張慶凱、吳鼎，行政院的龍書祁，國立華僑中學校長郁漢良、程法泌、路君約、王亞全、唐守謙、李煥、高梓等政教兩界通力合作，蔚為風氣，國內外學成歸臺學者日眾，這真可說是臺灣地區輔導工作的起跑點」（張植珊、吳正勝，1999：5）。

## 第四節 討論與結論

　　學校輔導在 50 年代的興起既與臺灣這一時期特定的政治、經濟、文化、教育等方面的變革密切相關，也有美國等西方國家蓬勃發展的輔導運動的巨大影響，更有臺灣社會對於輔導的內在需求的推動。臺灣學校輔導的興起是一種歷史的必然，僑生教育偶然地成為了輔導在臺灣生根發芽的平臺，眾多輔導專家的不懈努力是推動學校輔導發展的重要力量。

## 一、學校輔導的興起是一種歷史的必然

　　透過回顧學校輔導緣起的一系列歷史背景，可以發現學校輔導的興起是多種因素共同作用的結果。

　　首先是 20 世紀 50 年代臺灣社會的巨大變遷，使輔導成為一種必然的社會需求。第二次世界大戰後臺灣在政治、經濟、人口、文化上的巨大轉變使得整個社會處於動盪之中，社會民眾的心理受到巨大的衝擊。另一方面，國民黨當局為了實現「反攻大陸」的政治目的，需要提升教育效果，培養高品質的人才，因此積極宣導人格與倫理教育。這種社會背景為輔導的出現提供了豐厚的社會土壤，輔導成為緩解社會矛盾、解決民眾心理衝突、提升教育效果的必然選擇，這是學校輔導產生的最根本動因。

　　其次是輔導思潮和美國學校心理輔導的影響。20 世紀 50 年代，輔導成為世界教育領域的一股重要思潮，由於臺灣教育「具有深厚的國際文化內涵和色彩」（徐南號，2002：218），因此能夠對新的教育理念保持一種開放的態度。1948 年至 1958 年的十年間，是美國輔導學的大躍進時代（朱秉欣，1983：86），當時臺灣與美國的密切關係，許多臺灣學者到美國學習輔導及相關學科，回臺後積極介紹和推廣美國的輔導理念，使得輔導透過美國迅速傳到了臺灣。「輔導工作已行之多年，探究其起源可以發現，輔

導係引介自西方國家（尤其是美國），並非自發性的源於中國社會」（褚玫玲，1992：43）。輔導理念在臺灣的傳播為輔導工作提供了理論支援，成為學校輔導運動興起的「東風」。

最後是僑生教育的開展，提供了學校輔導工作的「試驗田」。為了改善僑生教育的品質，解決僑生回臺遇到的適應性問題，教育部門為僑生開展學習與生活方面的輔導，成為學校輔導工作的開端，並且擁有政策和經費支持等方面的優勢。借助僑生教育的平臺，臺灣培養了早期的輔導師資，聚集了許多輔導學方面的專家學者，並最終成立了中國輔導學會，成為領導輔導工作開展的核心社團機構，大大地推進了輔導的理論研究與實踐探索。

總之，由於臺灣社會巨變帶來的對輔導的強烈需求以及世界輔導潮流與美國輔導運動的影響，加上僑生教育所提供的平臺與契機，最終推動了學校輔導在 20 世紀 50 年代的產生。

## 二、僑生輔導對學校輔導的歷史貢獻

對於臺灣學校輔導的產生而言，僑生輔導的地位無疑是極為重要的，我們需要對僑生輔導在學校輔導史上的地位和作用進行一個客觀的評價。

多數臺灣學者認為學校輔導興起於僑生教育。在僑生教育中，開展了臺灣最早的學習與生活等方面的輔導工作，培訓了最早的學校輔導師資，也成為推動中國輔導學會成立的一個重要因素。僑生教育成為早期學校輔導的一塊「試驗田」，在這塊試驗田中，學校輔導工作開始萌芽。有了僑生教育這塊平臺，輔導的理念才有了一個落腳點。因此，僑生教育中的僑生輔導是學校輔導史上具有指標性的一個重要事件。

僑生教育雖然對學校輔導的產生具有重要意義，但是也不能過於誇大僑生教育在學校輔導產生過程中的推動作用，不能認為僑生教育是學校輔導開始的充分條件，也不能認為是僑生教育決定了學校輔導的產生。學校輔導產生的決定因素在於它擁有廣泛的社會需求。輔導具有安撫人們心理

從而緩解社會矛盾的作用，上世紀 50、60 年代，臺灣社會迫切需要有一種
手段能夠緩解社會變化所帶來的一連串社會問題，即使沒有僑生教育，甚
至沒有輔導這樣一個學科，也會有一種功能上與輔導類似的學科來滿足社
會的需求。正如劉焜輝提到的：「僑生只不過是引子，很多人以為有僑生
才有輔導，其實不是。如果沒有僑生教育，輔導仍然會有……其實有沒有
僑生不重要，有沒有輔導這個名稱不重要，本來就是要有輔導，輔導的功
能決定了輔導的存在」（劉焜輝口述，見本書附錄 II）。

　　學校輔導的產生是輔導學的歷史潮流與當時臺灣社會各種因素相互作
用下的產物。僑生教育因其所具有的特殊性和擁有的政策等方面的優勢，
充當了「借腹懷胎」的角色，並承當起促使學校輔導在臺灣萌芽的歷史使
命。僑生教育客觀上只是發揮了「導火線」的作用，輔導理念透過僑生教
育這個「引子」而變成現實的學校輔導工作。

## 三、蔣建白等人在學校輔導興起中的特殊作用

■「臺灣輔導學之父」蔣建白先生

　　在學校輔導的產生與興起過程中，有
一股力量的推動作用不可忽視，那就是蔣
建白等輔導專家對輔導的極力宣導與積極
推動。

　　蔣建白在抗戰後期赴美國專攻輔導，
獲得了教育學博士學位。回臺後曾擔任教
育部普教司司長、僑教委員會主任委員等
職，之後帶領諸多學者成立了中國輔導學
會，並連任中國輔導學會第五屆至第十四
屆理事長。1970 年，中國輔導學會與日本
職業輔導協會共同發起組織亞洲區教育及
職業輔導協會（Asian Regional Association

for Vocational and Educational Guidance, ARAVEG），蔣建白當選為第一屆會長（馮觀富，1999：50）。

　　由於蔣建白對於輔導學有較為深入的理解，對於輔導的推廣可謂不遺餘力。更為重要的是，由於蔣建白在教育部擔任普教司司長和僑教委員會主任委員等要職，而「僑委會所做的工作就是僑生輔導工作」（馮觀富口述，2006），這使得他能夠為輔導的推展發揮特殊的作用，獲得足夠的官方政策支持，讓輔導工作從一開始就有了強有力的官方推動力量，這也成為學校輔導開展的一個重要特徵。據臺灣輔導學者回憶及有關史料記載：「在輔導運動開始初期，蔣建白將輔導觀念介紹給臺灣民眾，使教育工作者對教育的態度和方法有所改進，並積極聯繫政、教兩界促進政府的政策，將輔導觀念引入臺灣教育界，力圖透過觀念的變化帶動行為」（馮觀富，1999：40）。而且，「蔣建白先生成立了僑生輔導室，專門指定一些性格比較溫和的老師在輔導室工作，給學生一些關懷，透過這樣的方式使得學生慢慢適應過來。這種做法在當時取得了成效，所以就有一批僑生學校的輔導老師聚在一起交流，並決定成立一個團體來接受蔣建白先生的指導，之後蔣先生在教育部的支持下成立了中國輔導學會」（張植珊口述，見本書附錄Ⅱ）。在中國輔導學會成立後的 13 年時間裡，蔣建白領導中國輔導學會進行了輔導工作的開拓與推展。期間，由於蔣建白主持「指導活動」課程標準委員會，開創臺灣教育史上之新紀元，在臺灣當局舉行「推行九年國民教育有功人員嘉獎大會」時，曾受到嘉獎。蔣建白因為對臺灣輔導運動和教育事業的巨大貢獻，被尊稱為臺灣的「輔導之父」（馮觀富，1999：40），臺灣省立教育學院（今彰化師範大學前身）建立「建白館」加以紀念。其他學者如宗亮東、張植珊等，在輔導工作的推動中也扮演了重要推手，成為學校輔導工作的領軍人物。

　　這裡，需要特別對蔣建白擔任中國輔導學會理事長的具體屆數做一個附加說明。在臺灣輔導學界，幾乎所有的輔導學者都認為自中國輔導學會成立之日起，蔣建白就擔任理事長，並一直連任到第十四屆。換言之，中

國輔導學會第一屆至第十四屆理事長均由蔣建白擔任（如表 1-4）。

表 1-4　中國輔導學會歷屆理事長名冊

| 屆別 | 時間 | 理事長 | 屆別 | 時間 | 理事長 | 屆別 | 時間 | 理事長 |
|---|---|---|---|---|---|---|---|---|
| 1 | 1958 | 蔣建白 | 15 | 1972 | 楊寶乾 | 28 | 1985-1986 | 宗亮東 |
| 2 | 1959 | 蔣建白 | 16 | 1973 | 楊寶乾 | 29 | 1987-1988 | 宗亮東 |
| 3 | 1960 | 蔣建白 | 17 | 1974 | 楊寶乾 | 30 | 1989-1990 | 彭駕騂 |
| 4 | 1961 | 蔣建白 | 18 | 1975 | 楊寶乾 | 31 | 1991-1992 | 劉焜輝 |
| 5 | 1962 | 蔣建白 | 19 | 1976 | 楊寶乾 | 32 | 1993-1994 | 林幸台 |
| 6 | 1963 | 蔣建白 | 20 | 1977 | 楊寶乾 | 33 | 2995-1996 | 蕭　文 |
| 7 | 1964 | 蔣建白 | | | 張慶凱 | 34 | 1997-1998 | 吳武典 |
| 8 | 1965 | 蔣建白 | 21 | 1978 | 宗亮東 | 35 | 1999-2000 | 金樹人 |
| 9 | 1966 | 蔣建白 | 22 | 1979 | 宗亮東 | 36 | 2001-2002 | 鍾思嘉 |
| 10 | 1967 | 蔣建白 | 23 | 1980 | 宗亮東 | 37 | 2003-2004 | 林家興 |
| 11 | 1968 | 蔣建白 | 24 | 1981 | 宗亮東 | 38 | 2005-2006 | 陳秉華 |
| 12 | 1969 | 蔣建白 | 25 | 1982 | 宗亮東 | 39 | 2007-2008 | 陳金燕 |
| 13 | 1970 | 蔣建白 | 26 | 1983 | 宗亮東 | | | |
| 14 | 1971 | 蔣建白 | 27 | 1984 | 宗亮東 | | | |

資料來源：林蔚芳、李慧純（2008：2）。

　　但實際上，筆者經過查閱相關資料，如最早的《輔導月刊》（中國輔導學會會刊）、《中國輔導學會成立二十週年紀念刊》、《慶祝中國輔導學會成立四十週年學會要覽》等，均發現中國輔導學會第一屆至第四屆其實是沒有設理事長這一職位的（只設理事，也未設常務理事），從第五屆開始才設置理事長職位，蔣建白擔任了從第五屆至第十四屆的理事長（中國輔導學會，1998：5-8）。顯然，後來一些名冊中出現的第一屆至第四屆理事長一職是後人加上去的，是不符合歷史事實的。當然，之所以大家一致認同蔣建白先生就是中國輔導學會第一屆至第四屆「實際上」的理事長，只能說明蔣建白在臺灣輔導學界的廣泛影響力，也從側面反映了蔣建白先生對於學校輔導所做出的巨大貢獻。❖

# 參考與延伸閱讀文獻

中國輔導學會（主編）（1990）。《邁向 21 世紀輔導工作新紀元》。臺北：心理
　　出版社。

中國輔導學會（1998）。《慶祝中國輔導學會成立四十週年學會要覽》。臺北：
　　中國輔導學會編印。

中國輔導學會（1999）。《輔導學大趨勢》。臺北：心理出版社。

王淑華（1982）。〈我國中等學校輔導制度之演變〉。《今日教育》，（41），
　　42-45。

王麗斐等（2005）。〈臺灣小學輔導工作的發展與專業內涵之實施現況〉。《香
　　港中文大學基礎教育學報》，14（1），83-99。

田漢祥等（1982）。《僑生教育之發展及其實施成效之研究報告》。臺北：教育
　　部教育計畫小組、僑民教育委員會編印。

朱秉欣（1983）。〈八十年來美國輔導學的演進及今後的趨勢〉。載於宗亮東等
　　（著），《輔導學的回顧與展望：中國輔導學會成立二十週年學術論文集》
　　（第三版）（頁 77-96）。臺北：幼獅文化事業公司。

余惠芬（1983）。〈我國中等學校輔導制度之演變〉。《今日教育》，（42），
　　59-63。

吳武典等（1990）。《輔導原理》。臺北：心理出版社。

吳　鼎（1981）。《輔導原理》。臺北：五南圖書出版公司。

李汝和（1969）。《臺灣省通志（卷五），教育志，教育行政篇》。臺北：臺灣
　　省文獻委員會。

李汝和（1970a）。《臺灣省通志（卷五），教育志，制度沿革篇》。臺北：臺灣
　　省文獻委員會。

李汝和（1970b）。《臺灣省通志（卷五），教育志，教育設施篇》。臺北：臺灣
　　省文獻委員會。

周陸僑（1971）。《僑生回國升學概況》。臺北：教育部。

宗亮東（1983）。〈中國輔導學會二十年來的回顧與今後的展望〉。載於宗亮東

等（著），《輔導學的回顧與展望：中國輔導學會成立二十週年學術論文集》
（第三版）（頁 3-13）。臺北：幼獅文化事業公司。

宗亮東等（1983）。《輔導學的回顧與展望：中國輔導學會成立二十週年學術論
文集》（第三版）。臺北：幼獅文化事業公司。

林蔚芳、李慧純（2008）。〈回顧過去，展望未來：臺灣輔導與諮商學會 50 週年
慶〉。《輔導季刊》，*44*（3），1-23。

林鐘雄（1987）。《臺灣經濟發展 40 年》。臺北：自立晚報出版社。

夏誠華（2006）。〈1949 年以來的中華民國僑生教育回顧〉。《研習信息》，*23*
（2），23-28。

孫邦正（1971）。《六十年來的中國教育》。臺北：正中書局。

徐南號（2002）。《臺灣教育史》（增訂版）。臺北：師大書苑。

徐慰筠（1979）。〈學校輔導發展史〉。《張老師月刊》，*3*（1），21-34。

袁天行（1974）。《教育輔導》。臺北：中華書局。

張植珊（1982）。《教育輔導》。臺北：教育部教育計畫小組編印。

張植珊（1995）。《文化建設與文化教育》。臺北：正中書局。

張植珊、吳正勝（1999）。〈中國輔導學會早期的功能與貢獻〉。載於中國輔導
學會（主編），《輔導學大趨勢》（頁 3-24）。臺北：心理出版社。

張碧娟（1999）。〈國立華僑高中僑生教育之現況及展望〉。載於《第一屆僑民
教育學術研討會會議手冊》（頁 19-36）。臺北：教育部僑民教育委員會。

陳伯璋（2001）。《新世紀教育發展的回顧與前瞻》。臺北：麗文文化事業公司。

陳金雄（1999）。〈僑大先修班的現況與展望暨開辦馬來西亞僑生春季班的時代
意義〉。載於《第一屆僑民教育學術研討會會議手冊》（頁 5-18）。臺北：
教育部僑民教育委員會。

馮觀富（1999）。〈中國輔導學會四十 ── 二三事〉。載於中國輔導學會（主
編），《輔導學大趨勢》（頁 39-51）。臺北：心理出版社。

教育部（1945）。《教育法令》。臺北：正中書局。

黃枝興（1981）。《戰後臺灣社會變遷與體育休閒運動發展》。屏東師範學院體
育學系碩士論文，屏東。

臺灣教育資料館（1957）。《中美合作經援發展概況》。臺北：臺灣教育資料館。

僑務委員會研考處（1971）。《僑生回國概況》。臺北：僑務委員會研考處印行。

褚玫玲（1992）。〈學校輔導人員之兩難〉。《輔導月刊》，28（11，12），
　　43-46。

蔣建白（1964）。《團體輔導（輔導小叢書）》。臺北：中國輔導學會。

蔣建白（1971）。〈我國輔導工作之回顧與前瞻〉。《輔導月刊》，7（5，6），1-2。

劉世閔（2005）。《社會變遷與教育政策》。臺北：心理出版社。

劉兆瑛（2005）。〈華人社會初等教育的學校輔導〉。《基礎教育學報》，14
　　（1），61-63。

餘書麟（1966）。《中國教育史（下）》。臺北：臺灣師範大學出版組。

薛化元（2004）。〈陳誠與國民政府統治基盤的奠定——以 1949 年臺灣省主席任
　　內為中心的探討〉。載於《1949 年：中國的關鍵年代學術討論會論文集》（頁
　　1022）。臺北：遠流出版事業公司。

蘇永明（2001）。〈人權與學校輔導的起源和關係〉。《學生輔導》，（73），
　　62-71。

Barclay, J. R., & Wu, Wu-Tien. (1986). The development of school psychological serv-
　　ices in Taiwan. *Journal of School Psychology, 24*, 1-7.

Chang, C. (1979). *The development of education guidance*. Taipei: Enjoy Enterprise Co.

Gysbers, N. C. (1978). Comprehensive career guidance programs. In R. E. Cambell, H.
　　D. Rodebaugh, & P. E. Shaltry (Eds.), *Building comprehensive career guidance
　　programs for secondary schools*. Columbus, OH: National Centre for Research in
　　Vocational Education.

Holland, J. L. (1974). *Making vocational choices: A theory of careers*. NJ: Prentice-Hall.

Mathewson, R. H. (1962). *Guidance policy and practice* (3rd edition). New York: Harper
　　& Row.

Mortensen, D. G., & Schmuller, A. M. (1976). *Guidance in today's schools* (3rd edition).
　　New York: John Wiley & Sons.

Smith, E. R., & Tyley, R. W. (1952). *The evaluation staff, appraising and recording stu-*

*dent progress*. New York: Harper & Brothers.

Social Welfare Department. (1979). *Social welfare into the 1980s*. Hong Kong: Government Printer.

Wu, Wu-Tien. (1993). Counseling and guidance in the twentieth century: The Taiwan experience. *Asian Journal of Counseling, 11* (1), 1-6.

第2章

# 學校輔導發展的實驗探索

## （20 世紀 60 年代初中期）

　　以僑生教育為開端，臺灣學校從 20 世紀 50 年代末開始了學校輔導方面的實踐探索。在中國輔導學會及有關專家的帶領下，進行了一系列兒童心理衛生實驗和學校輔導課程、制度與方法的實驗，其中最主要的是在臺北東門國小實施的兒童心理衛生實驗 —— 「東門方案」，以及中等學校輔導制度與輔導方法實驗等。學校輔導的實驗探索為學校輔導工作的全面推廣積累了經驗。

 **第一節　兒童心理衛生實驗——以「東門方案」為例**

　　世界各國心理衛生運動的興起及僑生輔導的嘗試，啟發了臺灣的心理衛生工作者，20 世紀 50 年代末，臺北兒童心理衛生中心的專家們開始在學校中推動心理衛生工作，「東門方案」正是在此種背景下產生的。

# 一、「東門方案」的產生

　　1955 年，臺北兒童心理衛生中心的創辦人、臺灣大學醫院神經精神科主任林宗義博士受聘擔任聯合國世界衛生組織顧問。他在考察世界各級學校實施心理衛生工作之後，深感專業兒童心理衛生機構與人員數量難以滿足廣大兒童與家長對心理衛生的需求。他認為要想有效地做好兒童心理衛生工作，必須發動社區的公共衛生人員、教師等與兒童聯繫密切的人員參與兒童心理衛生工作。教師是與兒童接觸機會最多的人，要提高兒童心理衛生水準，就應該從教師入手，讓教師承擔起預防和發現兒童心理衛生問題的職責，並能對學生給予適當的輔導（葉莉薇，1983：275）。

　　基於這種理念，臺北兒童心理衛生中心的專家們成立了由陳珠璋醫師為中心的研究小組（引自葉莉薇，1983：275），與臺北市福星國小合作嘗試開展學校心理衛生工作，主要採用專題演講、以問題為中心的討論會和個案研討的方式。結果發現，他們的工作雖然有效提升了教師對兒童心理衛生問題的重視，但是難以做到讓教師有效預防並及時發現學生的心理問題。之後，臺北兒童心理衛生中心的專家們又在桃園市七所國民小學提供教師諮詢服務，每兩週一次輪流到各校去主持心理衛生研討會。除每校固定選派兩位共 14 位教師參加外，每次都增加自願參與者。由於參與人數過多，常常無法進行深入的個案研討，而且臺北、桃園兩地相隔遙遠，教師們除研討會的時間外，幾乎沒有個別諮詢的機會。

　　為了進一步提升學校心理衛生工作的成效，臺北兒童心理衛生中心的專家們決定選擇一所小學，進行全方位的學校心理衛生工作實驗，並對實驗學校的選擇做了考慮（葉莉薇，1983：276）：(1)學校靠近臺北兒童心理衛生中心，便於雙方工作人員經常接觸；(2)校長有卓越的領導能力，能將心理衛生工作融入整個教育工作之中；(3)學校在整個國民教育圈內有一定影響力，利於學校心理衛生工作的推廣。該校的心理衛生工作制度確立後，

可成為其他學校的示範，也能負起訓練其他學校輔導教師的任務。

　　1959 年，東門國民小學成為開展全方位心理衛生工作的實驗學校。當時的東門國民小學共有學生 8,329 人，121 班，平均每班 68 人（葉莉薇，1983：276）。由於班級人數眾多，教師無法顧及兒童的個別差異，無法做到因材施教，加上升學壓力，給學生帶來了巨大的身心負擔。1959 年秋，校長游祥雲向教育局請示，獲得臺北市教育當局的大力支持，於是立即著手籌備推行兒童心理衛生工作計畫，促成日後著名的「東門國小方案」的產生。1960 年 9 月，臺北市東門國小在臺北兒童心理衛生中心的指導下，專門針對國民小學適應不良兒童設計了一系列的輔導計畫，開始推行兒童心理衛生工作，為小學輔導工作的開展揭開了序幕。

## 二、「東門方案」的實施

　　「東門方案」的全程實施分為初期專家指導階段（1960～1963）、發展階段（1963～1975）、國小輔導工作推廣期（1975～1983）以及團輔全面實施期（1983 年後）（葉莉薇，1987：218-224）。這裡僅介紹早期的兩個階段。

### (一)初期專家指導階段（1960～1963）

#### 1. 蒐集基本資料

　　為了了解教師對適應不良兒童的看法，為實驗方案的制定提供依據，1960 年 9 月，專家組透過問卷初步調查了教師對適應欠佳兒童的看法。之後透過專題演講，由專家講解適應不良的意義與類別，引導教師合理認識學生中存在的問題。為了了解演講後教師的變化，專家組再一次調查了教師對適應欠佳兒童的看法，發現經過專家講解後，教師對適應欠佳兒童的看法更為科學與全面。另外，他們還對全校教師進行了羅夏克墨漬測驗，調查教師自身性格特徵對學生問題行為看法的影響。藉由以上方式對教師

的教育觀進行了全面的調查,為之後的教師培訓課程設置提供了依據。

## 2. 個案研討會

　　個案研討會的目的是給予每位教師有關兒童適應欠佳及心理衛生的系統化理論,並就實際個案進行研討與分析,每年舉辦一期,參與人員包括科任教師及有關行政人員。研討主題以個案研討過程為依據來設計課程,前三個月著重理論介紹和資料蒐集,後七個月則著重輔導技巧探討與交流(如圖 2-1 所示)。

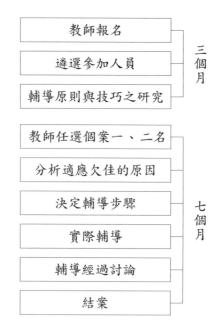

**圖 2-1** 「東門方案」中的個案研討會程序表

資料來源:葉莉薇(1983:280)。

## 3. 研習感想

　　參與研習的教師經過每一個主題的討論後,回到班上就立即進行對個案的輔導實踐,獲得心得後再加入下一輪研討,再經由主持研討會的專家指導與催化,獲得新知並增加對學生個案輔導的認識,不斷豐富對學生個

案輔導的經驗。

## 4. 研究發表會

　　每期參與研習的教師將個案研究成果編印成冊，分贈給各界人士，並接受「中國心理衛生協會」的委託，配合心理衛生運動週，舉辦研究發表會，邀請有關人士參加。透過三次研究發表會，不僅對外發表研究成果，分組做個案研究報告和討論，並聘請專家做專題演講。三期與會人士除各級長官外，尚有臺北市國小校長、主任、教師代表等一千兩百多人。

## 5. 輔導教師的專業訓練

　　每期的教師研討結束後，保留兩位教師繼續帶領另一批新組成的教師諮商團體，進行個案研討。1962 年 7 月，東門小學教師葉莉薇和林淑真被選派到臺北兒童心理衛生中心接受一年兩個月的輔導專業訓練，進修兒童個別諮商技術、兒童團體心理治療、臨床心理學、教師研習的團體諮商技術、教師的個別諮商技術、輔導家長的原則與技術、心理治療臨床討論等課程。兩位教師回校後成立學校心理衛生室，作為學校推動兒童輔導工作的核心，在之後的工作中，獨立主持校內教師的在職研習，進而協助其他學校的教師研習工作。此時，兒童心理衛生中心的專家們就不再直接參與學校的心理衛生工作，而是透過擔任顧問的方式給予間接支援（葉莉薇，1983：277）。

## (二) 發展階段 (1963〜1975)

　　東門國小成立心理衛生室後，由輔導教師葉莉薇等擬定了輔導工作進一步開展的計畫，包括輔導目標、輔導組織、工作要項等內容。

## 1. 輔導目標

　　協助兒童認識自己，適應環境，並充分發揮其潛能。協助教師早期發現適應欠佳兒童，給予輔導並預防問題的產生，以促進兒童身心健全發展。

## 2. 輔導組織

　　「東門方案」設計的輔導組織如下（如圖 2-2 所示）。

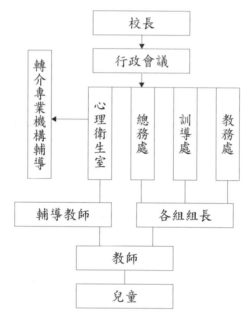

**圖 2-2** 東門國小的輔導組織

資料來源：葉莉薇（1983：286）。

### 3. 工作要項

「東門方案」的主要工作內容，如圖 2-3 所示。

### 4. 實施概況

「東門方案」在此階段的實施情況主要包括幾個方面。

#### (1) 個案研討會

人員組成和模式與初期一樣，但做法進行了一些調整，例如：專家不再直接主持研討會，改由輔導教師主持；研習地點由兒童心理衛生中心改為本校心理衛生室；研討方式由專家演講改為座談討論。

#### (2) 學年會議

以學年為單位，每週或隔週舉辦一次，討論各年級教師提出的在日常工作中學生常見心理問題，或討論實際的輔導經驗，或觀看並討論有關影片，或共同設計與輔導活動有關的教學單元。

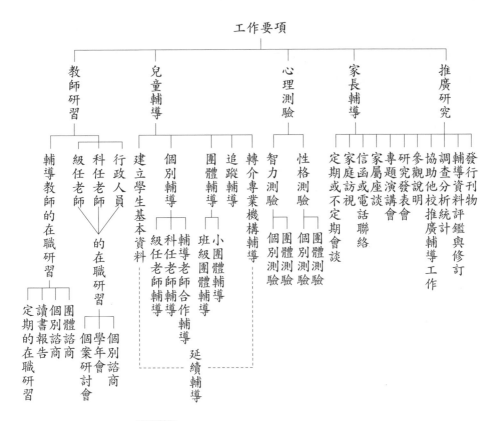

圖 2-3　「東門方案」工作內容結構圖

資料來源：葉莉薇（1983：287）。

### (3) 專題研究

此階段 12 年中曾進行的專題研究有：留級生的調查研究；個案研究；團體輔導的效果比較；兒童遺尿的調查研究；適應欠佳兒童出現率的研究；缺席兒童的調查研究；兒童學習潛能之研究。

### (4) 出版刊物

配合輔導工作的開展與實施，將輔導成果編輯成《心理衛生工作概況》、《兒童心理衛生研究報告》第四輯、第五輯等。

(5) 小團體諮商

由級任教師提出適應欠佳兒童組成兒童諮商團體成員,分遊戲輔導(治療)、講故事與演布袋戲輔導兩階段進行。

此階段的實施成效明顯,特別是團體輔導與個別輔導都取得了較為理想的效果(葉莉薇,1987:222-223)。

可以看出,「東門方案」在初期專家指導階段(1960～1963)和發展階段(1963～1975)都開展了內容豐富的輔導活動,其實施輔導活動的主要沿革情況,如表2-1所示。

表 2-1　「東門方案」重要事件表(1959～1975)

| 年度 | 重要事件 |
|---|---|
| 1959 | 1. 奉臺北市政府教育局指示,游祥雲校長與臺大醫院臺北兒童心理衛生中心籌劃開展學校心理衛生工作(又名「東門方案」)。<br>2. 義務指導教授:林宗義、林李美貞、陳珠璋、葉英堃、柯永河等。 |
| 1960 | 1. 舉辦第一期兒童心理衛生研討會。<br>2. 適應欠佳兒童首次施測 B 式測驗和畫人測驗。<br>3. 義務指導教授:林宗義、林李美貞、陳珠璋、葉英堃、柯永河等。 |
| 1961 | 1. 舉行第一次學校心理衛生研究發表會,並出版《兒童心理衛生研究》第一輯。<br>2. 義務指導教授:林宗義、林李美貞、葉英堃、柯永河、陳珠璋、徐澄清等。 |
| 1962 | 1. 選派教師葉莉薇、林淑真赴臺北兒童心理衛生中心接受輔導教師專業訓練一年兩個月。<br>2. 籌備第一組小團體輔導,輔導對象為四年級適應不良的男生。<br>3. 義務指導教授:林宗義、林李美貞、柯永河、葉英堃、陳珠璋、徐澄清、蘇鄉雨等。 |
| 1963 | 1. 葉莉薇、林淑真結業回校成立心理衛生室,並開始接待學生和家長的來訪。由葉莉薇主任負責策劃推展全校兒童輔導業務。<br>2. 游祥雲校長應聘前往臺中市議會,主講「國校教育與心理衛生工作」,聽講對象為臺中市教師兩百多人。<br>3. 個別輔導兒童首次施測比西量表(第三次修訂)及團體施測國民智慧測驗。 |

表2-1　「東門方案」重要事件表（1959～1975）（續）

| 年度 | 重要事件 |
|---|---|
| 1963 | 4. 義務指導教授：林宗義、林李美貞、柯永河、陳珠璋、徐澄清、葉英堃、蘇鄉雨等。 |
| 1964 | 1. 選派吳國華、梁芬英兩位教師到臺北兒童心理衛生中心接受輔導教師專業訓練一年，回校後專任輔導教師。<br>2. 首次在臺大醫學系外科講堂，介紹學校實施兒童心理衛生工作的概況，為北市國小校長、教師、外賓專家、教育專家、大專校院等提供教學研究參考。<br>3. 拍製幻燈片一套，簡介本校實施兒童心理衛生工作概況。<br>4. 各國教育首長紛紛組團來本校參觀。<br>5. 游祥雲校長受聘前往省立臺北師專主講「臺北市東門國小心理衛生工作」。<br>6. 義務指導教授：林宗義、林李美貞、柯永河、葉英堃、陳珠璋、徐澄清、黃堅厚、陳榮華等。 |
| 1965 | 1. 借用師大心理實驗中心之瑞文氏非文字推理測驗本，測驗四年級至六年級兒童，並建立本校常模。<br>2. 增派師大衛教系畢業生趙睦男、伍朝虹、陳瓊華三位教師，到臺北兒童心理衛生中心接受輔導教師專業訓練一年，回校專任輔導教師。心理衛生室專任輔導教師共六位。<br>3. 美國密西根大學教授 Jone Tenny 博士參觀心理衛生室輔導工作回國後，乃做系統的介紹並做長期追蹤評價。<br>4. 義務指導教授：林宗義、林李美貞、葉英堃、柯永河、楊思根、陳珠璋、徐澄清、黃堅厚等。 |
| 1966 | 1. 游祥雲校長及梁芬英老師調西門國小推廣學校心理衛生工作。<br>2. 劉新松校長調本校繼續推展學校心理衛生工作。<br>3. 輔導教師趙睦男離校赴臺灣省衛生處任職。<br>4. 借用臺北兒童心理衛生中心之瑞文氏彩色非文字推理測驗本，測驗一、二年級學童，並建立本校常模。<br>5. 對中外各界人士來心理衛生室參觀給予說明。<br>6. 劉新松校長在《心理衛生通訊》發表〈心理衛生工作與東門國小〉文章。<br>7. 義務指導教授：徐澄清、陳珠璋、柯永河、楊思根等。 |

**表 2-1** 「東門方案」重要事件表（1959～1975）（續）

| 年度 | 重要事件 |
|---|---|
| 1968 | 1. 劉新松校長、葉莉薇主任應聘前往臺大醫院外科講堂主講有關學校心理衛生工作專題，聽講對象為本市各國小校長及教導主任。<br>2. 義務指導教授：徐澄清、陳珠璋、柯永河、楊思根等。 |
| 1969 | 1. 奉教育局令協助北市木柵國小推展學校心理衛生工作，每週一次，每次兩小時。<br>2. 選派黃素貞老師赴臺北兒童心理中心接受輔導教師專業訓練一年，回校專任輔導教師。<br>3. 義務指導教授：徐澄清、陳珠璋等。 |
| 1971 | 1. 劉新松校長退休。<br>2. 耿玉潔校長調本校，繼續推展學校心理衛生工作。<br>3. 協助大陸救災總會兒童福利中心，推廣兒童心理衛生工作，每週一次，每次兩小時。<br>4. 印製艾氏少年人格測驗卷（四年級至六年級兒童施測）。<br>5. 義務指導教授：徐澄清、陳珠璋、唐俊偉、楊思根等。 |
| 1973 | 1. 耿玉潔校長應聘赴越南講學，並考察越南、香港等地特殊教育。<br>2. 義務指導教授：徐澄清、陳珠璋等。 |
| 1974 | 1. 全校教師均已接受過為期一年的在職研習，本年度起，全體級任教師每人至少研究一個個案。<br>2. 配合教育局出版臺北市特殊教育專輯，整理學校 15 年來心理衛生工作成果。<br>3. 對全校學生做瑞文氏非文字推理測驗，並建立百分等級常模。<br>4. 開展兒童學習潛能等多項專題研究。<br>5. 義務指導教授：陳珠璋、徐澄清、林家青、宋維村、沈晟、陳建仁、廖榮利等。 |
| 1975 | 1. 建立一年級學生基本資料卡。<br>2. 心理衛生室改稱為兒童輔導中心。<br>3. 兒童學習潛能研究榮獲臺北市第八屆科學展覽會國小教師組特優獎（研究者：葉莉薇、吳月華）。<br>4. 葉莉薇老師受聘為教育部修訂國民小學課程標準——輔導活動組委員，又受聘為編譯館國小輔導活動教室手冊編審委員並負責編審小組工作。<br>5. 義務指導教授：陳珠璋、徐澄清、林家青、宋維村、沈晟、廖榮利等。 |

資料來源：整理自李永臣（1983：11-25）。

## 三、「東門方案」的特點與成效

「東門方案」從 1960 年開始實行，推行以學校心理衛生為核心的輔導工作，注重教師的研習，樹立全校教師的輔導觀念，使輔導工作在國民小學的實驗開展取得了良好的成果。

### (一)注重全校教師的共同參與

專家們認為，以往所採用的派專家到學校進行指導的方式，由於時間上的限制，許多問題都無法得到及時的解決，同時學校教師由於沒有得到系統培訓，難以有效承擔學校心理衛生工作。因此在設計東門國小方案時，專家們首要任務是教師的培訓，包括全體教師研習、以個案研究來設計教師在職研習內容、挑選合適的教師進行重點培訓、在心理衛生室成立後專家退居幕後等（葉莉薇，1983：276-277）。

「東門方案」貫徹並實現了溝通全校教師的輔導觀念，透過心理研討會的方式讓全校教職工都能一起參與輔導工作，將輔導的精神融入到各科教學和各項教育活動中，給予兒童適才適性的輔導。「在個案研究暨開學年會議等措施中，不僅溝通了全校教師的輔導觀念，也改進了許多輔導的方法，使輔導的功能得以發揮，使兒童直接受到益處，所以此種全面推展輔導活動的模式，實足堪各校仿行」（葉莉薇，1983：朱匯森序）。

在「東門方案」實施過程中，不僅形成了核心教師負責與教師全員參與相結合的模式，還在早期培養出了葉莉薇等在學校輔導起始與發展時期具有重要影響的一線輔導教師。

### (二)個體輔導與團體輔導相結合

「東門方案」實施過程中，透過個體輔導與團體輔導的相互配合，取得了良好成效。從 1960 年開始，每年一期的兒童心理衛生研討會，參與培

訓的教師都會在專家的指導下對班級中適應不良兒童開展個別輔導。1974年起，由於所有的教師都接受過心理衛生研習，因此學校規定每位教師每個學年度都要研究一個以上的輔導個案。同時，在結合研討會不斷提高教師輔導水準的基礎上，廣泛開展班級團體輔導或小組輔導活動，從而在整體上提高了輔導的涵蓋範圍。

## (三) 心理測驗與輔導相結合

在「東門方案」實施過程中，同時有系統地開展了心理測驗的應用與研究，探索心理測驗與輔導工作的有效結合。從 1960 年開始，每年都會實施一項測驗，例如：1960 年適應不良兒童首次施測 B 式測驗和畫人測驗，1961 年適應不良兒童首次施測班達測驗（採用柯氏計分法），1962 年接受個別輔導兒童首次施測魏氏兒童智力測驗（日本版）、比西量表（第三次修訂）及團體施測國民智慧測驗等，之後還進行了瑞文氏智力測驗等多種心理測驗的實踐與應用研究，還為推廣測驗在輔導上的應用做出了一定的貢獻，包括瑞文氏推理測驗、魏氏兒童測驗等等，並建立了相應的學校常模（葉莉薇，1983：11-32）。「東門方案」對心理測驗在學校輔導工作中的這些實際應用的探索與研究，為日後臺灣在輔導工作中開展心理測驗積累了經驗。

## (四) 輔導理論與輔導實務相結合

輔導專家的全力支持，確保了東門國小輔導工作實踐的科學性，也為輔導工作提供了堅實的理論基礎。在方案實施過程中，專家們透過講座、專題演講等方式傳播輔導理論，演講的主題包括學校心理衛生工作的重要性、獎懲問題、家長如何注意子女的心理健康等等。另一方面，透過對輔導工作進行直接指導、專題研討等方式指導教師開展輔導工作實務，探索輔導工作理論與實務密切結合的有效途徑，提升了輔導工作的成效。

## (五)專家引領，開展專題研究

　　「東門方案」實施的過程中，在專家的引領下，開展了一系列專題研究，例如：進行了雙胞胎的調查研究、兒童學習潛能的研究、缺席兒童的調查研究、兒童遺尿的調查研究等等，取得了豐碩的成果（見表 2-2）。「歷年來本校所出刊的輔導研究成果報告，受到教育界人士的重視，列為從事兒童輔導工作的重要參考叢書」（葉莉薇，1987：225）。

# 四、「東門方案」的影響

## (一)「東門方案」備受關注

　　「東門方案」實施後，由於成效顯著，受到臺灣及其以外地區的關注，成為臺灣地區國小學校輔導工作的範本。臺灣教育界人士及大學院校相關專業的學生紛紛來校參觀、實習，其他地區和國家的教育人士也透過參觀了解臺灣東門國小的輔導工作，認為「東門方案」具有重要的推廣價值。「亞洲的日本、韓國、泰國、馬來西亞、新加坡、香港以及歐美各國的教育首長，亦紛紛組團來本室參觀，或將幻燈片拷貝回國作參考。聯合國世界衛生組織亦組團來本校參觀，在經過密集式的發問而得到滿意答覆後，均一致認為『東門方案』在開發中的國家中是可行而值得推廣的；西太平洋的專家們也認為『東門方案』中的教師研習模式是學校輔導活動往下扎根的方法；密西根大學教授 John Tenny 參觀本校回國後，對『東門方案』作特別的介紹，至今仍引起該校研究生作長期的追蹤評價」（葉莉薇，1987：225）。「東門方案」的實施取得了一定的成果並形成其固定的工作模式，為其他國民小學的輔導活動提供了良好的示範與表率。

表 2-2　「東門方案」國小輔導活動研究叢書

| 書名 | 作者 | 主要內容 | 出版時間 |
|---|---|---|---|
| 兒童心理衛生研究報告集 (一) | | 蒐集了 16 篇個案研究報告，共 84 頁。 | 1961 年 5 月 |
| 兒童心理衛生研究報告集 (二) | | 蒐集了 12 篇個案研究報告，共 68 頁。 | 1962 年 5 月 |
| 兒童心理衛生研究第三輯 | 游祥雲、葉英堃、林李美貞、柯永河、徐澄清等 | 蒐集了 7 篇專題演講及 15 篇個案研究，共 150 頁。 | 1963 年 10 月 |
| 兒童心理衛生研究第四輯 | 徐澄清、陳珠璋、柯永河、陳宗顯譯、林阿美等 | 蒐集了 5 篇專題論著、10 篇個案研究及 3 篇工作報告，共 132 頁。 | 1964 年 12 月 |
| 兒童心理衛生研究第五輯 | 葉莉薇等 | 蒐集了 1 篇〈團體輔導方法之介紹〉專論及 9 篇個案研究，共 175 頁。 | 1971 年 5 月 |
| 國小輔導活動研究第六輯 | 葉莉薇、吳月華、徐澄清、宋維村、沈晟等 | 蒐集了 7 篇專題論著、9 篇個案研究，並附輔導活動與各科聯絡教學單元配合一覽表，共 202 頁。 | 1978 年 11 月 |
| 國小輔導活動研究第七輯 | 李永臣、葉莉薇、宋維村、劉可屏、張珏、沈晟等 | 蒐集了 3 篇專題論著、10 篇輔導實務、4 篇輔導理論及東門國小輔導活動沿革紀要，共 373 頁。 | 1983 年 6 月 |
| 國小輔導活動研究第八輯（個案研究專輯） | 葉莉薇等 | 將輔導個案分為九類，共蒐集 54 篇個案，共 265 頁。 | 1984 年 3 月 |
| 國小輔導活動研究第九輯（團體輔導專輯） | 葉莉薇、劉燦樑、劉慧俐、張珏等 | 介紹教師成長團體3篇、適應欠佳兒童諮商團體2篇、團體輔導方法1篇及兒童成長團體輔導過程實錄5篇，共 315 頁。 | 1986 年 6 月 |

資料來源：葉莉薇（1988：159-161）。

## (二)傳播、推廣「東門方案」的精神與經驗

　　「東門方案」實施後，東門國小在學校輔導工作實踐與輔導體系建設方面取得了顯著的成就，並積極推廣學校輔導的經驗和做法。從 1961 年開始，學校每年都結合心理衛生研究發表會，出版一期兒童心理衛生研究專輯，對學校輔導工作的經驗進行總結與反思，並將這些資料分發給其他學校及社會各界，既為該校今後的輔導實踐提升提供了參考資料，也為其他學校輔導工作的開展提供了借鑑。除了出版學校輔導的刊物，學校的校長和教師也常常應邀為其他學校、教育人士甚至臺灣以外的專家介紹學校輔導開展的有益經驗，推動了學校輔導在臺灣的廣泛開展。1963 年，游祥雲校長應聘前往臺中市議會，為臺中市兩百多位教師主講「國小教育與心理衛生工作」。1964 年，游祥雲校長在臺大醫學系外科講堂，為外賓專家、教育專家、大專校院教師介紹學校輔導發展概況等。此外，東門國小還從師資等各方面支持其他學校和機構開展輔導工作。1966 年，游祥雲校長及梁芬英老師調往西門國小開展心理衛生工作；1968 年，學校奉教育局令協助北市木柵國小開展學校心理衛生工作；1971 年，協助大陸救災總會兒童福利中心開展兒童心理衛生工作；1975 年，葉莉薇受聘為教育部修訂國民小學課程標準增列輔導活動委員，後受聘為編譯館國小輔導活動教師手冊編審委員，1979 年以後又受聘為臺北市教育輔導團國小輔導活動組輔導員，奉命設計輔導室負責人的調訓課程，「東門方案」的精神與經驗更是貫注其間（葉莉薇，1987：225）。

　　東門國小的輔導實踐成為臺灣國小早期輔導工作的典範，對臺灣地區的小學輔導工作發揮了帶頭與推動作用。

 學校輔導的其他實驗探索

20世紀60年代，臺灣除了東門國小開展的兒童心理衛生實驗，在教育部的主持和推動下，還開展了與學校輔導相關的國民學校課程實驗以及資優兒童教育實驗，中等學校輔導制度與輔導方法的實驗也開始進行。這一系列的實驗和嘗試，為下一階段輔導工作的大規模推行積累了寶貴的經驗。

## 一、國民學校課程實驗及資優兒童教育實驗

1960年，教育部國民教育司司長葉楚生為配合即將於1962年實施的新國民中小學課程標準，邀請聯合國教科文組織先後派遣 Dr. F. M. Stromes、Dr. T. Sain Rossy 兩位專家來臺灣，與中國輔導學會的教授一起，協助開展國民學校課程實驗及資優兒童教育實驗（彭駕騂，2004：192）。這一實驗在社會資源的充分利用、促進學生思考與創造力、終生學習規劃等方面取得了一些成效。

國民學校課程實驗與資優兒童教育實驗的重點均以輔導的基本精神為導向，主要有幾項原則（彭駕騂，2004：192）：(1)考慮兒童與青少年身心發展的特點，根據個體差異因材施教，同時考慮學校所在地區的文化氛圍與特色；(2)教育設計應有全程規劃，從小學至初級中學，以兒童與青少年的生活為中心，與學習經驗整合，力求前後一致；(3)學校與家庭，尤其是級任導師與家庭密切聯絡與配合，是教育工作者的首要任務；(4)學生應從小培養良好生活習慣，學習正確方法與為長遠生活準備的能力。

資優兒童教育實驗對後來臺灣的資優教育及學校輔導都產生了深遠的影響。臺灣的資優教育起源於1962年，那年的第四次教育會議提案呼籲重視發展資優教育。1963年，臺北市陽明、福星兩國小依據前一年第四次教育會議發展資優教育決議案，開始試辦資優班，這可看作是臺灣資優教育

的萌芽。此後，1969 年，賈馥茗教授在臺北市大安國中、金華女中進行「才賦優異學生教育實驗」；1970 年臺北市民族國小設立美術資優班；1971 年，臺灣省教育廳在臺中師專附小辦理「才賦優異兒童課程實驗」等等（吳武典，2008：3-4）。這一系列的兒童資優教育實驗堪稱臺灣資優教育的里程碑，為 20 世紀 70 年代以後臺灣資優教育的發展奠定了良好的基礎，並從此開始和對身心障礙學生的教育輔導一起構成特殊教育的主要內容，也成為學校輔導工作的重要領域。

實際上，臺灣 1961 年開始實施的小學課程標準中就已經蘊含有輔導工作的一些理念，例如強調學生的健康訓練、生活教育、人格健全發展等，並指出學校教育不僅要注重知識的傳授，也應重視兒童身心的健康發展。1965 年，教育部門還規定輔導工作的費用應該列入學校的年度預算。這些都預示著輔導工作的理念開始逐漸被教育行政部門認可，為日後輔導工作政策的制定提供了觀念基礎。

## 二、中等學校輔導制度與輔導方法實驗

1960 年 3 月，教育部指定華僑中學和臺北第二女中開展學校輔導的實驗。自 1962 年起，中國輔導學會受臺灣省教育廳委託，推行中學輔導工作實驗，1962 學年度參加該實驗的學校有省立桃園中學等 7 所學校；1963 年學年度增加了師大附中等 5 所學校；1964 學年度又新增進德中學等 7 所學校。到 1965 學年度第二學期止，短短四年內，實驗學校增加至 31 所。其中大學 1 所，專科學校 2 所，職業學校 3 所，小學 4 所，其餘為中學（宗亮東，1983：5）。

在試辦輔導工作時，輔導組織的設置主要在於應對學校輔導工作的實際需要，沒有固定的組織結構，但具有最基本的組織型態的構想（如圖 2-4）。

在學校輔導工作開展的早期實驗階段，比較重視個別輔導，所以學校的輔導組織也有以個別輔導作為核心進行建構的（如圖 2-5 所示）。這種

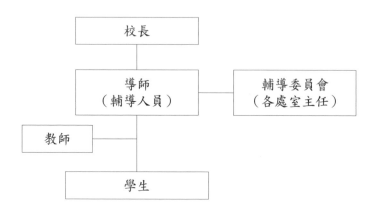

**圖 2-4** 試辦時期構想的輔導工作組織型態

資料來源：引自盧欽銘等（1986：27）。

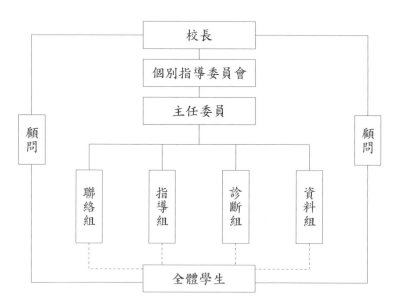

**圖 2-5** 以個別輔導為出發點而構想的輔導組織型態

資料來源：引自盧欽銘等（1986：27）。

組織型態以「委員會」為指導單位，並兼重行政指揮與合作聯繫的關係，
實際工作則分資料、診斷、指導、聯絡等四組。此種組織型態，對後來國
民小學的輔導組織型態有很大的鼓勵與影響。

　　早期國民小學實施輔導工作，其組織型態較常採用臺北師專附小的「指
導工作組織系統」模式（如圖 2-6 所示）。

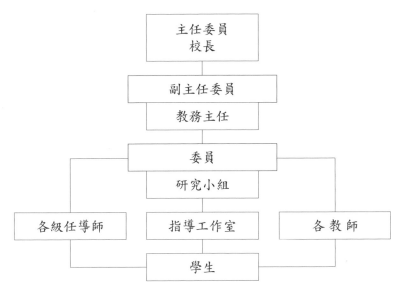

**圖 2-6** 臺北師專附小指導工作組織系統

資料來源：引自盧欽銘等（1986：27）。

　　20 世紀 60 年代初中期的學校輔導實驗，除了上述輔導制度（主要包括
組織系統等）的構想與實踐外，還對輔導內容、輔導方法、輔導方式、輔
導人員及設備等進行多方位的設計與嘗試，基本形成了學校輔導從理念到
具體實施的雛形。

　　在整個實驗時期，主要由中國輔導學會提供專家人力資源，講授有關
輔導理論與技術，並在每年暑期舉辦輔導工作研討會，寒假期間舉辦巡迴
研討會，同時編印《輔導小叢書》以及《輔導研究專刊》，對輔導的開展

進行宣傳、指導和總結，提升輔導工作的效果，加強輔導的推廣和實施（張植珊、吳正勝，1999：7）。

在實驗過程中，還開始應用教育與心理測驗，增加輔導的科學性。除中小學外，中國輔導學會還於 1965 年協助臺灣大學、政治大學、臺灣師範大學等學校實施輔導與測驗計畫，逐漸在高等教育中推廣測驗與輔導的設施。

為了更深入了解學校輔導工作實驗中遇到的問題，中國輔導學會在實驗計畫開始執行後，曾向各輔導工作實驗學校發放調查問卷，調查各個學校在輔導工作實驗中所遭遇的問題，包括行政組織、設備、輔導人員、資料蒐集與應用、個別輔導、團體輔導、教育輔導、職業輔導、生活輔導、學生與家長的反應、經費等 11 個專案。問卷蒐集後，即召開視導委員會，討論如何協助各校解決其所提出的問題，分配人員赴各校實地視導。在一個月時間裡，派出十多位專家，解決各個學校的問題，並提供今後實施上所應有的技巧指導。

1967 年 9 月，中國輔導學會召集各輔導工作實驗學校舉行 1966 學年度輔導工作實驗檢討會，與會人員交換工作經驗，相互學習各校實驗中的具體技巧（張植珊、吳正勝，1999：6）。臺北華僑中學編印出版了《辦理輔導實驗之經過》、《輔導實驗》，臺北二女中編印出版了《輔導實驗工作報告》，分別對校內的輔導實驗工作進行了介紹與總結。

透過實驗階段的實踐，證明學校輔導具有成效後，政府當局認為推廣輔導工作的時機成熟，開始擴大範圍推廣輔導制度與做法。為了將輔導實驗的成果加以推廣到其他中等學校，1966 年，中國輔導學會建議教育部召集國內專家學者，成立相關委員會，研討擬定中等學校實施輔導制度等各項措施。1968 年臺灣實施九年國民教育前夕，由於中國輔導學會的努力，終於在國民中學課程中增加「指導活動」及「職業簡介」等課程，將輔導正式引入學校教育體系中，同時建議學校設置「指導工作推行委員會」，負責學校輔導的執行（張植珊、吳正勝，1999：8）。

## 第三節　中國輔導學會的早期開拓

中國輔導學會成立於 1958 年 12 月 21 日，由蔣建白發起，目的是建立一個負責推動輔導運動的教育學術團體。在此之前，由於僑生教育的需要，從 1957 年開始先後舉辦了六次暑期研習，培訓大學、中學教師近三百人。這些輔導僑生的教師及教育行政人員與留學返臺人員共同創立了中國輔導學會。從此，臺灣就有了專門的學術機構來負責輔導工作的開展。中國輔導學會的成立「成為學校輔導步上軌道的另一個起點」（張植珊、吳正勝，1999：5）。

這一時期，中國輔導學會的重要貢獻在於使臺灣有了正規的學術組織來推動與指導輔導工作，並借助學會成員的力量積極推廣輔導理念，實施輔導實踐。中國輔導學會成立早期的工作重心在於僑生輔導工作（宗亮東，1983：4）。隨著輔導工作的進一步擴展，中國輔導學會所參與的輔導工作內容也日益豐富，在輔導理論介紹、實踐探索、師資培養、對外交流等方面為學校輔導的早期開拓做出了不可磨滅的貢獻，是學校輔導開拓時期的帶領者。

■「中國輔導學會」立案證書

## 一、介紹輔導觀念與知識

從 1950 年到 1962 年，臺灣將歐美、日本的輔導理論與實務向國內介紹的時期。1958 年中國輔導學會創立後，主要工作在於介紹西方的輔導理念，

並配合當時的教育政策開展僑生輔導。中國輔導學會發起人蔣建白認為教育的改革首先要從觀念的改變開始，教育工作者有了輔導的觀念，在教育的方法和態度上才會有重大的進步。蔣建白帶領中國輔導學會積極介紹和推廣西方的輔導理念，利用自身的優勢積極聯絡臺灣政、教兩界，為輔導觀念引進臺灣教育界尋求行政和政策支持（張植珊、吳正勝，1999：6）。

　　為推動各級學校的輔導工作，中國輔導學會除發行《輔導研究》期刊（後改名為《輔導月刊》、《輔導季刊》）外，還編輯出版《輔導小叢書》、《心理衛生叢書》與《職業輔導叢書》，為各級學校開展輔導工作提供指導和參考，同時也為輔導技術經驗交流和學術研究提供了良好的平臺。

　　中國輔導學會 1958 年至 1968 年的十年間，中國輔導學會編印的書刊共有《輔導月刊》四卷 32 冊、《輔導小叢書》20 冊、《輔導叢刊》四種，總字數達 500 萬字以上。由中國輔導學會會員協助教育部編譯的《輔導小叢書》50 冊、《輔導研究》刊物 28 冊，字數也在 500 萬字以上。這些書刊出版，對輔導工作的貢獻重大（宗亮東，1983：9）（參見表 2-3）。

　　為了更直觀地宣揚輔導理念，1967 年，中國輔導學會還拍攝了反映輔導內容的教育影片《輔導教師的任務》，由宗亮東編劇，鄧綏勇導演，臧英年主演。影片主要宣傳了輔導的五種重要理念：輔導的目的在於幫助每一個學生，有問題者固然需要幫助，正常的學生也一樣需要幫助；學生的就業與升學要根據本人的興趣和特殊能力而定，要因勢利導；學生行為的表現一定有其心理的動機，要改善其行為，就要了解行為背後的心理原因；學校的輔導工作需要和家庭及社會合作；輔導工作是全校教職員應該共同參與的工作。影片在臺灣內外放映多次，對輔導觀念的推廣發揮了積極作用（楊寶乾，1967：4）。

**表 2-3**　輔導有關參考書目（1958～1968）

| 作者 | 書名 | 出版者 | 出版年月 |
|---|---|---|---|
| 教育部僑教會 | 僑生輔導及課外活動 | 教育部僑教會 | 1957 年～1960 年共四集 |
| 林清輝譯 | 職業指導之原理與方法 | 臺灣書店 | 1958 年 10 月 |
| 吳光華譯 | 談領導 | 教育部僑教會 | 1958 年 12 月 |
| 吳光華譯 | 談擇業 | 中國輔導學會 | 1958 年 12 月 |
| 黃尚仁譯 | 了解你自己 | 中國輔導學會 | 1958 年 12 月 |
| 楊寶乾譯 | 中學生的課外活動 | 中國輔導學會 | 1958 年 12 月 |
| 余宗玲譯 | 智慧的充分利用 | 中國輔導學會 | 1958 年 12 月 |
| 宗亮東、陳梅生、柯維俊 | 國民學校指導之理論與實施 | 省教育廳 | 1958 年 |
| 楊寶乾編 | 談課外活動 | 中國輔導學會 | 1959 年 10 月 |
| 黃尚仁譯 | 恐懼的由來 | 中國輔導學會 | 1959 年 10 月 |
| 彭震球譯 | 發現你的個性 | 中國輔導學會 | 1959 年 10 月 |
| 王民強譯 | 怎樣管教兒童 | 中國輔導學會 | 1959 年 11 月 |
| 楊寶乾譯 | 中等學校輔導業務的改進 | 中國輔導學會 | 1959 年 11 月 |
| 芮鶴延譯 | 怎麼訓練團體領導人才 | 中國輔導學會 | 1959 年 11 月 |
| 李亞白譯 | 怎樣實施測驗 | 中國輔導學會 | 1959 年 12 月 |
| 龍書祁譯 | 中等學校輔導概論 | 教育部中教司 | 1959 年 |
| 許伯超 | 教師在輔導工作中的職責 | 臺灣書店 | 1959 年 |
| 何欣譯 | 群性的發展 | 教育部僑教會 | 1960 年 1 月 |
| 耿相會 | 教育指導法 | 教育資料館 | 1960 年 2 月 |
| 余宗玲譯 | 建立你的人生哲學 | 中國輔導學會 | 1960 年 5 月 |
| 李廼揚譯 | 生活指導與道德教育 | 教育部僑教會 | 1960 年 5 月 |
| 黃尚仁譯 | 獲取工作經驗 | 教育部僑教會 | 1960 年 10 月 |
| 徐傳禮譯 | 你的行為問題 | 中國輔導學會 | 1960 年 11 月 |
| 吳光華譯 | 發現你的真正興趣 | 中國輔導學會 | 1960 年 11 月 |
| 楊寶乾譯 | 增進你的學習能力 | 中國輔導學會 | 1960 年 11 月 |
| 崔德禮編 | 辦理輔導實驗之經過 | 臺北華僑中學 | 1961 年 3 月 |
| 臺北二女中編 | 輔導實驗工作報告 | 臺北二女中 | 1961 年 10 月 |

表 2-3　輔導有關參考書目（1958～1968）（續）

| 作者 | 書名 | 出版者 | 出版年月 |
|---|---|---|---|
| 洪為薄譯 | 休閒的利用 | 教育部僑教會 | 1961 年 10 月 |
| 程振粵譯 | 如何解決你的問題 | 教育部僑教會 | 1961 年 10 月 |
| 黃尚仁譯 | 什麼是你的難題 | 教育部僑教會 | 1961 年 10 月 |
| 吳允祥譯 | 如何求職 | 教育部僑教會 | 1961 年 10 月 |
| 許延俊譯 | 什麼是誠實 | 教育部僑教會 | 1961 年 10 月 |
| 惲彥彤譯 | 談話的藝術 | 教育部僑教會 | 1961 年 10 月 |
| 黃堅厚譯 | 少年犯罪行為的真相 | 教育部僑教會 | 1961 年 10 月 |
| 龍書祁譯 | 你是否進大學 | 教育部僑教會 | 1961 年 10 月 |
| 褚應瑞譯 | 了解異性 | 教育部僑教會 | 1961 年 10 月 |
| 穀賡泉譯 | 怎樣結交朋友 | 教育部僑教會 | 1961 年 10 月 |
| 熊望權譯 | 怎樣和父母一起生活 | 教育部僑教會 | 1961 年 10 月 |
| 張隆延譯 | 情緒的成長 | 教育部僑教會 | 1961 年 10 月 |
| 崔德禮 | 輔導實驗 | 華僑中學 | 1962 年 10 月 |
| 路君約 | 心理測驗與輔導 | 教育部中教司 | 1963 年 10 月 |
| 程法泌 | 知識及行為的考查法 | 教育部中教司 | 1963 年 12 月 |
| 楊光惠 | 問題學生輔導之研究 | 正中書局 | 1964 年 6 月 |
| 李亞白 | 如何實施職業輔導 | 中國輔導學會 | 1964 年 10 月 |
| 程法泌 | 測驗技術及其應用 | 中國輔導學會 | 1964 年 10 月 |
| 吳　鼎 | 學生資料編製與應用 | 中國輔導學會 | 1964 年 10 月 |
| 楊寶乾 | 團體輔導 | 中國輔導學會 | 1964 年 10 月 |
| 唐守謙 | 教育指導 | 東海大學 | 1964 年 |
| 中國輔導學會 | 輔導研究 | 正中書局 | 1965 年 1 月 |
| 張慶凱 | 職業輔導手冊 | 中國輔導學會 | 1965 年 10 月 |
| 孫邦正 | 學業輔導 | 中國輔導學會 | 1965 年 10 月 |
| 曹沛滋 | 學校如何與家庭社會聯繫 | 中國輔導學會 | 1965 年 10 月 |
| 許伯超 | 教師與輔導 | 中國輔導學會 | 1965 年 10 月 |
| 蔣建白 | 輔導之理論基礎 | 中國輔導學會 | 1965 年 10 月 |
| 中國輔導學會 | 教育輔導手冊 | 中國輔導學會 | 1965 年 10 月 |

**表 2-3　輔導有關參考書目（1958～1968）（續）**

| 作者 | 書名 | 出版者 | 出版年月 |
|---|---|---|---|
| 張慶凱 | 職業輔導與職業資料 | 政大教育中心 | 1965 年 11 月 |
| 宗亮東、張慶凱 | 教育輔導 | 正中書局 | 1966 年 9 月 |
| 譚達士 | 國民學校兒童指導 | 省立臺北師專附小 | 1967 年 |
| 賈馥茗 | 兒童發展與輔導 | 臺灣書店 | 1967 年 |
| 黃正鵠 | 精神分析基本理論 | 中國輔導學會 | 1967 年 |
| 蔡金濤譯 | 適應心理 | 教育部訓委會 | 1967 年 6 月 |
| 葛道明 | 團體輔導技術研究 | 臺中長星印刷廠 | 1967 年 7 月 |
| 宗亮東主編 | 輔導研習專集 | 臺灣師範大學研習中心 | 1967 年 9 月 |
| 李東白 | 輔導學原理 | 中國輔導學會 | 1967 年 11 月 |
| 劉　輝 | 日本的生活指導 | 教育部訓委會 | 1967 年 10 月 |
| 行政院國際經濟合作發展委員會人力資源小組 | 人力發展叢書（多種） | | |
| 臺灣省社會處 | 就業輔導工作手冊 | 經合會援助計畫出版 | 1967 年 |
| 臺灣省社會處 | 職業指導叢書（多種） | 經合會援助計畫出版 | 1967 年起 |
| 魏佩蘭 | 問題少年研究 | 正中書局 | 1967 年 |
| 徐立德 | 人群關係與管理 | 政大公共行政研究所 | 1968 年 1 月 |
| 楊守全 | 青年期社會關係之發展及其指導 | 正中書局 | 1968 年 4 月 |
| 陳騰祥 | 問題兒童輔導法 | 臺灣書局 | 1968 年 |
| 孫邦正、陳石貝譯 | 輔導原理與實施 | 正中書局 | 1968 年 7 月 |
| 鄭端容譯 | 幼兒的心理 | 嘉勵出版社 | 1968 年 |
| 邱維城 | 青年心理與輔導 | 臺灣師範大學 | 1968 年 |
| 郭文新 | 兒童心理研究與指導 | 臺灣書店 | 1968 年 |

資料來源：臺灣省政府教育廳（1973：159-164）；張植珊（1982：172-179）；臺灣省立教育學院輔導學系（1973：82-86）；宗亮東等（1973：314-321）。

## 二、培育輔導師資

　　中國輔導學會在受託進行中等學校輔導工作實驗時，在巡迴指導各校開展輔導工作的過程中發現學校最缺乏的是受過專業訓練的輔導人員，於是開始培養專業輔導人員，以推行輔導工作。

　　1966 年秋，中國輔導學會常務理事宗亮東在其任教的臺灣師範大學教育學系主持「指導組」的課程，輔導的教學與研究從此走進了臺灣的大學校園，大學教育也開始為臺灣學校輔導工作培養師資。從 1966 年開始，臺灣師範大學、政治大學、耕莘文教院、臺中師專先後受教育部委託，舉辦

■ 臺灣「輔導宗師」宗亮東先生

輔導工作人員暑期研習班，中國輔導學會派出專家擔任教師，幫助設置培訓課程，確保培訓順利進行。經過培訓的輔導人員結業後，分派到各級學校或回到原來的學校推廣輔導工作，解除了學校輔導人才的燃眉之急（楊寶乾，1967：3）。1967 年暑假，中國輔導學會為臺灣各縣市培養首批輔導教師。1968 年，中國輔導學會受臺北市教育局委託，以大學教育系、心理系畢業生為對象，舉辦輔導工作人員研習班，為臺北市培養了首批 44 名國中輔導教師（張植珊、吳正勝，1999：16）。

　　1971 年秋，臺灣省立教育學院（今為彰化師範大學）正式成立，並創辦臺灣大學院校第一個輔導學系（1998 年更名為輔導與諮商學系），中國輔導學會常務理事張植珊受聘為該系主任，開展系務規劃、課程設置、師資招聘和招生等事務。雖然有臺灣師範大學教育心理學系和臺灣省立教育學院輔導學系專門培養學校輔導人員，但由於 70 年代初期國民中學輔導專

■ 臺灣大學院校第一個輔導學系創系人張植珊先生
（右一）

業人才需求快速增加，導致高校培養輔導人員的數量與速度難以滿足需求，因此，從 1973 年開始，中國輔導學會舉辦輔導專業研習班，依據研習對象本科學科背景的不同，分別進行四週至六週的研習（張植珊、吳正勝，1999：17），在一定程度上滿足了因輔導快速增長對教師的需求。中國輔導學會還為臺灣「張老師」機構提供了強大的人才支援，在「張老師」機構創立及其後的發展中，絕大部分成員均來自中國輔導學會（張植珊、吳正勝，1999：18）。

## 三、協助建立學校輔導制度

在輔導制度實驗取得經驗的基礎上，中國輔導學會參與了輔導制度建設中的兩項重要工作：國民中學課程標準的制定和國民中學行政體制的建立（張植珊、吳正勝，1999：13）。在國民中學課程標準的制定中，教育部聘請中國輔導學會的多位理事，以宗亮東為召集人，成立指導活動課程組，頒布《國民中學指導活動課程標準》，在學校中設置「指導活動」課程。在國民中學行政體制的建立過程中，中國輔導學會的多位成員協助教育部擬定國民中學指導工作委員會的設置等。

中國輔導學會還參與了許多學校的心理輔導機構的創立工作。1964 年參與成立臺灣大學學生輔導中心，之後，政治大學、臺灣師範大學也陸續成立了學生輔導中心。1967 年，中國輔導學會在臺灣教育學術年會上公開建議臺灣師範大學設置教育心理系。1968 年，臺灣實施九年國民教育時，

中國輔導學會透過其成員在學術與政治各界的影響力，大力宣導國民中學建立輔導制度（張植珊、吳正勝，1999：12-13）。

可以說，臺灣之所以能夠在 20 世紀 60 年代末搭建起各級學校的輔導制度基礎，與中國輔導學會長期堅持不懈的努力是分不開的。

## 四、促進輔導團體與其他組織的聯繫

中國輔導學會在臺灣推廣輔導活動，除了與中國教育學會、中國測驗學會、中國心理學會、中國行為科學社等團體密切合作外，在成立之初還獲邀成為美國輔導學會（APGA）的團體會員（張植珊、吳正勝，1999：12）。1967 年，美國輔導學會會長 Willamson 博士到臺灣講學，在他的推動下，美國輔導學會派專家來臺，協助臺灣國民中學配備專任輔導教師，設計輔導活動課程。1964 年冬，中國輔導學會為越南政府派來的教育人員實施輔導專業訓練。1967 年 8 月，由蔣建白為團長、楊寶乾為發言人的中國輔導學會代表團赴日本參加在東京召開的第一次亞洲區教育及職業輔導會議。1969 年，中國輔導學會又組團參加同樣在日本東京召開的第二次亞洲區教育及職業輔導會議。1970 年，中國輔導學會與日本職業輔導協會共同發起組織「亞洲區教育及職業輔導協會」（The Asian Regional Association for Vocational and Education Guidance, ARAVEG），並主持第一次全體大會，蔣建白被選為首任會長，此為「我國學者榮任國際性學術團體首長之第一人，並將我國輔導運動帶上了最高潮」（張植珊，1983：30）。

## 第四節 討論與結論

以東門國小心理衛生實驗、國民學校課程實驗與資優兒童教育實驗、中等學校輔導制度與方法實驗等為指標，臺灣開始了早期學校輔導工作實

踐的探索。這個階段的學校輔導工作雖然還處於探索與實驗期，但是在個別學校取得了較為顯著的成果，為學校輔導工作的進一步發展積累了經驗，提供了榜樣，奠定了良好的基礎。學校輔導的早期探索，在學校輔導發展史上具有重要的理論意義與實踐價值。

# 一、學校輔導實驗探索的特點與局限

臺灣的學校輔導一開始就受到美國等西方國家興起的心理衛生運動以及輔導思潮的影響。無論是東門國小的心理衛生實驗，還是國民學校課程與資優兒童教育實驗，抑或是中等學校輔導制度與方法實驗等，均與美國等國家開展的心理衛生與輔導運動密切相關。不僅許多專業人員從美國學習進修回臺，介紹西方的先進理念，開展各種學校輔導工作，更積極邀請國外的專家學者來臺進行演講，推動輔導理念的傳播。綜合來看，這一時期的學校輔導工作發展具有以下幾個特徵。

## (一) 較為零散，帶有嘗試的特點，未形成規模

這一時期的學校輔導工作主要以「東門方案」、國民學校課程實驗、資優兒童教育實驗以及部分學校輔導工作實驗為主，開展輔導工作的學校只是極少部分，影響範圍有限。輔導工作的開展也比較零散，沒有統一安排與整體規劃，也沒有成熟的計畫安排，而是透過不斷嘗試和實踐探索，積累經驗。

探索時期學校輔導的發展，在各類不同的學校受到不同力量的推動。「東門方案」是由臺北兒童心理衛生中心所推動，國民學校課程與資優兒童教育實驗，主要是為了配合國民中小學實行新的課程標準而進行的，以學校課程與教育改革為主，借鑑了西方學校輔導工作的一些理念和做法，從側面推動了國民小學輔導工作的發展。而以中等學校為主的學校輔導工作實驗主要在於探索學校中開展輔導工作的制度與方法，為學校輔導工作

的進一步發展積累經驗。這幾項實驗都從不同角度為學校開展輔導工作進行了積極的探索，提供了有益的經驗總結，但由於沒有形成規模，對整個臺灣地區學校教育的影響相對有限。

## (二)政府搭臺，社團導演，學校演練

從一開始，官方的推動與支持就對學校輔導發揮了重要的作用，這也是學校輔導工作開展的一大特色。無論是國民教育課程與資優兒童教育實驗、中等學校輔導制度與輔導方法實驗還是「東門方案」，都有教育部或臺北市教育局的支持。

中國輔導學會在推動輔導工作實驗上起了核心作用。中國輔導學會人才匯聚，既有官員，也有輔導專家以及海外留學歸來的學者。中國輔導學會的一些成員在行政部門擔任要職，為尋求行政支持、輔導學會與政府的密切聯繫扮演重要角色。因此，教育部實施的各種輔導工作政策措施，不僅有中國輔導學會專家的智慧，而且實施後皆由中國輔導學會密切配合，承擔具體的方案規劃，提供專業的人力、技術支援。

有了強有力的政策措施支持，加上專業社團中國輔導學會的密切配合，學校輔導工作的實驗與探索就有了許多便利，也提高了實際成效。

## (三)治療重於發展，形式重於內容

以「東門方案」為代表的臺灣學校輔導工作的早期探索，還顯示出了治療重於發展、形式重於內容的特徵。

「東門方案」的核心就是心理衛生模式，透過將心理衛生工作的方式和方法應用於學校教育體系中，解決學生中存在的問題行為。這種方式對學生的發展性問題較少涉及，本質是治療性的。馮觀富指出：「現在我們在小學強調發展性的輔導，而之前的東門國小是屬於治療性的」（馮觀富口述，2006）。吳武典概括說：「這是一個特殊的模式，是心理衛生模式裡精神醫學與教育的結合」（吳武典，2003）。劉焜輝則更指出：「如果

沒有後來有計畫地推動，東門仍然是東門，各個學校仍然只有『心理衛生』
的假想，就沒有『輔導』這兩個字了」（劉焜輝口述，見本書附錄Ⅱ）。

　　這一時期的學校輔導工作，雖然採用了許多輔導工作的方法，也在部
分學校中初步建立了輔導機構與制度，但是總體而言還是側重於對輔導工
作形式的探索，其開創性價值重於其實際的內容與成效。

## 二、學校輔導實驗探索的歷史價值

　　雖然臺灣學校輔導的實驗探索較為零散，輔導工作內容還不全面，但
是這些實驗和探索無疑成為學校輔導工作開始啟動的標記，具有開創性的
意義。

### （一）意味著行動和起步

　　學校輔導工作的一系列探索，標誌著學校輔導工作從無到有的巨大跨
越。在此之前，學校輔導工作的內容雖然在僑生教育中有所體現，但是方
法單一、內容簡單、缺乏系統性，沒有一所學校建立了系統的學校輔導工
作模式。在這一時期，臺灣開始了學校輔導實施制度、實施方法、實施內
容、實施模式等一系列具有開創意義的探索。「臺北市立東門國民小學自
1960 年開始即推展兒童輔導工作，為我國從事兒童輔導工作歷時最久之學
校之一，且績效輝煌。該校所推動的輔導活動模式，如教師研習、兒童輔
導、家長輔導、推廣研究等工作專案，觀念新穎，方法正確，既注重全體
兒童的適性發展，亦兼顧適應欠佳兒童的輔導」（葉莉薇，1983：方炎明
序）。這一探索時期所開創的許多輔導工作方法，在後來幾十年的學校輔
導發展歷程中都不斷地應用與發展，例如教師研習、專題研究、心理測驗、
輔導工作經驗的總結與研討等，至今看來許多方法仍然具有重要的理論與
實踐價值。「今日，東門的經驗已經成為我國國小推動輔導工作的重要模
式之一，葉老師也成為我國國小輔導工作的一名尖兵。雖然隨著時代的變

遷和社會的需要，今日國小輔導工作的性質已比過去更強調全面性和發展性，而東門模式仍有許多值得借鏡之處」（葉莉薇，1983：吳武典序）。

以「東門方案」的實施為指標，臺灣小學開始了輔導工作的實踐與探索。「臺灣小學輔導工作始於 1960 年，由臺北市東門國小在臺大醫院附設兒童心理衛生中心的指導下，首開小學輔導工作之先河。臺灣省教育廳繼於 1963 年指定臺北市立師範學院附設小學為小學輔導工作的實驗學校。1968 年，臺北市政府教育局指定西門國小負責臺北市小學學校心理衛生工作及兒童指導工作的推展，臺灣的小學輔導工作於焉開展，可謂臺灣小學輔導工作的『實驗期』」（林建平，1995：18）。

而之後的學校輔導制度與方法的實驗，更是為今後學校輔導工作全方位展開奠定了基礎，成為學校輔導工作全面推廣的試驗田。學校輔導制度與方法的實驗是臺灣第一次以政府名義推動實施的系統性學校輔導工作，體現了臺灣教育當局政策導向。

## (二)為學校輔導的建制奠定了良好的基礎

輔導工作在小學與中學的探索性開展，意味著學校輔導已經在行動層面上做好在學校教育體系中全面實施的準備。換言之，這些實驗與探索中所構建的模式，可以看成是日後學校輔導體系的一種雛形，例如：「東門方案」無論從計畫的完整性還是實施的系統性、長期性和持續性上，都達到了一個很高的水準。從輔導實踐到專題研究、從經驗總結到經驗推廣、從師資培訓到專門的心理衛生室的設置，東門國小都建立起較為完整的學校輔導工作體系。「東門方案」的實施及成效也讓社會和教育部門更加認識輔導的重要作用。

在之後的學校輔導制度與輔導方法的實驗中，及中國輔導學會的主導下，從宏觀的政策制定到具體的課程設置、教師培養等方面，建立起一套推動學校輔導工作進行較為完善的系統，為學校輔導的全面推廣奠定了堅實基礎。此外，在國民學校課程與資優兒童教育實驗中提出的因材施教、

家校聯合、注重對長期發展的規劃等觀念，也與輔導的理念不謀而合，為輔導的推廣提供了一定的理論準備。❖

# 參考與延伸閱讀文獻

中國輔導學會（主編）（1990）。《邁向 21 世紀輔導工作新紀元》。臺北：心理出版社。

中國輔導學會（主編）（1999）。《輔導學大趨勢》。臺北：心理出版社。

王淑華（1982）。〈我國中等學校輔導制度之演變〉。《今日教育》，（41），42-45。

王麗斐等（2005）。〈臺灣小學輔導工作的發展與專業內涵之實施現況〉。《香港中文大學基礎教育學報》，14（1），83-99。

余惠芬（1983）。〈我國中等學校輔導制度之演變〉。《今日教育》，（42），59-63。

吳武典（2003）。〈臺灣心理輔導的發展與現況〉（會議資料）。廣西桂林：第一屆海峽兩岸心理輔導研討會。

吳武典（2008）。〈臺灣資優教育的發展與展望〉（會議資料）。北京：中國科學院超常兒童發展和教育國際研討會及中國超常兒童研究和教育 30 週年學術會議。

李永臣（1983）。〈臺北市東門國小輔導活動沿革紀要〉。載於葉莉薇（主編），《國小輔導活動研究（第七輯）》（頁 11-32）。臺北：東門國小。

李汝和（1969）。《臺灣省通志（卷五），教育志，教育行政篇》。臺北：臺灣省文獻委員會。

宗亮東（1983）。〈中國輔導學會二十年來的回顧與今後的展望〉。載於宗亮東等（著），《輔導學的回顧與展望：中國輔導學會成立二十週年學術論文集》（第三版）（頁 3-13）。臺北：幼獅文化事業公司。

宗亮東等（1973）。《教育與職業指導》。臺北：臺灣師範大學國民中學教師職

前訓練班編印。

宗亮東等（1983）。《輔導學的回顧與展望：中國輔導學會成立二十週年學術論文集》（第三版）。臺北：幼獅文化事業公司。

林建平（1995）。〈國小輔導工作的瓶頸與突破〉。《教育研究雙月刊》，（44），18。

徐慰筠（1979）。〈學校輔導發展史〉。《張老師月刊》，3（1），21-34。

張植珊（1982）。《教育輔導》。臺北：教育部教育計畫小組編印。

張植珊（1983）。〈我國近六十年的輔導運動及其發展動向〉。載於宗亮東等（著），《輔導學的回顧與展望：中國輔導學會成立二十週年學術論文集》（第三版）（頁15-76）。臺北：幼獅文化事業公司。

張植珊、吳正勝（1999）。〈中國輔導學會早期的功能與貢獻〉。載於中國輔導學會（主編），《輔導學大趨勢》（頁3-24）。臺北：心理出版社。

彭駕騂（2004）。《成長與挑戰》。臺北：米羅文化有限公司。

楊寶乾（1967）。〈中國輔導學會五十六年度工作報告〉。《輔導月刊》，4（1），3-6。

葉莉薇（1961）。《學童心理衛生研究報告集（一）》。臺北：東門國小。

葉莉薇（1962）。《學童心理衛生研究報告集（二）》。臺北：東門國小。

葉莉薇（1963）。《學童心理衛生研究報告集（三）》。臺北：東門國小。

葉莉薇（1964）。《學童心理衛生研究報告集（四）》。臺北：東門國小。

葉莉薇（1971）。《學童心理衛生研究報告集（五）》。臺北：東門國小。

葉莉薇（1978）。《國小輔導活動研究（第六輯）》。臺北：東門國小。

葉莉薇（1983）。《國小輔導活動研究（第七輯）》。臺北：東門國小。

葉莉薇（1987）。〈推展兒童輔導工作之回顧與展望：東門方案實施之成效與檢討〉。《中華心理衛生學刊》，3（2），217-229。

葉莉薇（1988）。《輔導活動實施概況》。臺北：臺北一品打字印刷有限公司。

臺灣省立教育學院輔導學系（1973）。《學校輔導工作的實施》。臺北：臺灣省立教育學院印行。

臺灣省政府教育廳（1973）。《指導工作實施法》。臺中：臺灣省政府教育廳印

行。

蔣建白（1966）。〈輔導工作展望〉。《輔導月刊》，3（7，8），1-2。

蔣建白（1967）。〈中國輔導學會成立十年獻辭〉。《輔導月刊》，（1），1-2。

蔣建白（1971）。〈我國輔導工作之回顧與前瞻〉。《輔導月刊》，7（5，6），1-2。

盧欽銘等（1986）。《教育與職業輔導》。臺北：中國行為科學出版社。

Barclay, J. R., & Wu, W. T. (1986). The development of school psychological services in Taiwan. *Journal of School Psychology, 24*, 1-7.

Chang, C. (1979). *The development of education guidance*. Taipei: Enjoy Enterprise Co.

Wu, Wu-Tien. (1993). Counseling and guidance in the twentieth century: The Taiwan experience. *Asian Journal of Counseling, 11* (1), 1-6.

# 第3章

# 學校輔導的建制與推行

## （20世紀60年代後期至70年代）

　　1967年6月27日，蔣介石於「國父紀念月」會上宣誓：「我們要繼續耕者有其田政策推行成功之後，加速推行九年義務教育計畫。」這段宣誓正式為「九年國教」拉開了序幕。同年8月17日，蔣介石以「（1967）臺統（一）義字第5040號令」，正式命令實施「九年國教」如下：「茲為提高國民智慧，充實戡亂建國之力量，特依照動員戡亂時期臨時條款第四項之規定，經交動員戡亂時期國家安全會議決定：國民教育之年限應延長為九年，自五十七學年度起，先在臺灣及金門地區實施」（臺灣省政府教育廳，1973：18）。

　　「九年國教」不僅僅是教育年限的延長，更是一次重大的教育改革。蔣介石在1968年的《革新教育注意事項》中明確指出：「此次國民基本教育的延長，不僅須視為教育水準之提高與擴充，而尤應視為整個教育革新之新起點……以『另起爐灶』、『重整山河』之精神，殫精竭慮，從頭做起，使今後之教育，成為生動活潑的教育，並使此能新能行之教育，成為一切知恥知病、求新求行之張本。」由此可見，「九年國教」作為一項教育改革，其初衷就包含了對人格、倫理等教育內容的重視。在這種教育改革理念的指導下，以輔導為核心的指導活動課程的設置就成為一種必然。

隨著「九年國教」的實施，學校輔導首先以設置「指導活動」課程的方式在國中全面推廣。五十七學年度起，在全臺灣國民中學實施輔導工作，稱為「指導活動」。在國中的輔導工作全面開展之後，小學、高級中學、職業學校以及大專校院也陸續開始全面推行輔導工作，學校輔導正式進入了制度建立時期。

## 第一節　「指導活動」課程標準及相關法規

　　為了在國中推行指導活動，教育部制定頒布了指導活動課程標準，作為實施指導活動工作的法定依據。指導活動課程標準的實施，標誌著輔導工作正式成為臺灣教育制度的一部分，奠定了學校輔導工作法規建設的基礎，開創了以制度建設推進輔導工作實踐的新紀元。此後，國中的指導活動課程標準不斷修訂完善，國小也實施了類似的輔導工作課程標準。以課程標準為指導總綱，學校輔導工作進入了制度化和規範化建設時期。

### 一、國民中小學指導活動課程設置及課程標準

　　1967 年，鑑於世界潮流趨勢、島內經濟起飛情況以及學校輔導早期實驗探索的積累與總結，由教育部中等教育司邀請輔導專家，研討如何在臺灣中等學校全面推行輔導工作。正是在教育行政部門的支持下，經由中國輔導學會及眾多輔導專家的努力，在「九年國教」正式施行前已擬具全面推行輔導的方案，頒布了《國民中學指導活動暫行課程標準》，並在 1968 年開始的「九年國教」中學課程中增設指導活動科目（張植珊，1982：29）。

　　所謂指導活動，其實本質上就是輔導，只是由於當時輔導理念在教育部門中還缺乏足夠的理解，加上若干特殊因素，在教育決策層內部經歷了一場「指導」與「輔導」的論爭後，最終還是採用了「指導」這一名稱。

因此指導活動的主要內容其實與輔導一致，主要針對學生生活、學業、職業三方面，提供一連串有計畫的輔導與協助（張植珊，1970：4）。

## (一) 國民中學指導活動課程的正式推行

### 1. 國民中學指導活動課程設置及課程標準

　　1968 年，臺灣地區頒布了《國民中學指導活動暫行課程標準》，由於時間倉促，故在標準中添加了「暫行」二字。

---

### 國民中學指導活動暫行課程標準

第一　目標

　　一、了解學生各種能力、性向、興趣與專長，發現學生個別問題，以為因材施教的依據。

　　二、促進青少年身心的正常發展，培養學生正確的生活理想與習慣。

　　三、協助學生認識自己適應環境，使其具有自我指導的能力。

　　四、培養學生優良的學習態度與習慣，依據學生個別才能，施以適當的教育，俾能人盡其才。

　　五、協助學生了解各項職業知識及職業發展趨勢，作適當的職業準備，使其畢業後能選擇適當職業，充分發揮個人能力，促進社會進步。

第二　時間分配

　　一、第一、二、三學年，每週均一小時，為團體指導活動時間，個別指導工作可利用課外時間實施之。

　　二、前項每週一小時的指導活動，每一學生必須參加，其餘個別指導或分組指導活動，各生視實際需要參與之。

　　三、各校除每週規定一小時作為指導活動外，應視有關指導活動各項目的需要，分別指定時間實施之。並須運用各有關學科時間實施指導活動。

　　四、團體活動指導時間，視各校課程設備，可按年級採用合班方式，排在適當授課時間內。

第三　活動綱要（作者注：限於篇幅，僅列出主要標題，表格部分省略）

　　一、第一學年以生活指導與教育指導為重點，兼顧職業指導的準備。

　　二、第二學年以教育指導與職業指導為重點，兼顧生活指導。

　　三、第三學年以升學指導與職業指導兼顧為重點。

---

（續上表）

第四　實施要點

**壹、原則**

　　一、國民中學實施指導活動以生活指導、教育指導與職業指導兼顧為原則。

　　二、指導活動分中心工作與相關工作，前者由指導教師規劃辦理，有關處室協辦，後者以原有實施單位辦理為主體。

　　三、指導活動的實施，應根據學生全部資料與記錄，各校對於學生資料卡及各項測驗必須切實辦理。

　　四、各校實施指導活動，應配合部訂中等學校加強指導工作實施辦法及其他有關辦法辦理之。

　　五、指導活動的實施，不僅為指導教師與各班級任導師的責任，全體教職員均應熱心工作，盡力施行，共同負起指導活動的職責。

　　六、指導活動的實施，應與公民道德及職業科目等有關學科配合，切取聯繫，以增效益。

　　七、指導活動可分團體指導與個別指導兩種方式，凡與學生共同有關的問題採團體指導，以班級或小組活動方式實施之，凡個別學生所引起的問題，以採個別指導為原則。

　　八、第一學年以生活指導與教育指導為重點，兼顧職業指導的準備。

　　九、第二學年以教育指導與職業指導為重點，兼顧生活指導。

　　十、第三學年以升學指導與職業指導兼顧為重點。

**貳、方法**

　　一、指導活動一科與其他學科如國文、數學等性質不同，其目的在了解學生能力、性向與興趣，給予適當的指導，並能充分發展其才能，故實施之初，首須認識學生生理的發展以及個別差異情況，經詳細的調查與分析研究，作成具體的記錄，以供各項指導活動的實施。

　　二、各種指導活動實施，有賴教務、訓導與事務各行政工作的配合，各單位原有工作事項仍照常規辦理，如活動綱要中所列生活指導部分各項工作，尤應與訓導處合作進行。

　　三、指導活動，可採用下列各種方式實施：

　　　　(一) 搜集學生各項個人事實資料，填入學生記錄卡。

　　　　(二) 定期舉行身體健康檢查。

　　　　(三) 定期舉行各種測驗，如智力測驗、性向測驗、興趣測驗、人格測驗、學科測驗與職業測驗等。

（續上表）

（四）舉行諮商與個別談話。

（五）舉行參觀訪問與調查考察。

（六）舉辦座談會、小組討論會、升學或就業指導會、展覽會以及懇親會等。

（七）實施觀察或個案研究。

　　四、指導活動應特別著重個別學生的不同需要，在民主的生活方式中求其充分發展，尊重學生的個性發展，給予自由表達機會。擔任教師須了解諮商技術，引導學生應用思考，解決自己所遇各種問題。

　　五、指導活動的進行須與各方面配合，校中各行政單位與各科教師應充分合作，並經常與學校所在地機關團體以及學生家庭取得密切聯繫，運用各種社會資源，以發揮指導的功效。

　　六、各校應聘請受過指導專業訓練的人員擔任指導教師，其他有關各科的教師，亦應了解指導活動的理論與實施技術。

　　七、各校為增進指導活動效益，得設置指導工作推行委員會，由有關教職員參加組織之，校長為主席，指導教師（教務主任或訓導主任）為執行秘書，負責推動。商討每學年工作計畫與進行事宜。

　　八、指導活動的成績考查以事實評量為主體，不適用普通的學科考試方法，以學生各種身心活動現象為依據，著重個人自身的發展情況，不以全班為比較。

　　九、各校須依據前述活動綱要的內容，各學年每一學期擬訂指導活動工作進度列入學校行事曆，並可切實執行。每學期終了時，應舉行指導活動工作成效評鑑會議，藉以檢討得失，供以後實施的改進。

　　十、各校為推行指導活動易收成效，得採用教育部審定的學生手冊與教師手冊等參考資料。

**參、設備**

　　一、各校推行指導活動應特別注意實施設備，每年度經費應編列指導活動預算，以利工作的進行。

　　二、各校應設置指導教師辦公室一間、個別談話室、資料及記錄陳列保管室等，作為指導工作的必要場所。

　　三、各校如有可能，得設置學生指導中心，除設有專人負責外，將有關指導工作所需房舍設備作綜合的安排，集中管理，以增功效。

　　四、各校對於有關指導工作的學生資料、心理測驗、教育與職業資料，以及有關個案研究與心理治療等設施所需器材，應隨時置備齊全。

資料來源：張植珊（1970：213-214）。

　　1968 年的《國民中學指導活動暫行課程標準》明確規定了指導活動的目標、時間分配、活動綱要、實施要點等，並規定了指導工作主要包括生活指導、教育指導與職業指導三項內容。在活動綱要中，對於分三個學年的工作專案、方式、辦法、工作分擔、時間分配等做了詳細的規定，大大增強了可操作性。在實施要點部分，對於指導工作的性質、內容以及實施注意事項都做了明確的規定。

　　由此可見，這一版本的課程標準雖然是在短時間內倉促制定，但其內容基本上實現了科學性、完整性以及可操作性的統一，這與學校輔導工作在此前的一系列嘗試與探索是分不開的。

　　暫行課程標準在實施三年後，教育部於 1972 年 10 月 10 日修訂公布了《國民中學指導活動課程標準》，去掉了「暫行」二字，做了一些表達上的修改，主要內容不變。這一版本的課程標準一直沿用到 1983 年，成為在建制時期指導學校輔導工作的綱領性文件。

### 2. 指導活動教材的編寫

　　隨著國中指導活動課程標準的制定，作為一門課程所需的教材編寫也成為一項重要工作。由於輔導工作與其他學科教學有所區別，在課程教材的編撰和使用上，與其他學科的教材也有所不同。「我們就認為要從行政上全面的生根，所以我們的材料用『手冊』命名，而不是用『課本』，我們不承認課程標準裡面產生的課程。『手冊』向老師和社會人士等人表示我們的工作不是教學，而是完全運用輔導的方法來幫助學生成長，能夠在德智體群美育各方面齊頭並進的發展」（張植珊口述，見本書附錄 II）。由此可見，雖然輔導工作以課程的方式推行，但在輔導學者看來，輔導與其他學科有著巨大的差別，在編撰教材的理念與內容編排上，也必須符合輔導工作的自身特點。

　　指導活動課程的參考教材稱為指導活動手冊。指導活動手冊主要依據指導活動課程標準而設計，是國中實施指導活動的主要教材，分為教師手冊和學生手冊。供學生閱讀的學生手冊精編精印，圖文並茂，形式活潑，

適合兒童使用，開闢了臺灣學生讀物的新途徑。

1968 學年度指導活動課程開始實施，由於籌備時間短促，指導活動手冊的設計也極為簡略。每一單元提供一篇敘述文或說明文，文末附有幾道作業問題。由於指導活動手冊簡單，教師也常常是照本宣科，應付了事。

1972 年第一次修訂國中課程標準，指導活動手冊做了一些新的調整，重編了學生手冊各單元。1972 年教育部公布了國民中學課程標準指導活動課程內容後，國立編譯館據此編寫了《國民中學指導活動學生手冊》三冊以及《國民中學指導活動教師手冊》三冊，每年級一冊，1973 年 8 月初版。這一版的指導活動手冊編排主要以活動重點、活動作業、參考資料等模式呈現，在內容和格式上都比原來有了明顯改進，經過一段時間的實施，發現師生的接受度高。也有研究指出其存在的不足，例如：(1)活動作業過於呆板；(2)內容未能配合實際需要及學生興趣；(3)參考資料不夠生動；(4)單元設計與學生實際生活脫節；(5)表格過於繁瑣；(6)單元太少，缺少選擇空間；(7)內容編排不夠合理（參見吳正勝，1990：485-486）。

## (二) 國民小學輔導活動實施要領的頒布

1975 年，為了配合國民小學輔導活動的實施，教育部在國民小學新的課程標準中，頒布了《國民小學輔導活動實施要領》，自 1978 年 9 月起實施。

與國中的課程標準不同，《國民小學輔導活動實施要領》並不是一種強制性的規定，而只是一種指導性意見。在這份實施要領中，雖然對小學的輔導工作做了較為詳細的規定，但卻沒有相應的課程實施安排表，這是與國中的指導活動課程區別最大的地方。「輔導活動實施要領與實施原則中說明，國民小學的輔導活動工作，因係不另定科目，亦無固定時間，一切活動項目，均應透過教學情境與教育活動中實施。其必須特定時間的項目應與團體活動、生活與倫理、健康教育等各科教學密切聯繫實施之。這是國民小學與國民中學推行輔導工作在原則上最大的不同之處」（曾漢榮，1978：221）。

## 國民小學輔導活動實施要領

**實施目標**

1. 協助兒童認識自己，適應環境，使其由自我成就而達群性發展。

2. 了解兒童各種能力、性向、興趣與人格特質，並發現特殊兒童，施以適當的教育，以充分發展其創造與學習的潛能。

3. 協助兒童養成良好的生活習慣，以增進兒童的身心健康。

4. 協助兒童養成正確的學習態度，以增益學習效果，達成學習目標。

5. 協助兒童培養健康的生活理想與樂觀進取的人生態度，以促進國民小學教育目標的實現。

**實施原則**

1. 國民小學輔導活動之實施，因係不另訂科目，亦無固定時間，一切活動項目，均應透過教學情境與教育活動中實施。故以級任教師及各科教師為實施輔導活動的基本人員。

2. 對於兒童的輔導，應從協助其自我輔導，繼而達到自我發展；對個別兒童的不同需要，應加強個別輔導及延續輔導。

3. 輔導活動應與「生活與倫理」、「健康教育」、「團體活動」等各科教學密切配合，以增效益。

4. 輔導活動的實施，應以個別輔導及團體輔導並重為原則。

**實施方式**

1. 以觀察、調查、測驗、諮商、診斷等方法了解學生。

2. 以報告、說話、參觀、表演、繪圖、工作、唱遊、填表、作業、辯論、演講等方式，透過各科教學情境，達成輔導之目的。

3. 以民主的方式，著重兒童個別的不同需要，求其充分發展，並尊重兒童個性，給予自由發表的機會。

4. 輔導活動的推展有賴教務、訓導、總務各方面的配合，並與教務、訓導工作相輔相成。活動專案所列的生活輔導有關工作，應與訓導處合作進行，而學業輔導有關的工作，應與教務處配合實施。

5. 充分利用討論、扮演角色、遊戲治療等團體輔導的技術，以達到輔導的目的。

（續上表）

---

組織及人員

　　1. 國民小學得成立兒童輔導中心，由校長、教務主任、訓導主任及教師推定主任一人及輔導教師若干人。兒童輔導中心依業務需要，分資料、輔導與聯絡三組，由輔導教師分別負責之。

　　2. 國民小學輔導工作由兒童輔導中心策劃，並由全體教師共同擔負輔導兒童之責。

　　3. 兒童輔導中心的主要職責：

　　「兒童輔導中心」除負責聯繫各單位及全體教師推動輔導工作外，應協助全體教師從事下列工作：

　　(1) 蒐集並了解兒童各項個人事實，建立學生基本資料。

　　(2) 定期舉行各種教育與心理測驗。

　　(3) 舉行諮商與個案研究會議。

　　(4) 舉行參觀訪問與調查工作。

　　(5) 舉行家庭訪視與懇親與家庭聯繫。

　　(6) 設計各年級的輔導方案，供有關教師參考實施。

---

資料來源：曾漢榮（1978：220-221）。


　　正是由於小學的輔導工作沒有單獨設置課程，缺乏強制性的制度法規保證，因此也為小學輔導工作的開展帶來了一些問題。正如曾漢榮所指出的：「在實施時，將擬定之實施專案貫串融入於各種教學情境及各項教育活動中，以求教、訓、輔的一元化；此亦為國民小學輔導活動的最大特色。然而，各科教材與時間均已排定；各科教材均有其固定目標；輔導活動與各科教學究竟應如何配合？在配合上有哪些困難？有待仔細斟酌」（曾漢榮，1978：221）。


## 二、學校輔導法規的早期建設

　　世界許多國家和地區的學校心理輔導都是從民間推動開始，自下而上，

然後受到政府重視，進而透過立法來規範管理。臺灣地區中小學輔導走的卻是一條自上而下的道路，教育主管部門及政府機構一開始就重視並陸續頒布了各種輔導的法規、條文，確定行政組織、人員編制和聘用、工作實施目標及要點等，從而保證了輔導在學校教育中的落實，例如：在「九年國教」實施之前，臺灣就制定了《國民中學指導活動暫行課程標準》，之後又制定了《國民小學輔導活動實施要領》，為輔導工作的推行提供了政策與規程上的依據與保障。可見，中小學輔導法規的建設在學校輔導發展中有著舉足輕重的作用。

## (一) 總體情況

在 20 世紀 50 年代開展僑生教育時期，當時的教育部等有關機構，就制定了各種輔導僑生回臺升學辦法，例如：1958 年 5 月 24 日教育部僑務委員會公布的《僑生回國升學及輔導實施要點》，規定了僑生回臺後的保送及分發、入學前輔導、入學後輔導、畢業後輔導的相關內容細則，有計畫地輔導海外僑生回臺升學。

臺灣頒布正式法令對學校輔導工作進行規定，開始於 1968 年「九年國教」的實施。1968 年，《國民中學指導活動暫行課程標準》頒布，成為指導國中輔導工作開展的強制性規定。

從 20 世紀 70 年代開始，臺灣教育主管部門相繼制定了一系列學校輔導法規推廣學校輔導工作。1971 年，教育部修訂頒布《高級中學課程標準》，在課程總綱中增列了輔導工作。1972 年，《大專學生輔導中心設置辦法》頒布，要求大專學校設置學生輔導中心。同年，《高級中等學校指導工作實施要點及活動綱要》頒布，成為高級中等學校與職業學校開展輔導工作的指導性方案。1975 年，《國民小學輔導活動實施要領》頒布，成為推動小學輔導工作開展的指導性方案。以這些法規的相繼實施為指標，學校輔導法規體系建設進入了初創階段，學校輔導也進入了制度化建設的時期。

表 3-1 詳列了 20 世紀 80 年代前臺灣實施的一般性「中央」輔導法規。

表 3-1 20 世紀 80 年代前臺灣實施的「中央」輔導法規目次（一般）

| 時間 | 類別 | 字號 | 主旨 |
| --- | --- | --- | --- |
| 1969 年 12 月 | 令 | | 國民中學指導活動科設備標準 |
| 1970 年 6 月 3 日 | 令 | 參字第 11789 號 | 禁止青少年涉足妨害身心健康場所辦法 |
| 1970 年 6 月 9 日 | 令 | 訓字第 12147 號 | 國中曾受指導專業訓練指導教師之工作與待遇 |
| 1970 年 9 月 18 日 | 令 | 參字第 20462 號 | 禁止青少年涉足妨害身心健康場所辦法實施細則 |
| 1970 年 10 月 9 日 | 令 | 訓字第 22443 號 | 其他足以妨害青少年身心健康之場所業經核定 |
| 1970 年 10 月 9 日 | 令 | 訓字第 22503 號 | 各級學校學生應更努力向學，束身自愛 |
| 1971 年 11 月 23 日 | 令 | 訓字第 27390 號 | 維護青少年身心健康應與少年法配合宣傳 |
| 1972 年 9 月 27 日 | 令 | 參字第 23307 號 | 少年不良行為及虞犯預防辦法 |
| 1973 年 1 月 23 日 | 令 | 參字第 4028 號 | 專科以上學校外籍學生輔導室設置辦法 |
| 1973 年 1 月 27 日 | 函 | 訓字第 30859 號 | 有效防制青少年參加不良幫會組織方案及實施要點 |
| 1973 年 3 月 14 日 | 令 | 訓字第 6440 號 | 少年輔育院教育實施辦法 |
| 1973 年 4 月 6 日 | 令 | 訓字第 8386 號 | 少年輔育院條例實行細則 |
| 1973 年 4 月 6 日 | 令 | 訓字第 8387 號 | 感化教育作業規則 |
| 1973 年 11 月 5 日 | 函 | 僑字第 28588 號 | 加強僑生課業及生活輔導 |
| 1973 年 11 月 16 日 | 函 | 訓字第 19765 號 | 預防青少年犯罪在教育方面應採之措施 |
| 1974 年 7 月 4 日 | 函 | 訓字第 1737 號 | 各校應加強校外住宿學生之生活輔導 |
| 1975 年 1 月 25 日 | 函 | 訓字第 2133 號 | 請盡量選用具備心理學知識及輔導技術人員，以加強中小學之輔導 |

表 3-1　20世紀80年代前臺灣實施的「中央」輔導法規目次（一般）（續）

| 時間 | 類別 | 字號 | 主旨 |
|---|---|---|---|
| 1975 年 1 月 25 日 | 函 | 訓字第 2133 號 | 師大等校自六十四學年度起，酌將「心理衛生」、「輔導原理與技術」、「訓育原理與實施」列為選修課程<br>各專科以上學校得設置「心理衛生中心」以輔導學生 |
| 1975 年 4 月 1 日 | 函 | 國字第 7580 號 | 檢送「國民中學指導活動實施要點補充事項」 |
| 1975 年 4 月 11 日 | 函 | 訓字第 8876 號 | 從家庭、學校、社會三方面解決青少年問題注意事項 |
| 1975 年 7 月 10 日 | 函 | 訓字第 17306 號 | 1975 年罪犯減刑出獄人就學輔導工作實施要點 |
| 1975 年 8 月 7 日 | 令 | 國字第 20066 號 | 國民小學輔導活動實施要領 |
| 1975 年 12 月 31 日 | 函 | 國字第 35020 號 | 國民中學指導活動實施要點補充事項有關指導教師授課時數一節 |
| 1976 年 4 月 29 日 | 函 | 軍字第 10596 號 | 加強學生校外生活指導要點 |
| 1976 年 9 月 16 日 | 函 | 訓字第 24847 號 | 「專科以上學校設置學生輔導委員會暨學生輔導中心實施要點」、「專科以上學校設置學生心理衛生中心實施要點」 |
| 1976 年 11 月 2 日 | 函 | 訓字第 30229 號 | 委託試辦協助專科學校推展學生心理輔導工作暨輔導適應困難學生一事 |
| 1977 年 5 月 2 日 | 函 | 軍字第 11775 號 | 學校護理教師兼學生生活輔導實施要點 |
| 1977 年 10 月 22 日 | 函 | 訓字第 30803 號 | 大專校院學生輔導中心或學生心理衛生中心主任、輔導教師暨助理輔導教師之專業訓練資格 |

**表 3-1** 20 世紀 80 年代前臺灣實施的「中央」輔導法規目次（一般）（續）

| 時間 | 類別 | 字號 | 主旨 |
|---|---|---|---|
| 1977 年 11 月 10 日 | 函 | 中字第 32853 號 | 省立教育學院「輔導學習」畢業生，准比照教育心理學系，辦理高職「兒童保育科」教師登記 |
| 1977 年 11 月 21 日 | 函 | 訓字第 33918 號 | 訂定「加強中等學校導師工作暨學生紀律生活實施要點」 |
| 1978 年 5 月 9 日 | 令 | 參字第 12160 號 | 專科學校規程 |
| 1978 年 6 月 13 日 | 函 | 訓字第 15578 號 | 推展學生輔導工作並增進學生之身心健康 |
| 1978 年 9 月 25 日 | 令 | 參字第 26631 號 | 修正「職業學校規程」 |
| 1978 年 10 月 6 日 | 函 | 國字第 28202 號 | 請辦理「加強青年就業輔導方案」國中部分 |
| 1979 年 3 月 1 日 | 令 | 訓字第 5411 號 | 修正「禁止青少年涉足妨害身心健康場所辦法」 |
| 1979 年 5 月 2 日 | 令 | | 高級中學法 |
| 1979 年 5 月 23 日 | 令 | | 國民教育法 |
| 1979 年 6 月 7 日 | 函 | 訓字第 15552 號 | 大專校院推展學生輔導工作注意事項 |
| 1979 年 6 月 29 日 | 函 | 中字第 17920 號 | 高級中學法公布後應行辦理事項 |
| 1979 年 7 月 3 日 | 函 | 訓字第 18391 號 | 各師專心理衛生中心主任自 1979 年 7 月 7 日比照訓導處組主任（長）支領主管特支費 |
| 1979 年 | 函 | 訓字第 28935 號 | 「防制青少年犯罪方案」實施計畫表 |
| 1979 年 9 月 12 日 | 函 | 訓字第 26216 號 | 防制青少年犯罪方案 |

資料來源：馮觀富等（1993）。

這一時期實施的「中央」輔導法規中，除了表 3-1 中列出的一般性輔導法規，還頒布了涉及其他輔導內容的法規，其中 11 種涉及特殊教育、4種涉及資優生輔導、22 種涉及青少年心理行為輔導。除了「中央」級別的法規，這一時期臺灣省也頒布了相應的輔導法規，其中一般性法規 45 種、特教法規 13 種，資優生輔導法規 1 種。此外，臺北、高雄等市也頒布了相關的輔導法規（馮觀富等，1993）。

## (二)主要內容

除了《國民中學指導活動課程標準》等一些指導輔導工作開展的綱領性法規外，早期的輔導法規主要涉及輔導工作範圍與內容、輔導組織與輔導室的設置，以及輔導人員的選聘任用三個方面。

### 1. 輔導工作範圍與內容

在國中方面，涉及輔導工作範圍與內容的法規有《國民中學指導活動實施要點補充事項》（1975）、《國民中學指導活動實施要點補充事項有關指導教師授課時數一節》（1975）等。

在小學方面，《國民教育法施行細則》第 9 條對國小的輔導工作內容、學生心理檔案建立與使用、教師職責等做了規定。

在高級中學方面，隨著國民中學指導活動課程的開設，當時的臺灣省政府逐漸認識到在高級中學開展輔導工作的重要性。1971 年修訂的《高級中學課程標準》在課程總綱中增列了輔導工作一項。1972 年 11 月公布了《臺灣省高級中等學校指導活動實施綱要》，同時制定了《臺灣省高級中等學校指導工作實施要點》，通令全省各高級中學與職業學校實施。為了更好地銜接當時國民中學開設的指導活動課程，公布的兩份法規均以延續國中的指導工作為核心。1973 年，《高級中學學生評量與輔導工作實施要點》對高級中學的評鑑工作做了規定。1974 年 2 月，《高級中學輔導工作分年工作綱要草案》規定了高級中學輔導工作的內容與工作重點。1979 年5 月，《高級中學法》具體規定了輔導工作的範圍、組織、人員與工作辦

法，並要求對於資質優異的學生給予特別輔導（洪有義，1979：311）。

## 2. 輔導組織與輔導室的設置

學校輔導的資源配置屬輔導的「硬體」內容，是開展輔導工作的重要工具。在這一時期的輔導法規中，有不少都涉及到了輔導組織與輔導室的設置。1969 年教育部頒布了《國民中學指導活動科設備標準》，對國民中學輔導工作的房舍設備、各種資料、視聽器材等設置做了相關規定；在 1974 年 9 月發布的《高級中學輔導工作實施方案》中，規定了高級中學應成立輔導工作推行委員會，並對委員會的人員安排、任課時數以及待遇等做了詳細介紹；1976 年《專科以上學校設置學生輔導委員會暨學生輔導中心實施要點》指出，專科以上學校應設置學生輔導委員會，委員會設置學生輔導中心作為推展學生輔導工作的執行單位；1976 年的《專科學校規程》及《專科以上學校設置學生心理衛生中心實施要點》也指出，專科以上學校需設置學生心理衛生中心；1979 年 5 月頒布的《國民教育法》中要求國民小學應設置輔導室或輔導教師，國民中學應設輔導室，輔導室設置主任一人，並設若干名輔導人員。

## 3. 輔導人員選聘任用

1970 年的《國民中學曾受指導專業訓練指導教師之工作與待遇》，對指導工作專業指導教師的工作內容、待遇做了簡要規定。1974 年 9 月頒布的《高級中學輔導工作實施方案》，對高級中學輔導教師的配備比例、編制情況、任課時數與教師待遇等做了規定。1975 年 4 月的《國民中學指導活動實施要點補充規定》也提到了輔導教師的配備人數比例。1979 年 5 月頒布的《國民教育法》確立了國中與小學輔導人員的編制，提出配備輔導室置主任一人、輔導人員若干人。

### (三)輔導法規早期建設的特點

輔導法規的早期建設，有力地推動了早期輔導工作的開展，成為學校輔導工作開展的一個重要特色。

### 1. 以國中為起點，帶動其他各級學校的輔導法規建設

由於率先建制的是國中輔導工作，因此臺灣中學的學校輔導法規建設起步較早。之後，大專、高級中學以及小學的輔導法規也開始逐漸建立，初步形成了涵蓋從小學到大學較為完整的輔導工作法規體系。這為各級學校的輔導工作開展提供了法規上的保障，成為推動各級學校輔導工作開展的重要因素（蕭文，1990：356）。

### 2. 各級學校輔導法規的銜接度不夠

在這一時期，國中的輔導法規建設相對較好，國小及高級中學、職業中學的輔導法規建制則較為滯後。各級學校輔導法規建設缺乏良好的銜接，雖然有國中的輔導法規作為重要參考，但是各級學校的輔導法規基本上還是各自為政，例如：國中的輔導法規對輔導工作做了強制性規定，而國小的輔導法規則對輔導工作不做硬性規定，這樣一來，輔導法規在繼承性上就存在問題，難以實現有效銜接。

### 3. 形成學校輔導法規體系的雛形

早期的輔導法規在內容上已基本涵蓋了輔導工作的各主要組成部分，包括輔導工作範圍與內容的界定、輔導組織與輔導室建設以及輔導人員的選用等等。同時既有對輔導工作進行系統規定的綱領性法規，也有涉及輔導工作具體方面的專門規定，開始形成臺灣學校輔導法規體系的雛形。

##  教育行政中輔導的組織與管理

隨著學校輔導工作法規的制定與實施，各級學校都開始陸續建立學校輔導工作的實施機構，負責輔導工作的開展與管理。同時，為了了解與提升輔導工作的實施效果，輔導評鑑工作也開始進行，並建立了初步的輔導評鑑制度。學校行政中輔導的組織體系初步建立，並逐步探索輔導工作的有效運行與管理方式。

# 一、各級學校輔導的組織架構與組織建設

從「九年國教」在國中全面推行指導活動課程開始，各級學校在相關法規的要求下，開始陸續成立學校輔導工作的組織機構。

## (一)國民中學的輔導組織與管理

為了有效開展指導工作，在國民中學的行政系統中，開始成立負責推行輔導工作的組織機構。這一時期國中輔導工作組織機構主要採取成立學校指導工作推行委員會的方式（如圖 3-1 所示）。

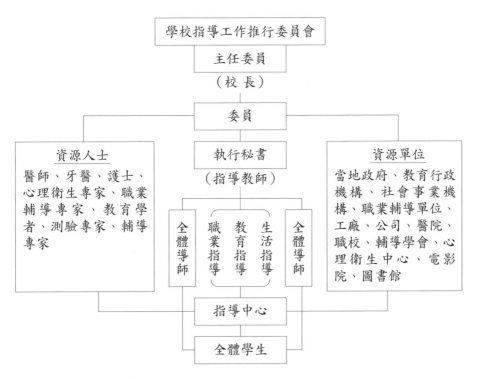

**圖 3-1** 學校指導工作推行委員會組織系統圖

資料來源：臺灣省立教育學院輔導學系（1973：16）。

　　從圖 3-1 中可以看出，國中指導工作不僅是學校工作的一部分，還要與相關的校外機構及有關人士密切聯繫，為國中指導工作的開展提供良好的資源。除了要與校內外相關機構建立合作關係，指導工作推行委員會還要與校內其他組織結構相互配合（如圖 3-2 所示）。

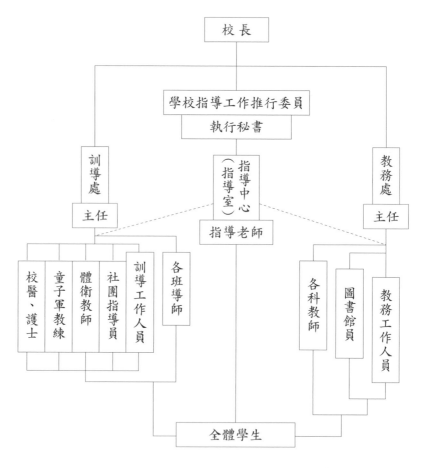

直接隸屬關係 ——
配合聯繫關係 ------

**圖 3-2** 學校輔導工作與有關單位聯繫圖

資料來源：臺灣省立教育學院輔導學系（1973：17）。

　　從以上兩個組織系統圖中可以看出，這一時期臺灣國中的指導工作不僅重視調動學校教師的力量，也注重與校外機構和人士的密切聯繫。從架構系統來看，臺灣的學校指導工作推行委員會已經充分考慮到了輔導工作開展所需要的各種條件，在內部組織與外部資源利用上已經達到了較高的水準。國中的輔導組織架構大體上依照以上型態設立，但是不同學校也存在一些差異，例如：臺北縣永和國中（如圖 3-3 所示）。

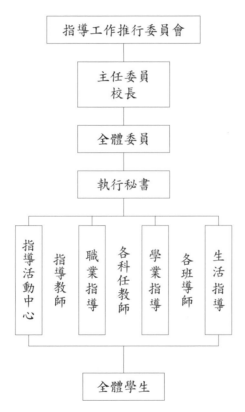

**圖 3-3** 臺北縣永和國中指導工作推行委員會組織圖

資料來源：何金針（1979：228）。

## (二) 國民小學的輔導組織與管理

1975 年《國民小學課程標準》修訂公布，其最重要的特色是增加了《輔導活動實施要領》，並於 1977 學年度試行，1978 學年度開始全面實施。《輔導活動實施要領》提到小學必須設置專人負責輔導活動的規劃與實施。與國民中學設置指導工作推行委員會的形式不同，國小的輔導工作組織主要以成立兒童輔導中心為主，設置一名主任（如圖 3-4 所示）。

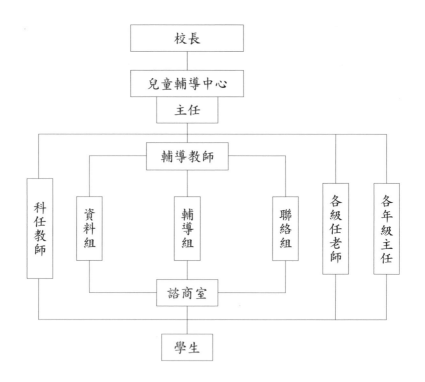

**圖 3-4** 國民小學輔導組織系統表

資料來源：盧欽銘等（1986：31）。

除了成立兒童輔導中心，1979 年《國民教育法》明確要求小學應設置輔導室或配備輔導教師。《國民教育法施行細則》第 17 條規定了國民小學及國民中學輔導室（輔導教師）的職責：「學生資料蒐集與分析，實施學生智力、性向、人格等測驗之實施，學生興趣成就與志願之調查，輔導及諮商之進行，並辦理親職教育等事項。」

## (三) 高級中學的輔導組織與管理

高級中學自 1973 年起，開始試辦輔導工作，其組織結構主要以國中的輔導組織架構為藍本。1974 年 9 月公布的《高級中學輔導組織實施方案》第 5 條第 1 點規定：「高級中學應成立輔導工作推行委員會，由校長兼任主任委員，聘請各處室主任及有關教師為委員。設執行秘書一人，由主任委員就資深之輔導教師遴選擔任為原則。其任課時數及待遇比照處主任辦理。」1979 年公布的《高級中學法》第 13 條規定：「高級中學設立輔導委員會，負責規劃、協調全校學生輔導工作，輔導工作委員會還需設置專任輔導教師。」

可見，高中的輔導組織與國中的輔導組織基本類似，輔導工作的推行主要由輔導工作推行委員會負責。校長在委員會中扮演總體負責和決策的角色，具體的事項由主任委員負責，主任委員一般由輔導教師擔任。為了加強學校內各個處室的配合，還將各個處室的主任任命為推行委員會的委員。

## (四) 大專校院輔導工作機構的設立

在 1976 年以前，各大專校院輔導工作推展的差異很大，輔導中心的地位更是曖昧不明，有隸屬於教務處的（陽琪，1975；引自李泰山，1985：13），有隸屬校長的，更多是隸屬於訓導處，也有人宣導訓導與輔導合一，將訓導處改名為輔導處的（李美瑛，1980；引自李泰山，1985：13）。

1976 年，教育部公布《專科以上學校設置學生輔導委員會暨學生輔導中心實施要點》及《專科以上學校設置學生心理衛生中心實施要點》，通

令大專校院設置學生輔導中心或心理衛生中心。在這種情況下，臺灣師範大學、省立教育學院等高等學校開始協助大專校院開展輔導工作。

《專科以上學校設置學生輔導委員會暨學生輔導中心實施要點》規定：專科以上學校得設置學生輔導委員會，設主任委員一人，由校長兼任；設委員 7 至 11 人，由校長就校內教師中遴選；設秘書一人，由校長從委員中指定一人兼任。委員會下設學生輔導中心，為負責推展學生輔導工作的執行單位。學生輔導中心設置主任一人，由學生輔導委員會秘書兼任；輔導教師由校長聘請心理輔導專業教師兼任，並視實際需要，聘請校外專家學者兼任輔導教師；設助理輔導員一至二人，由校長聘請大專校院有關科系畢業生兼任。

《專科以上學校設置學生心理衛生中心實施要點》則規定專科以上學校要設置學生心理衛生中心，隸屬訓導處。學生心理衛生中心設置主任一人，由校長遴聘校內對輔導有研究之教師兼任；設輔導教師若干人，由校長遴聘對輔導有研究之教師兼任，並得視實際需要聘請校外專家、學者兼任有關輔導教師；設助理輔導員一人，由校長遴選大專校院有關科系畢業生兼任。

在上述兩個法規頒布後，臺灣各大專校院相繼開始根據自身的特點成立學生輔導中心或學生心理衛生中心。設置學生輔導中心的學校，校長為主任委員，委員會秘書兼任中心主任，其地位相當於科系主任，直接隸屬於校長。學校設置學生心理衛生中心的，隸屬於訓導處，受訓導主任管理，中心主任的地位相當於組主任（李泰山，1985：103）。

自 1968 年國民中學全面推行輔導工作並在學校行政中率先建立輔導組織以來，國小、高級中學以及大專校院紛紛設立了輔導工作的組織機構，成為推動與管理輔導工作的重要平臺。至 20 世紀 70 年代末，各級學校基本上都建立了學校輔導工作組織機構，形成了較為完整的輔導工作組織與管理體系。

## 二、學校輔導評鑑制度的建立

「國民中學輔導工作評鑑是我國現代教育評鑑的開端，也是國民教育革新的起點」（白博文，1986：5）。隨著學校輔導工作的開展，輔導評鑑法規也相繼頒布，輔導評鑑成為學校輔導工作的一個重要組成部分，並對此後的學校輔導工作產生了巨大的推動與促進作用。

### (一) 學校輔導評鑑相關規定的實施

1968 年，臺灣省教育廳公布《臺灣省國民中學校務設施評量表》。1973 學年度，教育部公布《高級中學學生評量與輔導工作實施要點》，規定必須對高級中學學生進行心理測量，高級中等學校開始試行評估與輔導工作。1974 年制定了《高級中學輔導工作實施方案》，規定各校實施輔導工作於每學期及學年年終舉行評價會議，以檢討得失。1974 年度制定《高級中學試辦學生評鑑與輔導工作評鑑表》，指導高級中學試辦學生評量與輔導工作，也為進一步了解試辦狀況及改進做準備。《高級職業學校學生輔導工作實施辦法》也規定學年度終了時，應辦理評鑑工作。1975 年 4 月，《國民中學指導活動實施要點補充規定》提出中小學輔導工作評價應從八個方面進行，分別是：輔導工作的組織與行政配合、輔導工作人員的素質、輔導活動課程的實施與設備的充實、心理檔案的建立與運用、輔導與諮詢、教育輔導的實施、生活輔導的實施、職業輔導的實施等。

1978 年，教育部擬訂《國民中學評鑑實施要點草案》及評鑑表格，指定基隆市及桃園縣先行試辦國民中學評鑑工作，希望透過蒐集試辦的經驗以完善國中評鑑方式。之後邀請國中校長、主任、各級教育行政人員及有關專家對試辦結果進行討論，對評鑑方案進行修訂。1979 年 12 月 7 日，教育部正式公布《國民中學評鑑暫行實施要點》，並頒布《國民中學評鑑標準》及《國民中學評鑑手冊》，通令全面實施。國民中學輔導工作的評鑑

也包含在其中（白博文，1984：259）。

1978 年，教育部《國民中學輔導工作評鑑實施計畫》全面規定了國中輔導評鑑的目標、專案、方式與步驟。將輔導評鑑的目標規定為：評鑑國民中學輔導工作的現況，以檢討缺失、謀求改進；評鑑國民中學輔導工作之推行，以提高績效，發揮功能；分析評鑑的結果，以確立國民中學輔導工作督導評量制度；依據評鑑結果，實施追蹤輔導，以促進國民中學輔導工作之發展。在評鑑專案上則與《國民中學指導活動實施要點補充規定》中所列的內容相同。在評鑑的方式與步驟上，規定了評鑑先由各縣市教育局自行辦理初評後，再由教育部的評鑑小組分六區訪評，並在各縣市抽評二至四所國中。評鑑的手段除了靜態的資料，還包括指導活動教學、學生座談、家長訪問及諮商活動的動態資料蒐集。評鑑的步驟則包括：成立評鑑小組；確定評鑑表格；舉辦評鑑講習；辦理縣市初評；實施分區評鑑；舉辦研討會；舉辦分區檢討會；提出評鑑報告；研討評鑑結果；實施追蹤輔導（吳武典，1982：422-423）。

在國民小學方面，對評鑑工作的規定是：各校應運用各種評鑑方法，就輔導工作的實施情況，評鑑其績效，以求功過的改進。評鑑的範圍包括：輔導活動的計畫與進度；兒童輔導中心的設施；經費與設備的運用；輔導要項的實施；兒童資料的建立與運用等等（吳武典，1982：424）。

一系列評鑑法規的相繼實施，對輔導評鑑的目標、內容、方法等各個方面都做了初步規定，形成了初步的輔導評鑑制度體系。輔導評鑑法規的實施為輔導評鑑工作的開展提供了指導，也促進了輔導評鑑工作的實施。

## (二) 學校輔導評鑑的實施

隨著學校評鑑法規的相繼實施，學校輔導評鑑工作也於 20 世紀 60 年代末開始起步。

1968 年，中國輔導學會受教育部委託，聘請輔導學者訪視臺北市 41 所國中實施指導活動的情況，並進行問卷調查，這可算是臺灣地區最早的輔

導評鑑工作（吳武典等，1990：396）。1974 年，教育部國民教育司正式指定部分高中試辦「評量與輔導」工作，開展為期三年的輔導評鑑工作，為學校輔導工作做了一次徹底的「體檢」。評鑑項目包括：輔導工作的組織及行政的配合；輔導工作人員的素質；輔導活動課程的實施與設備的完善；資料的建立與運用；輔導與諮商；教育輔導的實施；生活輔導的實施；職業輔導的實施。

1976 學年度教育部發布《國民中學輔導工作評鑑報告》，概括指出了學校輔導工作存在十個問題（教育部，1977；引自張植珊，1984：212-213）：(1)各校輔導組織與人事未臻完善；(2)指導教師的專業資格與地位未確立；(3)指導活動費的運用未建立制度；(4)指導中心（室）的設備未加制訂；(5)學生資料的建立未臻理想；(6)缺乏標準測驗；(7)指導活動課程標準尚待修訂；(8)縣市教育局應加強督導考核國中輔導活動的實施；(9)學校與家長間對指導活動的認識尚待溝通；(10)各校教師對輔導課程的認識仍需加強。

1976 年，大專學校的教育評鑑開始實施。自 1978 年起國民中小學也陸續開始由省（市）教育廳（局）辦理教育評鑑工作（白博文，1984：259）。

1979 年，教育部擬定《國民中學評鑑實施要點草案》及評鑑表格，指定基隆市及桃園縣先行試辦國民中學評鑑，對試辦結果進行總結，再由國中校長、主任、各級教育行政人員及相關專家修訂，得出更完善的評鑑方式。

一系列輔導評鑑工作的實施，對了解輔導工作的開展情況發揮了重要作用，例如：這一時期的輔導評鑑就指出了國中輔導工作存在的問題：組織與人事制度不完善；輔導教師的資格未確定；輔導經費制度未建立；輔導與諮商的情境設置標準未制訂；學生資料建立不理想；缺乏標準測驗；「指導活動」課程標準沒有修訂；縣市教育部門對國中輔導工作開展情況的考核不夠；學校與家長間對輔導活動的認識溝通不足；學校教師對輔導工作的認識有待加強；「指導活動」課程沒有適當開設（吳武典，1982：423）。

輔導評鑑工作的開展代表著學校輔導評鑑工作引起了普遍的重視。在

隨後的時間裡，教育部、教育廳、各縣市的相關部門及專家學者都極力研究和改進輔導評鑑工作，以便不斷改進學校輔導，提高輔導工作的效果。但這一時期的輔導評鑑主要以國中、國小為主，高級中學以及大專校院的輔導評鑑工作相對滯後。

## (三) 學校輔導評鑑存在的問題

這一時期的輔導評鑑體系處於初步建立階段。隨著各種輔導評鑑法規的實施，輔導評鑑工作在各級學校中逐步開展，形成了初步的學校輔導工作實施與管理體系。

這一時期的輔導評鑑工作在實施過程中也存在不少問題。「每次國中輔導評鑑之後，各國中老師莫不議論紛紛，有人嚴加撻伐，有人讚譽有加。平心而論，國中輔導評鑑是項好制度，可是還需檢討，評鑑『評鑑工作』本身，以便得到更圓滿的改善」（顧雅文等，1981：13）。

首先是過於重視結果，把輔導評鑑當作考核。「當國中接到自評表的時候，『打分數』的概念就浮上心頭」（顧雅文，1981：12）。「許多國中主管對教育當局實施輔導評鑑的動機並不清楚，多數的校長把評鑑看成考核，指示指導活動秘書要做好資料、表格，甚至不惜請教務處、訓導處協助編報資料，如有不符評鑑表所列項目者，做點表面資料亦可」（顧雅文，1981：11）。「評鑑當局對評鑑報告與其處理情形，也會有濃厚的考核色彩。評鑑報告的撰述，每校只有六百字之譜，光是寫一些簡要的優缺點與分數等級之外，能針對問題作具體之改善意見幾乎是不可能的，如此的評鑑報告，的確無異於考核」（顧雅文，1981：12）。輔導評鑑的根本目的在於反映輔導工作開展的實際情況，以作為改進輔導工作的參考，過於重視輔導評鑑的考核功能是本末倒置。

其次是評鑑專案設置不夠合理，評鑑專案過分理想化。評鑑專案的設計本應在相關評鑑法規的基礎上，結合各個學校的實際情況，由教育當局與學校共同制定。但這一時期的評鑑，大多沿用教育部所訂定的評鑑表，

頂多稍加修改。在這種情況下,各校為了配合評鑑專案,只好做假資料。「有些學校的指導委員吝於參與,對學校的輔導工作沒有絲毫貢獻,可是卻有轟轟烈烈的指導委員會紀錄。這些配合的資料,的確用心良苦」(顧雅文等,1981:13)。

再者,評鑑結果及其使用也存在問題。「評鑑表上所列的項目,雖說是診斷之用,但由於項目太多,又力求量化,使評鑑的結果只能知道各校間的優劣,而對各校問題產生的原因難以知曉」(顧雅文,1981:12)。「評鑑的結果必須發給各校,提供他們作下一年度的改革依據,從理論來說,這是很重要的評鑑回饋……可是,過去的輔導工作評鑑結果,並沒有做到這點,甚至教育當局為了發表評鑑結果與否,還大費周章。」另外,在輔導評鑑工作結束後舉行的評鑑討論會上,沒有充分對評鑑工作中存在的問題進行討論,因此也就無法充分發揮輔導評鑑工作的作用(顧雅文,1981:12)。

「從國中開始推動輔導工作迄今已十二個年頭,由於新制度受到許多條件的限制,學校輔導工作目標距離理想仍甚遠,但不可否認的,學校輔導工作近幾年已受到相當程度的重視,學校輔導工作績效也有長足的進步,其原因固然很多,我們敢斷言,國中輔導工作數度不同類型的評鑑亦是推動輔導工作進展的原因之一」(輔導月刊社論,1980:扉頁)。

## 第三節　學校輔導人員的培育與任用

從僑生教育開始,臺灣中小學輔導教師的培育與任用經歷了十幾年的發展後,建立了初步的輔導師資培養體系。在師資培訓的初期,主要以短期培訓在職教師為主。隨著大學院校輔導相關專業的陸續設置,大學院校在輔導師資培訓體系中的地位日益重要。教師在職進修和培訓制度與大學院校的專門人才培養體系一起,共同培養了早期輔導工作所需的大量師資。

# 一、學校輔導人員的培育

　　最早的學校輔導人員培育從僑生教育開始。之後為了配合「九年國教」，開始正式設立指導活動科目，並大規模培訓所需的輔導師資。「20世紀60年代後期，一場全面的輔導浪潮興起了，它始於包括國立臺灣師範大學和一些其他機構開展的應用心理學服務的正規教育」（Barclay & Wu, 1986: 3）。學校輔導人員的培育體系由此進入了一個系統建設的時期。

## (一) 輔導師資的培訓

　　1954年，教育部為適應對僑生的輔導工作，開始培養輔導專業人員。「為了探討輔導的學理與研究輔導的方法，曾一方面定期舉辦輔導工作研習會，培養輔導專業人員；另一方面選送若干教育行政人員、大中學校教師，赴美修習輔導理論與實務，這可說是我國輔導人員專業訓練的開端」（張植珊，1984：252）。僑生教育時期培養的許多專家都成為日後國中、國小輔導師資培訓的骨幹，成為學校輔導工作發展的重要推動力量。

　　1968年國民中學全面推行指導活動課程後，輔導師資缺乏成為一個必須解決的首要問題。指導教師的來源，雖然已有規定由臺灣師範大學、政治大學等校教育學系、心理學系、社會系等每年畢業生中選拔，並予以四至八週的職前專業訓練，但就全臺灣474所國民中學而言，依當時師大、政大等校教育等系的培養能力，在短時期內是無法滿足需要的。在這種情況下，1968年暑假，臺灣開始透過短期培訓的方式大量培養輔導教師。1968年暑假，輔導師資培訓在臺灣師範大學與政治大學等校院分別展開。政治大學招訓對象都是教育科系畢業，訓練時間八個星期，訓練內容一部分為基本理論，一部分為技巧方法，一部分為實習，輔導人員結訓後即分發至臺北市各國民中學服務。臺灣師範大學主要為各國民中學訓練輔導教師，每批訓練四個星期，內容與政大相同。這兩校共計培訓近五百人。此外，

耕莘文教院也舉辦輔導員講習班，招訓對象也以在職教師為主。

　　1970 年春，臺灣省中等學校教師研習會（現彰化師範大學前身）成立
於彰化白沙山莊，以「種子」的構想，辦理兩期各為期四週的指導工作研
究班，給予在職的輔導人員短期訓練，協助推動各縣市指導工作的順利開
展（張植珊，1983b：33）。行政院經濟設計委員會與教育廳合作，委託省
立教育學院於 1974 年舉辦七梯次國民中學指導教師研習會，分別調訓臺灣
省國民中學指導活動本科系、相關科系及非相關科系畢業的現任指導教師
計五百餘名。研習時間本科系及相關科系者為四週，非相關科系者為六週。
此項研習會規模較大（張植珊，1984：184）。

　　值得一提的是，這一時期的輔導師資培訓，中國輔導學會的專家積極
參與，發揮了重要的推動作用。以 1969 年臺北市政府教育局委託政治大學
舉辦的臺北市國民中學教師訓練班為例，其中聘請了 26 位輔導專家擔任主
講教師（如表 3-2 所示）。

表 3-2　1969 年臺北市國民中學教師訓練班聘請專家一覽表

| 胡秉正 | 梁尚勇 | 程法泌 | 呂俊甫 |
| --- | --- | --- | --- |
| 吳南軒 | 張慶凱 | 張壽山 | 宗亮東 |
| 楊寶乾 | 徐澄清 | 龍書祁 | 路君約 |
| 徐正惠 | 孫敬婉 | 黃堅厚 | 王作榮 |
| 韓功賢 | 高蓮雲 | 林邦傑 | 何福田 |
| 吳　鼎 | 葉尚志 | 紀文祥 | 葉金城 |
| 林國珍 | 聶鐘杉 |  |  |

資料來源：政治大學（1969：33）。

　　這些專家中許多都是從美國留學歸國的著名輔導學者，他們參與早期
的師資培訓工作，大大地提升了培訓的品質，對早期輔導工作的開展有著
巨大的推動作用。

　　一系列的培訓有效地緩解了指導活動課程全面實施後產生的輔導教師不足問題。但由於是短期培訓，輔導師資的品質和專業水準難以完全滿足學校輔導工作的實際需要，因此高等院校相關專業的設置也就成為一種必然的發展趨勢。

## (二)高等院校輔導及相關專業的設立

　　除了各種形式的在職培訓和進修，大學院校也陸續開始設置輔導及相關專業，培養專門的輔導教師，其中以臺灣師範大學教育心理與輔導學系和臺灣省立教育學院輔導學系（現彰化師範大學輔導與諮商學系）最為著名。臺灣師範大學最早開辦了與輔導師資培育相關的教育心理與輔導學系，臺灣省立教育學院則開設了臺灣大學院校中的第一個輔導學系。

　　臺灣真正開始有系統培養輔導專業教師的大學院校是臺灣省立教育學院（現彰化師範大學）。1970年，在「九年國教」實施初期，為配合中等學校師資再進修的需要，臺灣省政府教育廳成立中等學校教師研習會，下分教務、輔導、總務三組，另成立三個研究班，分別是輔導工作研究班、職業教育研究班、科學教育研究班，張植珊擔任輔導組組長兼輔導工作研究班班主任（張植珊，2001：11）。1971 年中等教師研習會改制為臺灣省立教育學院，同年 8 月成立輔導學系（為當時臺灣省立教育學院的三系之一），專門培養學校輔導人員，招收專科學校畢業生，修業三年期滿授予學士學位。輔導學系的開辦，對於輔導工作以及輔導師資的培養而言，具有開創性意義。「由於 18 年前，國內尚無專門培育輔導人才之科系，因之當時從事輔導工作者，多為透過短期速成之訓練人員。民國 60 年，臺灣省立教育學院創立之時，即設有輔導學系，為我國師資培育機構中，開始正式培育輔導之人才」（盧欽銘等，1986：70）。臺灣省立教育學院輔導學系成立以後，培養了大量的輔導專業師資，成為當時輔導工作的主力（張植珊，1983b：32-33）。

　　1973 年，省立教育學院以蔣建白名字命名的輔導系館落成，除了教授研究室外，根據輔導與諮商教學需要，設置心理實驗室、教育與職業輔導

資料室、測驗諮商觀察室及相關的設施，成立學生輔導中心及彰化「張老師」中心，為本校及中部地區青少年提供諮商服務，並提供本系學生參與實習。心理實驗室為各國民中小學提供心理測驗服務，教育與職業輔導資料室也接受亞洲區教育與職業輔導協會的委託，作為該協會的資料中心，成為臺灣最早且最具規模的輔導與諮商教學研究與推廣中心（張植珊，1995：341）。

臺灣師範大學教育心理與輔導學系是最早建立心理學系的高等師範學府。早在 1946 年臺灣師範大學成立時，教育系就成立了心理實驗室。1958 年教育系成立心理學組，並將心理實驗室擴充為心理實驗中心。1968 年 8 月正式成立教育心理學系，招收大學部學生。1979 年，教育部鑑於各級學校輔導工作日益重要，以教育心理與輔導學系現有師資及設備為基礎，批准成立輔導研究所碩士班。

70 年代以後，政治大學及師專等大學院校也設置了輔導學或心理學相關專業，共同為培育輔導人員而努力。

表 3-3 　臺灣推行輔導工作初期與輔導師資培育有關的大學、研究所情況

| 學校及科系名稱 | 系、所成立時間 | 系、所創辦人或第一任主任、所長 |
|---|---|---|
| 國立臺灣大學心理學系<br>http://www.psy.ntu.edu.tw/ | 1949 年 | 蘇薌雨教授 |
| 國立政治大學心理學系暨心理學研究所<br>http://psy.nccu.edu.tw/chn_ver/index.htm | 1971 年 8 月 | 程法泌教授 |
| 中原大學心理學系<br>http://psywww.cycu.edu.tw/ | 1966 年 | 劉家煜老師 |
| 臺灣省立教育學院輔導學系<br>（現彰化師範大學輔導與諮商學系）<br>http://gc.ncue.edu.tw/ | 1971 年 | 張植珊教授 |
| 臺灣師範大學教育心理與輔導學系<br>http://www.epc.ntnu.edu.tw/epcweb/ | 大學部 1968 年<br>碩士班 1979 年 | 黃堅厚教授 |

資料來源：整理自臺灣各相關大學、研究所網站。

## (三)輔導人員培育的課程設置

這一時期輔導人員培育的課程設置主要根據 1969 年教育部臺（58）中字第 15875 號令，其中規定了指導教師應修的專門科目及其學分，必修科目及選修科目合計須修滿 20 學分（如表 3-4 所示）。

表 3-4　指導教師應修專門科目及其學分

| 專門科目 | 學分 |
|---|---|
| 輔導原理 | 4 學分 |
| 諮商理論與技術 | 4 學分 |
| 教育與職業資料分析 | 2 學分 |
| 心理與教育測驗 | 4 學分 |
| 小計 | **14 學分\*** |
| 團體活動指導 | 2～3 學分 |
| 心理衛生 | 2～3 學分 |
| 青年心理學 | 2～3 學分 |
| 小計 | **6～9 學分\*\*** |

註：\*為必修學分；\*\*為選修學分。
資料來源：陳石貝（1973：80-81）。

　　1970 年，張植珊在廣徵各方意見的基礎上，提出中等學校教師研習會的指導工作研究班研習課程計畫。這個研習課程連續實施多年，成為國民中學早期輔導專業進修的重要參考（如表 3-5 所示）。

　　以上研習課程是在未設立專門輔導學系的情況下設定的，隨著高等院校輔導相關系的成立，輔導專業課程的設置也逐漸規範，內容也更為豐富，例如：1971 年成立的省立教育學院輔導學系，其課程設置以輔導學系的必修科目為準，經過兩年的實驗，在教育部修訂大學必修科目之後，規定必須修完 22 門課程共 71 學分（如表 3-6 所示）（張植珊，1976：9）。

**表 3-5** 指導工作研究班的研習課程計畫

|  | 專業知識 | 專業技能 | 實務操作 | 活動設計 |
|---|---|---|---|---|
| 研習課程 | 教育輔導<br>生活輔導<br>職業輔導<br>輔導行政與組織<br>諮商理論與實驗<br>團體輔導<br>個別輔導 | 輔導中心設計<br>個案研究<br>資料分析<br>心理測驗與統計 | 諮商演示<br>資料蒐集與設計<br>測驗實施<br>輔導行政實習 | 指導活動手冊<br>活動計畫<br>單元活動的實施 |
| 研習方式 | 採取單元教學，並以專題研討為輔，配合視聽器材及心得報告（口頭與筆記）。 | 採取事實講解、經驗交換、親手實驗，參觀考察等方式，俾對測驗技術、調查分析、諮商方法、器材運用、資料蒐集等，有深入之了解。 | 採取個別設計、分組實施、實地操作，檢討批評及觀摩演示等方式，以增進輔導之技術能力。 | 採取小組設計、個別實驗、模擬教學、批評訂正、整理編輯等方式，達到熟練創造之目的。 |
| 講席遴聘原則 | 具有輔導學專門研究之學者，或曾任輔導課程之大專教授。 | 對輔導技術方法有特殊研究的，或有臨床經驗的專家教授任之。 | 接受過輔導專業訓練、具有實地工作經驗者任之。 | 1. 指導活動課程設計人。<br>2. 指導活動手冊編輯人。<br>3. 對課程教材素有研究者。 |

資料來源：張植珊（1976：7）。

在省立教育學院輔導研究所碩士班，規定共同必修科目計 14 學分，學校輔導組必修科目計 9 學分，社會輔導組必修科目計 6 學分，選修科目計 19 學分，畢業須修滿 32 學分（如表 3-7 所示）。

表 3-6 輔導學系專業必修科目表

| 科目 | 學分 |
|------|------|
| 普通心理學 | 4 |
| 人體生理學 | 3 |
| 社會學 | 3 |
| 輔導原理 | 3 |
| 發展心理學 | 3 |
| 教育統計學 | 4 |
| 輔導行政 | 2 |
| 教育與職業資料分析 | 2 |
| 諮商理論與技術 | 4 |
| 學習輔導 | 4 |
| 心理與教育測驗 | 4 |
| 社會心理學 | 3 |
| 人事心理學 | 3 |
| 心理衛生 | 3 |
| 團體輔導 | 3 |
| 職業輔導 | 3 |
| 青少年問題研究 | 4 |
| 指導活動的實施 | 2 |
| 教育與輔導實習 | 6 |
| 學校與社區發展 | 3 |
| 社會工作 | 3 |
| 教育投資與人力供需 | 2 |
| 合計 | **71** |

資料來源：臺灣省立教育學院輔導學系（1973：8）。

表 3-7　省立教育學院輔導研究所碩士班課程表

| 學科 | 必修或選修 | 學分 | 第一學年 上 | 第一學年 下 | 第二學年 上 | 第二學年 下 | 備註 |
|---|---|---|---|---|---|---|---|
| 輔導研究法 | 共　必 | 2 | 1 | | | | |
| 諮商理論研究 | 共　必 | 3 | 1 | | | | |
| 諮商倫理學 | 共　必 | 2 | 1 | | | | 共同必修 |
| 團體動力學 | 共　必 | 2 | | | | 4 | |
| 人格理論研究 | 共　必 | 3 | | 2 | | | |
| 諮商實務 | 共　必 | 2 | | | 3 | | |
| 學習理論研究 | 組　必 | 3 | 1 | | | | |
| 學習輔導與諮商 | 組　必 | 2 | | 2 | | | 學校輔導組必修 |
| 諮商資料處理及分析 | 組　必 | 2 | | | 3 | | |
| 成就及性向測驗研究 | 組　必 | 2 | | 2 | | | |
| 職業行為研究 | 組　必 | 2 | 1 | | | | |
| 生計輔導 | 組　必 | 2 | | | | 4 | 社會輔導組必修 |
| 職業資料分析 | 組　必 | 2 | | | | 4 | |
| 人本諮商心理學 | 選 | 2 | | 2 | | | |
| 諮商技術研究 | 選 | 2 | | 2 | | | |
| 變態行為研究 | 選 | 2 | | 2 | | | |
| 高等統計學 | 選 | 3 | 1 | | | | |
| 諮商之社會及哲學基礎 | 選 | 2 | | | 3 | | |
| 測驗編製 | 選 | 2 | | 2 | | | |
| 人格測驗研究及分析 | 選 | 2 | | | 3 | | |
| 心理治療 | 選 | 2 | | | 3 | | |
| 諮商專題研究 | 選 | 2 | | | 3 | | |
| 諮商實習 | 必 | | | | 3 | | 不計學分 |
| 論文 | 必 | | | | | 4 | |

資料來源：臺灣省立教育學院輔導研究所（1979：28）。

## （四）輔導教師進修體制的建立

為提高在職輔導人員的專業水準，臺灣開始建立輔導教師在職進修制度。1970 年 3 月，教育部修訂《各省市辦理國民小學教師進修辦法》，並督導各省市國民小學施行，旨在提高師資水準。按照該辦法的規定，各省市教育廳局舉辦教師進修的方式主要有（常俊哲，1974：71）：進修刊物，如研讀有關輔導與教育類的書籍雜誌；進修輔導，如國民教育輔導研究會及師範（專科）學校與省、市、縣輔導協會，協助輔導國小教師參加；通訊研究，如辦理國小教師通訊研究或輔導研究；研究班，如省市設置教師研習會，分期選調國小教師參加；教師假期訓練，如由省市教育單位用假期辦理國民小學教師訓練班；特師科進修班，由師範專科學校附設特師及進修班；夜間部暑期部：如大學或師範學院、師專附設夜間部，或在暑期開設暑期部，以供國小教師進修。

辦理教師在職進修的機構主要有以下幾類：師範院校及設有教育學院、系、所或教育學程的大學院校；各級政府設立、核准設立的教師在職進修機構；各級主管教育行政機關委託、認可的學校、機構和人民團體。進修的時間可以利用寒暑假、夜間、週末或其他特定時間。

在臺灣，根據輔導教師在職進修的場所不同，可分為校內進修與校外進修兩種（黃正鵠，1980：7）。校內進修是指學校邀請相關專家來校為教師進行講座等培訓，校外進修是教師參加大學以及相關機構的培訓。

### 1. 校內進修

校內進修具體有以下幾種形式：一是請校外專家講演，約請學有專長的輔導學者來校介紹新的輔導理念、技術與實際輔導經驗，增強輔導教師的輔導技能；二是舉辦校內輔導活動工作研習，利用學校教師進修的時間，由輔導室或對輔導活動有心得的教師印發講義，做輔導技術介紹，通常研習的內容包括輔導概要、諮商技術、家庭聯絡、心理衛生、青少年心理發展與困擾、團體諮商、輔導專業介紹、測驗與統計等；三是召開家長會或

母姊會，溝通家長觀念，會議分年級年段甚至分班召開，強調輔導的重要性、基本的觀念與做法，爭取家長的合作與協助，並加強親職教育；四是召開個案會議，學校輔導室、心理衛生中心以及各級大專校院有關輔導工作的科系或機構都有相關諮詢個案，召開個案研討會，增進校內輔導工作的同仁之經驗。

## 2. 校外進修

校外進修主要包括兩種形式：一種是到師範大學進修，另外一種是參加一些輔導機構舉辦的培訓。第一種方式，國中輔導教師或一般教師可以利用暑期或週末到臺灣師範大學輔研所、彰化師範大學輔研所以及高雄師範大學教研所進行 40 學分的進修，課程分為專業知能、專業技術、實務操作及活動設計等幾大類。

臺灣的心理諮詢與輔導機構發展良好，因此參加「救國團」或「張老師」輔導知能研習班也成為教師校外進修的一種重要方式。「張老師」的訓練多在星期六和星期天實施，便於輔導教師參加研習，研習之後除了增加輔導知能外，也可成為義務「張老師」。研習的全部時間以四天半為一個階段，課程主要是輔導概論、青少年發展、兩性生理心理、人際關係、精神醫學、諮商技術、社會資源運用於轉介等。

此外，還有第三種方式，就是參加短期研習會。即由縣市教育局主辦，各校選派輔導教師參加，通常有單日研習、多日研習（一至三天）、一週研習及系列的研習等方式。同時還可以參加聯誼會的活動，由同一地區的輔導教師為溝通觀念和經驗組成聯誼會，每月聚會一次，報告各校本月輔導特色活動、缺失及遭遇的困難，請專家講演，為輔導人員提供指導，出版刊物等等。

## 3. 輔導專業人員研習制度

1974 年，省立教育學院輔導學系承辦「行政院經設會」與臺灣省教育廳合辦的國民中學指導教師研習會，並根據研習員的學歷背景，分為種子班（本科系及相關科系）和研習班（其他科系），分別設置四週及六週不

同的課程（如表 3-8、3-9）。

### (1) 種子班

一般學科：中心思想教育及專題演講共 24 小時，每週星期三晨間另列讀訓時間 20 分鐘。

專業學科：共四週，130 個小時。

**表 3-8　種子班課程內容、實施方式及講席遴選原則**

|  | 專業知識 | 專業技能 | 實務操作 | 活動設計 |
|---|---|---|---|---|
| 課程大綱 | 1. 教育輔導實務。<br>2. 生活輔導實務。<br>3. 職業輔導實務。<br>4. 諮商的理論與實務研討。<br>5. 人力發展之研討。<br>6. 社區發展與職業輔導研討。<br>7. 教育職業資料分析研究。<br>8. 團體動力與團體輔導。<br>9. 人格心理研討。 | 1. 個案工作之進行與評鑑。<br>2. 諮商技術的設計。<br>3. 資料分析與應用。<br>4. 心理測驗方法之練習。<br>5. 統計方法之熟練。 | 1. 諮商演示。<br>2. 資料蒐集與設計。<br>3. 測驗的實施。<br>4. 輔導行政實習。 | 指導活動教師手冊之設計與評鑑。 |
| 研習方式 | 1. 採取單元教學，並以專題研討為輔，配合視聽器材及心得報告。<br>2. 個別及團體作業。 | 1. 採取事實講解、實地參加設計與執行。<br>2. 採取個別作業為原則。 | 1. 個別設計，分組實施，實際操作。<br>2. 觀摩演示評鑑。 | 1. 個別設計，小組研討，共同實施。<br>2. 觀摩演示評鑑。 |
| 講席遴聘原則 | 輔導學術專門研究之學者專家。 | 對輔導技術有專門研究之專家。 | 對輔導技術有專門研究之專家。 | 1. 指導活動學生手冊及教師手冊編輯人。<br>2. 課程專家。 |

資料來源：張植珊（1976：7-8）。

**表 3-9**　研習班課程內容、實施方式及講席遴選原則

|  | 專業知識 | 專業技能 | 實務操作 | 活動設計 |
|---|---|---|---|---|
| 課程大綱 | 1. 教育輔導。<br>2. 生活輔導。<br>3. 專業輔導。<br>4. 學校與社區發展。<br>5. 輔導與人力發展。<br>6. 輔導行政與組織。<br>7. 諮商理論與實際。<br>8. 教育與職業資料分析。<br>9. 團體輔導。<br>10. 個別輔導。 | 1. 輔導中心設計。<br>2. 個案研究。<br>3. 資料分析。<br>4. 心理測驗運用。<br>5. 統計分析。 | 1. 諮商演示。<br>2. 資料蒐集與設計。<br>3. 測驗實施。<br>4. 輔導行政實習。 | 1. 指導活動手冊評鑑。<br>2. 活動計畫。<br>3. 單元實施。 |
| 研習方式 | 1. 採取單元教學，並以專題研討為輔，配合視聽器材及心得報告（口頭與筆記）。<br>2. 個別及團體作業。 | 採取事實講解、經驗交換、親手實驗、參觀考察等方式，俾使對測驗技術、調查分析、諮商方法、器材運用、資料蒐集等，有深入之了解。 | 採取個別設計、分組實施、實地操作、檢討批評及觀摩演示等方式，增進輔導之技術能力。 | 採取小組設計、個別實驗、模擬教學、批評訂正、整理編輯等方式，達到熟練創造之目的。 |
| 講席遴聘原則 | 具有輔導學專門研究之學者，或曾任輔導課程之大專教授。 | 對輔導技術方法有特殊研究心得，或有臨床經驗的專家教授。 | 接受過輔導專業訓練具有實地工作經驗者。 | 1. 指導活動課程設計人。<br>2. 指導活動手冊編輯人。<br>3. 對課程教材素有研究者。 |

資料來源：張植珊（1976：8）。

　　活動課程：聯課活動、團體活動 14 小時，參觀 8 小時，總計 176 小時（張植珊，1976：7）。

**(2) 研習班**

一般學科：中心思想教育及專題演講共 24 小時，每週星期三晨間另列讀訓時間 20 分鐘。

專業學科：六週，共 200 小時。

活動課程：聯課活動、團體活動等共 20 小時，參觀 8 小時（張植珊，1976：8）。

研習會（班）是一種在職進修的措施，對輔導人才的培養有著一定作用，但難以培養出真正高素質的輔導專業人才，因此專業輔導師資的培養最主要還是由大學院校輔導學系來負責。

## 二、學校輔導人員的任用

在正式推行輔導工作的初期，由於沒有專門的高等院校設置輔導專業，專業輔導人員極度缺乏，輔導人員多由一般教師經過培訓而來，總體上對於學校輔導人員任用資格的要求不高，並沒有專業學歷的要求，只要求有專業培訓經歷。

### (一) 國中、國小輔導人員的任用

對於國中輔導教師的任用資格，在 1968 年指導活動課程推行期間並沒有相關的法規進行明確的規定，只是在《國民中學指導活動課程標準實施要點》中提到：各校應聘請受過指導專業訓練的人員擔任指導教師，其他有關各科的教師也應了解指導活動的理論與實施技術。「國民中學各科教師本科系及相關科系對照表」還明列教育心理學系為指導活動課程的本科系，心理學系、社會學系、社會工作學系、社會教育系（社會教育組）、公民教育系、公民訓育系、訓育學系等為相關科系，指導教師所受的專業訓練則是指教育部 1969 年公布的指導教師應修科目與學分要求（劉焜輝，1979：290）。

在輔導教師的聘用方面，1968 年實施九年國民教育期間，在國中暫行課程標準中增列指導活動並聘任指導活動教師為執行秘書，這是聘用輔導教師的早期形式。1975 年 4 月，《國民中學指導活動實施要點補充規定》要求：「國民中學 9 班以下者由教導主任兼任執行秘書；在 10 至 15 班者，由教務主任或訓導主任兼任執行秘書；15 班以上者設專任執行秘書一人，在原有的名額編制內聘請合格的輔導教師；16 個班以上的，每滿 15 個班聘請指導（輔導）教師一人。」從指導活動課程開設以來，輔導教師的編制在「學校原有的名額編制內」。

雖然對於國中的輔導教師資格與任用有了較為明確的規定，但這一時期各國中的師資配備情況依然不容樂觀。1974 年，林幸台等人對國中指導活動教師的設置和受專業訓練情況做了調查，結果如表 3-10 所示。

由表 3-10 可以看出，從 1968 年指導活動課程全面推行以來，到 1974 年為止，臺灣地區依然還有 31.98% 的學校未聘用專業的輔導人員，師資配備的地區差異非常明顯。臺北市的學校輔導師資配備情況較好，所有學校基本都配備了輔導教師，未配備輔導師資的基本上都是鄉鎮學校。臺北配備四名以上輔導教師的學校占了 16.66%，大大超過了其他市縣，這是由臺北的輔導工作開展較早以及其輔導工作推行的核心地位所決定的。

小學方面，這一時期的法規也沒有對輔導人員的資格及任用做明確的規定。國民小學雖然設立輔導活動，但並不設立輔導活動教學科目，也沒有要求配備專門的輔導人員，而是要求其他任課教師將輔導精神融入教學工作。「國民小學課程標準雖列有『輔導活動實施要領』一項，編訂有教師手冊作為實施之參考，然而實施時不另訂科目進行，亦不另訂時間，是在各種教學情境及活動中，融入實施。省市教育廳局多次督責學校，強調輔導活動配合各科教學，就政策層面而言，無非要求所有教師均負有輔導學生之權責，一般教師須具備基本的輔導知能與態度，能夠執行輔導活動配合各科教學之任務」（鄭崇趁，1984：13）。在這種情況下，國小輔導人員的選用並沒有做出特別規定。

表 3-10　國民中學指導教師（含執行秘書）受專業訓練者人數統計表

| 區分＼地區 | 區分 | 超過10人 | 4〜9人 | 3人 | | | | 2人 | | | | 1人 | | | 無專業人員 | 未填答 | 填答校數 |
|---|---|---|---|---|---|---|---|---|---|---|---|---|---|---|---|---|---|
| | | | | 男3人 | 女3人 | 男女共3人 | 小計 | 男2人 | 女2人 | 男女各1人 | 小計 | 男1人 | 女1人 | 小計 | | | |
| 臺北市 | 校數 | 1 | 4 | | 1 | 2 | 3 | 1 | 3 | 3 | 7 | 4 | 11 | 15 | | | 30 |
| | % | 3.33 | 13.33 | | 3.33 | 6.67 | 10.00 | 3.33 | 10.00 | 10.00 | 23.33 | 13.33 | 36.67 | 50.00 | | | 99.99 |
| 臺灣省 省轄市 | 校數 | | 1 | | 1 | 1 | 2 | 3 | 3 | 4 | 10 | 6 | 5 | 11 | 9 | 4 | 37 |
| | % | | 2.70 | | 2.70 | 2.70 | 5.41 | 8.11 | 8.11 | 10.81 | 27.03 | 16.22 | 13.51 | 29.73 | 24.32 | 10.81 | 100.00 |
| 縣轄市 | 校數 | 1 | 2 | 1 | | 2 | 3 | 1 | 2 | 1 | 4 | 4 | 2 | 6 | 11 | 5 | 32 |
| | % | 3.13 | 6.25 | 3.13 | | 6.25 | 9.38 | 3.13 | 6.25 | 3.13 | 12.50 | 12.50 | 6.25 | 18.75 | 34.38 | 15.63 | 100.02 |
| 鄉鎮 | 校數 | | 6 | 4 | | 6 | 10 | 20 | | 11 | 31 | 57 | 15 | 72 | 98 | 53 | 270 |
| | % | | 2.22 | 1.48 | | 2.22 | 3.70 | 7.41 | | 4.07 | 11.48 | 21.11 | 5.56 | 26.67 | 36.30 | 19.63 | 100.00 |
| 小計 | 校數 | 1 | 9 | 5 | 1 | 9 | 15 | 24 | 5 | 16 | 45 | 67 | 22 | 89 | 118 | 62 | 339 |
| | % | 0.29 | 2.65 | 1.47 | 0.29 | 2.65 | 4.42 | 7.08 | 1.47 | 4.72 | 13.27 | 19.76 | 6.49 | 26.25 | 34.81 | 18.29 | 99.98 |
| 總計 | 校數 | 2 | 13 | 5 | 2 | 11 | 18 | 25 | 8 | 19 | 52 | 71 | 33 | 104 | 118 | 62 | 369 |
| | % | 0.54 | 3.52 | 1.36 | 0.54 | 2.98 | 4.88 | 6.78 | 2.17 | | 14.09 | 19.24 | 8.94 | 28.18 | 31.98 | 16.80 | 99.99 |

註：有 118 個學校未聘專業人員學校，占 31.98%；無專業人員的學校多屬鄉鎮地區學校；
　　臺北市的情況優於臺灣省。

資料來源：張植珊（1984：186-187）。

　　直到 1979 年《國民教育法》頒布，才從法規上正式對國中、國小的輔導人員資格做了明確規定。其中第十條規定：「國民小學及國民中學應設輔導室或輔導教師；輔導室置主任一人及輔導教師若干人，由校長遴選具有教育熱忱與專業知能教師任之；輔導主任及輔導教師以專任為原則；輔導室得另置具有專業知能的專任輔導人員及義務輔導人員若干人」（張芳全，1990：177）。此後，國中、國小的輔導人員任用才日益走向規範。

## （二）其他各級學校輔導教師的任用

　　除了國中與國小，其他各級學校並沒有設置獨立的輔導課程，輔導教師的資格規定與任用更加不明確，例如：高中高職方面，「就目前各級學校教師任用方式言，輔導專業人員的任用尚未符合專業教師的要求，尤以高中高職最為嚴重。國民中學……師資之任用，教育部定有本科及相關科系之規定，無論分發或甄選教師，尚能依規定聘用合格專業人員。但高中高職則未將輔導工作設科教學，更未賦予專業人員以地位，以致在學科主義下，照著學什麼教什麼的本科系、相關科系制度之規定，輔導專業人員必須憑其輔修學科，以其他學科教師之名義，方能受聘，因此高中的輔導專業人員便顯得格外缺乏」（張植珊，1979：4）。

　　由於輔導工作缺乏制度保障，輔導教師的資格與任用缺乏明確的規定，導致高中高職的輔導教師任用情況不佳。「根據調查，50 所試辦評量與輔導的學校，其輔導工作執行秘書的教育背景竟有半數是非本科系或相關科系者，他們既未受輔導專業之職前訓練，又沒有機會參加在職訓練，以這種素質的師資，實難望有效實施輔導工作，試辦評輔工作的學校即已如此，其他未參加試辦者，則可想而知了」（張植珊，1979：4）。

## 第四節　校外輔導機構的創設──以「張老師」等為例

　　臺灣校外輔導機構的創立與學校輔導工作的起步幾乎處於同一時期。校外輔導機構的建立與發展，有力地彌補了學校輔導工作中的不足。校外輔導機構與校內輔導機構相互配合，共同形成了初具規模的學校輔導工作體系。在輔導對象、輔導內容、輔導師資培訓等方面，校內外的輔導機構都存在廣泛的聯繫或延伸性合作。在眾多校外輔導機構中，「張老師」機構的建立較早，在臺灣地區有廣泛的影響。

# 一、「張老師」的創立及初期運作

校外輔導機構是學校輔導的延伸與拓展，為學生及社會提供更有系統、更全面的心理問題解決平臺。在諸多校外輔導機構中，「張老師」創立的時間較早，影響也最大。

## (一)「張老師」的創立

20 世紀 50 年代初推行的土地改革，讓臺灣的社會型態從農業社會轉變成工業社會，60、70 年代以來進而轉至資訊社會，社會結構發生劇烈變化，城市人口密集，成年人忙於生計，無暇照顧子女，家庭教育功能受到影響，而學校教育功能也未能得到完全發揮，青少年在成長變化最劇烈的階段遇上了社會變遷，引發了許多生活、學業適應等問題，青少年心理及犯罪問題日益凸顯。

在這樣的社會背景下，基於當時青少年的需要，1960 年 4 月 1 日，「救國團」總團部以臺北市、基隆市及陽明山等地為工作地區，成立了青少年問題研究中心，聘請教育、心理、法律、社會等方面的專家學者開展青少年心理輔導及相關方面的工作。1961 年，總團部針對適應困難青少年，以營隊活動輔導的方式舉辦了暑期墾丁育樂營，開展多樣化的育樂活動，有針對性地對學員施行心理與生活輔導。1962 年 3 月，總團部在臺北市、高雄市成立俱樂部，包括康樂活動、學藝進修、就學就業輔導等項目。1965 年以後，固定於宜蘭礁溪陸軍明德訓練班舉辦，並定名為「蘭陽育樂營」（劉安屯、張德聰，1990：374）。

1969 年 11 月 11 日，在宋時選的發動與籌劃下，「救國團」在臺北市中國青年服務社設置了青少年輔導中心──「張老師」機構，機構安裝電話一部，定名為「張老師電話輔導專線」（張德聰，1999：221），「輔導 13 歲至 25 歲男女青少年有關學業、就業、家庭等問題，輔導方式著重面

談、電話及函件輔導、家庭訪視」（劉安屯、張德聰，1990：374）。從1960 年 4 月成立青少年問題研究中心開始，「張老師」的創立經歷了十年左右的時間。

## (二)「張老師」機構的初期運作

「張老師」成立的初衷是期望透過引進吸收優秀的輔導人員，融合學術力量以推動青少年輔導工作的開展。成立之初的「張老師」，只有兩張桌子、四張椅子、大約 16 平方公尺的小辦公室、一條專線及二十餘位義務「張老師」。除了有義務「張老師」負責輪流值班協助輔導工作的推行外，「張老師」還有少數專職的行政人員；與此同時，剛剛成立的「張老師」邀請了師大、臺大、政大等校的學者專家以及教育、社政、醫療及治安單位的有關主管，共同組成指導委員會，並推舉宗亮東為召集人，以協助策劃、督導「張老師」全盤工作的實施（劉安屯，1975：16）。

為了使更多的青年能夠多層面、多角度地接收「張老師」的輔導資源，機構於 1971 年開始，創刊《張老師簡訊》（1978 年更名為《張老師月刊——輔導研究》），並分別在中廣公司「春風化雨」節目、員警廣播電臺、幼獅電臺開闢「張老師時間」。在傳媒力量的影響下，「張老師」逐漸為街頭巷尾所知，受到廣大民眾的喜愛。

隨著「張老師」輔導工作的發展，其服務範圍逐漸由臺北地區擴展到其他縣市，五年的時間分別於臺中市、臺南縣、彰化縣、嘉義縣、高雄市、雲林縣、宜蘭縣、花蓮縣、苗栗縣、基隆市、新竹縣、桃園縣等地陸續成立「張老師」分支機構。

1974 年 5 月，臺北「張老師」首次開展心理測驗服務，主要服務於青少年、家長、教師、相關機構、工商團體等，提供的心理測驗範圍較廣，包括性向、興趣、性格及其他等四大類 50 種測驗（張德聰，1999：228）。

1975 年 4 月，「救國團」總部頒布各縣市青少年輔導中心——「張老師」工作綱要節略，規定了各縣市推展青少年輔導工作的基本條件與工作

要項，這一舉措使「張老師」的輔導工作有了更進一步的發展：機構設置專用辦公室、專線電話及電話間、晤談室、心理測驗室、個案資料檔案室、圖書資料室。另外，該項綱要節略也嚴格規定了工作人員的資格條件：專任「張老師」需要受過專業培訓，而義務「張老師」則必須為主修心理、教育、輔導、社會、醫科、護理等相關專業的大專高年級學生或研究所學生。

1976 年 1 月 1 日，原屬於中國青年服務社的青少年輔導中心——「張老師」劃歸總團部社會青年服務組，此舉順應了「張老師」的發展需要，使「張老師」能夠更有力地融合資源、統籌資訊，建立更加全面與完善的青年輔導網絡體系。

「張老師」的工作範圍不斷擴大，服務種類也日益增多，不僅服務於在學青少年，也對社會青少年進行輔導，如 1979 年臺北縣三重市及板橋市成立的「張老師」，便將工廠青年作為主要的服務對象。1978 年底，「張老師」首次以社區工作小組的形式走進松山福德社區，服務於社區居民，開展了為期六個月的輔導工作。1979 年夏，「張老師」創臺灣之先河，首次開展青少年街頭社會工作，開始推展「街頭張老師」。正是由於「張老師」輔導理念與工作方法的不斷推陳出新，其影響力不僅遍及臺灣，更是傳至東南亞華僑社會，受到國際輔導人員及學術團體的重視。1979 年「張老師」首次走出臺灣，為其他國家或地區代訓當地輔導人員。

在短短十年時間裡，「張老師」輔導內容逐步多樣化，在經歷改組、擴大規模後（如表 3-11 所示），加快了輔導業務往專業化發展的速度。劉安屯就曾寫道：「『張老師』的社會服務功能包括：(1)以青少年為主要服務對象的第一線輔導功能；(2)『預防重於治療』的社會整體改善功能；(3)將青少年的需要與『國家』的期望相結合的輔導功能；(4)結合其他性質不同的輔導機構共同輔導向度的功能；(5)散播輔導種子的功能」（劉安屯，1983：534-535）。

由於發展時間較短，「張老師」機構也存在著一些需要改進的地方，如人力投資欠妥，未對輔導工作的權衡比重與人力投資進行完善的分析；

（表 3-11）　「張老師」大事紀要（1969～1979）

| 時間 | 主要事件 |
|---|---|
| 1969 年 | ① 11 月，「救國團」所屬青年服務社正式成立「青少年輔導中心——張老師」，召開「張老師」指導委員會第一次會議。<br>② 12 月，「張老師」輔導專線電話「379090」正式開通。 |
| 1970 年 | 2 月，「救國團」臺中市團委會成立「臺中市青少年輔導中心——張老師」。 |
| 1971 年 | ① 1 月，在中廣公司「春風化雨」節目開闢「青少年問題時間」。<br>② 5 月，《張老師簡訊》正式創刊，每月出刊一期。<br>③ 7 月，於宜蘭礁溪開辦「蘭陽育樂營」。<br>④ 10 月，在員警廣播電臺開闢「張老師時間」。 |
| 1972 年 | ① 10 月，首次甄選之外勤「張老師」開始值班。<br>② 12 月，臺南縣團委會成立「青少年輔導中心——張老師」（張老師信箱）。 |
| 1973 年 | ① 2 月，「彰化縣青少年輔導中心——張老師」成立於省立教育學院輔導系（建白館）。<br>② 5 月，「救國團」嘉義縣團委會成立「青少年輔導中心——張老師」（張老師信箱）；幼獅電臺「張老師時間」正式開播。<br>③ 8 月，「張老師」辦公室遷移至國父史蹟陳列館舊址。<br>④ 12 月，公布《各縣市團委會推展張老師工作計畫要點》。 |
| 1974 年 | ① 1 月，高雄縣團委會成立「青少年輔導中心——張老師」（張老師信箱）。<br>② 3 月，高雄市團委會成立「青少年輔導中心——張老師」（張老師信箱）；雲林縣團委會成立「青少年輔導中心——張老師」（張老師信箱）。<br>③ 5 月，臺中縣團委會成立「青少年輔導中心——張老師」（張老師信箱）。<br>④ 10 月，宜蘭縣團委會成立「青少年輔導中心——張老師」（張老師信箱）；臺南市團委會成立「青少年輔導中心——張老師」（張老師信箱）。<br>⑤ 12 月，花蓮縣團委會成立「青少年輔導中心——張老師」（張老師信箱）。 |

表 3-11    「張老師」大事紀要（1969～1979）（續）

| 時間 | 主要事件 |
|------|---------|
| 1975 年 | ① 3 月，苗栗縣團委會成立「青少年輔導中心──張老師」（張老師信箱）。<br>② 4 月，頒布《各縣市青少年輔導中心──張老師工作綱要節略》。<br>③ 6 月，基隆市團委會成立「青少年輔導中心──張老師」（張老師信箱）。<br>④ 10 月，新竹縣團委會成立「青少年輔導中心──張老師」（張老師信箱）；桃園縣團委會成立「青少年輔導中心──張老師」（張老師信箱）。 |
| 1976 年 | ① 1 月，頒布《總團部青少年輔導中心設置要點》，將「青少年輔導中心──張老師」規劃總團部社會青年服務組，定名為總部青少年輔導中心──「張老師」，首任總幹事由曾騰光兼任。<br>② 5 月，與中國電視公司、中國心理衛生協會合作製播「愛的園地」電視節目。<br>③ 7 月，於新竹縣開辦「幼獅育樂營」。<br>④ 9 月，與華視社教節目「今天」聯合製作「心理專欄」。 |
| 1977 年 | ① 1 月，低收入社區──福德社區青少年輔導工作正式展開。<br>② 12 月，《張老師簡訊》更名為《張老師月刊──輔導研究》，當期即作為創刊號。 |
| 1979 年 | ① 7 月，街頭「張老師」外展服務正式展開，臺北縣「三重青少年輔導中心──張老師」成立。<br>② 10 月，臺北縣「板橋青少年輔導中心──張老師」成立。<br>③ 12 月，臺中團委會「張老師」擴大組織編制成立「輔導組」，首任組長由張德聰擔任。 |

資料來源：整理自王信東（1999：67-69）。

在預防性教育工作推廣方面缺乏足夠的專業教育推廣人員，推廣深度欠缺；輔導工作缺乏專任的訓練員，以至於訓練工作被視為額外的負擔（劉安屯，1983：540，543）。從 1969 年成立到 1979 年全面建制期間，儘管存在著不足之處，但「張老師」機構以其高度的服務熱忱與強烈的使命感，為臺灣

青年提供了大量的輔導幫助（如表 3-11 所示），引起了社會的極大關心與
迴響，在臺灣校外輔導工作史上寫下最重要的一筆。

## 二、其他校外輔導機構的創設

除了「張老師」外，其他校外輔導機構也陸續成立，不同的機構所服
務的對象群體也有所差別。在職業輔導方面，如「行政院青輔會」攜手知
識青年從事職業安置、職業訓練、人力供需的調查研究及青年創業指導；
「國軍退除役官兵輔導委員會」，主要工作是為退役官兵提供職業安置與
創業服務。司法機構對犯罪防制的輔導活動也十分重視，各地方法院監察
處均設置觀護人室，並結合「更生保護會」，對犯罪及虞犯少年或假釋、
緩刑受保護管束人的生活、就業、就醫等進行輔導。另外，臺灣各地宗教
團體都成立服務機構，如「中華民國天主教美滿家庭工作協進會」，在全
省各地均成立服務中心及服務站，提供與婚姻有關的個別輔導及團體輔導；
再如天主教華福中心也提供家庭、婚姻、心理、情感等問題的諮詢輔導工
作（侯禎塘，1985：114）。這些機構共同組成了臺灣較為全面的校外輔導
工作體系，有效彌補了校內輔導機構的不足。其中較為重要的有以下機構
（鄭心雄等，1976：7-9）：

### 1. 臺灣兒童暨家庭扶助基金會

1964 年，由美國基督教兒童福利基金會（CCF）創立，將其設為 CCF
臺灣分會，主要宣導並提供兒童保護服務。之後陸續在臺灣各地設置了 23
所家庭扶助中心，服務擴及臺、澎、金、馬等地區。1977 年，該基金會發
起扶幼運動，呼籲民眾參與認養並籌募自立基金。

### 2. 耕莘心理輔導中心

1965 年在臺北市耕莘文教院內成立，工作方式有個別輔導、團體輔導、
心理測驗，並向社會介紹有關心理輔導的資料與書刊。到 1976 年，接受個
別輔導案例約 3,000 例，以教育、職業、社交及心理上的問題為主，自動前

來做心理測驗的人數達到 3,600 人。該中心輔導對象以大專青年為主，約占 80% 以上，高、國中學生占 10% 左右。

### 3. 馬偕紀念醫院自殺防治中心

成立於 1969 年 3 月，工作人員由心理學者、精神科專家、家庭婚姻問題專家、牧師、社會工作人員及心理衛生護士組成，共同協助自殺未遂者解決問題，重建生活的信心。曾接受這項服務的人數統計：1968 年 431 人，1969 年 677 人，1970 年 558 人，1971 年上半年 273 人。其中 25 歲以下的青年占一半以上，女性居多。在 1969 年 7 月又增設了「生命線電話」，全天候 24 小時服務，為有自殺意念的人提供傾吐發洩的機會，協助整理檢討他們對人生的看法，旨在更積極地從事心理建設，預防自殺的發生。這部分服務人數統計：1969 年 7 月至 12 月 668 人；1970 年 1 月至 6 月 931 人，10 月至 12 月 829 人；1971 年 1 月至 6 月 817 人。其中男性占三分之二，年齡以 20 至 30 歲者居多。

### 4. 榮民總醫院青少年健康門診

這是榮總婦幼中心在 1970 年 4 月 1 日開設的，是一個集體合作的醫學單位，由心理學家和精神科、婦科及小兒科醫師共同組成。為了配合青少年在生理、心理上的正常發育，掛號後，須先做婦科、小兒科身體檢查，以決定治療方針。門診成立以來，統計就診的青少年有四種類型：因心理因素致病的占 44.3%；由生理因素致病的占 21.7%；由生理病進而影響心理的占 5.8%；由心理症狀影響生理致病的，占 28.2%。1971 年，全年接受門診治療的青少年為 183 位，女性占 60%。

### 5. 少年諮詢中心──熊大姐電話

由中國社會福利事業協進會於 1971 年成立，以電話、面談及信件方式協助青少年解決問題。諮詢的問題，以求學方面最多，占四分之一；交友戀愛問題占六分之一；其他有生理、醫學、立身處世問題等。

### 6. 基督教家庭協談中心

是基督教長老會在 1972 年成立的服務中心。組織機構分為研究、訓

練、服務三組。服務組的工作包括：協談——由社會工作人員及婚姻、精神科、心理等顧問數名，共同輔導解決有關家庭的問題；輔導工作——舉辦婚姻講座；社會服務——協助剛進入都市的人適應都市生活。

## 7. 基督教勵友中心

1973 年成立，聘請社會、心理、教育及相關科系大學生擔任義務工作員，輔導 12 至 18 歲的青少年。工作包括：以個別心理輔導方式配合課業輔導，陪同參加活動，協助有困難的青少年及其家長解決心理及行為問題，舉辦有益青少年身心的活動。

## 8. 生命線協會

1977 年 4 月 15 日成立，主要致力於社會大眾自殺的防治。目前有臺北市、臺北縣、桃園縣、新竹市、新竹縣、苗栗縣、臺中市、臺中縣、南投縣、彰化縣、雲林縣、嘉義市、嘉義縣、臺南市、臺南縣、高雄市、高雄縣、屏東縣、臺東縣、花蓮縣、宜蘭縣、基隆市以及澎湖縣共 23 個分協會，會員約 6,000 名，志工約 4,000 多名。

## 9. 其他

此外，還有各縣的「媽媽教室」（旨在以國中、國小班級為單位，以定期集會與通訊報導等方式，為父母提供輔導的新觀念，以及對於教養子女職責的新認知）、臺灣省衛生處北區心理衛生中心、「華明心理輔導中心」、「青年反共救國團輔導中心」，和「宇宙光心理輔導中心」，佛教界的「觀音線」、「幫助你電話」，少年法庭少年觀護人等等（鄭心雄，1983：107）。

值得一提的是，這一時期臺灣的就業輔導機構已相當發達，各種就業輔導服務網路遍布全島，臺灣省社會處及臺北市、高雄市社會局分別成立「國民就業輔導中心」及「國民就業輔導處」，並在所屬各縣市及轄區內成立就業服務站，針對社會實況需要提供各項就業訊息及就業安置的輔導。對青少年的就業輔導也甚為重視。蔣經國就曾於 1978 年 6 月份財政首長會議中指示：「**本年度國中畢業生不能升學者應輔導就業，各地區就業輔導**

機構及國民中學應切實配合辦理，以使國中畢業生能充分就業，充分運用人力資源，以加速經濟發展」（許水德，1979：7）。

## 第五節　各級學校輔導工作的開展

學校輔導制度在「九年國教」實施後開始逐步建立，各級學校陸續設立了輔導機構，配備輔導師資，開展具體的輔導工作。

### 一、國民中學指導活動工作的開展

國民中學指導活動課程實施後，在輔導組織與設備、指導工作實施和班級指導活動三大部分取得了一定的進展（洪有義，1979：308）。

依照國民中學指導活動課程標準，國民中學應設指導工作推行委員會。1977 年臺灣師範大學心理系的調查顯示，87%的學校已設立指導工作推行委員會，指導工作基本納入正軌（洪有義，1979：308）。至於設備方面，根據林幸台等人 1974 年的調查，情況並不理想（如表 3-12 所示）。

在指導工作的實施方面，1977 年的一份調查結果顯示：生活輔導方面，半數左右的學校能夠實施；各校指導活動室和各科教學實施與研究評鑑工作能做適當配合的有 27%左右，不曾配合或者不能充分配合的達 80%；職業輔導的實施情況較好，大部分學校都已實施，只有 15%左右的學校尚未開始實施；在測驗方面，大部分學校心理測驗實施情況較好，尤其是一、二年級的心理測驗實施率達到 90%以上（引自洪有義，1979：309-310）。而林幸台等人 1974 年對國民中學指導工作計畫與執行情形的調查獲得如下結果（如表 3-13 所示）。

**表 3-12**　國民中學學生指導中心（指導室）設備情形調查統計表

| | | 設有專用辦公室 | 設有會議室 | 與其他單位共用辦公室 | 設有資料保管與展示室 | 設有諮商用答錄機或其他電化器材 | 置有測驗工具 | 其他 | 填答校數 |
|---|---|---|---|---|---|---|---|---|---|
| 臺北市 | 校數 | 24 | 25 | 4 | 20 | 6 | 22 | 1 | 30 |
| | ％ | 80.00 | 83.33 | 13.33 | 66.67 | 20.00 | 73.33 | 3.33 | |
| 臺灣省 | 省轄市 校數 | 28 | 26 | 8 | 22 | 0 | 22 | 0 | 35 |
| | ％ | 80.00 | 74.29 | 22.86 | 62.86 | 0 | 62.86 | 0 | |
| | 縣轄市 校數 | 18 | 15 | 9 | 17 | 0 | 14 | 0 | 30 |
| | ％ | 60.00 | 50.00 | 30.00 | 56.67 | 0 | 46.67 | 0 | |
| | 鄉鎮 校數 | 133 | 109 | 94 | 114 | 4 | 63 | 15 | 251 |
| | ％ | 52.99 | 43.43 | 37.50 | 45.42 | 1.59 | 25.10 | 5.98 | |
| | 小計 校數 | 179 | 150 | 111 | 153 | 4 | 99 | 15 | 316 |
| | ％ | 56.65 | 47.44 | 35.13 | 48.73 | 1.23 | 31.33 | 4.74 | |
| 總計 | 校數 | 203 | 175 | 115 | 173 | 10 | 121 | 16 | 346 |
| | ％ | 58.67 | 50.58 | 33.24 | 50.00 | 289 | 34.97 | 4.62 | |

註：1. 臺北市各校大多數設有專用辦公室，臺灣省則僅有 58.67%。

　　2. 諮商用的電化器材極為缺乏。

　　3. 臺灣省各校置有測驗資料者比例尚低。

資料來源：張植珊（1984：197）。

**表 3-13** 國民中學指導工作計畫與執行情形之現況調查統計表

| 計畫與執行情形 | | 有年度計畫或學期計畫,並列入行事日程確實執行 | 雖有詳細的各種計畫,但執行並不徹底 | 既無計畫,也未實施 | 填答學校數 |
|---|---|---|---|---|---|
| 臺北市 | 校數 | 17 | 12 | 1 | 30 |
| | % | 56.67 | 40.00 | 3.33 | 100 |
| 臺灣省 | 省轄市 校數 | 26 | 11 | 0 | 37 |
| | % | 70.27 | 29.73 | | 100 |
| | 縣轄市 校數 | 11 | 20 | 1 | 32 |
| | % | 34.38 | 62.50 | 3.13 | 100 |
| | 鄉鎮 校數 | 102 | 151 | 19 | 272 |
| | % | 37.50 | 55.51 | 6.99 | 100 |
| | 小計 校數 | 139 | 182 | 20 | 341 |
| | % | 40.76 | 53.37 | 5.87 | 100 |
| 總計 | 校數 | 156 | 194 | 21 | 371 |
| | % | 42.05 | 52.29 | 5.66 | 100 |

註:1. 僅 5.66%無計畫,也未實施,足見大多數學校均已實施指導工作。

2. 仍有半數學校推行不徹底。

3. 臺北市與臺灣省情況大致相同。

資料來源:張植珊(1984:188)。

在班級指導活動方面,國民中學每週一小時的班級指導活動是以班級為單位的團體輔導方式,也是整個國民中學指導工作中實施情況最弱的一環。調查顯示,每週都依照課表實施指導活動的學校,到 1977 年為止不到半數(引自吳武典,1982:431)。

這一時期國民中學輔導工作存在以下幾個主要問題(鍾思嘉,1976:1-4):(1)觀念溝通不足。有些教師熱心於輔導工作,卻找不到正確的方法,另一些教師則對輔導工作比較漠視;(2)輔導工作執行秘書的角色認識

問題。許多教師不願意承擔輔導工作執行秘書的職務，認為是吃力不討好；(3)教師態度問題。其他科任教師認為輔導工作是輔導教師的事情，與自己無關；(4)體罰的問題。許多學校和教師常用體罰的方式來懲戒學生，缺乏足夠的愛心與合適的教育方法；(5)資料的建立與運用問題。輔導工作中過於重視資料的建立、測驗工具的配備與施測，卻忽視了如何有效運用這些資料。

　　總體而言，這一時期國民中學開展的輔導工作在組織建設、指導工作實施上發展情況較好，大多數學校都建立了輔導室等相應的輔導工作機構，開展了生活輔導、職業輔導等工作，但在班級指導活動開展、輔導觀念溝通、教師觀念以及一些具體的內容上，情況不佳。雖然輔導工作以課程的形式進入了臺灣地區的教育體系，但實施過程中依然遇到了許多問題。由此可見，輔導作為一項新的教育內容，要想完全融入已有的教育體系中，無論在觀念上還是在課程實施方面，都需要一個長期的推動過程。

## 二、國民小學輔導工作的開展

　　相對於國民中學，國民小學的輔導工作開展較遲。這一時期小學輔導工作的指導性文件《國民小學輔導活動實施要領》並不像國中的課程標準那樣，對輔導工作的開展有一個強制性的規定，沒有對課程設置和課時分配做出強制性的要求，因此這一時期的小學輔導工作相對於國中而言，推展比較緩慢。

　　曾漢榮對這一時期的小學輔導工作做了系統調查，得出如下結果（曾漢榮，1978：275-276）：

1. 組織建立方面：在 63 所實驗學校中，有 61.9%之學校未依規定成立兒童輔導中心；已成立兒童輔導中心之 38.1%所學校中，尚有 29.17%之學校尚未聘定主任主持，有 37.5%之學校尚未依業務需要劃分資料、輔導與聯絡三組。

2. 輔導活動經費預算編列方面：情形甚不理想，有 71.43%之學校未依規定編列。

3. 學生基本資料建立方面：有 64.52%之學校已開始建立一部分，臺北市情形最佳，已100%開始建立，其中有一校一年級至六年級已全部建立。

4. 輔導活動工作計畫擬定方面：有 30%之學校（臺北市 66%）已擬定計畫並開始實施；有 40%（鄉鎮 55%）之學校沒有擬定計畫，視臨時需要實施之。

5. 輔導教師之聘請方面：大部分學校（占 63.49%）聘請級任老師兼任，有 30.16%之學校尚未聘請。

6. 輔導活動實施後之記錄或評鑑情形：有 35.71%之學校未做任何記錄，41.07%之學校僅視實際需要而稍做記錄。

7. 學校與學生家長之聯繫方面：大部分學校均以家庭訪視（占 31.87%）及母姊會或懇親會之方式與家長聯繫。

8. 有 65%以上之學校尚未設置諮商室或個別談話室。

9. 有 53%以上之學校未曾使用過指導活動教師手冊。

10. 有 76.27%之學校尚未開始建立學生個案（臺灣省鄉鎮達 85%以上），顯示對學生個別輔導並不重視。

11. 實施心理與教育測驗方面：以實施瑞文氏彩色圖形智力測驗之學校最多（尤其臺北市各校均已實施）。

於騰蛟也對這一時期小學輔導工作開展情況做了系統調查，得出以下結論（於騰蛟，1980：154-155）：

1. 各類國小設置兒童輔導中心者，師專附小及臺北市小均已做到，各縣市國小及山地國小比例甚低，約半數學校尚未設立。至於諮商室的設置，每天教師平均利用的人次也極少。

2. 各校輔導方面的圖書及測驗資料相當缺乏，不敷應用，尤其是各縣市國小及山地國小。

3. 各類國小多已訂立輔導活動工作計畫，且納入學校行事曆中付諸實施，

但仍有不少縣立國小及山地國小尚未訂立。

4. 兒童基本資料的建立，各校均已做到（92.68%），但各縣市及山地國小有 58 校僅建立一年級基本資料。其他資料如綜合資料、參考資料，各校也多已建立。特殊兒童資料僅有 41 校已建，縣立國小及山地國小尚未加注意。

5. 兒童調查工作，除志願升學調查外，其他各項各類國小做得都不夠理想。如活動與興趣調查有 77.54% 的學校做到，也許與各校推行團體活動、分組活動有關，顯出比例頗高。再如行為困擾調查、學科興趣調查、家庭生活調查、社交關係調查等等，各校也許由於缺乏樣本，或教學工作較忙，做得太少了。

6. 各校輔導的學生對象，最多的為學業差的兒童（93.49%），其次為品德差的學生（78.86%），再其次為生活習慣差的兒童（74.80%），但品學兼優的兒童好像較有人去輔導，使其更好（3.20%），說明大家仍太重視知識教育。

7. 輔導活動與各科配合實施，各校較易收效的科目，首先是生活與倫理（100%），其次為健康教育（91.87%），再其次為團體活動與社會科教學。其最不配合收效的科目乃為數學科（100%），其次是藝能科，再其次為國語科。

8. 輔導活動要項調查。各校普遍實施的有建立兒童資料，輔導兒童適應家庭生活及學校生活，促進兒童健康生活，使兒童了解有效的過國民生活，培養兒童良好的求學興趣與態度，培養勤勞習慣，輔導兒童升學等等。而輔導兒童的社交生活、特殊兒童的生活輔導、協助兒童發展學習的能力、培養兒童適應及改善學習環境的能力等，做得比較差些，今後有待加強。

9. 輔導教師的能力調查。結果顯示能主持各項測驗及行為調查工作者不多（2.44%），甚至有 41.46% 的教師表示不會做。這是各師專及各縣市教育局亟待加強研習與輔導的工作。

10. 各類國小為推行輔導活動，多舉辦校內研討會（86.99%），舉辦輔導活動教學觀摩會的極少（4.88%）。為觀摩借鏡，此點今後應重視之。

11. 團體輔導的實施。各校多與各科教學活動聯絡配合，根據訪問結果，效果不彰。至於各校實施的時間，多數是在相關課程上課時，但利用各種機會或團體活動實施者也不少。

12. 個別輔導活動。各校個別會談工作做得不錯，約 95.12%的學校都做到了，但個別諮商和個案研究較少。在個案研究的工作人員中，中心主任擔任重要角色者較多，約占 64.86%。個案會議每學期召開一次至二次較多（86.48%），二次以上者太少，僅占 13.51%。

顯而易見，小學輔導工作無論是規模還是實施的內容，都顯著落後於國中。於騰蛟認為：「國小推行輔導活動，更無學有專長的人員，會否步入國中覆轍或更不如國中的效果，這是大家極為關心的問題」（於騰蛟，1980：91）。

透過比較國中與國小輔導工作的開展情況，可以發現，二者存在巨大的差別。從時間上看，小學的輔導工作比國中遲，這是小學輔導工作開展情況不如國中的原因之一，但更深層次的原因應該是小學的輔導工作缺乏像國中指導活動課程標準那樣強有力的政策支持。「按實施的情形來看，國中的指導活動每週有定時教學活動，國小則不列時間，而要配合各科教學活動去實施，若教師對輔導活動毫無興趣，或本位主義較重而不配合，不是會落空了嗎？……國中的指導活動，不唯設專人執行秘書，置專室——指導活動室……國小的輔導活動實施，更難預測其效果如何了。因為國小無專人，不收費，也不列時間，更可以不設兒童輔導中心，國小教師又是比較工作繁重而辛苦的，將來輔導活動的結果會如何，確實是值得及時注意與研究的」（於騰蛟，1980：91）。「國民小學輔導活動之實施，無固定時間，有 173 位教師（占 48.73%）認為實施效果不理想。建議排定固定時間，以每週排定四十分鐘及三十分鐘之建議最多」（曾漢榮，1978：276）。可見，在課程、時間、輔導室設置等方面不做硬性規定，不利於小

學輔導工作的初期推廣與實施。

　　總之，「我國國民小學輔導工作正值創立時期，對於輔導組織之健全，輔導人員之培養與輔導觀念之溝通，輔導活動經費之來源及使用原則之明確指示，各項輔導設備之充實以及學生基本資料之建立，輔導活動計畫之擬定與實施等，均為國民小學推展輔導活動應加強努力的課題」（曾漢榮，1978：277-278）。

## 三、其他學校輔導工作的開展

　　除了國中與國小，1972 年，教育部為加強高級中學的輔導工作，也公布了《臺灣省高級中等學校指導活動實施綱要》和《臺灣省高級中等學校指導工作實施要點》，作為高中與高職開展輔導工作的指導性文件。1974 年，教育部頒布了《高級中學輔導工作實施方案》，對高級中學輔導工作的目標、工作原則、工作內容、實施方式、行政、經費及設施做了系統的規定（教育部，1974b）。同年頒布的《高級中學輔導工作分年工作綱要草案》則對高級中學的輔導工作分三個學年做了詳細的規劃：第一學年以生活輔導與教育輔導並重，第二學年以教育輔導為主、生活輔導為輔，第三學年以升學輔導與職業輔導為重點。每一學年的內容都以表格的形式呈現，分為類別、工作目標、方式、辦法、主辦單位、協辦單位、辦理時間以及備考幾個欄目（教育部，1974a）。這兩份法規成為高級中學開展輔導工作的指導性文件。但總體上看，由於高中與高職開展輔導工作的時間較晚，輔導工作的實際開展情況遠不如國中。

　　大專方面，從 1976 年起，隨教育部通令各大專校院設置學生心理輔導中心或學生心理衛生中心，大專校院的輔導工作也獲得了長足的發展，不僅分區推展輔導工作，而且各個學校紛紛設置學生輔導（心理衛生）中心（如表 3-14、表 3-15 所示）。

**表 3-14** 分區推展輔導工作的專校概況

| 地區 | 1976～1977 學年度 | 1978 學年度 | 指導大學校系 |
|---|---|---|---|
| 北區 | 光武工專 | 市政專校 | 臺灣師範大學教育心理系 |
| 中區 | 弘光護專 | 中臺醫技專校 | 省立教育學院輔導學系 |
| 南區 | 正修工專 | 高雄工專 | 高雄師範學院教育學系 |

資料來源：黃國彥（1983：454-455）。

**表 3-15** 大專校院設置學生輔導（心理衛生）中心概況表

| 項目區分 學校 | 成立時期 | 大學（獨立學院） | 專科學校 | 合計 | 備註 |
|---|---|---|---|---|---|
| 成立時期 | 1973 年以前 | 8 | 6 | 14 | 教育部 1977 年10 月 11 日以臺（66）訓字第29302 號函調查，已成立者72 校；22 校函報因缺專業教師等因素而未設；9 校未設也未註明原因。 |
| | 1974～1975 年 | 5 | 12 | 17 | |
| | 1976 年後 | 5 | 36 | 41 | |
| 合計 | | 18 | 54 | 72 | |
| 名稱 | 學生輔導中心 | 6 | 18 | 24 | |
| | 學生心理衛生中心 | 5 | 29 | 34 | |
| | 其他 | 7 | 7 | 14 | |
| 合計 | | 18 | 54 | 72 | |
| 隸屬 | 學生輔導委員會 | 3 | 8 | 11 | |
| | 訓導處 | 10 | 39 | 49 | |
| | 其他 | 5 | 7 | 12 | |

資料來源：黃國彥（1983：452-453）。

　　由上表看來，1976 年以前總計有 31 所大專學校設立了學生輔導中心，在 1976 年教育部通令設置學生輔導中心之後又有 41 所學校設立了學生輔導中心。約 60%的學生輔導中心在教育部相關規定實施後設置，可見輔導政策和法規的頒布對於推動學校輔導工作的巨大作用。

　　至此，臺灣地區已經在大、中、小學全程實施了學校輔導工作，建立起學校輔導制度一貫並較為完整的體系，「在理論上已確立了正確方向，

這是教育上的一大進步」（曾漢榮，1978：219）。

## 第六節　討論與結論

臺灣學校輔導工作在各方力量的推動下，終於獲得了政府的強力支持，在國中率先全面推行，學校輔導正式成為一種教育制度。從此，學校輔導工作在政策的支持下，開設獨立的輔導課程，擁有獨立的專業領域，建立起完整的輔導工作體系。

## 一、學校輔導史上的第一個「黃金期」

以「九年國教」為標誌，學校輔導工作進入了史上第一個快速發展的階段。張植珊認為，這一時期輔導工作取得的成就包括如下幾點（張植珊，1984：300-301）：(1)完成各級學校輔導工作的銜接，使各級學校的輔導工作形成延續不斷的制度；(2)培養輔導專業人員的機構，如輔導學系與輔導研究所相繼設立，使輔導工作的專業地位漸受重視，專業人員的質與量獲得顯著改善；(3)輔導工作在學校行政上已獲得法律地位，並在《國民教育法》頒布以後得到肯定；(4)輔導評鑑工作之實施，有助於學校輔導工作的正常發展；(5)輔導工作在學校中推展，已從實驗階段進入全面推展的實務階段；(6)輔導工作的實施配合輔導學術研究的發展，改善了輔導工作的方法與技術，提高了效果；(7)學校與教育行政當局均重視輔導工作的研究與發展，經常辦理研習活動，從事理論與技術的研究，學術性論著、刊物的出版日益蓬勃。

總體而言，這一時期的學校輔導工作取得了幾個重要成就：第一，輔導工作有了健全的組織，各處室能各負其責、各行其是；第二，輔導工作的內容涵蓋了包括學習輔導、生活輔導、生涯輔導在內的各方面；第三，

輔導教師的專業素養有了長足的充實和提高;第四,全體教職員工分工明確,擔負起角色內的輔導職責。指導活動課程的設置是臺灣中等學校課程發展中的新紀元,也標誌著學校輔導運動從實驗期進入全面推廣實施階段,對輔導工作的發展具有極其重要的意義。吳武典認為:學校輔導發展「有兩個黃金時段。第一段就是九年國教時期的十年」(見本書附錄Ⅱ)。「在教育設施方面,十多年來已建立了各級學校輔導制度的完整體系。在一般行政方面,先後成立了各種輔導機構……在社會設施方面,已設置了許多青少年輔導團體或機構。這許許多多的輔導設施,在二十年前是難以想像的。」足見這一時期學校輔導工作的開展在學校輔導發展史上的巨大意義。

## (一) 學校輔導正式成為一種教育制度

輔導工作在國中的全面推行,首要意義就在於輔導工作從此成為了一種教育制度。眾所周知,教育制度具有普遍化、規範化和強制性特徵,當輔導成為一項教育制度,輔導工作的發展就有了制度性保障,有了長期穩固的發展平臺。此前的輔導工作實踐只是一種教育行動,缺乏有效的制度保障,又難以在更大範圍內實施與推廣。國中全面推行輔導工作,意味著輔導從一種教育實踐行動全面提升為一項穩固的教育制度,成為臺灣教育體系的一個組成部分,實現了輔導從行動到制度的轉變。其次,全面推行輔導工作,也體現了政府對輔導工作的重視。學校輔導工作的推廣加入了行政力量,使輔導工作的發展速度大大加快。正如資深輔導學者所言:「1968 年輔導工作在國中推廣,包含了行政的介入,這是輔導推廣的標誌」(張植珊口述,見本書附錄Ⅱ)。學校輔導正式成為一種教育制度,是臺灣學校輔導發展史上具有里程碑意義的事件。

## (二) 學科獨立身分明確,課程化的方式推進

臺灣的輔導工作之所以能夠在幾十年中穩定發展,與國民中學透過設置指導活動課程、採用課程化的方式實施是分不開的。對於輔導工作的早

期開展而言,將輔導工作以學科的方式加入原有的教育系統中,無疑使輔導工作擁有了穩固的地位。很難想像,如果沒有設置獨立的課程,學校輔導工作如何能夠撼動原有的教育體系,並在短時間內迅速地融入原有的教育體系之中。輔導成為一門學科,大大強化了輔導在學校教育中的地位,也推動了輔導工作在學校的普及。

課程化的方式也有利於輔導工作的早期開展。課程化實施使輔導與其他課程一樣,擁有了獨立的專業領域,能夠讓教師更能把握輔導工作的具體內容,增加可操作性。將輔導工作以學科的形式設置,並以課程化的方式實施,成為推動學校輔導工作在短期內取得巨大成效的重要因素之一。

## (三) 建立起基本完整的學校輔導體系

「九年國教」時期對於學校輔導工作的規定,雖然只是以課程標準的方式呈現,實際上其內容已經包括了輔導體系建設的許多方面。在學校輔導尚未有法律法規依據時,「九年國教」便將學校輔導工作的組織、職責與內涵放入課程標準中,這樣《輔導活動課程標準》不只是輔導活動科的內容,而其實是包括「學校輔導工作」的架構,這是非常聰明的做法(劉焜輝等,2003:7)。

隨著輔導工作的全面展開,各級學校在從「九年國教」開始後的十年左右時間裡都相應建立了輔導工作的組織和機構。1979 年公布的《國民教育法》中,已明令國民中小學應設輔導室或輔導人員,在師資培育體系方面也逐漸建立起大學院校培養與進修制度相結合的較為完整的體系。至此,國民小學的輔導活動、國民中學的指導活動、高級中學的學生評量與輔導工作,以及大專校院的學生心理輔導工作能連貫配合,構成了各級學校輔導工作一貫而完整的體系(洪有義,1979:308)。

需要特別補充說明的是,臺灣地區的學校輔導工作與特殊教育之間的關係十分密切。「特殊教育和諮詢輔導專業有關」(Barclay & Wu, 1986: 4),「在臺灣,跟學校輔導工作最密切的,一個是測驗,一個是特教」

（吳武典口述，見本書附錄 II）。「因材施教做得最好的是特殊教育。比如說輔導裡面有輔導行為偏差的、情緒障礙的，特教裡面就是其中一類。所以關係非常的密切。所以很多學輔導的，最後做特教、做輔導」（吳武典口述，見本書附錄 II）。在學校輔導的實驗期與建制期，特殊教育作為體系內的構成同樣也獲得了發展。

■ 吳武典教授在培訓輔導人員

臺灣特殊教育的首要工作在於為各種不同類型的身心障礙學生提供最適性的教育，讓他們有機會充分發揮潛能。在臺灣光復初期，這些學生主要進入特教學校就讀。早期的特教學校有臺南盲啞學校（臺南啟聰學校前身）以及臺北盲啞學校（臺北市立啟聰學校前身）。1962 年臺北市中山國小成立智能障礙兒童教育實驗班，1963 年屏東市仁愛國小成立肢體障礙兒童特教班，從此，特教學生開始在普通學校特教班接受特殊教育。1963年，臺灣師範大學成立了臺灣最早的特教中心（吳武典口述，見本書附錄 II）。1966 年，臺灣當局大力推行視覺障礙學生混合教育計畫，擴展特教學生就學機會。1978 年進一步推動國民中小學增設資源班，促使特教學生在融合的環境下接受教育（教育部特殊教育工作小組，2005：9）。特殊教育中的一項重要內容就是對特殊學生的輔導。1968 年，彰化仁愛實驗學校成立，招收肢體障礙及腦性麻痺學生，除一般課程外，還特別注重心理輔導與職業訓練（教育部特殊教育工作小組，2005：10）。

總體而言，這一階段已經建立並形成了較為完整的學校輔導工作體系，奠定了學校輔導工作進一步發展的基礎。誠如資深輔導學者張植珊等所概括的：「1968 年開始實行九年國民教育之後，臺灣學校輔導進入發展期。在中國輔導學會的努力推動下，教育部門逐步將輔導活動課列入中學和小

學國民課程標準，讓輔導成為臺灣學校教育的基本組成。到了這個階段，學校輔導工作從體系、制度到人員配備上都已經比較完善，之後的輔導工作都是在已有的輔導體系基礎上穩步發展」（張植珊、吳正勝，1999：6）。

## 二、「九年國教」時期學校輔導存在的問題

在國中全面開始推行輔導工作時，無論是師資建設，還是輔導工作內容等許多方面都存在一定的問題。「由於九年國民教育的實施為時倉促，以致至今有待逐步解決的問題仍多，指導工作也不例外。舉凡組織建制、計畫進度、設施標準、測驗資料、專業師資、課程實施、經費運用、諮商技術等，均缺乏實驗的基礎。故於推展過程中，難免產生南轅北轍現象」（張植珊，1970：宗亮東序）。

指導活動課程雖然進入了國民中學的課程體系，但早期的國中指導活動課程在實施中還存在許多問題。首先，由於國中指導活動課程不是升學考試的科目，加上輔導的重要性還沒有得到充分認識，因此經常被其他學科課程占用。在所有被占用的非升學考試科目中，指導活動高居第二位，僅次於美術科，升學主義成為阻礙輔導工作推展的主因。其次，由於在輔導理念宣傳、師資配備、組織和體制建設方面還不成熟，輔導還沒有真正融入到學校教育體系中。張植珊認為，這一時期存在幾個需要改進的問題（張植珊，1984：301-303）：(1)各級學校雖已建立輔導制度，但發展尚未普遍與平衡，以高級中學為例，未建立輔導專業人員的任用制度，輔導工作成效不彰；(2)高中學生評量與輔導工作尚未普及；(3)高級職業學校的輔導工作為各級各類學校輔導工作較弱的一環；(4)輔導專業人員的任用方式尚待改進；(5)輔導工作的行政單位在學校行政組織上的地位尚未普遍被接受；(6)輔導工具缺乏「國情化」。

由於「九年國教」實施之後，輔導工作在短時間內就大範圍推行，無論是輔導制度與體制的建設，還是師資培訓與任用、輔導課程配套教材等

一時都難以滿足實際工作的需要。綜合而言，這一時期的學校輔導工作在實施中存在以下幾個主要問題。

## (一)各級學校輔導工作發展不平衡

由於國中在「九年國教」後最早開展全面的輔導工作，對於國中推行輔導工作的規定也很明確，因此國中輔導工作推行的成效比較明顯。「綜觀我國各級學校輔導工作的發展，全面實施以國民中學為最早，效果也較為顯著」（洪有義，1979：308）。

相對於國中，其他各級學校輔導工作的開展與實施則相對滯後。在小學階段，《國民小學輔導活動實施要領》雖然對輔導活動的目標和實施方式做出了規定，但是由於缺乏強制性和明確的要求，早期的國民小學輔導工作推展比較緩慢，許多措施和要求並沒有得到實施，輔導工作的開展情況不佳。曾漢榮（1978）的調查顯示：到 1978 年為止，臺灣僅有 38% 的學校成立了兒童輔導中心，70% 的學校沒有編制輔導活動經費預算，37% 的學校沒有建立學生心理檔案，40% 的學校沒有擬定與執行輔導工作計畫，30% 的學校沒有聘任輔導活動教師，65% 的學校沒有建立心理諮商室，75% 的學校未進行任何個案研究（沈慶揚、劉慶中，1980：62）。造成這種狀況的根本原因在於「國民中學之輔導工作實施較為徹底，成效亦較為顯著。其他各級學校因政府未作硬性之規定，且輔導人員較為難求與無固定之使用經費，故實施較為困難」（洪有義，1979：312）。由此可見，在輔導工作推行的早期階段，政策上的強制規定對於推動輔導措施的執行至關重要。

## (二)輔導工作的配套體系建設還不完善

學校輔導工作的開展，與配套體系的建設密切相關。「學校輔導是一種長期性、持久性、連續性的服務工作，工作的推展有賴於健全的組織系統，並以科學、經濟的方法，獲得最大的效果。學校輔導工作要有效率，便需有正式的編制，所有行政人員不但要有適當領導與鼓勵，而輔導機構

更要有明顯的組織」（何金針，1979：50）。但是在這一時期輔導工作的配套體系建設方面，存在許多問題。「目前我國國民中學指導工作並未盡善盡美，距離標準尚有一大段距離。大體言之，目前國中指導工作，在輔導組織與設備方面未臻健全或完善，全為人為因素，例如學校校長是否全力支持，指導活動費是否運用得當等等。而指導工作的實施與班級指導活動之進行為人所詬病之處仍多，追溯其原因，可歸納成二項：一是指導教師缺乏專業知識與諮商輔導之技能，另外就是觀念的溝通仍嫌不足」（洪有義，1979：310）。

　　例如輔導師資的問題。在「九年國教」實施後很長一段時期內，輔導師資都難以滿足實際需要。教師作為承擔輔導課程的重要角色，在輔導工作中的地位不言而喻。然而在國中指導活動課程開設很長一段時期內，教師的素質與指導活動任課要求之間卻存在著較大的差距。很多教師難以勝任指導活動課程，缺乏專業知識與諮商輔導的技能。造成這種現象的原因主要有兩個。一是輔導教師的培訓效果難以保證。在「九年國教」開始之後的很長一段時間內，培養輔導教師主要靠短期的培訓，而作為一種專業，輔導理論與實踐能力的培養在短時間內是難以提高的。二是輔導師資的任用不規範。指導活動課程的許多任課教師都是沒有輔導培訓與經歷的其他學科教師。「凡受過輔導專業教育之教師，絕大多數不同意將班級指導活動委諸一般未具輔導概念的導師擔任。在擔任班級指導活動的教師方面，調查結果顯示，因絕大多數都是其他科系畢業教師擔任，以致造成許多偏差」（邱維城，1983：488）。「人事未臻健全，多數學校缺乏專任人員，且多未聘足指導教師」（張植珊，1984：211-212）。

　　其他方面的問題還表現在參考教材的使用和指導活動課程的開設等方面。「指導活動學生手冊的單元設計方面，雖然國立編譯館編有教師手冊供教師參考，但調查結果發現約有四分之一的學校，並未加注意，亦未自行設計，以致實施方式陷於呆板及混亂的現象」（邱維城，1983：488）。「切實實施班級指導活動的學校未達半數，69.3%的國中對指導活動時間的

安排仍視作一般科目」（張植珊，1984：211-212）。

## (三)輔導的理念還未被廣泛接受

輔導理念的推廣在很大程度上影響了輔導工作的實際效果，這一時期，輔導理念還不被廣泛接受，輔導在許多教師的心中還處於附屬地位，這影響到了學校輔導工作的切實開展。許多研究都指出了輔導觀念的普及是造成困擾的主要因素之一。鍾思嘉（1976）研究發現，輔導理念還不被廣大教育人員及社會大眾接受，學校行政人員及一般教師對輔導工作缺乏正確認識的學校數達 70.4%（張植珊，1984：211-212）。吳正勝等人 1976 年的調查結果發現，在指導活動實施上所遭遇的各項困難中，前五項依序是：(1)教師缺乏輔導觀念，流於教學形式；(2)升學主義的影響；(3)學校行政人員及一般教師忽視輔導工作；(4)缺乏負責策劃的輔導專業人員；(5)教育制度與社會制度不能配合，輔導功能難以在社會上發揮（引自邱維城，1983：488）。這項調查結果所顯示影響輔導活動開展的因素中，前三項均是與輔導理念有關。由此可見，輔導工作的推行一直都與社會民眾對於輔導理念的接受不同步。

總而言之，作為「建制」階段的九年國教時期的學校輔導工作，完成了從制度創立到具體實施等一系列奠基性工程，成績喜人，成效巨大，但由於這一階段的學校輔導工作還處在制度建立與驗證的階段，許多方面還存在問題與不足，需要在之後的發展過程中不斷改進與完善。❖

# 參考與延伸閱讀文獻

中國輔導學會（主編）（1990）。《邁向 21 世紀輔導工作新紀元》。臺北：心理出版社。

中國輔導學會（主編）（1999）。《輔導學大趨勢》。臺北：心理出版社。

王信東（1999）。《「救國團」「張老師」三十週年慶成果特刊》。臺北：「救國團」總團部編印。

白博文（1978）。〈如何使輔導工作往下紮根〉。《輔導月刊》，*15*（1，2），24-26。

白博文（1984）。〈國中輔導工作評鑑之研究〉。《教育研究所集刊》，*26*，259-268。

白博文（1986）。〈如何改進現行國中輔導工作評鑑〉。《諮商與輔導》，（12），5-8。

何金針（1979）。〈學校輔導的組織與行政〉。《張老師月刊》，*4*（4），50-55。

吳武典（1982）。《學校輔導工作》（第四版）。臺北：張老師月刊社。

吳武典等（1990）。《輔導原理》。臺北：心理出版社。

吳正勝（1990）。〈國民中學輔導活動課程的回顧與展望〉。載於中國輔導學會（主編），《邁向 21 世紀輔導工作新紀元》（頁 483-502）。台北：心理出版社。

吳清山、席榮維（2004）。《綜合教育小法規》。臺北：心理出版社。

李泰山（1985）。〈專科學校輔導工作的回顧與展望〉。《輔導月刊》，*22*（1），101-106。

沈慶揚、劉慶中（1980）。〈國民小學輔導活動實施現況知多少〉。《學生輔導通訊》，（16），61-71。

宗亮東、李亞白、張植珊（1973）。《教育與職業輔導》。臺北：臺灣師範大學國民中學教師職前訓練班。

宗亮東等（1983）。《輔導學的回顧與展望：中國輔導學會成立二十週年學術論文集》（第三版）。臺北：幼獅文化事業公司。

於騰蛟（1980）。〈國民小學輔導活動設施調查研究〉。《臺東師專學報》，（8），89-200。

林美珠（2000）。〈國小輔導工作實施需要、現況與困境之研究〉。《中華輔導學報》，（8），51-76。

林淑真（1977）。〈輔導評鑑之研討〉。《輔導月刊》，*13*（9，10），6-20。

邱維城（1983）。〈我國國民中學實施班級指導活動之現況及其改進意見〉。載
　　於宗亮東等（著），《輔導學的回顧與展望：中國輔導學會成立二十週年學
　　術論文集》（第三版）（頁483-506）。臺北：幼獅文化事業公司。

侯禎塘（1985）。〈社會輔導工作推展的回顧與前瞻〉。《輔導月刊》，*22*
　　（1），113-116。

洪有義（1979）。〈我國學校輔導工作的現況〉。《張老師月刊》，*4*（6），
　　308-312。

夏金波（1978）。〈如何做好中學生的輔導工作〉。《輔導月刊》，*15*（3，4），
　　20-26。

常俊哲（1974）。〈國民小學教師進修問題之調查研究〉。《臺北師專學報》，
　　（3），67-98。

張坤和、彭有傳（1976）。〈「適應不良學生之輔導」研究〉。《輔導月刊》，
　　*13*（12），5-10。

張芳全（1990）。《教育法規》。臺北：師大書苑。

張植珊（1970）。《國民中學指導工作研究》。臺北：幼獅書店。

張植珊（1976）。〈國民中學學生家庭環境與學校生活適應相關研究與輔導〉。
　　《臺灣省立教育學院學報》（抽印本），（1），1-14。

張植珊（1979）。〈現階段青年輔導工作之改進〉。1979年第二次「國建會」分
　　組書面研究報告，1-9。

張植珊（1980）。《我國中等學校輔導工作之規畫》。臺北：幼獅文化事業公司。

張植珊（1982）。《教育輔導》。臺北：教育部教育計畫小組編印。

張植珊（1983a）。《教育評鑑》。臺北：教育部教育計畫小組編印。

張植珊（1983b）。〈我國近六十年的輔導運動及其發展動向〉。載於宗亮東等
　　（著），《輔導學的回顧與展望：中國輔導學會成立二十週年學術論文集》
　　（第三版）（頁15-76）。臺北：幼獅文化事業公司。

張植珊（1984）。《教育與輔導論集》。高雄：復文圖書出版社。

張植珊（1995）。《文化建設與文化教育》。臺北：正中書局。

張植珊（2001）。〈我們是怎樣走過來的〉。載於《臺灣彰化師範大學創校三十

週年校慶特刊》（頁 10-15）。彰化：彰化師範大學。

張植珊、吳正勝（1999）。〈中國輔導學會早期的功能與貢獻〉。載於中國輔導學會（主編），《輔導學大趨勢》（頁 3-24）。臺北：心理出版社。

張德聰（1999）。〈救國團「張老師」邁向三十年的回顧與展望〉。載於中國輔導學會（主編），《輔導學大趨勢》（頁 221-239）。臺北：心理出版社。

許水德（1979）。〈國中學生就業輔導工作的回顧與展望〉。《輔導月刊》，*15*（7，8），1-7。

陳石貝（1973）。《教育與職業指導》。臺北：臺灣師大中等學校教師教育科目訓練班。

教育部（1974a）。《高級中學輔導工作分年工作綱要草案》。臺北：教育部。

教育部（1974b）。《高級中學輔導工作實施方案》。臺北：教育部。

教育部特殊教育工作小組（2005）。《特殊教育統計年報》。臺北：教育部編印。

曾漢榮（1978）。〈我國國民小學輔導工作之研究：輔導活動實施狀況與意見之調查分析〉。《輔導學報》，（1），219-289。

童慶懋（1979）。〈學校輔導人員的培植問題〉。《輔導月刊》，*15*（3，4），1-3。

馮觀富（1991）。《輔導行政》。臺北：心理出版社。

馮觀富等（1993）。《學校輔導法規彙編：教育部輔導工作六年計畫研究報告》。臺北：教育部訓育委員會委託專案（編號 13-06）。

黃正鵠（1978）。〈國民中學輔導工作的公共關係〉。《輔導月刊》，*15*（1，2），27。

黃正鵠（1980）。〈建立教師在職進修之制度〉。《學生輔導通訊》，（12），5-8。

黃國彥（1983）。〈我國大專學校實施輔導工作的現況檢討與改進意見〉。載於宗亮東等（著），《輔導學的回顧與展望：中國輔導學會成立二十週年學術論文集》（第三版）（頁 451-462）。臺北：幼獅文化事業公司。

端木蓉（1979）。〈論小學輔導工作的評鑑〉。《輔導月刊》，*16*，28-35。

政治大學（1969）。《臺北市國民中學教師訓練班工作報告》。臺北：政治大學。

臺灣省立教育學院輔導研究所（1979）。〈臺灣省立教育學院輔導研究所碩士班課程表〉。《輔導月刊》，16（1，2），28。

臺灣省立教育學院輔導學系（1973）。《學校輔導工作的實施》。彰化：臺灣省立教育學院印行。

臺灣省政府教育廳（1973）。《九年國民教育籌備工作及其主體計畫之實施》。臺中：臺灣省政府教育廳。

輔導月刊社論（1980）。〈做好學校輔導工作的評鑑〉。《輔導月刊》，16（9，10），扉頁。

劉安屯（1975）。〈張老師輔導工作的回顧與展望〉。《幼獅月刊》，49（1），16-22。

劉安屯（1983）。〈「張老師」輔導工作的現況檢討與改進〉。載於宗亮東等（著），《輔導學的回顧與展望：中國輔導學會成立二十週年學術論文集》（第三版）（頁533-552）。臺北：幼獅文化事業公司。

劉安屯、張德聰（1990）。〈我國張老師青少年輔導工作的回顧及展望〉。載於中國輔導學會（主編），《邁向21世紀輔導工作新紀元》（頁372-379）。臺北：心理出版社。

劉焜輝（1979）。《輔導原理與實施》。臺北：天馬文化事業公司。

劉焜輝等（2003）。《學校輔導工作的多元面貌》。臺北：天馬文化事業公司。

蔣介石（1968）。〈革新教育注意事項〉。《總統手令》（紅皮本），28-50。臺中：臺灣省政府教育廳印行。

蔣建白（1966）。〈輔導工作展望〉。《輔導月刊》，3（7，8），1-2。

蔣建白（1971）。〈我國輔導工作之回顧與前瞻〉。《輔導月刊》，7（5，6），1-2。

鄭心雄（1983）。〈對「輔導」應有的觀念〉。載於宗亮東等（著），《輔導學的回顧與展望：中國輔導學會成立二十週年學術論文集》（第三版）（頁99-110）。臺北：幼獅文化事業公司。

鄭心雄等（1976）。《輔導學研究在中國：理論及應用的科學探討》。臺北：幼獅文化事業公司。

鄭崇趁（1984）。〈探尋輔導政策的軌跡〉。《學生輔導》，（41），12-17。

盧欽銘等（1986）。《教育與職業輔導》。臺北：中國行為科學出版社。

蕭文（1990）。〈我國學術輔導工作〉。載於中國輔導學會（主編），《邁向 21
　　世紀輔導工作新紀元》（頁 356-371）。臺北：心理出版社。

鍾思嘉（1976）。〈加強國民中學輔導工作：談幾個實際問題〉。《輔導月刊》，
　　*13*（1，2），1-4。

顧雅文（1981）。〈國中輔導評鑑出現了大鴻溝〉。《張老師月刊》，7（4），
　　10-13。

顧雅文等（1981）。〈國中輔導評鑑扯出了什麼問題〉。《張老師月刊》，7
　　（4），13-16。

Barclay, J. R., & Wu, Wu-Tien. (1986). The development of school psychological servi-
　　ces in Taiwan. *Journal of School Psychology, 24*, 1-7.

Chang, C. (1979). *The development of education guidance*. Taipei: Enjoy Enterprise Co.

Mortensen, D. G., & Schmuller, A. M. (1976). *Guidance in today's schools* (3rd edition).
　　New York: John Wiley & Sons.

# 第4章

# 學校輔導的全面推展

## （20 世紀 80 年代）

　　1979 年公布的《國民教育法》明確規定國民小學應設輔導室或輔導人員。同年公布的《高級中學法》則具體規定了高級中學輔導工作的範圍、組織、人員與工作辦法。1984 年，為了推動和促進小學輔導工作的開展，頒布了《發展與改進國民小學輔導工作訪視計畫》。這一系列輔導工作重要法規的密集實施，標記著 80 年代學校輔導工作進入了一個制度更健全與體系不斷完善的時期。「到 1983 年時，從小學到大學的各級學校實際上都已經開展了心理諮詢服務」（Barclay & Wu, 1986: 3）。

　　在這些法規的積極推動下，各級學校全面實施輔導工作。國中的輔導工作在原有基礎上，內容進一步深化，開始建立規範的評鑑制度體系；小學的輔導工作也有了強制性的法規保障，地位得到提升；各大專校院陸續設立了學生輔導中心。同時，隨著輔導工作的發展，輔導活動的內容不斷演變，輔導活動課程標準也逐漸修訂完善，舊法規不斷修訂與新法規不斷頒布，輔導法規建設進入了一個繁榮時期。輔導師資的培養體系更加健全與完善，建立了從本科到博士的完整人才培養體系。校外輔導機構蓬勃發展，與學校輔導機構一起形成了完善的輔導工作體系。

 臺灣**學校輔**發展史

## 第一節 學校輔導實施體系的進一步健全

　　經過了十幾年的發展，80 年代臺灣學校輔導進入輔導工作實施體系進一步健全的階段，主要體現在兩方面：一是輔導活動課程標準與課程體系的改革與完善，二是各級學校輔導工作機構的建立與健全。

### 一、輔導活動課程的演變

　　1968 年「九年國教」推行輔導工作之初，輔導學界專家曾與課程標準修訂委員會力爭，試圖以「輔導」之名推行輔導工作，但最後還是以「指導」一詞取代「輔導」。直到 1983 年 10 月修訂公布的《國民中學輔導活動課程標準》（段秀玲，1989：23），才以「輔導」取代「指導」，使輔導工作可以名正言順地在國中推行。

### (一) 國中輔導活動課程標準的修訂

　　1968 年國中指導活動課程標準頒布後，曾在 1972 年進行了一次小的調整，之後經過十幾年的施行，輔導工作的各項條件都已經發生了巨大的改變，於是教育部在 1983 年對課程標準進行了一次較大規模的修訂。新修訂的《國民中學輔導活動課程標準》除了將「指導」改為「輔導」，還在輔導工作目標、活動綱要、實施要點等方面做了許多調整。吳正勝曾對 1972 年與 1983 年的課程標準進行了系統比較（吳正勝，1990：489-493），以下結合他的研究結果進行具體解析。

#### 1. 課程目標的演變

　　兩版課程標準的基本方向與本質沒有太大的不同，還是貫穿了自我發展、學習輔導、生活輔導以及職業生涯輔導這四個方面的內容，只是修訂版的課程標準在目標的表述上更為豐富、完整、準確，更富有前瞻性。具

體有幾個區別：

(1) 原有的第一個目標修訂後，從強調自我指導改為強調自我發展。（第一條）

(2) 原有的第二個目標修訂後，重點從強調教師的因材施教改為以學生的自身成就為目標。（第二條）

(3) 新的目標增加了適應變遷的社會生活。（第四條）

(4) 原有的第五個目標強調職業興趣、職業選擇，修訂後的標準則重視從社會發展的角度來認識個人的職業發展。（第五條）

　　透過對比可以發現，新修訂後的課程目標更加注重以學生為本，試圖改變原有以教師為主的輔導工作理念，從輔導者立場改變為以學生自身發展為出發點的視角，更能從激發學生潛能、發揮學生自己內在積極性的角度來看待輔導工作。其次是對學生的自我發展涉及較少，對生活、學習和職業三方面做了較為詳細的表述。這反映了此一時期學校輔導以生活、學習和職業輔導為主要內容。由於缺乏對學生個人發展的足夠重視，註定了這種目標的規定難以完全體現輔導工作「全人」發展的終極理念。

## 2. 活動綱要的演變

　　1983 年修訂公布的《輔導活動課程標準》，在實施綱要上有了重大修改，名稱也從原來的「實施綱要」改為「教材綱要」，與其他各學科課程標準的名稱一致。具體差異表現在：

(1) 不以年級為單位，不再強調年級的階段性目標。

(2) 輔導內容雖然還是分為生活、教育與職業三個領域，但不再不同年級設定重點。

(3) 每一輔導類別之下均列出四項工作專案，力求三個領域並重，確保輔導工作內容均衡發展。

(4) 每一工作專案之下均列出三項次級項目，分屬一年級至三年級實施，提高輔導工作的整體連貫性。

(5) 1972 年的「實施綱要」在每一工作專案之下列有「相關工作之配合」

一欄，提示這項工作與學校相關工作如何配合，而 1983 年的「教材綱要」則刪去此欄。

與之前的課程標準相比，新的課程標準具有明顯的優勢，主要體現在兩個方面：

首先是輔導工作的實施考慮到了整體延續性和發展性。1972 年修訂的課程標準，輔導工作均以一個學年為時限進行規劃，學生在不同階段輔導內容也有所不同，並以此確定重點和課時。雖然這種階段劃分有助於更快達到階段性目標，可操作性更強，但難以兼顧學生的整體發展過程。由於過分強調輔導工作的階段性，難以兼顧到輔導工作的延續性。而 1983 年的活動綱要則將三個輔導內容貫穿於整個國中階段，每個階段的輔導工作均同時涉及三個主題，從縱向來規劃學校輔導工作的中長程發展計畫，這不但有利於學生的成長，也有利於學校輔導組織與行政的發展。

其次是不但類別間均衡發展，專案間也不設定重點，從而在橫向上使各類各項輔導工作能夠同步推展，使得輔導工作能夠兼顧各個方面的內容。

最後是 1972 年版的「實施綱要」在每一工作專案之下列有「相關工作之配合」一欄，提示每項工作與學校相關工作如何配合，學生手冊的編輯可以以此為依據。而 1983 年版的「教材綱要」則刪除了「相關工作之配合」一欄，因此，無法為學生手冊的編輯提供參考。

### 3. 實施方法的演變

在實施方法方面，新課程標準有以下的變化：

(1) 1972 年規定指導活動課程由各班導師負責主持（原第六條），1983 年修訂為由輔導本科系或相關科系畢業、受過輔導專業訓練的教師擔任（原第三條）。

(2) 1972 年規定各年級輔導重點（原第九條至十一條），1983 年修訂為兼顧生活輔導、教育輔導、職業輔導（原第二條）。

(3) 1972 年課程標準特別聲明指導活動實施方式與其他學科性質不同（方式第一條），新版刪除了這一規定。

(4) 1972 年的課程標準規定每學期結束後對輔導工作計畫實施效果進行評鑑（方式第九條）。1983 年修訂版（方式第二之三）規定每單元結束後要進行個別評鑑和團體評鑑。

(5) 1972 年的課程標準對實施方式的規定未分類，共有 15 項之多。1983 年修訂後將實施方式劃分為「全校性輔導工作」及「輔導活動時間」兩大項。相比之下，新課程標準對班級「輔導活動時間」有比較明確的規定，使班級輔導活動的地位更為凸顯。

新修訂的課程標準要求輔導人員要具備專業背景，輔導效果的評估要及時，對輔導工作的時間要求也更為具體。此外，對以班級為單位的團體輔導在學校整體輔導工作中的地位做了比較明顯的劃分，使其與全校性輔導工作相輔相成。

## 4. 輔導活動課程定位的調整

1983 年修訂後的課程標準將教學科目和活動分為基本科目、活動科目及選修科目三部分。輔導活動與童軍訓練、團體活動同列為活動科目。課程標準總綱關於課程編制的第三條規定：「基本科目的任務，在於實施一般文化陶冶，以培養德、智、群、體、美五育均衡發展的健全國民；活動科目的任務，在於發展學生群性，陶冶公民道德，試探學生的興趣和能力，以發揮輔助功能；選修科目的任務，在於鑑別學生性向，試探學生才能，以便因材施教，使人盡其才」（教育部，1983b）。

課程定位的界定，有利於區分輔導活動課程與其他學科課程，讓教師更加理解輔導工作的性質，為輔導工作的開展提供良好的觀念支援。

## 5. 輔導手冊的修訂完善

新輔導活動課程標準公布後，臺灣編譯館於 1986 年出版了全新修訂的《國民中學輔導活動學生手冊》，《國民中學團體活動科教師手冊》也於 1988 年 8 月出版，共分為六冊。依據新的標準，輔導活動課程在教材大綱方面進行了改革，編排方式由原來以年級確定不同輔導主題改為多個主題貫穿所有年級。原來的學生手冊根據不同年級確定輔導重點：一年級以生

活輔導為主，二年級以教育輔導為主，三年級以升學輔導與就業輔導規劃為主。新的學生手冊以輔導專案為主軸貫穿三個年級，每個年級均涉及三個重要主題，從而保持輔導工作在三個學年中的一貫性。

新版《國民中學輔導活動學生手冊》和《國民中學團體活動科教師手冊》出版後受到了師生的普遍好評。林一真 1993 年的調查顯示：1973 年的學生手冊、教師手冊版本受到學生、教師、專家的評價較低，而 1983 年頒布的新課程標準以及據此修訂的新形式的學生手冊版本，受到近七成教師的肯定（吳正勝，1999：74）。

輔導活動不同於學科教學，學生手冊也非教材，它是活動設計，甚至只是活動的媒介，需要以學生的需求來決定活動方式與內容，需要廣泛地吸收多方面的觀點與內容。1989 年，政府同意輔導活動學生手冊和教師手冊可以由民間編輯發行之後，1989 學年度起由兩家書局各推出一套學生手冊（含教師手冊），與編譯館主編的手冊同時發行，由各校自由選擇（吳正勝，1990：483-484）。由此，輔導活動的教材編撰日趨多元，為輔導活動的開展提供了多樣化的選擇，有利於輔導工作的開展。

## (二) 國民小學輔導活動課程標準的制定

1993 年，臺灣公布了《國民小學輔導活動課程標準》。這是繼 1975 年頒布《國民小學輔導活動實施要領》十幾年後，臺灣地區首次以課程標準的形式對小學輔導工作進行規定。「現行國小課程標準自 1975 年 8 月頒布、1978 年全面實施以來，迄今已歷經十多年，開創了我國小學課程標準實施時間最久的記錄。十多年來，社會結構與時代潮流的變遷至巨，教育部乃因應事實需要，積極著手修訂工作」（張健盟，1991：45）。小學輔導活動課程標準的正式頒布，標誌著臺灣小學的輔導工作從此與國中的輔導工作一樣，有了正式的強制性法規保障。「臺灣小學輔導活動於此邁入另一個新的里程碑」（王麗斐等，2005：84）。

與之前的《國民小學輔導活動實施要領》相比，《國民小學輔導活動

課程標準》有幾個重大的改變。

　　首先是改變了以往小學輔導工作缺乏明確規定的狀況。在新制定的輔導活動課程標準中，對輔導活動的時間分配做了硬性規定：「輔導活動之實施，一、二年級不另訂時間，可利用導師時間及相關教育活動隨機輔導，並與各科教學密切配合……三至六年級，除與各科教學及各項教育活動相互配合外，並應按規定設科教學，每週一節 40 分鐘。並得與團體活動配合，採隔週連排方式實施」（教育部，1993）。如此一來，國小的輔導工作與國中的輔導工作一樣，在教育體系中獲得了獨立設置學科課程的地位。「將輔導活動正式列為國小課程的活動科目，較之現行國小課程標準把輔導時間定位在『不另定科目，亦無固定時間，一切活動專案均應透過教學情況與教育活動中實施』，實屬一大進步」（張健盟，1991：45）。

　　其次，1975 年頒布的實施要領，除了未對輔導工作的時間進行硬性規定，還存在以下幾個主要不足（張健盟，1991：45-46）：如「所有科目均訂有課程標準，唯獨輔導活動訂為輔導活動實施要領，好像表明了輔導活動難登大雅之堂，予人不倫不類之感……各科課程標準均採『目標、時間分配、教材（活動）綱要、實施辦法』的架構，輔導活動則以『目標、活動要領、實施要點』的體例，使現行國小課程標準欠缺一致性。」在新制定的《國民小學輔導活動課程標準》中，明確指出「輔導活動係國民小學教育的核心工作」，以此界定了輔導工作的地位。此外，新制定的課程標準將主要內容分為目標、時間分配、活動綱要、實施方法、教學評量幾個部分，基本上與其他學科的課程標準一致。

　　由此可見，新的《國民小學輔導活動課程標準》與以往的《國民小學輔導活動實施要領》相比，無論是在輔導工作定位還是在輔導工作的具體實施方面，都有了很大的突破，為國小輔導工作的開展提供了健全的法規保障。

## (三)其他各級學校輔導工作的推展

　　除了國中與國小的輔導課程之修訂，1979 年頒布的《高級中學法》也對高級中學的輔導工作做了相關規定。其中第八條規定：「高級中學應就學生能力、性向及興趣，輔導其適當發展。對於資賦優異學生，應予特別輔導，並得縮短其優異學科之學習年限，對不適於繼續接受高級中學教育之學生，應輔其接受職業教育或職業訓練。」第十三條規定：「高級中學設輔導工作委員會，規劃、協調全校學生輔導工作，輔導工作委員會置專任輔導教師，由校長遴選具有專業知能人員充任之。」1981 年的《高級中學規程》對高級中學輔導工作的範圍、內容、機構設置等更做了具體規定。

　　1980 年，臺灣公布了《高級中學學生輔導辦法》，對高級中學輔導工作的範圍、輔導工作的配合、輔導工作的專案、三個學年的不同重點、實施方法、硬體設置、師資配備以及年度預算等做了全面系統的規定。

　　1983 年 7 月公布的《高級中學課程標準》則對高級中學的輔導工作做了規定：(1)教育目標的達成，端賴其有優良的教師，教師必須以愛心、信心與耐心，輔導學生，同時應敬業、勤業、樂業，以樹師表；(2)全校教師均須負起輔導學生的責任，在教學過程中，相機提示學生做事的方法、做人的道理和處世接物的態度；(3)輔導活動為教育上的重要工作，各校必須善為利用，以了解學生能力、性向與興趣，發現學生個別問題，增進學生學習效能；(4)對於學生的智慧、健康、個性、學業成績、努力情形、家庭環境、特殊愛好、特長與缺點等，均須詳細調查了解，編製個人資料記錄，作為輔導的依據，俾能因材施教，人盡其才。

## 二、輔導組織與管理的推展

　　1979 年《國民教育法》公布後，教育行政部門又陸續公布和修訂了一些與學校輔導工作相關的法令，各級學校都基本設立了輔導室、輔導委員

會等輔導工作管理和執行機構，學校輔導工作組織體系基本形成。進入 20
世紀 80 年代，學校輔導組織體系進一步健全，輔導工作的管理也日趨完
善。輔導評鑑開始在各級學校中廣泛開展，學校輔導組織與管理建設進入
了推展完善的時期。

## (一) 輔導組織的進一步健全

80 年代之前，各級學校的輔導組織基本都已經成立，在 80 年代，學校
輔導組織建設進入了一個健全與逐步完善的階段，不僅各級學校均成立了
輔導組織，在國中與國小，還要求根據實際情況設立不同的組織機構。

### 1. 國民中學的輔導組織建設

1982 年的《國民教育法施行細則》對不同班級規模的學校輔導工作組
織結構做了不同的規定。

(1) 6 班以下者設教導、總務二處及輔導室，教導處分設教務、訓導二組。

(2) 7～12 班者設教務、訓導、總務三處及輔導室，教務處分設教學設
　　備、註冊二組，訓導處分設訓育、體育衛生二組，總務處分設文書、
　　事務二組。

(3) 13 班以上者設教務、訓導、總務三處及輔導室，教務處分設教學、
　　註冊、設備三組，訓導處分設訓育、生活教育、體育衛生三組。

(4) 25 班以上者，體育、衛生分別設組，輔導室得設資料、輔導二組（編
　　制按特殊教育組與國小同），總務處分設文書、事務、出納三組。

(5) 25 班以上學校設有特殊教育班級者，輔導室增設特殊教育組。

　　不同班級規模的學校輔導工作組織系統如圖 4-1、4-2、4-3 所示。

### 2. 國民小學的輔導組織建設

1982 年的《國民教育法施行細則》對於小學的輔導工作組織結構，與
國民中學一樣，也針對不同的學校規模做了不同的規定：

(1) 12 班以下者設教導、總務二處及輔導室或輔導人員，教導處分設教
　　務、訓導二組。

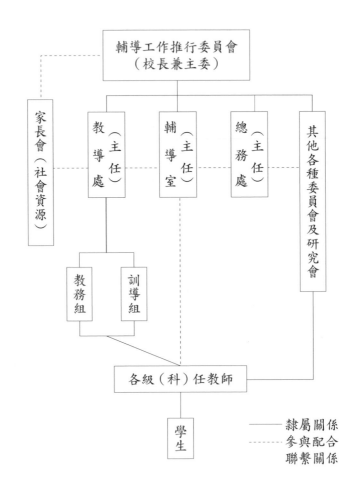

**圖 4-1** 國民中學 6 班以下學校輔導組織系統與各處（組）的關係圖

資料來源：馮觀富（1997：96）。

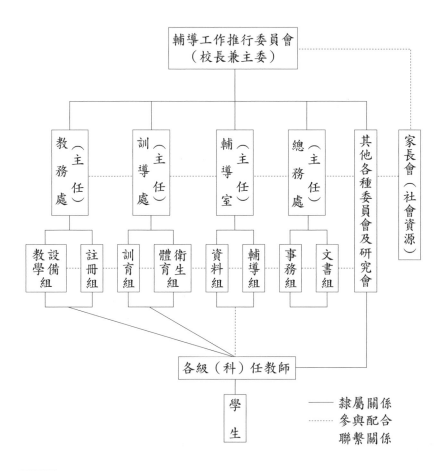

圖 4-2 國民中學 7～12 班學校輔導組織系統與各處（組）的關係圖

資料來源：馮觀富（1997：97）。

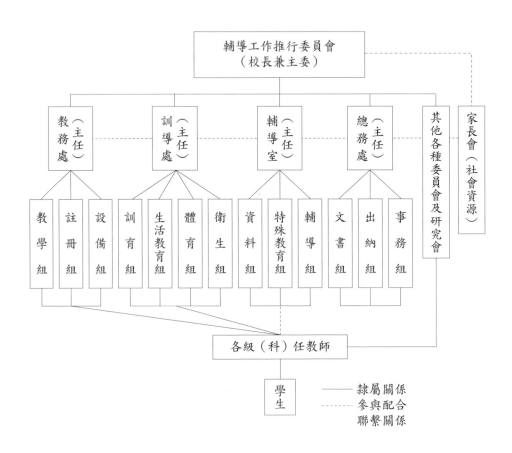

圖 4-3 國民中學 13 班以上學校輔導組織系統與各處（組）的關係圖

資料來源：馮觀富（1997：98）。

(2) 13〜24 班者設教務、訓導、總務三處及輔導室或輔導人員，教務處
分設教學、註冊二組，訓導處分設訓育、體育、衛生三組，總務處
分設文書、事務二組。

(3) 25 班以上者設教務、訓導、總務三處及輔導室，教務處分設教學、
註冊、設備三組，訓導處分設訓育、生活教育、體育、衛生四組，
總務處分設文書、事務、出納三組，輔導室設資料、輔導二組。

(4) 25 班以上學校設有特殊教育班級者，輔導室增設特殊教育組。

這一時期的國小輔導組織的一般結構在原來的基礎上進行了一些調整，
把兒童輔導中心改成輔導室，其具體結構如圖 4-4 所示。

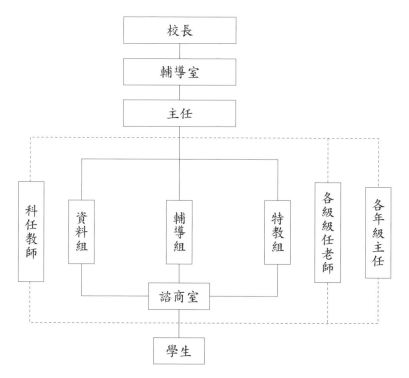

圖 4-4　國民小學輔導組織系統圖

資料來源：馮觀富（1997：92）。

更為詳細的設置，如圖 4-5、圖 4-6、圖 4-7 所示。

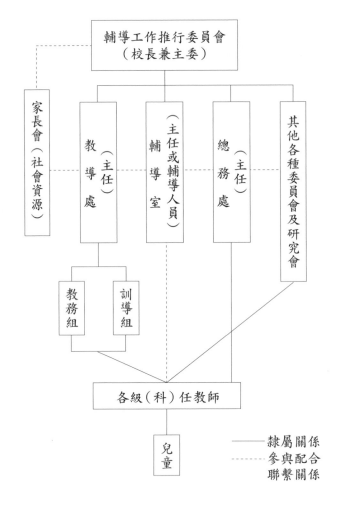

**圖 4-5** 國民小學 12 班以下學校輔導組織系統結構圖

資料來源：盧欽銘等（1986：34）。

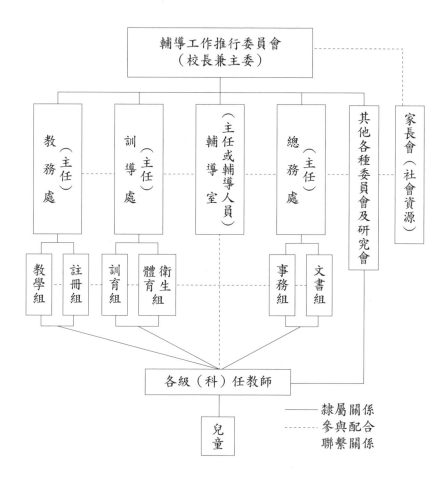

**圖 4-6** 國民小學 13～24 班學校輔導組織系統結構圖

資料來源：盧欽銘等（1986：35）。

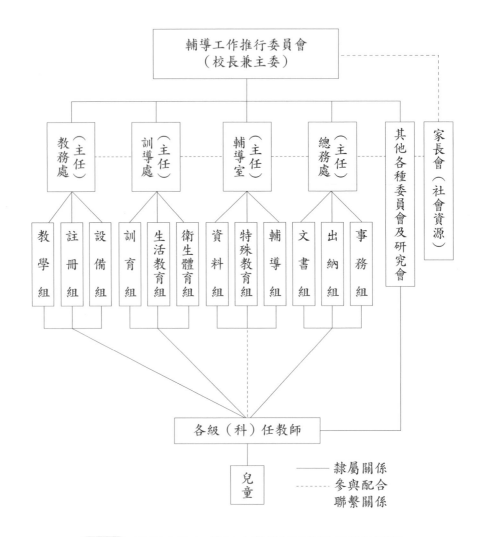

**圖 4-7** 國民小學 25 班以上學校輔導組織系統結構圖

資料來源：盧欽銘等（1986：36）。

在輔導組織實際的建設過程中，不同學校的輔導組織架構也有所不同，以省立臺北師範專科學校附設實驗小學為例，其輔導組織系統如圖4-8所示。

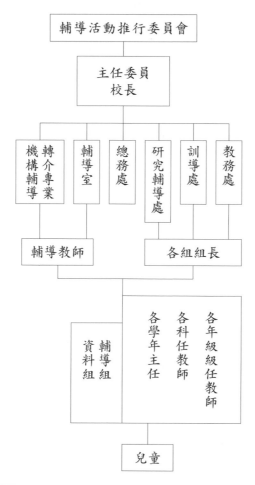

**圖 4-8** 臺北師專附小輔導活動推行委員會組織系統圖

資料來源：教育部（1985：39）。

### 3. 高級中學的輔導組織

教育部 1979 年公布的《高級中學法》第 13 條規定：高級中學設輔導工作委員會，規劃、協調全校學生輔導工作。1986 年修訂公布的《高級中學規程》對高級中學的輔導組織設置做了更為明確的規定，其中第 32 條規定：高級中學輔導工作委員會由校長兼任主任委員，聘請各處室主任及有關教師為委員。輔導工作委員會置專任輔導教師，以每 15 班置一人為原則，由校長遴選一人為主任輔導教師，負責規劃、協調全校學生輔導工作。高級中學的輔導組織結構如圖 4-9 所示。

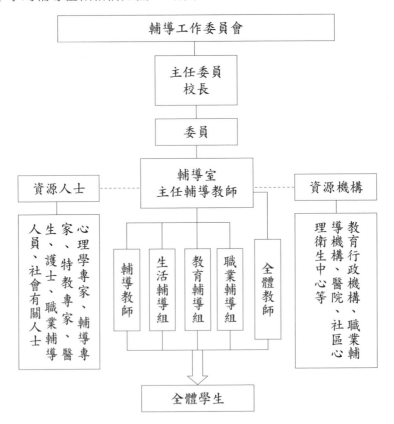

**圖 4-9** 高級中學輔導工作組織體系圖

資料來源：臺灣省政府教育廳（1983：29）。

### 4. 高級職業學校的輔導組織

　　這一時期的輔導法規對組織設置做了具體的規定，職業學校也開始設置輔導機構。1984 年的《職業學校章程》規定，職業學校設輔導工作委員會，由校長兼任主任委員，聘請各處室（含軍訓軍官）及有關教師為委員。輔導工作委員會置專任輔導教師，以每 15 班置一人為原則，由校長遴選具有專業知能之教師，並由校長就輔導教師中遴選一人為主任輔導教師，負責規劃、協調全校學生輔導工作（盧欽銘等，1986：39-40）。

　　圖 4-10 是依據臺灣省教育廳編《高級職業學校輔導工作手冊》擬定的「高級職業學校輔導工作委員會組織系統圖」。

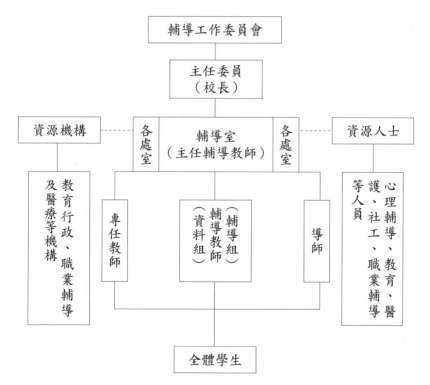

**圖 4-10　高級職業學校輔導工作委員會組織系統圖**

資料來源：臺灣省政府教育廳（1985：19-24）。

### 5. 大專校院的輔導組織

　　這一時期 98.9% 的大專校院成立了輔導機構，主要包括學生輔導中心與學生心理衛生中心兩種，學生輔導中心隸屬於學生輔導委員會，學生心理衛生中心隸屬於訓導處。另外，只有 67.3% 的學校成立了學生輔導委員會（曾端真，1992b；引自洪莉竹，1994：17）。大專校院的輔導組織以臺灣師範大學為例，如圖 4-11 所示。

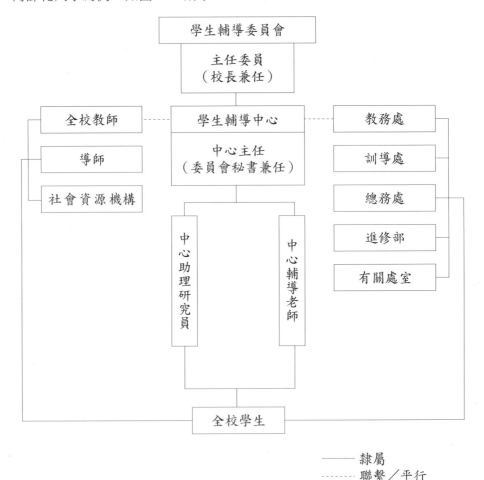

圖 4-11　臺灣師範大學學生輔導委員會暨學生輔導中心組織系統圖

資料來源：臺灣師範大學（1982：2）。

有調查表明，這一階段大專校院的輔導單位中，隸屬於訓導處的學校比例最高，隸屬於學生輔導委員會的學校只有 8.9%。還有一些專科學校採用兩者混合設置的方式，雖設置學生輔導委員會、學生輔導中心，卻隸屬於訓導處，中心主任的地位介於「處主任」與「組主任」之間（李泰山，1985：103）。

大專校院輔導機構採用兩種機構並存的設置方式，帶來了輔導機構設置上缺乏獨立性、輔導人員在歸屬與角色認識上的問題，從而影響輔導工作的開展。金樹人 1982 年提到，大專校院推行輔導工作的困難在於「組織地位未確立：大部分學校的輔導中心隸屬於訓導處，在地位上即相形次於校內的一級單位，不僅在行政、經費和人員上受到限制，尤有甚者，學生對訓導處觀念是『訓』多於『導』，這種回避的情緒使他對中心望而卻步」（李泰山，1985：103）。

總體而言，這一時期的大中小學都成立了輔導組織，設置了輔導室、心理衛生中心等開展輔導工作的機構，國小、國中、高中職的輔導單位多稱為輔導室，大專校院的輔導單位則多以學生輔導中心命名，也有少數學校稱為心理衛生中心、學生輔導組或輔導室（洪莉竹，1994：16）。

## (二) 輔導評鑑工作的推展

隨著輔導工作的全面推展，輔導工作內容日益豐富，配套的輔導評鑑也日趨完善，輔導評鑑工作更加規範化、制度化。「近年來無論教育部、教育廳（局），或各縣市實施國中輔導工作評鑑以來，的確對輔導工作推展有了極大的激勵與幫助，儘管評鑑的作業方式不盡相同，然而可以肯定的是評鑑的方式不斷地在革新進步之中，輔導工作評鑑確實發揮了極大的作用」（白博文，1986）。

### 1. 學校輔導評鑑的全面實施

#### (1) 輔導評鑑制度體系的健全

隨著輔導評鑑工作的全面推展，輔導評鑑的內容更加全面，評鑑的方

法更加多樣化，輔導評鑑體系也在不斷完善中。

1980 年《國民中學評鑑暫行實施要點》、《國民中學評鑑標準》、《國民中學評鑑手冊》頒布，成為指導國中評鑑工作開展的重要文件。

在輔導評鑑法規的推動下，學校輔導評鑑工作日益完善。以國民小學為例，1984 年，為了有效開展輔導評鑑工作，教育部制定了《教育部發展與改進國民小學輔導工作訪視計畫》。1990 年，教育部制定《國民小學評鑑表》，使國小的輔導評鑑制度體系更加健全。

---

### 教育部發展與改進國民小學輔導工作訪視計畫

**一、依據**

發展與改進國民教育六年計畫。

**二、目標**

(一) 了解各縣市（含直轄市）教育局目前推行國小輔導工作情形。
(二) 了解各縣市（含直轄市）國民小學目前對學生輔導工作執行情形。
(三) 協助各單位解決輔導工作技術有關問題。
(四) 蒐集各單位對實施輔導工作之改進意見。

**三、訪視對象**

(一) 臺灣省各縣市政府教育局暨所屬國民小學。
(二) 臺北市、高雄市政府教育局暨所屬國民小學。
(三) 金門、馬祖地區文教科暨所屬國民小學。

**四、時間**

1984 年 5 月至 6 月（日期詳如日程表）。

**五、訪視項目**

(一) 教育局方面
　　1. 組織
　　　(1) 直轄市及縣市教育局對推展國小輔導工作所成立之組織與其工作情形。
　　　(2) 直轄市及縣（市）對輔導工作推展之計畫及執行情形。
　　　(3) 直轄市及縣（市）教育局對專業輔導工作視導人員遴派及工作情形。
　　　(4) 直轄市及縣（市）教育局對教育輔導團體活動科輔導員之遴選及其工作情形。

---

（續上表）

| | |
|---|---|
| (5) 直轄市及縣（市）教育局推展國小輔導工作，是否指定學校擔任示範及其工作情形。 | |

(5) 直轄市及縣（市）教育局推展國小輔導工作，是否指定學校擔任示範及其工作情形。

(6) 直轄市及縣（市）內國民小學設立輔導室之情形。

2. 人員訓練

(1) 專業輔導工作視導人員所受之專業訓練情形。

(2) 教育局輔導團輔導活動科輔導員所受之專業訓練情形。

(3) 國小校長、主任及教師參加輔導工作研習情形。

(4) 輔導室負責人之遴選與專業訓練情形。

3. 經費

對推展輔導工作預算編列情形。

(二) 國民小學校內輔導工作執行方面

1. 輔導組織（含輔導工作委員會）之建立。

2. 輔導工作計畫之擬定及執行。

3. 輔導室及諮商室之設置要領與工作情形。

4. 學生資料之建立、應用、保管與轉移。

5. 學生生活輔導與學習輔導之實施情形。

6. 適應困難學生之診斷與輔導情形。

7. 特殊（資優、智慧不足、肢體殘障）學生之輔導措施。

8. 必要測驗之實施與結果之應用。

9. 各科教學之配合實施情形。

10. 教務、訓導對輔導工作之配合實施情形。

11. 一般教師參與學生輔導工作情形。

12. 校內教師研究進修對輔導工作之研習情形。

13. 學校輔導工作與家長制溝通配合情形。

14. 社會資源之運用情形。

15. 學校對輔導工作經費之支援與使用。

## 六、實施要領

(一) 成立訪視小組：由部聘專家學者及有關人員組成，分赴各地實施訪視工作。

1. 聽取簡報。

2. 查閱資料。

3. 訪視教師及學生。

4. 座談。

5. 實地觀察。

資料來源：教育部（1984：136-138）。

### (2) 輔導評鑑工作的全面推展

隨著輔導工作的全面推展，輔導評鑑不僅從中學擴展到小學、高中等各級學校，各級教育行政部門也相繼制訂輔導評鑑計畫，實施輔導評鑑工作。輔導評鑑工作的內容更加全面，方法更加多樣，體系更加完善，在整個輔導工作體系中的地位日益重要。

以小學為例，1983 學年度，教育部依據《發展與改進國民教育六年計畫》中的《改進國民小學輔導工作計畫》，開展了全面的國民小學輔導工作評鑑，聘請方炎明、王家通、吳武典、吳正勝、宗亮東、邱維城、洪有義、張壽山、張慶凱、陳英豪、陳東升、崔劍奇、彭駕騂、楊碧桃、楊坤堂、劉焜輝、劉亦權、韓繼綏等學者專家與教育行政人員組成評鑑小組，於 1984 年 5 月 29 日至 6 月 29 日，分組赴臺北、高雄兩個直轄市及臺灣省所屬各縣市教育局與教育局指定之國民小學實地調查，以了解國民小學輔導工作的實施情形，並借此蒐集回饋意見，協助解決輔導工作中遇到的問題（教育部，1984：前言）。

在評鑑方式上，採取聽取簡報、查閱資料、實地觀察、抽訪教師與學生、與校長及輔導室負責人座談等方式。評鑑的內容以輔導工作組織、計畫、人員訓練、觀念溝通、兒童輔導實況、行政支援與配合等為重點（教育部，1984：前言）。透過對輔導工作開展情況的評鑑，發現臺北市西門國民小學、高雄市中山國民小學、彰化市中山國民小學等學校的輔導工作開展較好，其輔導、教務、訓導、總務相互配合，形成有系統的教育體系。「在校長正確領導下，全體教師各盡所長，成績斐然，足可供其他各校借鏡」（教育部，1984：113）。

各地區教育行政部門也對轄區內的學校開展輔導評鑑工作。如臺北市教育局 1989 學年度聘請有關專家、教授、行政單位主管和學校校長等 45 位為評鑑委員，分成 15 個評鑑小組，分赴全市公私立國民小學評鑑其輔導工作，評鑑完成後由各組分校提交評鑑報告，供研究改進及追蹤學校輔導工作的開展（林重孝，1991：40）。

在高級中學方面，1984 年教育部頒布《加強高級中學實施輔導工作三年計畫》，對輔導的評鑑做出規定（徐西森，1989：21）：各校應定期進行自我評鑑及聘請專家學者組成評鑑小組進行年度評鑑。學校的自我評鑑主要依據「臺灣省高級中學輔導工作實施情形訪視表」中所列重點先進行。在評鑑工作結束的當天就要將結果送交專家評鑑小組。專家評鑑小組主要由臺灣師範大學、彰化師範大學和高雄師範大學輔導諮詢中心的專家學者及教育行政人員組成，負責各自所屬地區的高級中學輔導工作評鑑。在所有評鑑工作結束後，由評鑑小組將各校評鑑結果整理後送交教育主管機關，再由教育機關將評鑑結果和意見發函給各個學校，為學校輔導工作的改進提供參考。

## 2. 輔導評鑑工作中存在的問題

輔導評鑑在促進學校輔導工作發展與提升的地位無疑極為重要。從評鑑的根本目標來看，評鑑就是為了促進輔導工作改進不足、促進發展，借此提高輔導工作的品質，改善學校行政人員、教師對輔導工作的重視，加強學校輔導人員對輔導工作的信心，同時對當年的輔導工作做全面的檢討，提出改進輔導的對策，並在下一年度的輔導工作計畫中做出相應的改善（蕭文，1990：368-369）。

這一階段的輔導評鑑工作雖然已經全面展開，並取得許多成效，但依然存在一些不足，例如：學校沒有充分認識到輔導評鑑的重要意義；過於重視評鑑結果和指標，捨本逐末使輔導工作受扭曲；輔導工作人員沒有具備充分的評鑑知識，評鑑訓練不足；評鑑工具不齊全、標準難定、經費不足、評鑑人員難求等等（白博文，1986：5）。具體而言，這一時期輔導評鑑工作存在的問題可以歸納為以下幾個方面：

首先是輔導評鑑缺乏正確的哲學理念和完善的教育政策，也缺乏長期、中期、短期的完整計畫，人員、經費、設備、過程等都沒有長遠及整體的考慮（白博文，1986：5），例如：輔導評鑑人員的選拔不夠科學。評鑑人員自身素質對評鑑成敗的影響巨大，評鑑人員是否具有專業知識，是否熟

練評鑑技巧，工作是否客觀，是否具有溝通的技巧，是否具有崇高的品德修養等等，都是輔導評鑑人員選擇中應該考慮的重要內容（白博文，1984：264）。但是目前「評鑑小組的組成都是倉促成軍，往往不能深入且詳實地觀察及評鑑」（游惠音等，1994：15）。「平心而論，目前學校輔導評鑑工作，仍未盡完善，一則由於評鑑工作本身不易進行，其困難如輔導工作目標不確定，不夠具體，評鑑內容涉及個人動機、態度、自我觀念等心理特質，不易客觀衡量，且衡量標準的選擇常見仁見智，無一致而有效的法則可循，因此評鑑工作常失之主觀。另外，多數評鑑工作常強調外在的條件，如輔導人員的資格、設備、經費、表面資料等，忽略輔導結果的評量，甚而以偏概全，造成對輔導的誤解，以達到外在條件為滿足，不重視實質效果的分析」（輔導月刊社論，1980：扉頁）。

其次是過於重視考核，捨本逐末。輔導評鑑的目的在於針對輔導活動的設計，依據其內容架構及實施方法與過程，做有系統、有目的的評量，從而發現其中可能的問題，做進一步修訂、推廣的參考（潘幸山，2001：31）。但在實際評鑑過程中，「國小校長、輔導工作負責人、正式輔導主任、非正式輔導主任、不同專業教育背景的輔導工作負責人之間、不同類型國小的校長及輔導工作負責人之間，皆很重視輔導工作評鑑的結果與標準問題，而較不重視輔導工作評鑑的對象與方法問題。校長與輔導工作人員注重輔導工作實施的成果評鑑，而不注重形成性的評鑑，對於評鑑方法是否適當及對評鑑對象的了解和觀念上之溝通等問題，皆未重視」（劉紀盈，1995：173）。

再其次是忽視對輔導工作過程的考察，只重細節不重整體，只看重結果而忽視過程。「輔導工作評鑑的特色在於重視歷程，為一繼續性的一系列活動，從界定目標、蒐集資料、分析資料、形成判斷到作成結果，但由於誤認其為考核，便偏重在結果的查核」（白博文，1986：5-6）。過於強調外在的條件，如輔導人員的資格、工作時間、設備、經費等，忽略輔導過程及輔導結果的評量，甚而以偏概全，造成輔導人員及其他人士的誤解，

往往只求達到外在條件為滿足，不重視輔導工作實際效果的分析。「過去輔導工作評鑑偏重於靜態資料的查閱，對於學生的需求與滿足，或提供的服務與幫助似多忽略，因此今後如何兼顧物質層面與精神層面的評鑑是我們所關心的課題」（白博文，1984：264）。

最後是沒有充分發揮輔導評鑑的回饋作用。評鑑當局對評鑑報告與其處理情形，也曾有濃厚的考核色彩。評鑑報告的撰述，每校只有 600 字之譜（顧雅文，1981：12），根本無法全面反映所評鑑的學校輔導工作全貌。對於評鑑結果也沒有進行有效的回饋。原本評鑑的結果必須發給各校，提供他們做下一年度的改革依據（顧雅文，1981：12），但許多教育部門卻沒有將評鑑報告回饋給評鑑學校。在評鑑過程中，對於輔導工作中存在問題的原因分析也有不足。評鑑表上所列的項目，雖說是診斷之用，但由於項目太多，又力求量化，使評鑑的結果只能知道各校間的優劣，而對各校問題產生的原因思考不足（顧雅文，1981：12）。「評鑑結果宜妥善運用並作為追蹤輔導之依據，在評鑑前各校為爭取良好的成績均積極準備，力求改進，無形中已提高了輔導工作的水準。如能於評鑑結束之後，將評鑑結果妥善運用，該獎勵的應即予獎勵，有困難的即積極設法予以協助，需改進的限期研究改善，並做有計畫的追蹤輔導，則評鑑工作的效果將會更佳」（白博文，1984：264）。

此外，輔導評鑑的專案雖然極為豐富，但在專案的安排上依然有待完善。「輔導工作的評鑑有十大類別，評鑑專案共計 77 項」（游惠音等，1994：16）。而 1983 年 Gibson 等人制定的輔導評鑑表格中只有 15 個專案（Gibson, Mitchell, & Higgins, 1983: 324-325），相較之下，臺灣的輔導工作評鑑專案數量可算是龐大。雖然專案眾多，「卻只有『學生資料之建立，保管與運用』這一類，根本沒有關於學生接受輔導後滿意度之評鑑」（游惠音等，1994：16）。

雖然存在不足，但總體上，這一時期的輔導評鑑工作還是取得了顯著的成效。各級學校輔導評鑑制度建立健全，評鑑的內容涵蓋了輔導工作的

所有方面,各級教育行政部門積極推動輔導評鑑工作,大、中、小學都廣泛開展了各種形式的輔導評鑑。輔導評鑑成為推動臺灣地區輔導工作發展的重要動力,也成為了解臺灣地區輔導工作發展的重要途徑。

 **輔導人員培育、任用制度的不斷完善**

這一時期,臺灣當局採取一系列措施,建立教師在職進修制度,對師資培訓的內容與要求、培訓機構、課程設置、學分要求、任用資格與條件等都有明確的規定,師資培養方案更加完善。在職進修制度與大學院校的輔導人才培養體系有效配合,形成了培養方式多樣、從低到高完整的輔導人才培養體系。專業人才培養體系的健全也推動了輔導教師任用制度的改革與完善。

## 一、建立起完整的輔導人才培養體系

臺灣高校的輔導及其相關專業陸續創立後,逐漸建立起從本科到博士完整的輔導人才培養體系,培養了一批學有專長的輔導專業人才。

由表 4-1 中可以看出,輔導專業專科畢業生的人數從 1981 年起大規模

**表 4-1** 1977～1985 年大學院校、研究所培養的輔導專業畢業生人數

| | 1977 年 | 1978 年 | 1979 年 | 1980 年 | 1981 年 | 1982 年 | 1983 年 | 1984 年 | 1985 年 |
|---|---|---|---|---|---|---|---|---|---|
| 專科 | 11,312 | 11,664 | 12,258 | 12,550 | 143 | 144 | 135 | 136 | 144 |
| 本科 | 9,836 | 10,189 | 10,897 | 10,460 | 2,854 | 2,995 | 3,134 | 3,265 | 3,109 |
| 碩士 | 479 | 565 | 526 | 568 | 252 | 259 | 283 | 347 | 362 |
| 博士 | 14 | 5 | 10 | 11 | 11 | 13 | 15 | 23 | 6 |

資料來源:整理自教育部相關年度教育統計數據。

減少，本科以上畢業生的人數雖然也有所減少，但是相對穩定，碩士、博士的畢業生人數一直維持在一個較低的水準。

## (一) 大學院校的輔導人才培養體系

70 年代末期，臺灣的許多大學院校就已經設置了輔導與心理諮商專業。經過十幾年的發展，到了 80 年代末，大學院校已經建立了從本科到博士的完整的輔導人才培養體系（參見表 4-2），課程體系也日趨完善。

**表 4-2** 80 年代後臺灣與輔導師資培育有關的大學、研究所情況

| 學校及科系名稱 | 系、所成立時間 | 系所創辦人或第一任主任、所長 |
|---|---|---|
| 中正大學心理學系<br>http://www.ccunix.ccu.edu.tw/-psycho/chinese_index.php | | 曾志朗教授 |
| 政治作戰學校心理學系<br>http://www.fhk.edu.tw/teach/teach-1/psy/01.htm | | |
| 高雄醫學大學心理學系<br>http://www.psy.kmu.edu.tw/index.html | 1987 年 8 月 1 日 | |
| 輔仁大學心理學系<br>http://www.psy.fju.edu.tw/ | 1993 年 | |
| 輔仁大學臨床心理學系<br>http://www.cpsy.fju.edu.tw/ | 1993 年 8 月 1 日 | 朱秉欣教授 |
| 東吳大學心理學系<br>http://www.scu.edu.tw/psy/ | 大學部：1990 年<br>碩士班：2001 年 | |
| 中山醫學大學心理學系<br>http://www.csmu.edu.tw/psychology/public_html/ | 1992 年 | |
| 世新大學社會心理學系<br>http://cc.shu.edu.tw/-socpsy/ | 大學部：1993 年<br>碩士班：2002 年 | |
| 佛光人文社會學院心理系<br>http://www.fgu.edu.tw/-psychology/main/ | | |

**表 4-2** 80 年代後臺灣與輔導師資培育有關的大學、研究所情況（續）

| 學校及科系名稱 | 系、所成立時間 | 系所創辦人或第一任主任、所長 |
|---|---|---|
| 亞洲大學心理學系<br>http://psy.asia.edu.tw/main.htm | 2003 年 8 月 | |
| 玄奘人文社會學院應用心理系<br>http://www.hcu.edu.tw/ | 1999 年 | |
| 淡江大學教育心理與諮商研究所<br>http://www.edpsy.tku.edu.tw/ | | |
| 中國文化大學心理輔導研究所<br>http://db.pccu.edu.tw/dept/cru_group/crrmcs/ | 2003 年 | |
| 銘傳大學教育心理與輔導學系<br>http://www.mcu.edu.tw/department/epc/index.htm | 2003 年 | |
| 東華大學臨床與諮商心理學系<br>http://www.ndhu.edu.tw/-cp/ccpnew/ccp.htm | 2002 年 8 月 | |
| 高雄師範大學輔導研究所<br>http://www.nknu.edu.tw/-adv/firstpage.htm | 1994 年 8 月 1 日 | 楊瑞珠教授 |
| 臺灣師範大學教育心理與輔導學系<br>http://www.epc.ntnu.edu.tw/epcweb/ | 大學部：1968 年<br>碩士班：1979 年<br>博士班：1987 年 | 黃堅厚教授 |
| 臺北教育大學教育心理與輔導學系<br>http://s14.ntue.edu.tw/ | 大學部：1998 年<br>碩士班：2001 年 | |
| 花蓮教育大學諮商心理學系<br>http://192.192.165.187/index.php | 大學部：1998 年<br>碩士班：2003 年 | |
| 花蓮教育大學諮商與輔導學研究所<br>http://www.nhltc.edu.tw/%7Eipce/counsel/index0.htm | | |
| 臺中教育大學諮商與教育心理研究所<br>http://www.ntcu.edu.tw/gicep | 2000 年 | |
| 臺南大學諮商與輔導研究所<br>http://web.nutn.edu.tw/gac610/cg/index.htm | | |
| 新竹教育大學教育心理與輔導學系暨研究所<br>http://www.nhcue.edu.tw/-gepg/ | 大學部：2005 年<br>碩士班：2001 年 | |
| 屏東教育大學教育與心理輔導學系暨研究所<br>http://www.npttc.edu.tw/academic/grad-psy/index.htm | 大學部：2001 年<br>碩士班：1998 年 | |

資料來源：整理自臺灣各相關大學、研究所網站。

以彰化師範大學為例[1]。1989 年，省立教育學院改制為彰化師範大學，輔導學系被批准參加大學擴招，全面招收高中畢業生，修業年限四年，期滿授予學士學位，臺灣輔導專業人才的培育邁進新的里程。此後，在學校及社區輔導工作推動下，對諮商專業高學歷人才的需求也日益增加，於是彰化師大積極籌備輔導研究所，在 1979 年和 1989 年分別成立碩士班和博士班，培育輔導與諮商領域的高級研究人才，提升畢業生的輔導與諮商學術水準；1994 年培養出第一位輔導與諮商領域的教育博士；1999 年改名為「輔導與諮商學系」，提供大學、碩博班含進修學程，在學學生人數超過500 人（參見表 4-3）。

**表 4-3　彰化師範大學輔導專業畢業生人數**

|  | 1974 年 | 1983 年 | 1993 年 | 1997 年 | 2003 年 | 2006 年 |
|---|---|---|---|---|---|---|
| 大學部 | 79 | 53 | 49 |  | 77 | 78 |
| 碩士班 |  | 6 | 16 |  | 5 | 21 |
| 博士班 |  |  |  | 4 | 9 | 8 |

另外，1984 年至 1992 年，夜間學士學位班約畢業 427 人；1984 年至2000 年，彰化師範大學 40 學分班約畢業 1,437 人；2002 年至 2005 年，暑期或夜間教學碩士班約畢業 61 人。

課程體系建設是高校專業建設的核心內容之一，臺灣高校的輔導及其相關科系的課程設置經過了十幾年的發展，80 年代之後已經較為成熟。以下是彰化師範大學輔導專業課程設置情況。

## 1. 大學部

1983 年彰化師範大學輔導學系大學部規定必修科目 15 門共 48 學分，另有 23 門選修課可供選擇，學制四年。1993 年，輔導學系規定最低專業學

---

[1] 此部分有關彰化師範大學的資料及數據，除特別註明外，均為本書作者 2006 年 2 月 21日上午訪問彰化師範大學輔導與諮商學系時由該系教學秘書葉小姐提供。

分數為 128 學分，其中必修科目 36 學分 38 學時，另有 42 門選修課可供選擇。到 2003 年，彰化師範大學的輔導與諮商學系，大學部必須修完專業學分 128 學分，含本系專門科目、教育學程科目、學校共同必修科目。其中必修課 16 門，包括專業核心課程 28 學分 30 學時，雙主修科目包括本系所有必修科目 38 學分 43 學時，學程選修課程 15 門（學校輔導學程 7 門和社區輔導學課程 8 門），共有 53 門選修課可供選擇。

## 2. 碩士班

1993 年，彰化師範大學輔導學系碩士班專業要求學生須修滿 32 學分，其中有個別科目與博士班合用，必修科目 12 學分 15 學時，有 37 門選修課可供選擇。2003 年，碩士班最低專業學分為 32 學分，開設了必修課 8 門，學程選修課程 11 門（學校諮商學課程 5 門和社區諮商學課程 6 門），有 43 門選修課可供選擇。

## 3. 博士班

1993 年，彰化師範大學輔導學系規定博士班專業學分數為 48 學分以上，其中必修 18 學分 20 學時，有 35 門選修課程可供選擇。2003 年，博士班的最低專業學分為 48 學分，開設了 9 門必修課，學程選修課程 8 門（專業心理諮商學課程 4 門和家庭與婚姻諮商學課程 4 門），有 44 門選修課可供選擇。

## (二) 教師在職培訓與進修

隨著輔導工作日益受到重視，每年都有大量輔導教師接受培訓與進修。「教師在職進修是專為在職教師研習教育專業知能所需而安排的教育研習活動，它與職前養成教育是相輔相成的，均屬提高教師素質的重要策略。它是一種有計畫、有系統、有組織、有目標導向、有特定時空界定的教學研習活動，其目的在增進在職教師教育專業知能並且培養專業態度」（顏素霞，1992：18）。輔導教師在職培訓與進修體系的日趨成熟，形成了完善的輔導教師培養體系。

　　根據輔導人員層次的不同，輔導教師在職進修類型主要分為學分班進修、碩士進修班和博士進修班。

　　學分班主要分為兩種：20 學分班和 40 學分班。兩種學分班有不同的錄取方式、課程設計和修業年限。1984 年至 2001 年，彰化師範大學輔導研究所進修班（夜間部）20 學分班規定：課程班 20 學分，經過考查及格後，發給學分證明書，但不得作為國小輔導活動科教師資格。曾修習相關輔導學分者，其學分不得抵免。曾修習本學分班課程者，必須再次進修本學分班才可酌予抵免學分。夜間班修業年限為一學年。1984 年至 2000 年，彰化師範大學輔導研究所進修班（夜間部）40 學分班規定：每學年必修四學科，每學科兩學分；各個學科開設三學年，不得因為師資等因素而更動；每學年設選修科目，以兩學分為原則，學制四年。

　　碩士進修班以彰化師大輔導研究所與臺北師大教育與心理輔導研究所的課程為例，包括了必修科目與選修科目（顏素霞，1992：19-20）。彰化師大輔導研究所的必修科目包括輔導研究方法、諮商技術研究、諮商理論研究、心理評量研究、諮商實務（含實習），選修科目包括電腦程式運用、高等統計學、多變項分析、智力測驗研究、人格評量研究、測驗編製、人格發展與輔導、輔導與諮商基礎問題研究、輔導組織與行政研究、社會工作研究、心理衛生專題研究、諮商倫理學、學習理論研究、學習診斷與輔導、行為改變的理論與技術、團體動力學、職業諮商研究、諮商名著研究、諮商個案研究、輔導專題研究、團體諮商研究、變態心理學。臺北師大教育與心理輔導研究所的必修科目為輔導學專題研究、行為科學方法論、高級統計學研究、教育心理學專題研究、諮商技術與實習、測驗理論與技術、輔導組織與行政、輔導工作實習、人格心理學專題研究，另外有 20 個至 30 個選修學分。

　　可以看出，在職進修班的課程內容十分豐富，對於擴展輔導教師的知識面，提升輔導工作的理論與實踐技能有著積極的作用，但也有學者認為「研究班的課程設置較偏向理論研究，實際及實習方面的問題解決的科目

較少」（顏素霞，1992：20）。

## 二、學校輔導人員任用資格的演變

1979 年《國民教育法》對國中、國小的輔導教師任用做了明確規定，成為這一時期輔導師資任用的重要文件，輔導師資任用開始走向規範化。隨著輔導人員培養體系的健全，輔導師資的整體水準大幅度提高，教育部頒布的相關法規開始對輔導人員的資格做出更為詳細的規定，不僅規定了輔導教師要符合教育主管部門規定的教育人員任用要求，還對不同級別學校的輔導教師任職資格以及配備人數做出不同規定（如表4-4）所示。

**表 4-4** 國中、國小員額配置比較表

| | 國小 | | | | 國中 | | | |
|---|---|---|---|---|---|---|---|---|
| 每班學生數 | 40（不超過 52 人） | | | | 40（不超過 48 人） | | | |
| 校長 | 1 人 | | | | 1 人 | | | |
| 處室主任 | 1 人 | | | | 1 人 | | | |
| 組長 | 教師兼任 | | | | 文書、出納、事務為專任，職員 | | | |
| 每班教師數 | 1.5 人 | | | | 2 人（每九班再增 1 人） | | | |
| 輔導教師 | 每 24 班增置 1 人，由教師兼任 | | | | 每 15 班增置 1 人，占教師名額 | | | |
| 幹事 | 72 班以下 | | 73 班以上 | | 36 班以下 | 37～72 班 | | 73 班以上 |
| | 1～3 人 | | 3～5 人 | | 2～9 人 | 3～13 人 | | 5～20 人 |
| 護士 | 1 人 | | 2 人及兼任醫師 | | 與國小相同 | | | |
| 班級數 | 12 班以下 | 13～36 班 | 37～72 班 | 73 班以上 | 12 班以下 | 13～36 6 班 | 37～72 班 | 73 班以上 |
| 工友數/（含技工數） | 1～3 人 | 3～6 人/1 人 | 6～8 人/2 人 | 8～13 人/3 人 | 1～4 人 | 4～8 人/1 人 | 8～13 人/2 人 | 13～15 人/3 人 |

資料來源：教育部（1983a）。

## (一) 國民中學輔導教師及輔導主任資格的規定

　　輔導教師的任職資格，基本上依據 1979 年《國民教育法》的規定實行。相關法規還具體規定國中輔導教師的資格需滿足以下任一條件（彭若梅，2005：12）：

1. 輔導本科系或相關科系畢業，曾修習教育專門科目 20 學分以上。
2. 非輔導本科系或相關科系畢業，曾修習輔導教師專門科目 20 學分以上及教育專業科目 20 學分以上。
3. 具輔導本科系或相關科系碩士以上學位，曾修習教育專業科目 10 學分以上。
4. 具非輔導本科系或相關科系碩士以上學位，曾修習輔導教師專門科目 20 學分以上及教育專業科目 10 學分以上。
5. 中等學校教師取得教育研究所教育行政人員進修班 40 學分結業證書者，准予辦理國中輔導活動及高級中學輔導活動科教師加科換證登記。

　　國中輔導教師的資格只要符合以上五點要求中的任一點即可，即只要修畢輔導教師專門科目 20 學分，或者拿到教育研究所教育行政 40 學分，就可獲得輔導教師資格證書，擔任國中輔導教師。

　　國中輔導主任的資格，依據教育部 1982 年頒布的《國民中小學教育人員甄選儲訓及選調辦法》第 10 條規定，應具有一般主任資格及輔導之專業知能。《臺灣省公立學校教師及職員遴用辦法》第 18 條對一般主任應具有的資格也做出規定，國民中學教導或教務主任及訓導主任應具有以下規定資格之一者兼聘之：取得大學教育研究所碩士學位，曾任教育職務一年以上成績優良者；師範大學院校、大學教育學系畢業或大學其他院系畢業，曾修習教育學科 20 學分，曾任中等學校教師兼主任一年或組長、導師二年以上成績優良者；師範大學專修科或師範專科學校畢業，曾任中等學校教師兼主任兩年或組長、導師三年以上成績優良者；大學畢業曾任中等學校教導、教務、訓導主任二年以上，或中等學校教師兼組長或導師四年以上

成績優良者；專科學校畢業或中等學校教師登記或檢定合格，曾任中等學校教導、教務、訓導主任三年以上，或中等學校教師兼組長或導師五年以上成績優良者。

除了要求輔導主任要具備一般主任的資格外，1983 年《國民中小學輔導室主任應具備之輔導專業知能規定》中明確了國中輔導室主任應具備下列條件之一（馮觀富等，1993：48）：

1. 具有國民中學輔導活動科目教師登記資格者。
2. 曾參加主管教育行政機關主辦或委託其他機構舉辦與輔導活動有關之研習活動八週以上者。

1984 年 8 月 31 日教育部在《函釋國中輔導室主任應具有資格疑義》的公函中明確指出：有關國民中學輔導室主任所具備之輔導專業知能，如係分次參加與輔導活動有關之研習合計八週，准予併計。

這些規定可以發現，這一時期國中輔導主任的任職資格，都要求具備輔導專業背景。

## (二) 國民小學輔導教師及輔導主任資格的規定

這一時期國小輔導人員的資格規定與國中基本相同，只是在輔導主任資格規定方面略有差異。

1983 年《國民中小學輔導室主任應具備之輔導專業知能規定》要求國民小學輔導室主任應具備以下條件之一（馮觀富等，1993：48）：

1. 具有國民中學輔導活動科目教師登記資格者。
2. 曾在師範院校或經主管教育行政機關指定之機關學校修習輔導活動有關課程 10 學分以上者。
3. 曾參加主管教育行政機關主辦或委託其他機構舉辦與輔導活動有關之研習活動四週以上者。

1984 年 2 月 29 日教育部《函釋採認具有國小輔導室主任專業知能資格疑義》的公函中明確指出：有關國小輔導室主任資格內所列「修習與輔導

活動有關課程 10 學分以上者」一節，須比照本部所頒「國民中學各科教師本科系相關科系及專門科目學分對照表」內所列有關輔導活動科目應修習之專門科目為標準。唯在未經主管教育行政機關指定之一般公私立大學所修習之專門科目學分不得併計（馮觀富等，1993：14）。

國小輔導主任除了應具有教育部規定的輔導專業知能外，臺灣省教育廳、臺北市、高雄市教育局還規定其所屬國小的輔導主任還須經過選拔考試，通過八週至十週以上的訓練後才可以任用。對於目前擔任教務、訓導或總務主任職務並有意擔任輔導主任的，臺灣省教育廳規定：如具有教育部頒發輔導專業知能者，可任輔導室主任（馮觀富，1997：108-109）。

由此可見，這一時期對於小學輔導主任的任職資格，要求有輔導專業知識和訓練背景。

## （三）其他學校輔導教師的資格規定

高中與高職的輔導教師資格也要求有輔導專業的背景。1981 年《高級中學規程》第 32 條規定：由校長從輔導教師中遴選一人為主任輔導教師，負責規劃、協調全校學生輔導工作。1984 年 6 月 22 日《臺灣省各公私立高級中等學校輔導工作委員會主任輔導教師遴用資格標準》提出把「輔導工作委員會執行秘書」統一改稱為「主任輔導教師」，輔導專業人員資格，只要符合輔導科教師本學系、相關學系及專門科目學分規定，即可由學校校長聘任為輔導專業人員。此外，《臺灣省公立學校教師及職員遴用辦法》對高中、高職主任輔導員資格做出詳細規定，任職資格除應符合高級中等學校輔導工作專任教師規定資格外，還應具備下列條件之一：輔導、教育或心理研究所畢業的，有碩士學位的，曾任輔導教師、導師、學校行政主管或合格教育行政人員一年以上，成績優良；師範院校輔導學系、教育心理學系畢業，曾任輔導教師、導師、學校行政主管或合格教育行政人員兩年以上，成績優良；師範院校或大學教育學系、心理學系、特殊教育學系、應用心理學系畢業，曾任輔導教師、導師、學校行政主管或合格教育行政

人員三年以上，成績優良；師範院校、大學或研究生畢業，除應修滿教育學分外，並應修滿登記輔導教師專門科目 20 學分以上，曾任輔導教師、導師、學校行政主管或合格教育行政人員四年以上，成績優良；現任高中、職業學校合格教師四年以上，曾在師範院校輔導研究所或教育所在職進修修滿 40 學分，服務成績優良（馮觀富，1997：110-111）。

在大專、大學方面，由於沒有開設相應課程，輔導工作主要透過學生心理輔導中心和學生心理衛生中心開展，在輔導人員的遴用上情況更不如國中和國小。有學者指出，大學輔導工作中可發現三大問題：輔導中心人員全為兼任；均為教師系統；為未定出編制員額。出現這種情況是因為大學輔導人員的設置「依現行大學法、大學規程等法令，學生輔導中心編制『主任由副教授以上資格兼任，輔導教師由講師以上教師兼任、助理輔導員由助教以上資格相關科系兼任』」。但在實際的實施過程中，許多教師本身就承擔教學與研究任務，因此難以兼顧輔導工作。「然大學副教授以上教師，負有教學和研究的負擔，很難全心投入繁瑣之行政業務，兼任輔導教師只在排定的時間和學生會談，來去匆匆，對全盤輔導工作之了解及配合，和實際需要差距甚大」（張雪梅，1991：13-14）。

總之，這一時期各級學校對輔導教師和輔導主任均要求具備輔導專業背景，這對規範輔導工作，確保輔導工作的專業性，無疑有著積極的意義。

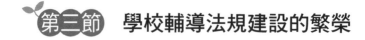

## 第三節 學校輔導法規建設的繁榮

進入 80 年代，學校輔導法規建設進入了繁榮發展的階段，教育行政部門在對原有相關法規進行修訂完善的基礎上，還頒布了許多新的法規。輔導法規不僅數量眾多，涉及的內容也更加豐富，規定更為具體，針對性更強，逐步形成了較為完善的體系，為輔導工作的開展提供了全面的保障。

# 一、十多年來學校輔導法規建設的成效

80 年代，《國民中學輔導活動課程標準》等幾個重要法規得以修訂完善，涉及輔導工作具體內容的相關法規也紛紛實施，形成了全面而又兼顧重點的輔導法規體系。

## (一)總體情況

1980 年，《國民中學評鑑暫行實施要點》、《國民中學評鑑標準》、《國民中學評鑑手冊》頒布，隨後《國民教育法施行細則》（1982）、《教育部改進國民小學輔導工作計畫》（1983）、《高級中學學生輔導辦法》（1984）相繼實施，象徵著學校輔導法規建設進入了一個繁榮時期。

除表 4-5 中列出的「中央」實施的一般性輔導法規，這一時期還頒布了眾多涉及其他輔導內容的法規，其中 77 種涉及特殊教育，36 種涉及資優生輔導，12 種涉及青少年心理行為輔導。在臺灣省頒布的法規中，一般性法規 126 種，特教法規 48 種，資優生輔導法規 41 種（馮觀富等，1993）。

表 4-5　1980～1992 年學校輔導法規建設的成效

| 時間 | 類別 | 字號 | 主旨 |
|---|---|---|---|
| 1980 年 4 月 12 日 | 函 | 訓字第 10153 號 | 各校應輔導學生正當休閒活動，以防範意外不幸事件之發生 |
| 1980 年 4 月 24 日 | 函 | 軍字第 11860 號 | 軍訓教官協助輔導學生校外活動時應注意安全事項 |
| 1980 年 6 月 30 日 | 函 | 訓字第 19172 號 | 切實加強辦理防制青少年犯罪方案 |
| 1980 年 9 月 12 日 | 函 | 訓字第 27859 號 | 學生輔導中心（或學生心理衛生中心）主任自 1980 年 8 月起比照訓導處（組）主任（長）支主管特支費 |

表 4-5　1980～1992 年學校輔導法規建設的成效（續）

| 時間 | 類別 | 字號 | 主旨 |
|---|---|---|---|
| 1981 年 1 月 28 日 | 令 | 參字第 2919 號 | 國民小學與國民中學班級編制及教職員工員額編制標準 |
| 1981 年 1 月 31 日 | 令 | 國字第 3287 號 | 國民小學輔導活動設備標準（摘要） |
| 1981 年 2 月 3 日 | 令 | 參字第 3469 號 | 訂定《高級中學規程》 |
| 1981 年 4 月 9 日 | 令 | 參字第 10594 號 | 訂定《高級中學學生輔導辦法》 |
| 1981 年 5 月 20 日 | 令 | 參字第 15883 號 | 中等以上學校導師制實施辦法 |
| 1982 年 2 月 12 日 | 函 | 訓字第 04431 號 | 檢送修正後之「加強中等學校導師工作暨學生紀律生活實施要點」 |
| 1982 年 3 月 31 日 | 函 | 國字第 10896 號 | 國民中小學輔導室主任應具備之輔導專業知能規定 |
| 1982 年 7 月 7 日 | 令 | 參字第 23011 號 | 《國民教育法施行細則》 |
| 1982 年 7 月 16 日 | 函 | 國字第 24325 號 | 檢送發展與改進國民教育六年計畫執行要點 |
| 1982 年 7 月 30 日 | 令 | 總統臺統字第 4583 號（1）義 | 《大學法》 |
| 1982 年 8 月 28 日 | 函 | 中字第 30195 號 | 大學應用心理學系准列為國中指導活動教師資格之相關科系 |
| 1982 年 11 月 17 日 | 函 | 訓字第 43278 號 | 防制青少年犯罪方案、防制青少年犯罪方案實施計畫表暨執行防制青少年犯罪工作報告表 |
| 1983 年 7 月 26 日 | 令 | 國字第 28925 號 | 修訂《國民中學輔導活動課程標準》 |
| 1983 年 7 月 26 日 | 令 | 國字第 28925 號 | 國民中學教育目標 |
| 1983 年 11 月 8 日 | 函 | 國字第 45975 號 | 教育部改進國民小學輔導工作計畫 |
| 1983 年 | 函 | 訓字第 46933 號 | 防制青少年犯罪方案 |
| 1984 年 2 月 29 日 | 函 | 國字第 7138 號 | 釋「採認具有國小輔導室主任專業知能資格疑義」 |

**表 4-5** 1980～1992 年學校輔導法規建設的成效（續）

| 時間 | 類別 | 字號 | 主旨 |
|---|---|---|---|
| 1984 年 3 月 9 日 | 令 | 參字第 8377 號 | 修正《職業學校規程》 |
| 1984 年 3 月 14 日 | 函 | 中字第 8989 號 | 檢送《高級中學學生輔導工作實施計畫》 |
| 1984 年 4 月 7 日 | 函 | 國字第 12392 號 | 檢送「七十三學年度國民中學輔導人員在職研習計畫」 |
| 1984 年 4 月 19 日 | 令 | 參字第 14249 號 | 修正《大學規程》 |
| 1984 年 5 月 2 日 | 函 | 訓字第 16403 號 | 檢送修正「防制青少年犯罪方案」 |
| 1984 年 5 月 17 日 | 函 | 國字第 18479 號 | 教育部改進國民小學輔導工作訪視計畫 |
| 1984 年 6 月 26 日 | 函 | 國字第 24295 號 | 請釋國中輔導室主任應具備之資格及輔導專業知能等疑義案 |
| 1984 年 8 月 6 日 | 令 | 參字第 30481 號 | 修正《高級中學規程》 |
| 1984 年 8 月 31 日 | 函 | 國字第 34200 號 | 請釋國中輔導室主任應具備之資格疑義 |
| 1984 年 10 月 24 日 | 令 | 參字第 43586 號 | 修正「高級中學學生輔導辦法」 |
| 1984 年 11 月 2 日 | 函 | 中字第 45174 號 | 應禁止學生抽香菸 |
| 1984 年 12 月 27 日 | 函 | 中字第 52981 號 | 高中主任輔導教師及專任輔導教師可以兼課 |
| 1984 年 12 月 28 日 | 函 | 中字第 54781 號 | 加強高級中學實施輔導工作三年計畫 |
| 1985 年 1 月 4 日 | 函 | 中字第 00354 號 | 請釋高級中學輔導教師授課時數疑義 |
| 1985 年 3 月 23 日 | 函 | 中字第 10777 號 | 依照高級中學學生輔導工作實施計畫之規定，推行學生輔導工作 |
| 1985 年 7 月 3 日 | 函 | 訓字第 27265 號 | 各校動員整體輔導力量，防範學生自戕事件之發生 |
| 1985 年 7 月 20 日 | 令 | 參字第 30499 號 | 職業學校學生輔導辦法 |
| 1985 年 7 月 30 日 | 令 | 參字第 32040 號 | 修正《大學規程》 |
| 1985 年 9 月 16 日 | 函 | 國字第 39933 號 | 國民中學前設之指導活動執行秘書可否視同國中主任一案 |

表 4-5　1980～1992 年學校輔導法規建設的成效（續）

| 時間 | 類別 | 字號 | 主旨 |
|---|---|---|---|
| 1986 年 4 月 21 日 | 函 | 技字第 16333 號 | 職業學校學生輔導辦法 |
| 1986 年 5 月 28 日 | 令 | 參字第 22675 號 | 修正《高級中學規程》第 27 條條文 |
| 1986 年 5 月 28 日 | 令 | 參字第 24676 號 | 修正《職業學校規程》全文 |
| 1986 年 6 月 10 日 | 函 | 中字第 24672 號 | 於七十五學年度前聘足輔導教師編制員額，以利輔導工作之推行 |
| 1986 年 6 月 17 日 | 函 | 訓字第 25412 號 | 檢送修正《防制青少年犯罪方案》 |
| 1986 年 7 月 9 日 | 函 | 中字第 29062 號 | 檢送《如何加強高級中學應屆畢業學生升學輔導等有關事宜會議記錄》 |
| 1986 年 10 月 13 日 | 函 | 人字第 45762 號 | 請釋國中教師兼輔導主任，又兼安定組維護小組執行秘書等職，可否利用課餘應聘社區總幹事一職 |
| 1987 年 5 月 19 日 | 函 | 中字第 22185 號 | 擔任工職新課程「社會科學概論」之教師，可分別登記為「公民」或「輔導」等科教師 |
| 1987 年 4 月 25 日 | 函 | 國字第 18184 號 | 自七十七學年度起國中新進之輔導室主任應具備一般主任資格，尚須有國中輔導活動科目教師登記資格始得擔任 |
| 1987 年 10 月 13 日 | 函 | 中字第 48353 號 | 高級中學主任輔導教師及專任輔導教師，不宜以兼任學科辦理教師登記 |
| 1988 年 4 月 1 日 | 函 | 中字第 13590 號 | 加強高級中學輔導工作五年計畫 |
| 1988 年 5 月 19 日 | 函 | 訓字第 21981 號 | 「七十七年罪犯減刑出獄人就學輔導工作實施要點」會議記錄 |

**表 4-5**　1980～1992 年學校輔導法規建設的成效（續）

| 時間 | 類別 | 字號 | 主旨 |
|---|---|---|---|
| 1989 年 9 月 5 日 | 函 | 國字第 43377 號 | 七十七學年度第二學期各縣市國民中小學中途輟學及經輔導返校學生人數成效調查案 |
| 1989 年 10 月 27 日 | 函 | 國字第 52705 號 | 國中輔導活動教師支領指導活動研究費照導師費調整為 700 元 |
| 1989 年 12 月 18 日 | 令 | 參字第 62425 號 | 修正《國民教育法施行細則》 |
| 1990 年 2 月 17 日 | 函 | 國字第 6752 號 | 關於輔導室主任、組長兼輔導課教師已領主管特支費或導師費，可否再支領指導活動研究費一案 |
| 1990 年 5 月 15 日 | 函 | 社字第 22165 號 | 璞玉專案——輔助國中三年級不升學學生開拓積極自我實施綱要 |
| 1991 年 2 月 27 日 | 函 | 訓字第 09321 號 | 檢送「教育部輔導工作六年計畫」一冊 |
| 1991 年 8 月 27 日 | 函 | 僑字第 45254 號 | 八十學年度大專校院新僑生入學輔導要點 |
| 1992 年 9 月 24 日 | 函 | 技字第 52689 號 | 職業學校、公共職業訓練機構與國民中學合作試辦國中學生職業試探與輔導實施計畫 |

資料來源：整理自馮觀富等（1993）。

從數量對比中可以明顯發現，80 年代以來輔導法規的修訂和頒布的總數遠遠超過了 80 年代前，輔導法規建設呈現出一種繁榮發展的態勢。

## （二）主要內容

縱觀臺灣這十多年來修訂和頒布的輔導法規，數量眾多，內容涵蓋面廣，以下從輔導工作範圍與內容、輔導工作組織機構設置以及輔導人員選聘任用三個方面，對相關法規進行簡要歸納。

### 1. 輔導工作範圍與內容

　　學校輔導工作的內容大概可分為生活輔導、教育輔導與職業輔導（生涯輔導），不同時期、不同層級的學校有不同的側重點。

　　國中方面，1982 年 7 月《國民教育法施行細則》確立國民中學輔導內容為生活輔導、教育輔導、職業輔導。1983 年 7 月《國民中學課程標準總綱》把輔導納入活動科目，規定為全體國中學生所必修，並且要求教師編制學生心理檔案。與《國民中學課程標準總綱》同時頒布的《高級中學課程標準總綱》也對高級中學的輔導提出了同樣的要求。1994 年 10 月頒布的《國民中學輔導活動課程標準》將輔導活動課程分班級輔導活動與一般輔導活動，並規定了不同年級輔導活動的開展時間。2001 年修訂的《高級中學學生輔導辦法》將心理輔導分為發展性輔導、介入性輔導和矯治性輔導。

　　小學方面，1982 年 7 月《國民教育法施行細則》正式確立小學輔導內容分為生活輔導和教育輔導。1993 年 9 月頒布的《國民小學輔導活動課程標準》將輔導內容分為學習輔導、生活輔導與生涯輔導，並規定了輔導活動課程的時間安排，還對特殊兒童的輔導列出詳細的要求。

　　高級中學方面，1981 年 2 月頒布的《高級中學規程》在內容上去除了升學輔導，保留了生活輔導、教育輔導、職業輔導。1981 年 4 月《高級中學學生輔導辦法》詳細規定了輔導工作的專案：制定輔導工作計畫及進度，建立學生資料，舉行各種心理教育測驗，進行輔導工作的實驗研究等。

　　在職業學校方面，1984 年 5 月公布的《職業學校規程》和 1985 年 7 月公布的《職業學校學生輔導辦法》規定職業學校輔導工作包括生活輔導、學業輔導、就業輔導，輔導方式可為個別輔導和團體輔導，並視需要舉辦智力測驗、人格測驗、性向測驗、興趣測驗、教育測驗及其他有關測驗。

　　在各法規中，有多條涉及學生心理測驗和心理檔案的建立。1982 年 7 月《國民教育法施行細則》也提出要為學生建立心理檔案，且心理檔案須保持連貫性，小學、國中、高中能順利移轉。《高級中學輔導工作實施方案》、《高級職業學校學生輔導工作實施辦法》均提出應透過測驗、觀察、

調查、諮詢等方式建立學生的心理檔案。1984 年，教育主管部門頒布《學生綜合資料之建立與運用》，對學生資料的蒐集方式、學生心理檔案表格的設計、心理檔案的記錄與保管、資料的應用等做出明確規定。同時針對心理測驗的實施與運用，對每個心理測量的工具進行詳細的介紹，包括如何施測、測驗結果如何解釋、測驗結果的運用等。

## 2. 輔導組織機構設置

### (1) 組織建設

國中方面，1994 年 10 月頒布的《國民中學輔導活動課程標準》強調國民中學應舉行輔導會議，並對輔導會議的形式、出席人員、主持人與籌備做了規定。

高級中學方面，1984 年 6 月頒布的《臺灣省各公私立高級中等學校輔導工作委員會主任輔導教師遴用資格標準》提出把「輔導工作委員會執行秘書」統一改稱為「主任輔導教師」。

職業學校方面，1984 年《職業學校規程摘要》規定職業學校應設輔導工作委員會，由校長兼主任委員，聘請各處室主任（含軍訓主任教官）及有關教師為委員。1994 年修正的《大學法》也在「組織與會議」一章中規定大學應設置學生事務處，掌理心理輔導等事項。

至此，教育主管部門對學校輔導機構的設置都有了比較明確的要求：學校一般需要設立輔導委員會或輔導室來開展學校輔導工作。

### (2) 機構設置

1994 年 10 月修訂頒布的《國民中學輔導活動課程標準》對國民中學的輔導場所、輔導設備提出了要求。

1981 年頒布的《國民小學輔導活動設備標準》對小學的輔導室、測驗工具、書籍刊物、應用表冊等硬體設置做了較為全面的規定。1993 年 9 月頒布的《國民小學輔導活動課程標準》對國民小學的輔導場所、心理測驗、圖書資料等輔導教學設備的配置做了詳細規定。

1981 年頒布的《高級中學學生輔導辦法》簡要提出了高級中學應配備

輔導經費、輔導場所、輔導設備。1984 年公布的《高級職業學校學生輔導工作實施辦法》提出職業學校應設置輔導教師辦公室、諮詢室、資料室等輔導工作場所，並配備所需資料、設施與器材。

### 3. 輔導人員選聘與任用

#### (1) 輔導人員的配備

1999 年修訂的《國民教育法》將「輔導人員」更名為「輔導教師」，並規定輔導主任及輔導教師以專任為原則。

1981 年 1 月《國民小學與國民中學班級編制及教職員工員額編制標準》頒布，要求根據不同的班級數目配備相應人數的輔導教師，輔導教師的編制從學校教師編制中統籌解決。

1984 年 4 月頒布的《職業學校規程》和《臺灣省高級職業學校組織員額設置基準摘要》規定職業學校的輔導工作委員會設置專任輔導教師，以每 15 班置一人為原則。輔導人員的名額配置還涉及輔導人員的專任、兼任問題。1984 年，教育部修正的《高級中學學生輔導辦法》規定，高中設專任輔導人員。至此，輔導人員才由兼任轉為專任。

#### (2) 輔導人員的資格

輔導人員的素質直接關係到學校輔導的品質，為促進學校輔導人員更能發揮其專業能力，有效協助各級學生解決在發展與成長中所面臨的問題，臺灣教育主管部門開始對輔導教師的遴選及資格認定做出一些較詳細的規定。除了本章第二節所列各種資格規定外，尚有其他若干規定——1982 年「中華民國七十一年八月二十八日臺（71）中 30195 號」規定：大學及獨立學院應用心理學系，准予列為國民中學指導活動教師資格之相關科系（馮觀富等，1993：46）；2000 年 8 月公布的《教育部輔助大專校院輔導身心障礙學生實施要點》中規定，輔導人員應優先聘用特殊教育輔導相關系所畢業的人。

## 二、推展期學校輔導法規建設的主要特點與問題

　　學校輔導法規經歷了四十多年的建設，取得了一定的成效。總的來說，有幾個較突出的特點。

### (一)輔導法規繁多，規定詳盡具體

　　輔導法規有「中央」層面頒布的，也有「地方」層面實施的，有各級教育行政部門發布的，也有相關行政部門發布的，種類繁多，對學校輔導工作的各個方面都做了較為詳細的規定。與前一時期相比，這一時期的輔導法規建設開始從宏觀走向微觀，在輔導範圍與內容界定、組織與機構設置、輔導人員選用方面，規定日益明確具體，可操作性更強。

### (二)強調各部門通力配合，共同開展輔導工作

　　在橫向上，大多數法規都滲透全體教師對每一位學生進行輔導的理念，注重學校系統內各種力量的密切聯繫，注重學校與學生家庭的配合，發揮輔導的最大功能。在縱向上，各級教育行政機構，經常舉辦輔導工作研習會，並且根據實際情況專設輔導工作專任督學，加強視導，協助各校推行輔導工作。

### (三)注重各級學校的有效銜接，切實以學生利益為出發點

　　正式推行輔導初期的各級學校輔導法規建設缺乏銜接性，而在這一時期的輔導法規建設中開始重視其連貫性。在輔導內容方面，開始進行國小、國中到大學的初步整合，以保持協調的政策傾向，保證輔導工作的連續性。能根據學生身心發展的需要對輔導法則進行與時俱進的調整、充實。在心理檔案的管理上注意其連接性，明文規範了心理檔案的表格內容、形式以及心理檔案在學生升學後的轉移，從而有效地對學生的心理發展進行全程

的追蹤記錄，為輔導提供有力的資料支援。

### (四) 中小學輔導法規更加健全，其他各級學校的輔導法規也日益豐富

　　中學的輔導法規起步較早，因此也比較多，如《高級中學輔導工作實施方案》、《國民中學指導活動實施要點補充規定》、《高級中學學生輔導辦法》、《高級中學輔導工作分年工作綱要草案》、《國民中學輔導活動課程標準》等。小學方面，除《國民小學輔導活動課程標準》是小學輔導工作的專門法規，《國民教育法》、《國民中小學輔導室主任專業知能規定》、《國民小學與國民中學班級編制及教職員工員額編制標準》均是將小學與中學合併起來一同規定。涉及職業學校輔導工作的法規有《職業學校規程》、《高級職業學校學生輔導工作實施辦法》、《職業學校學生輔導辦法》。《專科以上學校設置學生輔導委員會暨學生輔導中心實施要點》、《專科以上學校設置學生心理衛生中心實施要點》及《大學法》則涉及大專校院的輔導工作。這一時期各級學校輔導的法規建設均取得了長足的進展，輔導法規建設已成體系。

### (五) 重視學術團體、專家的作用

　　從 1958 年蔣建白等人建立中國輔導學會以來，臺灣的專家學者、學術團體對輔導法規的制定有著重要作用。每一個輔導法規的確立都離不開相關專家的科學論證。這種「政府出資」、專家操作的方法，在很大程度上保證了法規的科學性和可操作性。

　　總之，這一時期學校輔導法規建設取得了巨大成就，無論是數量還是輔導法規內容的具體性、全面性上都達到了很高的水準。依然存在的問題主要是：一方面，由於輔導法規的頒布機構眾多，既有「中央」的，也有「地方」的；既有教育部門，也有「立法院」、「內政部」、「行政院」、「司法行政部」、「勞委會」、「司法院」等其他部門，這樣容易因角度

不同而造成各種法規在內容上的衝突與矛盾。另一方面，許多法規並不是專門針對輔導工作的，只是部分條款涉及輔導工作，對輔導工作的規定常常是「見樹不見林」。此外，由於法規眾多，法規之間難以形成有系統的整體體系，容易為輔導工作帶來混亂。

## 第四節　校外輔導機構的拓展──再以「張老師」等為例

　　經過十幾年的發展，學校輔導的重要性日漸被社會大眾所認識，各級學校也為在校學生提供了多樣化的輔導服務。然而，面臨眾多學生以及眾多心理問題，學校輔導機構無法做到「包辦一切」。「學生之輔導不應僅限於學校生活輔導，同時適應包含家庭生活、社會生活各層面的適應輔導，且學校師長不可能終日或終身陪伴在學生身旁適時提供緊急協助，若能及早幫助學生學習如何善用社會資源，藉結合社區輔導機構的功能，形成全面性的支援系統網路，則可提高輔導效能」（蔡素妙，1991：6）。同時，隨著臺灣社會變遷，生活節奏加快，競爭日益激烈，愈來愈多的民眾出現不同程度的心理問題，輔導工作的有效推行，需賴於有效率的政府及民間輔導機構的宣導與推展。這一時期眾多校外輔導機構的蓬勃發展，有效地彌補了學校輔導工作的不足，完善了臺灣社會的輔導工作體系，共同發揮輔導工作在「調和社會和諧、發展人力資源、創造社會活力等」（侯禎塘，1984：113）方面的重要作用。

## 一、「張老師」的拓展與現代人力潛能開發中心的創立

　　在眾多校外輔導機構中，「張老師」機構的拓展和現代人力潛能開發

中心的創立，可以看作 20 世紀 80 年代以來校外輔導不斷推展與完善的一個縮影。「張老師」自 1969 年成立以來，已接待了兩百多萬人次的民眾，處理了無數心理問題，廣受大眾好評，深受民眾信賴，逐步成為校外輔導機構的領軍者。現代人力潛能開發中心是臺灣第一所正式被政府立案的民間心理諮商機構，透過不斷擴展工作範圍，加深工作深度，也十分有聲譽。

## (一)「張老師」輔導工作的拓展

如果將 1980 年之前「張老師」的初期運作視為其建制期，從 1980 年至今，則可分為成長期、發展期與轉型期（張德聰，1999：221）。

### 1. 成長期（1980～1989）

「張老師」的輔導工作是基於社會及青少年問題需要而產生的，經過長期的摸索之後，逐漸建立起自身獨特的輔導架構，逐漸由最初的補救矯治的治療模式，擴展至初級預防（一般預防）和次級預防（早期發現與矯治），對象也由求助者本人擴及其所處環境（家庭、學校、社區）和重要他人（父母、親人、友伴）。初級預防是針對一般正常青少年開展的輔導工作，包括出版《張老師月刊》及輔導叢書，進行心理衛生專題演講等；次級預防，針對易有生活問題的青少年，進行個別諮商，並對其家長進行效能訓練；在診斷與治療層次上，針對已出現問題且相當嚴重的青少年，實施環境治療與心理治療，如參加自我挑戰營或轉介治療。

「張老師」將其工作內容歸納為三類（張德聰，1999：227）：

一是輔導服務。協助求助者解決所面對的問題，輔導方式有電話諮商、函件輔導、諮商晤談及網路諮商等個別輔導，急難救助、心理測驗以及針對特定對象（虞犯青少年、工廠青年、社區青年）設計的團體方案。

二是預防性教育推廣。目的在於推廣心理衛生知識，預防心理疾病以及反社會行為的發生。方式包括在廣播、電視、報章、雜誌、青年期刊等媒體開闢「張老師」專欄；舉辦心理衛生演講、座談；辦理親職教育座談會、演講；舉辦選填志願輔導座談會；中等學校辦理心理衛生巡迴演講、

社會及學校青年潛能開發發展研習會；電視、電臺開設「空中張老師」、「張老師時間」節目等。

三是研究訓練。包括進行輔導專案研究，編製訓練課程教材，編製心理測驗和各式訓練，如職前與在職訓練、教師效能訓練、親子研習會、生活與學習研習等。

據統計，從 1980 年 7 月至 1981 年 6 月僅一年時間內，「張老師」各服務中心共服務約 60 萬人次左右，其中個別輔導 46,793 人次，團體輔導、虞犯少年育樂營、勞工輔導、潛能發展有關活動、心理衛生教育、親職教育等活動及輔導知能推廣活動共計 50 餘萬人次參加（劉安屯，1991：23）。

1981 年 7 月，改版後的《張老師月刊》公開上市發行，以社會大眾的生活心理需求為主要內容，1983 年更名為《張老師月刊——生活心理雜誌》，擴大發行。1983 年，張老師出版社正式創辦，出版物包括生涯叢書、心理測驗、幻燈片及錄音帶等。1986 年發行了《生涯雜誌》，向大眾推廣生涯教育輔導。

「張老師」在成長過程中涉及的輔導範圍愈來愈廣。1981 年，「張老師」開始推廣軍訓教育輔導知能，代辦臺北市軍訓教育輔導知能研習班。1985 年，「張老師」受臺灣省政府社會處的委託，在臺中市青少年之家為青少年提供「中途之家」的服務。

## 2. 發展期（1990～1996）

進入發展期之後的「張老師」，無論是專業研討還是輔導工作，均如火如荼地開展。以 1990 年為例，開展研習會約 11 場，內容包括心理診斷與治療、青少年自我發展、義工輔導知能、國小教師團體輔導及 TA 研習等，舉辦了四場冬令青年自強活動和兩次關於求職、青少年犯罪防制的系列講座（王信東，1999：72）。另外，還在臺北各中等學校開辦了巡迴演講，這不僅是一次大規模對青少年學生進行輔導的機會，而且大大提升了「張老師」的影響力與號召力。

1991 年，臺灣地區的「張老師」服務機構已經達到 20 所，其中包括 16

所青年諮商服務中心、位於臺中市的臺中青少年之家、位於臺北市的輔導人員研習中心,以及位於臺北市的「張老師月刊雜誌社」和「張老師出版社」。至1991年止,「張老師」的工作人員共有專任「張老師」69人、行政人員37人,「張老師月刊雜誌社」和「張老師出版社」共有專任工作人員37人,義務「張老師」每年則維持在800人左右(劉安屯,1991:22)。

1992年,總團部青年諮商服務處改稱為諮商輔導處,各縣市青年諮商服務中心亦改名為諮商輔導中心——「張老師」。1996年,高雄中心提升至諮商輔導中心,擴大服務。同年,高雄總團部諮輔處進行「樂意幫助您——全省輔導服務專線統一電話號碼專線」的全省連線。透過組織功能的強化,「張老師」為青年提供了更多、更有效的服務,為自身的輔導工作展開了新的一頁。

「張老師」也受到愈來愈多海內外企業或單位的青睞。1991年,應馬來西亞雪隆留臺同學會的邀請,主持留臺人第二代育樂營;1992年接受IBM公司委託辦理員工自我開發成長營,接受金石堂文化公司委託辦理人際溝通成長團體,以及德州儀器公司委託辦理員工生涯諮商實務研習營;1994年接受馬來西亞愛心線輔導中心委託代訓其輔導員;1996年接受中油公司臺灣營總處委託辦理壓力抒解與情緒管理工作坊,以及交通部北區電信管理局委託辦理溝通與人際關係研習班,並接受南亞塑膠公司委託辦理員工協助知能工作坊——人際溝通技巧工作坊。在這期間,「張老師」接待了許多前來參觀訪問的團體和個人,包括新加坡家庭資源訓練中心、南非共和國ANC青年聯盟、日本茨城縣青少年相談員聯絡協進會、韓國基督教女青年會、香港城市大學訪問團、港澳大專青年訪問團、香港青年協會總幹事等(王信東,1999:77-80)。

### 3. 轉型期(1997年至今)

經過十幾年的成長與發展,無論是專業人員規模還是輔導工作的深度與廣度方面,「張老師」機構都取得了巨大的進展。1998年,財團法人中國青少年輔導基金會更名為「財團法人張老師基金會」(如圖4-12所示),

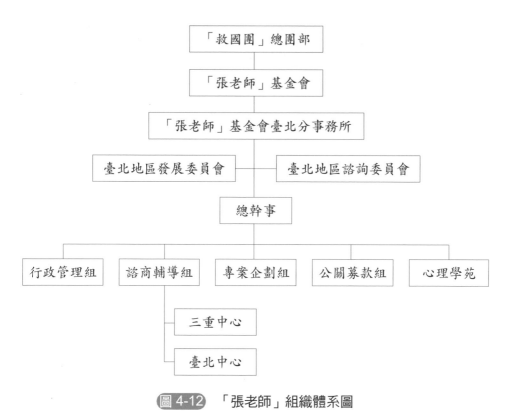

**圖 4-12**　「張老師」組織體系圖

資料來源：「張老師」基金會臺北分事務所（2005：7）。

且繼高雄中心之後，臺中中心亦提升為諮商輔導中心，以擴大服務規模。

　　「張老師」從創立至 1998 年 6 月為止，已經服務了 1,300,484 人次，其中電話輔導 892,250 人，諮商晤談 163,219 人，函件輔導 238,405 人，心理測驗有 4,193 人，外出訪視 1,307 人，網路諮商 1,796 人（張德聰，1999：228）。

　　長期以來，「張老師」機構的經費主要來自政府的資助。1999 年，內政部決定停止對「張老師」4,500 萬元的經費補助，「*此舉當然會使『張老師』的工作受到影響，甚至有『倒下去』之虞*」（王信東，1999：55）。在邁向千禧年之際，「張老師」著手改組，規劃組織結構，尋求更新、更廣的出路，將七個工作目標作為發展的方向：推動心理健康教育；暢通 1980

輔導專線；建構心理諮商與治療體系；培育諮商輔導人才；結合社會資源投入諮商輔導工作；諮商輔導專題研究；海外、兩岸輔導交流活動等。換言之，「張老師」給自己規劃了「專業化、國情化和國際化」的未來。「專業化」是指透過嚴謹的訓練，持續提升諮商輔導服務品質，讓輔導工作更專業化；「國情化」是指經由歷年的專業實務經驗，結合專家學者意見，來發展本土化的輔導專業，以提升臺灣地區的輔導工作品質；「國際化」是指引進歐美先進的輔導理論與技術，並與亞洲及大陸地區輔導工作進行交流活動。

「張老師」對臺灣地區青少年輔導工作有重大貢獻。這個機構「有 13 個中心，32 條諮詢專線，26 間晤談室，68 位專任『張老師』及 1,086 位受過兩百小時訓練的義務『張老師』；光是 1998 年就輔導了五萬人次的青少年」（王信東，1999：55）。毫無疑問，「張老師」在臺灣已成為青少年值得信賴的好朋友，是父母、師長最忠實可信的傾聽者，是社會大眾心靈溫暖的避風港。吳武典曾經寫道：「在臺北一個大型的現代的『張老師』中心提供電話與面談服務，這個中心堪比美國的心理健康機構」（Barclay & Wu, 1986: 3）。媒體也評論說：「張老師」從事的輔導工作，「以智慧、愛心、持續的追蹤指導，對徘徊在人生十字路口的青少年，給予正面的啟示引導，才使社會、家庭不致產生更多的問題，是一種無形的穩定力量⋯⋯『張老師』的深遠影響，已得到社會全面的肯定」（王信東，1999：54）；「包括政府在內的所有輔導青少年的機構，想不出還有誰比『張老師』更能幹，更有成效」；「張老師」是「輔導青少年的第一品牌」，「如果政府放棄了張老師在各地的組織和工作經驗，是社會的損失」（王信東，1999：55）。1999 年，「張老師」機構成立三十週年之際，臺灣各界政要名流如連戰、蕭萬長、宋楚瑜、馬英九、朱匯森等人紛紛為其題寫賀詞（王信東，1999：6-14），由此可見「張老師」在臺灣地區輔導工作中所發揮的重大作用與深遠的社會影響力。「張老師」發展歷程的大事紀要見表 4-6。

### 表 4-6　「張老師」大事紀要表（1980～2008）

| 時間 | 主要事件 |
|---|---|
| 1980 年 | 3 月，邀集政府相關單位研討籌設「輔導人員研習中心」。 |
| 1981 年 | ①7 月，《張老師月刊——輔導研究》更名為《張老師月刊》，並公開上市發行。<br>②9 月，正式成立「輔導人員研習中心」。 |
| 1981 年 | 10 月，成立「永和青少年輔導中心——張老師」。 |
| 1982 年 | ①2 月，創辦「張老師出版社」，發行人為劉安屯先生。<br>②4 月，桃園縣團委會於中壢市成立「青少年輔導中心——張老師」。 |
| 1983 年 | ①7 月《張老師月刊》更名為《張老師月刊——生活心理雜誌》。<br>②8 月，製作「空中張老師」公共電視節目。 |
| 1984 年 | 12 月，受臺灣省政府社會處委託「張老師」於臺中市正式成立「臺中青少年之家」。 |
| 1985 年 | ①5 月，「張老師」服務標章申請專用權。<br>②8 月，臺北「張老師」遷移至敦化北路繼續服務。 |
| 1986 年 | 10 月，《生涯雜誌》正式發行上市。 |
| 1987 年 | 10 月，成立「財團法人中國青少年輔導基金會」。 |
| 1988 年 | ①7 月，接受新加坡少年俱樂部聯合總會訪華人員之委託，辦理助人技巧訓練。<br>②12 月，總團部增設青年諮商服務處，首任處長由劉安屯擔任。 |
| 1989 年 | 12 月，與中國輔導學會共同舉辦亞太地區 1989 年輔導工作國際研討會。 |
| 1990 年 | 8 月，青諮處處長劉安屯率「中華民國青年諮商服務義務工作人員訪美團」訪問美國。 |
| 1991 年 | 10 月，總團部青諮處召開義務「張老師」論文獎助金審核會議。 |
| 1992 年 | ①3 月，臺南中心發行「張老師」簡訊——義務「張老師」動向及作品發表。<br>②6 月，「救國團」總團部「青年諮商服務處」改稱為「諮商輔導處」，各縣市「青年諮商服務中心」也改名為「諮商輔導中心——張老師」。<br>③11 月，「張老師」獲第二屆「中華民國社會運動和風獎」之「社會秩序建設獎」。 |

表 4-6　「張老師」大事紀要表（1980～2008）（續）

| 時間 | 主要事件 |
|---|---|
| 1993 年 | ①1 月，「財團法人中國青少年輔導基金會」與臺視合辦「情人的吸引力」電視節目。<br>②12 月，「中華民國企劃人協會」推舉「張老師」為「臺灣四十年企劃典範」——「社會公益類」金像獎。 |
| 1994 年 | ①10 月，總團部諮輔處結合公共電視「和風煦日」節目，播映「張老師」的成長節目。<br>②11 月，與臺視、臺灣省教育廳合作「青春啟示錄」節目。<br>③《張老師月刊》與「張老師出版社」合併改組成立「張老師文化事業股份有限公司」。 |
| 1996 年 | 7 月，總團部諮輔處進行「樂意幫助您——全省輔導服務專線統一電話號碼專線」全省連線；高雄中心提升至諮商輔導中心，擴大服務；高雄中心舉行擴大服務茶會暨網路諮商服務系統啟用儀式。 |
| 1997 年 | 10 月，總團部諮輔處舉辦「六一八○——樂意幫你」徵文活動頒獎典禮。 |
| 1998 年 | ①6 月，「財團法人中國青少年輔導基金會」更名為「財團法人張老師基金會」。<br>②10 月，臺中中心提升為諮商輔導中心，擴大服務。 |
| 1999 年 | ①2 月，「救國團」指導委員柴松林教授發起「一人一百元，支持『張老師』，救救青少年」捐款活動，反響熱烈。<br>②3 月，獲「行政院青輔會」頒贈的「績優青年志願服務團體」獎。<br>③4 月，獲法鼓山文教基金會頒發的「十大傑出平安貢獻獎」。<br>④6 月，成立「張老師」專業倫理委員會，特聘牛格正教授等七人擔任首屆專業倫理委員會委員。<br>⑤9 月，「張老師」成立九二一震災心理輔導小組。<br>⑥10 月，與大都會人壽合作，於災區設置「希望圖書館」五處。 |
| 2000 年 | 獲教育部社會教育有功團體獎。 |
| 2001 年 | 獲第三屆「國家公益獎」。 |
| 2002 年 | 獲 2002 年傑出公關獎公共服務類優異獎。 |
| 2008 年 | 與中華心理衛生協會、臺灣心理治療與心理衛生聯合會籌備委員會一起組成「五一二川震臺灣服務聯盟」，並邀請其他相關機構加入。 |

資料來源：整理自王信東（1999：69-90）。

## (二)現代人力潛能開發中心的創立及其服務

現代人力潛能開發中心成立於 1987 年，1988 年 12 月 1 日起正式對外服務，是美國 American Psychological Association（APA）的會員之一。現代人力潛能開發中心的宗旨是幫助社會上的每一個人了解和調控自己的心智、行為、情緒，促進自我潛能的發揮，使每一個人及其周圍的人獲得更大的能力去愛、去工作、去享受人生（林幸台等，1990：504）。工作人員包括了心理學、人類學、社會學、教育學、經濟學以及法學方面的專家學者。他們熱衷於推動臺灣社會的進步，提升臺灣民眾的生活品質。服務專案主要包括個別諮商、團體諮商、企業人員諮詢以及心理健康理念的推廣等等。

### 1. 個別諮商與團體諮商

現代人力潛能開發中心接待個別來訪者的方式主要是個別晤談和心理測驗及晤談，主要內容包括個人的心理健康問題、職業選擇問題、個人的兩性間感覺適應問題。同時，對於有需要的來訪者，該中心提供各類心理測驗，包括智力測驗、性向測驗、性格測驗、興趣測驗、生涯量表等（如表 4-7 所示）。

在團體諮商方面，現代人力潛能開發中心將多個來訪者組編成為一個專業而有效的團隊，透過催化員與其他參與者的共同努力，使團隊中的每個人達到成長的目標。經常性的團體包括人際關係訓練團體、生涯規劃團體、激發創造力團體、壓力抒解團體和婦女成長團體（如表 4-8 所示）。

### 2. 企業人員諮詢

具備現代觀念的企業家會透過各種方式讓員工在組織內人盡其才，適材適用。現代人力潛能開發中心透過心理測驗，協助公司客觀有效地甄選、調換、提升員工，同時舉辦各式心理衛生講座和研討會，增進員工的心理健康，並協助員工規劃其教育訓練課程，促進員工效率，增進員工士氣。

中心在 1988 年 12 月 1 日至 1989 年 10 月 31 日曾為一些企業提供過企業人員諮商服務（林幸台等，1990：510），其中本地公司有第一證券公

表4-7　心理測驗服務狀況統計表（1988年12月1日～1989年10月31日）

| 測驗名稱 | 施測人數 | 百分比 |
|---|---|---|
| 魏氏成人智力測驗 | 6 | 1.2 |
| 魏氏兒童智力測驗 | 51 | 10.4 |
| 領導能力測驗 | 41 | 8.4 |
| 班達氏測驗 | 2 | 0.4 |
| 生涯決定量表 | 3 | 0.6 |
| 通用性向測驗 | 1 | 0.2 |
| 艾德華斯個人興趣量表 | 214 | 43.6 |
| 羅夏克墨漬測驗 | 4 | 0.8 |
| 柯氏性格量表 | 31 | 6.3 |
| 柯氏性格量表（1985） | 10 | 2.0 |
| 我喜歡做的事 | 3 | 0.6 |
| 傑克遜職業量表 | 2 | 0.4 |
| 職業自我探索量表 | 78 | 15.9 |
| 工作價值觀問卷 | 41 | 8.4 |
| 注意力測驗 | 4 | 0.8 |
| 合計 | **491** | **100%** |

資料來源：林幸台等（1990：508）。

司、中鼎工程公司、六和機械公司、新力公司、南山人壽。外商公司包括AT&T、 China American Petrochemical Co.、Control Data、Ford、IBM、ICI、John Robert Powers、Johnson & Johnson、Texas Instrument、Wellcome。

　　另外，中心接受財團法人宗倬章先生教育基金會之委託，在臺北、臺中、臺南、高雄、花蓮等地舉辦了 32 場心理衛生演講和 16 場工作坊，除對一般民眾和教育機構貢獻良多外，更支持有關現代社會變遷的獨立研究和國際性人力資源會議等。

表4-8　團體諮商服務情況（1988 年 12 月 1 日～1989 年 10 月 31 日）

| 團體名稱 | 次數 |
|---|---|
| 兒童創造力團體 | 4 |
| 生涯規劃團體 | 4 |
| 婦女成長團體 | 3 |
| 壓力抒解團體 | 2 |
| 人際關係團體 | 1 |
| 實用心理學工作坊 | 10 |
| 自我肯定工作坊 | 4 |
| 壓力抒解工作坊 | 4 |
| 幸福婚姻工作坊 | 3 |
| 家庭溝通工作坊 | 3 |

資料來源：林幸台等（1990：508）。

### 3. 宣傳心理健康理念

　　現代人力潛能開發中心希望以基金會等形式，擴大服務範圍，讓更多的人能接受心理衛生服務。為了使中心的心理健康工作能得到持續有效的發展，特別邀請了許多高校心理學者、醫療機構的心理專業人員，結合臺灣工商業，以推動心理科學的應用。中心透過蒐集臺灣一般民眾性格、興趣等方面的資料，建立了臺灣地區各類心理常模。還借助 APA 的平臺，向世界報告中國人的各種人際行為模式或理論，展望行為科學在東方的發展。

　　為了將心理健康服務納入社會保障體系中，中心還「促成政府正視心理健康工作在現代社會中的重要性、專業性，制定相關法令，認定合格的專業服務人員和機構，以保障一般大眾的權益」（林幸台等，1990：513）。希望由於「本中心的不斷教育推廣及廣泛呼籲，國際化保險體系能將本地的心理諮商服務納入給付標準」（林幸台等，1990：513）。

　　在創辦初期，一些社團組織，如扶輪社、獅子會、青商會、女青年會、企業秘書協會、主婦聯盟等，邀請中心針對現代人應該有的心理適應觀念

舉行演講或座談，進行心理健康推廣。中心也曾接受財團法人宗倬章先生教育基金會的委託，在臺灣各地舉辦二十餘場心理衛生演講與十餘場工作坊。

現在人力潛能開發中心已將所有成立經過及資料存整，希望臺灣第一所民間心理諮商中心經由它的有限（如資源、無比照經驗）及無限（有彈性、可變通、生存危機）能在中國人的心理健康史留下重要的一頁（林幸台等，1990：513）。

## 二、其他校外輔導機構的蓬勃發展

除了「張老師」和現代人力潛能開發中心，這一時期還湧現出眾多的其他校外輔導機構（表4-9），呈現豐富多元、蓬勃發展的態勢，構築起了完整的社會輔導工作網路。

表4-9　臺灣主要校外（社區）輔導機構

| 機構名稱 | 類型 |
|---|---|
| 臺北市少年輔導委員會 | 輔導類 |
| 臺北市各區少輔組 | 輔導類 |
| 臺北市社會教育館家庭教育服務中心 | 輔導類 |
| 臺北青年諮商服務中心——「張老師」 | 輔導類 |
| 華明心理輔導中心 | 輔導類 |
| 宇宙光輔導中心 | 輔導類 |
| 臺北青友中心 | 輔導類 |
| 財團法人臺北市基督教勵友中心 | 輔導類 |
| 臺北市生命線協會 | 輔導類 |
| 臺北縣生命線協會 | 輔導類 |
| 現代人力潛能開發中心 | 輔導類 |
| 臺北市立社會教育館 | 輔導類 |
| 伊甸社會福利基金會 | 輔導類 |
| 財團法人心路社會福利基金會 | 輔導類 |
| 勵馨社會福利事業基金會 | 輔導類 |

表 4-9　臺灣主要校外（社區）輔導機構（續）

| 機構名稱 | 類型 |
|---|---|
| 臺灣兒童暨家庭扶助基金會 | 輔導類 |
| 財團法人婦女新知基金會 | 輔導類 |
| 董氏基金會 | 輔導類 |
| 懷仁全人發展中心 | 輔導類 |
| 呂旭立文教基金會 | 輔導類 |
| 亞迦貝全人發展中心 | 輔導類 |
| 現代潛能開發中心 | 輔導類 |
| 華明牧靈輔導中心 | 輔導類 |
| 心理測驗諮商學苑 | 輔導類 |
| 臺北市政府社會局各區社會福利服務中心 | 社會服務 |
| 臺北市政府社會局各青少年福利服務中心 | 社會服務 |
| 「中國青年救國團」社會青年服務處 | 社會服務 |
| 臺北市志願服務協會 | 社會服務 |
| 臺北家庭扶助中心 | 社會服務 |
| 中華兒童少年服務社 | 社會服務 |
| 臺北原住民服務中心 | 社會服務 |
| 臺北市博愛兒童發展中心 | 社會服務 |
| 臺北市第一兒童發展中心 | 社會服務 |
| 臺北市啟智協進會 | 社會服務 |
| 財團法人中華啟能基金會附設春暉啟能中心 | 社會服務 |
| 臺北市社區心理衛生中心 | 社會服務 |
| 光智社會事業基金會附設士林區青少年心理衛生中心 | 社會服務 |
| 臺北市社教館家庭教育服務中心——家庭教育服務專線 | 社會服務 |
| 友緣社會福利基金會 | 社會服務 |
| 慈愛身心工作室 | 社會服務 |
| 臺北市佛教觀音線協會 | 社會服務 |
| 晚晴婦女協會 | 社會服務 |
| 「行政院青年輔導委員會」 | 職業團體類 |
| 臺北市政府勞工局國民就業輔導中心 | 職業團體類 |
| 臺北市政府勞工局職訓中心 | 職業團體類 |
| 中國大陸災胞救濟總會職業訓練所 | 職業團體類 |

**表 4-9** 臺灣主要校外（社區）輔導機構（續）

| 機構名稱 | 類型 |
|---|---|
| 臺北市勞工服務社 | 職業團體類 |
| 臺大醫院精神科兒童心理衛生中心 | 醫療 |
| 臺灣大學醫學院附設醫院社會服務部 | 醫療 |
| 財團法人中華民國自閉症基金會 | 醫療 |
| 臺北榮民總醫院兒童青少年精神科 | 醫療 |
| 榮民總醫院青少年心理衛生醫療諮詢電話（王大夫專線） | 醫療 |
| 榮民總醫院精神部社會工作室 | 醫療 |
| 臺北市立婦幼綜合醫院兒童心智科 | 醫療 |
| 臺北市立婦幼綜合醫院社會服務室 | 醫療 |
| 天主教耕莘醫院精神科 | 醫療 |
| 天主教耕莘醫院永和分院社會服務部 | 醫療 |
| 臺北市心理衛生中心 | 醫療 |
| 臺北市立和平醫院 | 醫療 |
| 臺北市立療養院——心情專線 | 醫療 |
| 馬偕醫院協談中心——平安線 | 醫療 |
| 心美診所（原陳國華身心診所） | 醫療 |

資料來源：整理自臺北市政府教育局（1991）；廖桂敏（2000）。

在臺灣，與「張老師」類似的校外輔導機構和活動「在各個城市中心隨處可見，用於孩子的暑期夏令營和娛樂培訓中心也是遍布臺灣」（Barclay & Wu, 1986: 4）。這些校外輔導機構在宣傳輔導理念、為民眾提供輔導服務，特別是為青少年提供校外的延續性服務方面，做出了重要貢獻。茲列舉幾例（資料來源：臺灣校外、社區輔導機構各相關網站）。

## (一)伊甸社會福利基金會

1982 年 12 月 1 日成立，主要致力於身心障礙問題的防治。在臺灣共有 16 縣市 56 個服務點，1991 年和 2000 年還分別在馬來西亞檳城與吉隆坡成立海外分會。目前在臺灣約有 1,000 名工作人員，其中四成是有身心障礙的

員工。服務對象從兒童到老人，每天有超過 5,000 人在相關服務點接受心理輔導方面的服務。

## (二)財團法人董氏基金會

1984 年 5 月成立，以「促進國民身心健康、預防保健重於治療」為宗旨，從事創辦或協助有關民眾身心健康的衛生事業，致力於菸害防制、食品營養、心理衛生及器官捐贈等工作，全方位關懷全民身心健康。董氏基金會心理衛生組一直進行初級預防的推動工作，在兒童成長活動方面，進行往下扎根的教育工作，提醒小朋友重視公益及維護心理健康；在心理健康促進方面，以情緒抒解、壓力調適為主題做各式預防推廣活動。近年來，其主軸為憂鬱症預防宣導，透過調查研究、巡迴講座、出版書籍、製作宣導品、創立憂鬱症篩檢日及網路活動等方式提醒大家正視憂鬱症，減低其對生活的影響，達到預防重於治療的成效。

## (三)財團法人心路社會福利基金會

成立於 1987 年，主要以智能障礙、自閉症、唐氏症、大腦麻痺或其他伴隨有智能障礙的多重障礙者為服務對象。本著「尊重個人、正直善良、熱忱關懷、追求卓越」的服務理念，對發展障礙高危險群兒童進行早期介入，為其提供專業治療，同時為智能及發展障礙的成人提供日托、居住與安養服務，促進其參與社會及終身學習的能力，幫助其就業、職業重建等，並為服務對象建構個人及家庭支援網絡。基金會還致力於專業人員服務的推廣與研發，積極倡議維護智能及發展障礙者的權益。

## (四)財團法人婦女新知基金會

1987 年 10 月，為了進一步開發社會資源，團結婦女力量，一群婦女朋友懷著爭取婦女權益、推動性別平等的理想，成立了財團法人婦女新知基金會。基金會在多項婦運議題上扮演開拓和宣導的角色，透過提倡和監督

婦女政策、遊說立法、推動女性參政、參與公共事務等活動,逐步改造體制和性別文化,同時也致力於開發婦女潛能,培訓民法諮詢熱線志工,提供婚姻家庭法律的免費諮詢及轉介服務。

### (五)勵馨社會福利事業基金會

1988 年 5 月成立,主要服務對象為被性剝削、性侵害的孩子與少女;未成年未婚懷孕少女;中途輟學、離家出走的孩子與少女;遭受婚姻暴力的婦女。基金會本著基督精神,預防及消除性侵害、性剝削及家庭暴力對婦女和孩子造成的傷害,並致力於社會改造,創造一個對婦女、兒童友善的環境。

## 第五節 討論與結論

在 20 世紀 60 年代末到 70 年代各級學校輔導體系基本建立、輔導制度基本形成的基礎上,80 年代的學校輔導工作進入一個不斷發展與完善的時期,輔導工作內容和實施方法更加豐富多樣,輔導體系更加健全,輔導制度日趨完善,形成了較為成熟的學校輔導工作體系。在輔導工作不斷推展與發展的過程中,體制等方面的一些局限也日益突出,輔導工作發展中的瓶頸開始顯現。

## 一、整固與擴展:學校輔導體系的進一步完善

學校輔導工作經過 1980 年代以來十幾年的發展,已經進入了一個體系與制度都相對完善的時期。「目前各大、中、小學的輔導機構及設施,經教育行政單位和各級學校的努力,無論是法令規章、觀念溝通,或機構設備,均大有進展;至於社會上的輔導機構,也經政府有關單位及民間宗教

慈善團體的努力迅速成長」（侯禎塘，1984：114）。這一階段，學校輔導工作在課程體系、組織與管理體系、輔導師資培養與任用體系以及校外輔導等許多方面有了新的發展，學校輔導的整體體系不斷完善。

## （一）輔導課程體系建設趨於完善

首先是國中的輔導活動課程終於從「指導」更正為「輔導」，這種調整對於輔導理念的推廣無疑具有更為積極的作用，有利於學校教育人員與社會民眾更加了解輔導工作，同時也從側面反映輔導工作經過了一段時間的發展與推廣，教育部門開始認可輔導的理念，毫無疑問，這也是一種「完善」。

其次是課程標準與課程內容的拓展、修訂與完善。其中最為引人注目的是《國民小學輔導活動課程標準》和《高級中學課程標準》的制定與頒布。這不僅意味著各級各類學校的輔導工作都有了法規與制度的保障，中小學特別是小學輔導工作得到了切實的加強，更意味著學校輔導課程標準的體系建設趨於完善。當然，這一時期課程標準的演變也涉及輔導功能的變化。修訂後的《國民中學輔導活動課程標準總綱》將輔導工作與童軍訓練、團體活動同列為活動科目，將輔導定位為「一種領域」。對於輔導是一種功能還是一種領域的劃分涉及對輔導工作本質的認識，也成為影響之後學校輔導工作發展的一個重大議題。

再者是在輔導手冊的修訂與使用上。輔導手冊經過重新修訂後，內容更加豐富，編排方式更合理，得到師生的好評。更為重要的是，教育部門同意民間機構也可以自行編撰發行輔導手冊，這對於豐富輔導手冊的內容、提高輔導手冊的品質有很大幫助。

## （二）學校輔導制度不斷健全

一方面，輔導法規不斷健全。輔導工作自從 1968 年在國中全面推廣成為一項教育制度之後，法規的建設就成為輔導制度建設的重要內容。這一

時期的法規建設無論是在數量上，還是在內容方面，都有了很大的提升，法規內容更為具體，可操作性更強，輔導的地位更高。

另一方面，輔導師資培訓與任用、輔導評鑑等制度也不斷完善。建立了從大學到博士的完整的輔導人才培養體系，輔導人才的培養由以在職進修為主轉為高等教育培養為主，有助於提高輔導師資的專業水準。在輔導教師的任用上，除了對一般的輔導教師資格做了規定，還對各級學校的輔導主任資格做了詳細的規定，要求輔導主任具備輔導的專業背景。各級各類學校的輔導組織得到健全，特別是輔導評鑑制度與體系的不斷完善，意義重大。「國民中學輔導工作評鑑是我國現代教育評鑑的開端，也是國民教育革新的起點。近年來無論教育部、教育廳（局）或各縣市實施國中輔導工作以來，的確對輔導工作推展有了極大的激勵與幫助，儘管評鑑的作業方式不斷在革新進步之中，輔導工作評鑑確實發揮了極大的作用」（白博文，1986：5）。誠如張植珊所言：「我們的工作先後被納入了《國民教育法》、《高中教育法》到最後的整個教育法，經過二十年的時間才產生了一個很完備的輔導制度」（見本書附錄Ⅱ）。

這一時期的特殊教育也進入了制度建立健全階段。1984 年頒布《特殊教育法》，成為指導特殊教育工作的系統法規。之後陸續修訂、制定了《特殊教育法施行細則》等幾十個相關的子法，對課程內容、鑑定標準、師資任用、輔導工作、設施標準、獎勵辦法等做了詳細的規定（陳麗如，2004：8）。《殘障福利法》於 1980 年制定，1997 年修訂時更名為《身心障礙者保護法》。一系列法規的實施，顯示出特殊教育法規體系建設的成效，也可看作是學校輔導體系的進一步健全。輔導工作與特殊教育的結合日益緊密，也是學校輔導的一個亮點。

隨著學校輔導的發展，輔導工作的研究也日益豐富，各種相關期刊紛紛創刊（如表 4-10 所示），從側面反映了學校輔導工作的繁榮、進步以及輔導體系的完善。

表 4-10 　臺灣學校輔導期刊概況

| | 刊名 | 創刊時間 | 出版單位 | 刊期 |
|---|---|---|---|---|
| 1 | 中華心理衛生學刊 | 1984 | 中華心理衛生協會 | 季刊 |
| 2 | 中華團體心理治療 | | 中華團體心理治療學會 | 不定期 |
| 3 | 中華輔導學報 | 1993 | 中國輔導學會 | 半年刊 |
| 4 | 心理發展與教育 | | 心理發展與教育雜誌編輯部 | 季刊 |
| 5 | 心理與教育 | | 臺灣師範大學教育心理與輔導學系 | 年刊 |
| 6 | 輔導與諮商學報 | 1999 | 彰化師範大學輔導與諮商學系 | 半年刊 |
| 7 | 教育心理學報 | 1973 | 臺灣師範大學教育心理與輔導學系 | 季刊 |
| 8 | 輔導季刊 | 1993 | 中國輔導學會 | 季刊 |
| 9 | 諮商與輔導 | 1986 | 天馬文化事業有限公司 | 月刊 |
| 10 | 諮商輔導文粹：高師輔導所刊 | 1996 | 高雄師範大學輔導研究所 | 半年刊 |
| 11 | 應用心理研究 | | 應用心理研究雜誌社 | 季刊 |

資料來源：中文電子期刊服務 http://www.ceps.com.tw/ec/echome.aspx

## (三) 校外輔導機構成為學校輔導工作的重要資源

作為校內輔導工作的有力延伸，校外輔導機構的繁榮為這一時期學校輔導工作的推展提供了豐富而可資利用的資源，成為學校輔導的重要支持力量。

校外輔導機構的服務重點和活動（如心理衛生教育等）與學校輔導工作的方向有許多共同之處。多數校外輔導機構的工作與學校輔導工作一樣具有發展性、預防性與矯治性的目標。學校輔導工作常因專業人員較少而全校師生人數眾多，出現供需不能平衡的瓶頸，造成輔導教師疲於應付的處境。如果學校輔導人員能借助社區輔導機構的資源，就可減少部分壓力，也能為學生及社會民眾提供更好的心理服務。這一時期「張老師」和其他校外輔導機構對學校輔導工作貢獻頗多。

## 二、學校輔導工作需要檢討的問題

此一時期學校輔導工作的發展取得了很大的成效，但也還存在一些需要檢討的問題。

### (一) 輔導工作理念的推廣仍然不足

無論是教師還是一般社會民眾對於輔導的認識依然不足，在輔導觀念的推廣上依然缺乏有效的措施。對輔導工作的重要性缺乏認識，造成了輔導活動課落實情況不佳。「各級學校師生認為輔導活動不考試、不計算成績，所以不重要，因此在行政排課上，以為是配課的科目，隨便排給欠節授課的老師來填滿教學時數，沒有考慮老師的專長和意願。自國中以來各校情況雷同，教師開始不付出熱忱，影響了學生的學習心理，最後只好把『輔導活動』時間挪作他用，於是輔導活動流於荒蕪」（任陸森，1997：17）。

輔導活動未得到其他教育人員及社會大眾的完全肯定，一方面是因為觀念溝通的問題，同時與家長的親職溝通不夠理想，另一方面是因為輔導理念不清晰，輔導活動實施效果不理想，流於形式（劉焜輝，1990b：封面裡頁）。筆者認為，更重要的是缺乏一個整體的輔導理念推介計畫。輔導工作作為「外來的和尚」，要想在臺灣社會中取得認可，與臺灣民眾的原有觀念與文化背景相融合，還需要長期努力。

### (二) 輔導與相關部門、機構尚缺乏有效配合

在學校內部，輔導工作與其他部門的配合不足，輔導教師與其他教師之間缺乏有效合作。「目前各校輔導工作計畫與行事曆均忽略這一點，只有輔導室的工作專案，各處室及導師當然會袖手旁觀，而輔導室的工作亦少顧及對於校內教務、訓導工作的專業性支持，無異是自掘墳墓」（劉焜輝，1990b：封面裡頁）。

　　學校輔導工作中形成的這種情況，部分是由於一開始即將輔導工作定位為一門學科。1982 年新修訂的課程標準在分類時將輔導工作劃入活動課程，將輔導工作默認為與童軍訓練、團體活動一樣的「領域」，並加入教學管理體系中。這種專門的課程設置雖然有助於保證學校輔導工作的開展，卻也限制了輔導的本來意義。就一門教學科目而言，有固定的學科領域與教學內容，並不需要與其他學科有太多的配合，但輔導絕不僅僅是一門教育科目，而是要協助學生在所有學習活動中充分發展，實現學校教育的整體目標。輔導工作應該從學校工作的整體上來開展，需要和學校的其他部門密切合作，融入到整個學校教育體系中，才有助於輔導功能的發揮。

　　在學校外部，輔導也缺乏有效的合作機制。雖然校外輔導機構蓬勃發展，但與校內輔導之間缺乏有效的聯繫，常常「老死不相往來」。校外輔導機構輔導工作的對象與內容雖然與校內輔導有許多共同之處，但卻沒有一個良好的溝通機制，二者之間在個案轉介、經驗交流等方面缺乏足夠的配合，輔導資源的利用與整合度不高。

## （三）輔導工作的具體實施情況依然不佳

　　劉焜輝尖銳地指出：「各校『輔導工作實施計畫』多半抄襲課程標準或他校者，目標、工作內容、實施方式、經費及設備均已涵蓋，各校所訂『輔導工作行事曆』理應將實施計畫所列工作專案很有計畫且有系統地列入行事曆中，然而，當你把兩者一一對照時必然會發現『輔導工作計畫』與『輔導工作行事曆』竟然脫節得離譜。此事說明輔導人員在推展工作時忘了『本』，只是盲目地實施其中的一部分，敷衍塞責，交差了事」（劉焜輝，1990b：封面裡頁）。

　　國中方面，雖然輔導工作開展最早，各項法規措施也最為完善，但依然存在一些有待改進的地方。20 世紀 80 年代，教育部中教司主持的國中輔導工作評鑑中，發現輔導課程教師的素質問題依然明顯。在其 1987 年發布的評鑑報告中稱：「教師缺乏專業知能」；「輔導知能不足，無法提升輔

導工作效果」;「輔導活動大多由非專業人員擔任」;「輔導專業人員和經費落實不足」等等（教育部，1987）。在對國中輔導工作執行秘書開展的一項大規模調查中，發現大部分執行秘書認為自己的工作為「普通」或「中等成功」，極少有人認為自己是「非常成功」的（左欣，1985：127）。更有人認為，目前輔導老師在校內與其他任課老師一樣——只是「老師」而已，而非輔導專業人員，輔導老師在校內的專業地位還不如醫務室的護士小姐（董媛卿，1991：29）。由此可見這一時期輔導工作的實施情況依然不佳，存在繼續提升的空間。

在國小方面，輔導工作無論是在硬體設置還是在師資配備方面都存在諸多問題。「**國小因為輔導人數眾多，無法落實經費和編制，無法聘任相當數量的專任人員和專任教師**」（任陸森，1997：17）。沈慶揚、劉慶中在 1991 年對屏東師範學院輔導區內的高雄縣及屏東縣所屬 184 所國民小學的輔導工作進行了調查，發現存在幾個問題（沈慶揚、劉慶中，1991：64-71）：至 1991 年為止，有五分之一的小學未指定專人負責輔導工作；被調查的學校中 415 位負責或參與辦理輔導行政、業務的教師中，具有輔導或相關（特殊教育）專業知能資格的僅占六分之一；在輔導工作的設施方面，情況也不佳。53%的學校未設置輔導室；輔導書籍與資料、輔導測驗工具的配置等也還存在不少問題。在輔導工作的評鑑方面，只有六分之一的學校能夠自行針對輔導活動配合各科教學的實施情形進行評鑑，一般國小辦理校內研習的活動頻率仍較低。總體而言，高雄、屏東地區國民小學輔導工作的實施，在理想與實際之間尚有明顯的差距。

在高中職方面，輔導工作的開展時間較晚，高中推展輔導工作的負責機構是輔導工作委員會，委員會的召集人是校長，下有專任輔導教師和輔導教師。在相關法規裡，高中職沒有設置輔導室的要求，輔導室在高中職學校不是一個正式的單位，因此雖然每所高中都有一個輔導室，但因不是正式單位而沒有單獨的經費（任陸森，1997：17）。高職輔導工作存在的問題是（簡文敏，1991：13-14）：大部分學校沒有依據自身的實際情況制

訂輔導工作計畫，工作計畫多是為了敷衍上級評估；多數輔導教師將大部分的時間用於行政工作，輔導或諮商工作時間相對較少；教師輔導工作的經費得不到保證；輔導人員的諮商水準有待提高。

在大專校院方面，相關的調查也顯示出這一時期輔導工作存在的問題，例如：未能妥善計畫適合學生的輔導課程；未能定期與導師及相關單位舉辦個案研討會；在輔導學生成長與發展過程中，與家長的配合不夠緊密；不能針對學校的特殊情況或需要，制訂適合學校需求的研究計畫；輔導工作大部分僅停留在對學生測驗的實施及相關資料的蒐集建立上；在諮詢服務、個案研究方面較為缺乏（林杏足、謝麗紅，1991：22-24）。

可見，經歷了幾十年的發展，學校輔導功能依然沒有得到充分發揮，輔導工作對於青少年教育的影響依然有限。「在臺灣過去的三十年裡，心理學理論在心理諮詢和特殊教育方面的應用成效顯著。然而，心理學界對於學校心理學專業化的認可卻步履緩慢」（Barclay & Wu, 1986: 4）。這是否說明學校輔導工作的發展瓶頸開始日益顯現？學校輔導是否需要進行一次新的提升？隨著 80 年代後臺灣社會青少年犯罪問題日益嚴重，社會對於輔導的需求增加，輔導工作存在的局限及其突破也就需要加以思考。在這種情況下，教育行政部門便開始醞釀一個規模巨大的學校輔導工作提升計畫。❖

## 參考與延伸閱讀文獻

中國輔導學會（主編）（1990）。《邁向 21 世紀輔導工作新紀元》。臺北：心理出版社。

中國輔導學會（主編）（1999）。《輔導學大趨勢》。臺北：心理出版社。

王信東（1999）。《救國團「張老師」三十週年慶成果特刊》。臺北：救國團總團部編印。

王秋絨（1997）。《我國國中師資培育學程之建構》。臺北：師大書苑。

王智弘（1992）。〈中部地區「張老師」實施團體督導現況調查研究〉。《輔導學報》，（15），189-231。

王麗斐等（2005）。〈臺灣小學輔導工作的發展與專業內涵之實施現況〉。《香港中文大學基礎教育學報》，14（1），83-99。

王麗斐、趙曉美（2005）。〈小學輔導專業發展的困境與出路〉。《教育研究月刊》，（134），41-53。

左欣（1985）。〈國中輔導工作執行秘書主觀的工作成功度調查〉。《輔導學報》，（8），127-143。

白博文（1984）。〈國中輔導工作評鑑之研究〉。《國立臺灣師範大學教育研究所集刊》，26，259-268。

白博文（1986）。〈如何改進現行國中輔導工作評鑑〉。《諮商與輔導》，（12），5-8。

石宛珠（1990）。〈臺灣省高級中學輔導工作的成果與未來發展〉。載於中國輔導學會（主編），《邁向21世紀輔導工作新紀元》（頁471-478）。臺北：心理出版社。

任陸森（1997）。〈輔導活動教學回顧與檢討〉。《臺灣教育輔導月刊》，（3），15-17。

何秋錦（1989）。〈就延長十二年國教展望高中輔導工作之未來〉。《輔導月刊》，25（11，12），12-15。

吳正勝（1990）。〈國民中學輔導活動課程的回顧與展望〉。載於中國輔導學會（主編），《邁向21世紀輔導工作新紀元》（頁483-502）。臺北：心理出版社。

吳正勝（1992）。《繼續辦理國小輔導工作年度評鑑活動研究報告》。臺北：教育部訓育委員會。

吳正勝（1999）。〈國民教育九年一貫課程：綜合活動學習領域與班級輔導活動關係之探討〉。《學生輔導》，（64），70-79。

李泰山（1985）。〈專科學校輔導工作的回顧與展望〉。《輔導月刊》，22

（1），101-106。

沈慶揚、劉慶中（1991）。〈國民小學輔導活動實施現況知多少〉。《學生輔導通訊》，（16），61-71。

周素琴（1999）。〈多元文化的學校輔導諮商計劃建構途徑〉。《諮商與輔導》，（158），20-22。

林一真（1993）。《國民中學理想輔導課程規劃研究》。臺北：教育部訓育委員會。

林本喬（1991）。〈國小輔導工作的檢討與展望〉。《輔導月刊》，27（1，2），3-8。

林杏足、謝麗紅（1991）。〈大專校院輔導工作的檢討與展望〉。《輔導月刊》，27（1，2），22-27。

林幸台等（1990）。〈民間諮商機構在臺灣的第一個例子：現代人力潛能開發中心的經驗探討〉。載於中國輔導學會（主編），《邁向 21 世紀輔導工作新紀元》（頁 503-513）。臺北：心理出版社。

林重孝（1991）。〈臺北市國小輔導工作評鑑之突破〉。《教師天地》，（50），40-42。

林家興（2005）。《心理師執業之路》。臺北：心理出版社。

林家興、許皓宜（2008）。〈心理師法的立法與影響〉。《輔導季刊》，44（3），24-33。

侯禎塘（1984）。〈社會輔導工作推展的回顧與前瞻〉。《輔導月刊》，22（1），113-116。

段秀玲（1989）。〈延長十二年國教聲中：國民中學輔導工作的省思〉。《輔導月刊》，25（11，12），23-24。

洪莉竹（1994）。〈我國各級學校輔導單位組織與員額編制的現況與展望〉。《諮商與輔導》，（103），16-19。

洪莉竹（1997）。〈以系統觀看學校輔導工作的運作與推展〉。《諮商與輔導》，（140），2-6。

洪錚蓉（1986）。〈由輔導評鑑談班級輔導活動課程之實施〉。《諮商與輔導》，

（12），12-14。

孫毓英（1982）。〈學生對學生輔導中心之功能認識與運用現況調查〉。《學生輔導通訊》，（28），66-73。

徐西森（1989）。〈從延長十二年國教談高中輔導工作的現況與展望（上）〉。《輔導月刊》，*25*，（11，12），16-22。

「張老師」基金會臺北分事務所（2005）。《1980 快樂總動員：慶祝「張老師」成立 36 週年年會手冊》。臺北：「張老師」基金會臺北分事務所。

張健盟（1991）。〈談國小輔導活動課程標準的修訂〉。《輔導月刊》，*27*（3，4），45-47。

張雪梅（1991）。〈大學輔導工作之檢討與展望〉。《輔導月刊》，*27*（11，12），13-16。

張植珊（1982）。《教育輔導》。臺北：教育部教育計畫小組編印。

張植珊（1984）。《教育與輔導論集》。高雄：復文圖書出版社。

張德聰（1999）。〈救國團「張老師」邁向三十年的回顧與展望〉。載於中國輔導學會（主編），《輔導學大趨勢》（頁 221-239）。臺北：心理出版社。

張慶勳（1992）。〈國小輔導教師在職進修之調查研究〉。《輔導月刊》，*28*（1，2），6-10。

曹仁德、梁忠銘（2002）。〈臺灣師資培育制度變遷之考察〉。《臺東師院學報》，（13），212-239。

許維素（2001）。〈高中輔導教師推展學校輔導工作的行動發展歷程分析〉。《暨大學報》，*5*（1），1-30。

郭良生（1989）。〈我國青少年職業輔導工作〉。臺北：輔導工作國際研討會。

陳枝烈（1992）。〈國民中學輔導人員在職進修需求之研究〉。《輔導月刊》，*28*（1，2），11-18。

陳秉華、王麗斐（1990）。〈輔導策略與輔導效果實證研究的回顧與檢討〉。《教育心理學報》，（23），237-260。

陳秉華、廖鳳池（1993）。〈大學學生輔導中心個別諮商服務的評鑑：以國立臺灣師範大學學生輔導中心為例〉。《輔導與諮商學報》，（1），57-78。

陳麗如（2004）。《特殊教育論題與趨勢》。臺北：心理出版社。

教育部教育年鑑編纂委員會（1987）。《第五次中華民國教育年鑑》。臺北：正中書局。

教育部（1983a）。《國民小學與國民中學班級編制及教職員工員額編制標準》。臺北：教育部。

教育部（1983b）。《國民中學輔導活動課程標準》。臺北：教育部。

教育部（1984）。《「發展與改進國民教育六年計畫」研究報告之六》。臺北：教育部國民教育司。

教育部（1985）。《「發展與改進國民教育六年計畫」成果報告之九》。臺北：教育部國民教育司。

教育部（1987）。《1986 年國民中學輔導活動評鑑綜合報告（甲）》。臺北：教育部中等教育司。

教育部（1993）。《國民小學輔導活動課程標準》。臺北：教育部。

傅木龍（2002）。〈回顧與前瞻——生活輔導之發展與願景〉。《學生輔導》，（83），8-25。

彭若梅（2005）。《國民中學輔導教師在九年一貫課程改革中的衝擊與因應》。臺灣師範大學教育心理與輔導研究所碩士論文，臺北。

游惠音等（1994）。〈輔導工作評鑑的檢討與建議〉。《諮商與輔導》，（104），15-17。

馮觀富（1997）。《輔導原理與實務》。臺北：心理出版社。

馮觀富等（1993）。〈學校輔導法規彙編：教育部輔導工作六年計畫研究報告〉。臺北：教育部訓育委員會委託專案（編號：13-06）。

黃正鵠（1992）。〈現職輔導老師在職進修制度之建立〉。《輔導月刊》，*28*（1，2），1-5。

黃運生（1992）。《臺灣省國民小學輔導室主任工作滿意調查研究》。國立彰化師範大學輔導研究所碩士論文，臺北。

董媛卿口述、陳雅嫆整理（1991）。〈輔導工作改進九大要點〉。《學生輔導通訊》，（12），26-29。

廖季清等（1985）。《我國專科學校學生輔導問題之研究》。臺北：教育部教育
　　研究委員會編印。

廖桂敏（2000）。《臺北市心理衛生服務資源》。臺北：臺北市政府衛生局。

廖鳳池（1993）。〈小學輔導工作評鑑制度的建立〉。《諮商與輔導》，（86），
　　26-31。

臺北市政府教育局（1991）。《臺北市輔導資源機構及人力資源手冊》。臺北：
　　臺北市政府教育局。

臺灣省政府教育廳（1983）。《高級中學輔導工作手冊》。臺中：臺灣省政府教
　　育廳編印。

臺灣省政府教育廳（1985）。《高級職業學校輔導工作手冊》。臺中：臺灣省政
　　府教育廳編印。

臺灣省政府教育廳（1988）。《七十六學年度臺灣高級中學輔導工作追蹤訪視報
　　告》。臺中：臺灣省政府教育廳。

臺灣師範大學（1982）。《學生輔導中心工作實施報告（1980 年 8 月～1982 年 6
　　月）》。臺北：臺灣師範大學。

輔導月刊社論（1980）。〈做好學校輔導工作的評鑑〉。《輔導月刊》，16（9，
　　10），扉頁。

輔導月刊社論（1989）。〈與其嚴刑峻法何如充實教育設施〉。《輔導月刊》，
　　25（11，12），1-2。

劉安屯（1991）。〈「張老師」輔導工作之檢討與展望〉。《輔導月刊》，27
　　（11，12），22-25。

劉紀盈（1995）。〈國民小學校長與輔導工作負責人對輔導工作評鑑意見之調查
　　研究〉。《新竹師院國民教育研究所論文集》，（1），161-181。

劉焜輝（1988）。〈虛胖：輔導專題研究的怪現象〉。《諮商與輔導》，（35），
　　封面裡頁。

劉焜輝（1990a）。〈主席排：「輔導活動」運作上的絆腳石〉。《諮商與輔
　　導》，（51），封面裡頁。

劉焜輝（1990b）。〈見葉不見樹：輔導工作計畫的通病〉。《諮商與輔導》，

（49），封面裡頁。

劉焜輝（1990c）。〈鴕鳥心態：輔導會議的假面具〉。《諮商與輔導》，
　　（50），封面裡頁。

劉毅（1985）。〈輔導效果評鑑之我見〉。《諮商與輔導》，（12），9-11。

潘幸山（2001）。〈學校輔導工作評鑑與訪視：輔導評鑑出現了大鴻溝〉。《輔
　　導通訊》，（65），31-32。

蔡素妙（1991）。〈社區輔導機構與學校輔導工作〉。《輔導月刊》，27（9，
　　10），6-8。

鄭熙彥、林義男（1992）。《我國學校輔導人員專業教育內容及其效果分析研究：
　　教育部輔導工作六年計畫專案研究》。臺北：教育部訓育委員會。

鄭曉婷、楊景雯（2005）。〈學校輔導工作的現況與變革：專訪教育部訓育委員
　　會常委陳金燕教授〉。《教育研究月刊》，134，5-10。

盧欽銘等（1986）。《教育與職業輔導》。臺北：中國行為科學出版社。

蕭文（1989）。〈美國諮商專業的發展趨勢〉。《輔導月刊》，25（11，12），
　　3-11。

蕭文（1990）。〈我國學術輔導工作〉。載於中國輔導學會（主編），《邁向 21
　　世紀輔導工作新紀元》（頁 356-371）。臺北：心理出版社。

簡文敏（1991）。〈高職學校輔導工作的檢討與展望〉。《輔導月刊》，27（1，
　　2），13-17。

顏素霞（1992）。〈輔導人員在職進修研究：以高雄市高中職為例〉。《輔導月
　　刊》，28（1，2），18-24。

鍾蔚起（1992）。〈高雄市中等學校輔導工作公共關係實施現況調查研究〉。《輔
　　導月刊》，28（3，4），38-42。

顧雅文（1981）。〈國中輔導評鑑出現了大鴻溝〉。《張老師月刊》，7（4），
　　10-13。

顧雅文、黃彥琳、丁韻梅（1981）。〈國中輔導評鑑扯出了什麼問題〉。《張老
　　師月刊》，7（4），13-16。

Barclay, J. R., & Wu, Wu-Tien. (1986). The development of school psychological servi-

ces in Taiwan. *Journal of School Psychology, 24,* 1-7.

Gibson, R., L., Mitchell, M. H., & Higgins, R. E. (1983). *Development and management of counseling program and guidance service.* New York: Macmillan Publishing Co.

Wu, Wu-Tien. (1993). Counseling and guidance in the twentieth century: The Taiwan experience. *Asian Journal of Counseling, 11* (1), 1-6.

# 第5章

# 學校輔導專業效能的提升──
# 「輔導工作六年計畫」的制定
# 與實施

## （20世紀90年代初至90年代中後期）

　　20世紀80年代，臺灣經濟、政治都面臨著巨大的變化。社會的快速轉型，也帶來了日益嚴重的青少年犯罪問題。90年代初，為了改善青少年教育狀況，預防和減少青少年犯罪行為，在行政院的要求下，教育部提出了「輔導工作六年計畫」，希望透過全面提升輔導工作的整體水準，發揮輔導工作在教育中的積極作用，有效解決青少年教育中出現的問題。「輔導工作六年計畫」成為學校輔導史上由教育行政部門主導、規模最大、投入最多、內容最為完備的輔導工作提升計畫。這一計畫「扮演著繼承傳統精神與開創嶄新格局之時代使命」（教育部，1991：96），被認為是「臺灣學校輔導發展史上的第二個黃金時段」（吳武典口述，見本書附錄II）。

## 第一節　「輔導工作六年計畫」的緣起

80 年代末，臺灣社會進入經濟高速發展的階段。經濟的高速發展與社會轉型帶來了一系列社會問題，青少年犯罪現象尤為明顯，引起了臺灣社會的關注。對於日益嚴重的青少年犯罪問題，臺灣當局認為：「究其原因，家庭、學校、社會均有責任，而教育輔導工作之推展未臻理想亦為主要因素之一」（教育部，1991：1）。因此，臺灣當局開始重視發揮輔導工作在彌補青少年教育缺失、預防和減少青少年犯罪方面的作用。「而今客觀環境有所改變，由於青少年犯罪問題，舉國上下開始關注輔導工作，正是輔導工作改變體制、擴展功能之契機」（教育部，1991：96）。經濟上的發展也為輔導工作的全面提升提供了雄厚的資金支持。「若不是青少年問題日趨嚴重、少年犯罪逐年惡化，若不是國家財力相當充裕，絕不可能允許在學校輔導工作上投下幾十億元的龐大經費」（劉焜輝，1997：封面裡頁）。正是在這種背景下，「輔導工作六年計畫」應運而生。

### 一、青少年犯罪與學校輔導面臨的困難

青少年犯罪現象的日益嚴重，一方面反映了臺灣學校教育無法及時根據教育環境的變化進行相應的調整，教育對青少年心理與行為的塑造功能弱化；另一方面，本該在學生心理與行為發展上發揮重要作用的學校輔導工作，雖然已發展了幾十年，在整個教育體系中的作用依然有限，輔導工作的功能沒有得到充分發揮。

#### (一) 青少年犯罪問題日益嚴重

在經濟高速發展與社會快速轉型的時期，往往容易出現各種社會問題

和心理問題，青少年由於生理與心理還未完全成熟，往往成為受影響最為明顯的群體。法務部犯罪問題研究中心認為：「就兒童、少年及成年犯罪三者加以比較，可知十幾年來的社會變遷對 12 歲至 18 歲未滿的少年，衝擊最大」（郭翔，1996：25）。80 年代以來，臺灣的青少年犯罪問題日益嚴重，「根據警政單位之統計，目前青少年問題行為有日益嚴重之趨勢，犯罪比例日漸升高，而犯罪年齡逐年降低，此一現象，對於社會安寧與國家安全已構成相當程度之威脅，有識之士莫不引以為憂」（教育部，1991：1）。

法務部犯罪問題研究中心 1994 年報告的資料（如表 5-1、表 5-2 所示），表明臺灣地區青少年犯罪問題的嚴重性和逐年變化的特點。

可以看出，從 20 世紀 80 年代中後期到 90 年代初，臺灣地區青少年犯罪呈日益嚴重的趨勢。一方面是青少年犯罪人數的增加，例如：觸犯刑法的青少年人數從 1984 年的 14,223 人到 1991 年的 24,778 人，增加了一萬多人。另一方面是青少年犯罪的年輕化，尤其是 12 歲至 18 歲青少年犯罪人口率從 1984 年的萬分之 48.75 達到了 1991 年的萬分之 102.71。12 歲以下兒童的犯罪率也從 1984 年的萬分之 1.4 增加到 1991 年的萬分之 2.23。

臺灣青少年研究專家曾列出 80 年代以來臺灣青少年犯罪變化的趨勢（蔡德輝、楊士隆，1995：49）：(1)少年犯罪人數有增加的趨勢，尤其是在 1981 年以後急速增加；(2)女性少年犯罪激增，10 年間增長近 6 倍；(3)少年犯罪人口比例持續增加，且增加倍率比成年犯更高；(4)少年犯罪種類仍以盜竊罪占多數；(5)少年濫用藥物問題仍然嚴重，比例僅次於盜竊罪；(6)少年妨害風化案件增加；(7)少年恐嚇案件也有增加趨勢；(8)集體性少年犯罪日趨頻繁，如飆車暴力事件和結幫派等；(9)校園學生暴行日趨擴大；(10)少年犯罪的年齡有向下延伸的趨勢；(11)少年犯罪教育程度國中階段最多，且有中途輟學現象；(12)少年犯罪的家庭經濟情況並不差，以小康占大多數。

關於這一時期青少年犯罪的原因，學者們也從不同的角度進行了分析。林耀欣與鄒俊明（1984：115）從大眾傳播、家庭破碎、色情行業、吸毒、

表 5-1　臺灣地區各地方法院審理少年觸犯刑罰法令事件人數及指數

| 年份 | 觸犯刑罰法令之少年 | | | | | |
|---|---|---|---|---|---|---|
| | 小計 | | 刑事案件 | | 管訓事件 | |
| | 人數 | 指數 | 人數 | 指數 | 人數 | 指數 |
| 1984 | 14,223 | 100 | 1,832 | 100 | 12,391 | 100 |
| 1985 | 14,389 | 101 | 1,949 | 106 | 12,440 | 100 |
| 1986 | 17,050 | 120 | 1,925 | 105 | 15,125 | 131 |
| 1987 | 17,837 | 125 | 1,570 | 82 | 16,267 | 100 |
| 1988 | 1,269 | 128 | 1,691 | 100 | 16,578 | 100 |
| 1989 | 20,104 | 143 | 2,171 | 128 | 17,933 | 108 |
| 1990 | 18,598 | 131 | 2,096 | 124 | 16,502 | 100 |
| 1991 | 24,778 | 174 | 1,549 | 92 | 23,229 | 140 |

資料來源：法務部犯罪問題研究中心（1994：14）。

表 5-2　臺灣地區兒童犯、少年犯和成年犯的犯罪人口率

| 年份 | 兒童犯（12歲以下） | | 少年犯（12-18歲） | | 成年犯（18歲以上） | |
|---|---|---|---|---|---|---|
| | 犯罪人數 | 犯罪人口率（萬分比） | 犯罪人數 | 犯罪人口率（萬分比） | 犯罪人數 | 犯罪人口率（萬分比） |
| 1984 | 649 | 1.40 | 10,925 | 48.75 | 53,219 | 43.82 |
| 1985 | 809 | 1.75 | 11,070 | 49.66 | 55,628 | 44.79 |
| 1986 | 991 | 1.99 | 12,051 | 54.80 | 60,366 | 47.58 |
| 1987 | 949 | 2.11 | 14,695 | 67.40 | 68,342 | 52.62 |
| 1988 | 920 | 2.08 | 16,251 | 73.32 | 58,360 | 44.01 |
| 1989 | 963 | 2.21 | 18,167 | 81.53 | 66,595 | 49.28 |
| 1990 | 863 | 2.00 | 16,955 | 74.73 | 67,070 | 48.68 |
| 1991 | 940 | 2.23 | 23,838 | 102.71 | 90,337 | 64.44 |

資料來源：法務部犯罪問題研究中心（1994：186）。

學校教育、人口增長和密集、失業率上升等方面對青少年犯罪的原因進行了分析。曾盛聰（1999：35）認為，臺灣青少年犯罪與一些因素有關。(1)社會影響因素：社會結構的歪變與失衡，不良社會風氣與價值觀念的影響，社會文化汙濁和大眾傳媒的誤導，聲色娛樂場所的誘惑和非法組織的習染；(2)家庭環境因素：家庭結構嬗變，家庭親職教育功能弱化，父母教養知識與能力缺乏，青少年父輩權威認同感趨於淡薄，家庭暴力與問題家庭增多；(3)學校環境因素：學校教育中形式主義嚴重，青少年缺乏良好心智輔導，學校管理乏力，黑社會滲入校園活動猖獗等。臺灣學者還透過對青少年犯罪原因的實際調查研究，得出了如下結果（如表 5-3 所示）。

　　為了遏止不斷惡化的青少年犯罪與偏差行為，臺灣當局和社會層面採取了各種預防和輔導措施，其中包括制定《少年福利法》（1989 年）、《少年事件處理法》（1976 年）等法規，依法保護青少年身心發展，處置少年犯罪案件；制定《防制青少年犯罪方案》（1979 年頒布，至 1991 年經五次

**表 5-3　臺灣地區各地方法院審理少年刑事案件及管訓事件犯罪原因**

| 年份 | 分類 | 合計 | 生理因素 | 心理因素 | 家庭因素 | 社會因素 | 學校因素 | 其他因素 |
|------|------|------|----------|----------|----------|----------|----------|----------|
| 1985 | 人　數 | 11,897 | 72 | 1,022 | 5,072 | 2,857 | 65 | 2,791 |
|      | 百分比 | 100 | 0.61 | 8.60 | 42.70 | 24.05 | 0.55 | 23.50 |
| 1986 | 人　數 | 12,962 | 72 | 1,117 | 5,911 | 3,080 | 35 | 2,747 |
|      | 百分比 | 100 | 0.56 | 8.62 | 45.60 | 23.76 | 0.27 | 21.19 |
| 1987 | 人　數 | 15,644 | 98 | 1,527 | 6,513 | 3,389 | 54 | 4,063 |
|      | 百分比 | 100 | 0.63 | 9.76 | 41.63 | 21.66 | 0.35 | 25.97 |
| 1988 | 人　數 | 17,171 | 64 | 1,106 | 7,332 | 3,660 | 78 | 4,931 |
|      | 百分比 | 100 | 0.37 | 6.44 | 42.70 | 21.32 | 0.45 | 28.72 |
| 1989 | 人　數 | 19,130 | 109 | 1,084 | 8,731 | 3,869 | 84 | 5,253 |
|      | 百分比 | 100 | 0.57 | 5.67 | 45.64 | 20.22 | 0.44 | 27.46 |

資料來源：引自鍾思嘉（1991：199）。

修訂），從預防和矯治兩方面防止青少年犯罪。預防措施有七大項：強化青少年及兒童福利，強化親職教育，改進青少年輔導工作，加強青少年就業輔導，淨化大眾傳播之內容，防制青少年濫用藥物，及加強執行青少年不良行為處理預防辦法等。矯治有三大項目：加強觀護業務，加強犯罪之矯治，及加強更生保護工作等（郭翔，1996：25）。

對日益嚴重的青少年犯罪問題，學者們進行了大量的研究，提出了各種解決辦法，臺灣當局為此也進行了各種努力，但並沒有明顯的效果。在這種情況下，只好將注意力投到了教育領域，希望透過系統性、持續性的工作，從根源上解決青少年犯罪問題，這是實施「輔導工作六年計畫」的直接起因。

### (二) 學校輔導工作面臨的困難

在青少年犯罪等社會問題日益嚴重的情況下，臺灣社會對輔導的需求在增加。「社會對輔導的期望卻與日俱增。社會、家庭形態改變，不少人冀望輔導可以解決所有棘手的問題」（褚玫玲，1992：45）。臺灣學校輔導工作雖然經過了近四十年的發展，由於依然存在許多問題，影響了輔導功能的充分發揮。

首先是社會對於輔導的重要性認識不足，輔導理念沒有被民眾深入接受，輔導工作的開展缺乏足夠的社會支持。另外，臺灣社會過度重視升學，輔導工作在教育體系中得不到足夠的重視。「當前輔導工作之推展遇到阻力，從組織結構、員額編制以至實際輔導活動，並未得到普遍的支持。癥結在於輔導重要程度上的爭議，輔導學家及實際工作者將輔導角色過度膨脹，幾乎要以輔導替代教育；而圈外的人卻鄙視輔導，認為只要教育工作做好，根本不需要所謂的輔導。因此門內熱呼呼，門外冷冰冰，四十多年來的努力並未達到預期理想」（教育部，1991：95-96）。

其次是輔導工作在學校教育體系中的定位不清晰，特別是沒有處理好訓導與輔導的關係。「傳統訓導威嚴形象早已深植學子心中，而國內發展

較晚的輔導，尚未有明確的社會形象，卻歸屬於訓導處管轄之下，猶如將訓導、輔導二者劃上等號，顯現不出輔導的專業意義」（褚玫玲，1992：44）。訓導處改為輔導處後，輔導體制與專業之兩難依舊遺存。輔導處如果仍由非專業人員繼續著以前的訓導工作，會使輔導徒有其名，專業特質無從發揮。訓導處的生活輔導（點名、記功過、宿舍管理、儀容整潔等）及課外活動，實質是例行性的學生事務，不是輔導專業的發揮領域。輔導體制是根本的問題（褚玫玲，1992：44）。

再其次是輔導教師工作角色定位問題。一方面，作為輔導活動課程教師，輔導教師要承擔一般學科教師所負責的教學任務；另一方面，輔導教師還要額外承擔學生的輔導工作。輔導教師「是教職人員兼任輔導工作」（褚玫玲，1992：44），工作繁重，疲於應付，影響工作效果。此外，輔導專業人員培訓中重理論的系統性而實踐能力培養不足，也造成輔導教師難以很好地實現輔導工作的目標。

最後，學校輔導工作缺乏家庭、學校、社會的良好配合，各級學校的輔導工作也未能妥善銜接，影響了輔導工作的效果。「當前輔導工作之推展面臨兩大困難：一者家庭、學校、社會三大輔導層面，彼此未能密切配合，統合發展，以致力量分散，功能無法充分發揮；再者學校輔導系統本身，國小、國中、高中高職以至大專校院之輔導工作未能延續貫串，整體規劃，以致缺乏銜接，績效不如預期理想」（教育部，1991：95）。

一系列問題導致學校輔導工作的實際效果十分有限。教育部 1989 年公布的一項統計資料顯示，國中生普遍學習不良，一般國中生課業平均成績在 70 分以下者占八成左右，明星學校課業平均成績在 70 分以下者也高達四成。國中生品德成為社會關注的問題，校園暴力頻起，40%學生受害於偷竊或行為事件；國中生考試作弊占 41%，看過黃色書刊占 40%，有三分之一以上染上抽菸惡習等（吳端陽，1991：110）。

## 二、社會環境變化對提升輔導的需求

輔導與教育作為社會系統的一個重要部分，與社會的政治環境、經濟基礎密切相關，「輔導工作六年計畫」的提出與這一時期臺灣的政治生態和經濟發展有著莫大的關係。

### (一)政治

1980 年代以來，臺灣的政治環境也出現新的變化，「本省人」與「外省人」的爭端日益嚴重，「臺獨」與「統一」的分歧日益明顯，社會問題層出不窮。

蔣經國去世後，臺灣政局中形成了李、郝體制，這是李登輝與郝柏村在臺灣政治舞臺上由權力交換、權力爭奪進而到了利益交換階段的產物，整個權力結構已由蔣經國時期的大陸籍人為主體過渡到以臺灣籍人為主體並聯合大陸籍人士的階段。李、郝圍繞「臺獨」和「統一」問題展開了激烈的較量。郝柏村入主行政院後，全力展示其強勢作風的魄力：整頓治安，投入經濟建設，描繪發展藍圖，堅決反對「臺獨」等。郝柏村所採取的施政措施，尤其是強勢整頓治安的做法，順應了「民意」，得到臺灣工商界的廣泛支援，在一定程度上改變了社會對其行政能力的疑慮（毛仲偉，1992：28）。「輔導工作六年計畫」正是在這樣的大政治環境中被提出和實施的，可見臺灣當局不單純只是為了推動教育的發展，有很大一部分原因是這一時期各個政治勢力之間權力爭奪的需要。

### (二)經濟

在實施「輔導工作六年計畫」前的近四十年時間裡，臺灣經濟取得了相當快速的發展。以 1989 年與 1952 年相比，37 年間國民生產總值由 16 億餘美元增至 1,500 億美元，增加 93 倍；進出口總值由 3 億餘美元增至 1,185

億美元，增加 395 倍；人均國民收入由 136 美元增至 6,890 餘美元，增加 50倍。外匯儲備也由 1976 年的 22 億美元增至 1989 年的 732 億美元，增加 33倍。臺灣與韓國、香港、新加坡並列，稱為亞洲「四小龍」（李家泉，1990：43）。另一組資料表明，1981 年至 1990 年，臺灣經濟的年平均增長率為 7.9%；1980 年到 1989 年，對外貿易順差累積達 739 億美元（韓清海，1990：35）。

　　經濟是教育的基礎，只有在經濟獲得高速增長的情況下，政府當局才有可能撥出龐大的預算投入教育領域，推動類似「輔導工作六年計畫」的系統工程。

## （三）「國建六年計畫」

　　1980 年代末，臺灣出口導向經濟面臨國際嚴重挑戰：科技基礎薄弱，工業升級緩慢；長期以「經濟成長第一」為追逐目標，造成經濟發展失調。為適應國際經濟情勢變遷，需要「重建經濟社會秩序」。在這種背景下，臺灣實施了「國建六年計畫」（1991～1997）。

　　「國建六年計畫」（以下簡稱「六年國建」）是 1991 年 1 月 30 日經行政院院會通過並開始實施的，是當時臺灣經濟、社會、文化建設的綱領性計畫。「六年國建」建設專案共 775 項，其中新臺幣 100 億元至 1,000 億元的項目共 122 項，1,000 億元以上的項目共 18 項，分為延續性計畫與新興計畫兩種。在 122 項 100 億元至 1,000 億元專案中，延續性計畫 72 項，新興計畫 50 項（新興甲級 37 項、新興乙級 13 項）；在 18 項 1,000 億元以上專案中，延續性計畫 9 項，新興計畫 9 項（新興甲級 7 項、新興乙級 2 項）（行政院，1991）。這是一項比「輔導工作六年計畫」更為寬泛、投入更大、對社會產生更深遠影響的計畫。從某種意義上說，「輔導工作六年計畫」可以看作是「國建六年計畫」一個拓展性的子項目。

　　「六年國建」的提出刺激了民間投資意願的回升，促進了經濟的復甦，在較大程度上改善臺灣投資環境，進一步改善臺灣產業結構，促進工業升

級,改善社會生活品質。

 「輔導工作六年計畫」的內涵及構成

## 一、「輔導工作六年計畫」的內涵

「輔導工作六年計畫」有兩個重要目標。一是治療性的,也就是解決當時青少年中存在的各種心理與行為問題,有效應對日益嚴重的青少年犯罪;另一個是發展性的,就是透過改善輔導工作的各項條件,建立全面的輔導體制,提升輔導工作的實際成效,促進青少年的健康成長。鄭崇趁(1994b:6)認為:「就任務使命而言,教育部輔導工作六年計畫肩負著兩大時代使命:舒緩青少年問題嚴重程度,以及建立全面輔導體制。第一個使命因係因應性治療措施,以策動辦理各項專案輔導活動(如璞玉專案、朝陽方案、攜手計畫、春暉專案、生涯輔導等)為主;第二個使命乃發展性治本措施,以專案研究方式逐一檢討現行輔導法規、課程、員額編制、評鑑制度、行政體制、專案輔導人力層級等,期能透過計畫之有效措施,逐步建立合理體制,統合發展輔導效能。」

### (一)舒緩日益嚴重的青少年行為問題

80年代以來臺灣青少年問題行為日益嚴重,犯罪比例日漸升高,犯罪年齡逐年下降,這一現象對社會安寧與國家安全已構成相當程度的威脅。「青少年犯罪問題已引起國人的普遍關注,而輔導工作乃預防青少年犯罪的積極策略」(教育部,1991:54)。「青少年犯罪日益嚴重的成因,家庭教育、學校、社會三方面均有責任,尤其學校教育與家庭教育、社會教育內涵的不一致為主要因素」(教育部,1991:94)。

　　青少年犯罪情況的日益嚴重固然與特定的時代與社會環境變化有關，也顯示了原有的教育內容、教育方法難以適應青少年心理的變化。輔導工作在彌補學校教育不足、塑造青少年健康的心理與行為方面具有獨特的優勢。「輔導工作是上世紀教育革新運動中所產生的新概念與新方法，發達國家的經驗表明輔導工作是解決青少年問題的積極策略。有鑑於此，教育部在專家和實際工作者的幫助下，檢討當時的缺失，以計畫的形式，分階段制定目標和工作專案，逐步整合輔導活動，建立輔導體制，透過計畫的有效實施，統整規劃輔導工作的發展，希望能夠有效地解決青少年問題」（教育部，1991：1）。「教育功能的發揮，仍然是預防犯罪最有利的途徑，尤其是透過輔導工作的推展，乃整合家庭、學校、社會三層面力量最可行、最積極之策略」（教育部，1991：1）。

## （二）逐步建立全面輔導體制

　　為了實現預防和減少青少年犯罪的目的，在原有的教育內容與方法難以應付青少年中出現的新問題的情況下，學校輔導工作的重要性日益凸顯。然而學校輔導工作在教育體系中的相對弱勢地位，決定了要想充分發揮輔導工作的效能，就必須對學校輔導工作進行全面的充實與調整，加強輔導工作各方面的建設，逐步建立全面輔導體制。「當前輔導工作面臨困難，唯有透過計畫的有效實施，始能逐步改進當前輔導工作缺失，進而拓展輔導層面，統合發展其效能，達成預防青少年犯罪之目標」（教育部，1991：54）。

　　「輔導工作六年計畫」建立全面的輔導體制的主要含義，是指建立人員階層化、設施現代化、資料資訊化、組織網路化、活動計畫化、目標人性化等全面輔導體制。

　　人員階層化是指將輔導人員分成四個層級：一般教師、輔導教師、心理治療師及精神科醫師，進行明確的職責與專業分工；設施現代化是指與輔導有關的硬體、軟體能夠得到提升，輔導經費充裕，以確保各項輔導活

動按照計畫實施；資料資訊化是指輔導資料的建立、儲存、使用能夠充分運用電腦等科技手段，實現輔導專業人力、輔導資訊、輔導資源交流運用的便捷，各項輔導資料及輔導設施能夠透過電腦進行統計、建立系統，以便於各項計畫的執行與新計畫的制定；組織網路化是指以學校為核心整合社會及家庭輔導工作，建立鄉鎮（區）、縣市、中央三個階層的輔導網絡系統，以及輔導行政體制、學校、校外輔導機構輔導組織人員的擴編，有效增加輔導工作的整體配合與運作；活動計畫化是指透過輔導計畫的實施，轉變原來的輔導教師消極被動開展工作的狀況，以計畫為導向，輔導活動不但要在「年度計畫書」中列出設定項目，還要列出活動專案目標、工作要項、實施步驟、時程、經費使用等，並設定考評標準，開展及時的評鑑；目標人性化是指透過個別追蹤輔導、團體輔導等各項輔導活動，協助青少年實現自我成長，適應社會，積極面對人生，散發生命應有的光輝（楊極東、鄭崇趁，1990：18-25）。

## 二、「輔導工作六年計畫」的構成

「輔導工作六年計畫」是一個涉及眾多部門、涵蓋內容全面、規定具體細緻、體系十分完整的大型輔導工作提升計畫，不僅規定了計畫實施的主要專案，還對具體實施步驟、時間安排以及考核評估做了明確的規定，對於需要配合計畫實施的部門和相關的經費支持也做了詳細的規定。

### (一)「輔導工作六年計畫」的總體結構

1991 年 2 月教育部頒布了「輔導工作六年計畫書」，總共包括十個部分：計畫緣起；計畫目標；計畫專案；執行要項；執行內容；實施時程；經費需求；執行要點；預期成效；附錄。

### 1.「輔導工作六年計畫」總成

「輔導工作六年計畫」實施時間從 1991 至 1997 年，為期六年，分為三

個階段：第一階段從 1991 年 7 月至 1993 年 6 月，第二階段從 1993 年 7 月至 1995 年 6 月，第三階段從 1995 年 7 月至 1997 年 6 月。

「輔導工作六年計畫」的目標分為總目標和階段目標兩部分，每個目標都分為策略與目的兩個部分進行表述（如表 5-4 所示）。

表 5-4 「輔導工作六年計畫」總目標和階段目標分列表

| | 策略 | 目的 |
|---|---|---|
| 總目標 | 結合家庭、學校、社會及國內外資源，建立全面輔導體制，統整規劃輔導工作發展。 | 減少青少年問題行為，培養國民正確人生觀，促進身心健康，增益社會祥和。 |
| 第一階段目標<br>1991.7～1993.6 | 培育輔導人力，充實輔導設施，整合輔導活動。 | 厚植輔導基礎。 |
| 第二階段目標<br>1993.7～1995.6 | 修訂輔導法規，擴展輔導層面，實施輔導評鑑。 | 落實輔導工作。 |
| 第三階段目標<br>1995.7～1997.6 | 建立全面輔導體制。 | 統合發展輔導效能。 |

資料來源：教育部（1991：54-55）。

## 2.「輔導工作六年計畫」項目

在總體目標的基礎上，「輔導工作六年計畫」又細分出 18 個計畫專案。從表 5-5 中，我們既能明確 18 個計畫專案，也能了解每個專案在整個計畫中所處的地位，以及專案與目標的結合。

在不同的階段，實施的專案側重點也不同。第一階段以執行第 1 項至第 12 項計畫為主，兼顧第 13 項至第 18 項計畫的籌備與規劃工作；第二階段以執行第 13 項至第 18 項計畫為主，並繼續辦理第一階段 12 項計畫；第三階段根據前兩階段實施結果，檢討調整各子項計畫重點專案後辦理。制定法規、修訂課程、擴增組織員額以及訂定評鑑標準等計畫，必須配合實際發展需要與社會大眾的認同，列為第二階段主要辦理項目（教育部，1991：57）。

表 5-5　「輔導工作六年計畫」的 18 個計畫專案

| 策略 | | 計畫專案 | 時程 | 目的 | |
|---|---|---|---|---|---|
| 建立全面輔導體制 | 培育輔導人才 | 1. 培育輔導人才計畫 | 第一階段　　第三階段 | 厚植輔導基礎 | 統合發展輔導效能 |
| | | 2. 設置輔導研習中心計畫 | | | |
| | 充實輔導設施 | 3. 充實輔導室及諮商室計畫 | | | |
| | | 4. 整編心理與教育測驗計畫 | | | |
| | | 5. 充實活動經費計畫 | | | |
| | 整合輔導活動 | 6. 規劃建立輔導網絡計畫 | | | |
| | | 7. 規劃辦理輔導知能宣傳計畫 | | | |
| | | 8. 加強心理衛生教育計畫 | | | |
| | | 9. 推動問題家庭輔導計畫 | | | |
| | | 10. 實施「璞玉專案」（「國三」不升學學生輔導）計畫 | | | |
| | | 11. 加強生活及生涯輔導計畫 | | | |
| | | 12. 實施「朝陽方案」（問題行為學生輔導）計畫 | | | |
| | 修訂輔導法規 | 13. 整編修訂輔導法規計畫 | 第二階段 | 落實輔導工作 | |
| | | 14. 規劃修訂各級學校輔導課程計畫 | | | |
| | 擴展輔導層面 | 15. 規劃建立全國輔導體制計畫 | | | |
| | | 16. 設置青少年輔導中心計畫 | | | |
| | 實施輔導評鑑 | 17. 建立輔導專業人員證照制度計畫 | | | |
| | | 18. 建立輔導評鑑制度計畫 | | | |

資料來源：教育部（1991：56）。

　　此外，「輔導工作六年計畫」還對經費支持做了詳細規定（見表 5-6、5-7）。對各個專案所需要的經費進行詳細列舉，每個項目經費由幾千萬新臺幣到幾十億新臺幣不等，總經費需求達到 85.95 億新臺幣。經費需求量在前三位的項目分別為：實施「璞玉專案」計畫 22.86 億新臺幣，充實輔導室及諮商室計畫 17.7 億新臺幣，培育輔導人才計畫 15.45 億新臺幣。

**表 5-6**　「輔導工作六年計畫」各專案計畫經費概算

| 計畫專案 | 經費需求（臺幣） |
|---|---|
| 1. 培育輔導人才計畫 | 15.45 億 |
| 2. 設置輔導研習中心計畫 | 5 億 |
| 3. 充實輔導室及諮商室計畫 | 17.7 億 |
| 4. 整編心理與教育測驗計畫 | 2.17 億 |
| 5. 充實輔導活動經費計畫 | 0.33 億 |
| 6. 規劃建立輔導網絡計畫 | 3.88 億 |
| 7. 規劃辦理輔導知能宣導計畫 | 1.83 億 |
| 8. 加強心理衛生教育計畫 | 1.76 億 |
| 9. 推動問題家庭輔導計畫 | 1.8 億 |
| 10. 實施璞玉專案（「國三」不升學學生輔導）計畫 | 22.86 億 |
| 11. 加強實施生活及生涯輔導計畫 | 3.84 億 |
| 12. 實施朝陽方案（問題行為學生輔導）計畫 | 6.21 億 |
| 13. 整編修訂輔導法規計畫 | 0.61 億 |
| 14. 規劃修訂各級學校輔導課程計畫 | 0.6 億 |
| 15. 規劃建立全國輔導體制計畫 | 0.41 億 |
| 16. 設置青少年輔導中心計畫 | 0.1 億 |
| 17. 建立輔導專業人員證照制度計畫 | 0.23 億 |
| 18. 建立輔導評鑑制度計畫 | 0.7 億 |

資料來源：教育部（1991：43）。

**表 5-7**　「輔導工作六年計畫」年度經費需求表

| 年度 | 第一階段 | | 第二階段 | | 第三階段 | | 總計 |
|---|---|---|---|---|---|---|---|
| | 1992 年 | 1993 年 | 1994 年 | 1995 年 | 1996 年 | 1997 年 | |
| 經費<br>（億新臺幣） | 11.14 | 12.25 | 13.48 | 14.83 | 16.31 | 17.94 | 85.95 |
| 備註 | 1. 所需經費由中央負擔，教育部自 1992 會計年度起至 1997 會<br>　計年度止，編列預算執行。<br>2. 採年增 10% 比例編列。 | | | | | | |

資料來源：教育部（1991：44）。

### 3. 「輔導工作六年計畫」專案結構分析

第一是內容全面。內容涉及輔導設施建設、輔導師資培養、輔導體系與制度建設、輔導專項方案、輔導工作評鑑等輔導工作的所有方面，可謂臺灣學校輔導有史以來內容最為全面的一項計畫。

第二是重點突出。首先是不同階段重點不同。第一階段主要是輔導工作硬體與軟體建設，這是輔導工作開展的基礎；第二階段則主要以輔導工作的實施為主，在前一階段的基礎上，更注重發揮輔導工作的實際功能；第三階段注重從更高的層面實現輔導工作的有效整合，以更好地發揮輔導工作的效果。另外，不同專案的經費分配也不同。

第三是方向明確。體現了計畫制定者對於學校輔導整體目標的把握，最終目的是建立全面的輔導工作新體制，實現輔導功能在更大範圍內發揮更好的作用，讓輔導工作能夠切實承擔起加強青少年教育、促進社會穩定的大任。

總體來看，「輔導工作六年計畫」在設計上幾乎可以稱為完美，無論是內容涵蓋的廣度、各專案實施步驟的詳盡程度，還是各部門的相互配合以及經費的支持方面，都做出了詳細的規定。也正因為這個計畫太過完美，甚至過於理想化，使得在實施過程中必然無法完全實現原定的各項目標，當然，這是後話。

### (二)「輔導工作六年計畫」的執行要項

### 1. 執行要項

「輔導工作六年計畫」在規劃了計畫專案之後，繼續對每個計畫專案進行細分，規定了每一計畫專案的執行要項。以下是計畫專案的執行要項全文（教育部，1991：3-9）。

#### (1) 培育輔導人才計畫

推估輔導人才需求；建立輔導人才資料系統；培育專業輔導人才；全面辦理輔導知能研習活動；獎助輔導學術研究及交流；出版輔導書刊。

**(2) 設置輔導研習中心計畫**

規劃作業；籌建工程；執行業務。

**(3) 充實輔導室及諮商室計畫**

修訂各級學校輔導室及諮商室設備標準；規劃社輔機構輔導設施規模及標準；建立學校輔導設施資料系統；建立社輔機構輔導設施資料系統；逐年充實學校輔導室及諮商室；充實社輔機構設施；設計製作輔導資料媒體；建立學生輔導資料電腦系統。

**(4) 整編心理與教育測驗計畫**

成立心理與教育測驗指導委員會；有計畫整理現有測驗；修訂現有重要測驗；重新建立現有重要測驗常模；引進國外新訂重要測驗；鼓勵國內學者編製測驗；獎助測驗學術研究；規範測驗使用制度。

**(5) 充實輔導活動經費計畫**

成立輔導活動專款經費推動小組；訂定輔導活動經費編配標準；辦理輔導活動經費編列研習；執行編列輔導活動專款經費；逐年增加學校及社輔機構輔導活動經費。

**(6) 規劃建立輔導網絡計畫**

成立輔導網絡規劃小組；建立鄉鎮輔導網絡；建立縣市輔導網絡；建立全國輔導網絡；依輔導網絡層級設置輔導中心；增進輔導網絡功能。

**(7) 規劃辦理輔導知能宣導計畫**

規劃宣導策略；製作宣導媒體；購置宣導時段；辦理宣導活動。

**(8) 加強心理衛生教育計畫**

成立心理衛生教育推動委員會；規劃學校心理衛生教育具體措施；規劃社輔機構心理衛生教育具體措施；學校加強心理衛生教育；社輔機構加強心理衛生教育；辦理心理衛生學術研討活動。

**(9) 推動問題家庭輔導計畫**

調查問題家庭對象；擬定追蹤輔導具體措施；編配輔導人員；實施追蹤輔導；加強辦理親職教育。

**(10) 實施璞玉專案（「國三」不升學學生輔導）計畫**

規劃學校生涯輔導具體措施；規劃「璞玉專案輔導教師」追蹤輔導策略；逐級辦理研習活動；加強辦理學校生涯輔導活動；調查中途輟學及「國三」低成就不準備升學學生；進行「璞玉專案輔導教師」任務分配；辦理學生離校前家庭訪問與輔導；實施追蹤輔導；填報輔導資料。璞玉專案具體時間安排見表 5-8。

**表 5-8** 「璞玉專案」具體時間安排表

| 實施璞玉專案計畫 | 第一階段 | | 第二階段 | | 第三階段 | |
|---|---|---|---|---|---|---|
| | 1992 年 | 1993 年 | 1994 年 | 1995 年 | 1996 年 | 1997 年 |
| 1. 規劃學校生涯輔導具體措施 | * | | * | | * | |
| 2. 規劃「璞玉專案輔導教師」追蹤輔導策略 | * | | * | | * | |
| 3. 逐級辦理研習活動 | * | * | * | * | * | * |
| 4. 加強辦理學校生涯輔導活動 | * | * | * | * | * | * |
| 5. 調查中途輟學及「國三」低成就不準備升學學生 | * | * | * | * | * | * |
| 6. 進行璞玉專案輔導教師任務分配 | * | * | * | * | * | * |
| 7. 辦理學生離校前家庭訪問與輔導 | * | * | * | * | * | * |
| 8. 實施追蹤輔導三年 | * | * | * | * | * | * |
| 9. 填報輔導資料 | * | * | * | * | * | * |

資料來源：教育部（1991：38）。

**(11) 加強實施生活及生涯輔導計畫**

規劃各年級學校生涯輔導具體措施；規劃社輔機構生涯輔導具體措施；

加強各級學校辦理生涯輔導活動；加強社輔機構辦理生涯輔導活動；推廣學生育樂營活動；增設社區休閒育樂活動場所；建立休閒育樂活動指導員制度；輔導文教法人辦理輔導活動。

**(12) 實施朝陽方案（問題行為學生輔導）計畫**

定期彙集行為問題學生資料；研究分析問題行為學生類型及成因；規劃研究各類問題行為學生具體輔導措施；設置個別輔導教師實施個別輔導；辦理問題行為學生團體輔導及成長營活動；辦理個別輔導教師及團體輔導教師研習。

**(13) 整編修訂輔導法規計畫**

整理各級學校輔導法規；整理社輔機構輔導法規；修訂各級學校輔導法規；修訂社輔機構輔導法規；研訂輔導工作綱領；研議擬訂「輔導法」。

**(14) 規劃修訂各級學校輔導課程計畫**

檢討各級學校輔導課程設計；規劃各級學校理想輔導課程；修訂各級學校輔導課程；鼓勵大專校院開設輔導課程。

**(15) 規劃建立輔導體制計畫**

建立輔導行政體制；調整學校輔導單位組織及員額編制；調整社輔機構組織及員額編制；發揮輔導體制整體運作功能。

**(16) 設置青少年輔導中心計畫**

評估青少年輔導中心需求；規劃青少年輔導中心設置方案；設置青少年輔導中心。

**(17) 建立輔導專業人員證照制度計畫**

研究先進國家輔導專業人員層級及專業標準；規劃建立我國輔導專業人員層級及專業標準；推動我國輔導專業人才標準法制化；依據專業標準規劃培育輔導人才；核發輔導人才專業證照。

**(18) 建立輔導評鑑制度計畫**

繼續辦理輔導工作年度評鑑活動；訂定輔導評鑑標準；辦理試評工作；修正評鑑標準；依據評鑑標準辦理學校輔導工作評鑑；依據評鑑標準辦理

社輔機構輔導工作評鑑。

## 2. 執行內容

在執行要項下面，「輔導工作六年計畫」詳細規定了每一執行要項的執行內容和時間安排。因涉及到的內容繁多，在此僅以實施「璞玉專案」計畫為例進行說明（教育部，1991：21-23）。

### (1) 規劃學校生涯輔導具體措施

教育部邀集學者專家、各層級行政人員、國中校長、輔導室主任、導師代表、職訓及就業輔導機構人員、廠商代表等共同研議具體有效的生涯輔導措施，包括媒體製作、宣導方式及時機、參觀活動規劃、就業資訊的彙集與展示等。

### (2) 規劃「璞玉專案輔導教師」追蹤輔導策略

教育部邀集學者專家及學校行政人員、教師等有關人員研訂追蹤輔導方法與步驟，包括理想任務分配的方法、家庭訪問技巧及時機、如何與學生晤談、輔導的方式與次數、輔導記錄之登錄等。

### (3) 逐級辦理研習活動

教育部辦理省市、縣市行政人員、國中校長、輔導室主任代表研習活動，宣示本案精神，講解「學校生涯輔導具體措施」及「璞玉專案輔導教師追蹤輔導策略」內涵；直轄市教育局及縣市政府辦理所屬國中校長及輔導室主任研習活動；各國民中學辦理「璞玉專案輔導教師」研習活動。

### (4) 加強辦理學校生涯輔導活動

各國民中學辦理依據教育部規劃之「國中生涯輔導具體措施」，結合職訓就業輔導機構及廠商，確實辦理各項活動。

### (5) 調查中途輟學及「國三」低成就不準備升學學生

教育部督責省市教育廳局輔導各國民中學調查中途輟學及「國三」低成就不準備升學學生，確定需要輔導的對象。

### (6) 進行璞玉專案輔導教師任務分配

各國民中學結合學校導師、輔導人員及學區內熱心社會公益且具有輔

導知能人士，組成「璞玉專案輔導教師」；針對調查所得需要輔導對象，編配「璞玉專案輔導教師」，每位教師負責輔導數名學生，輔導人數以不超過五名為原則。

### (7) 辦理學生離校前家庭訪問與輔導

璞玉專案輔導教師就編配之輔導對象，實施畢業前家庭訪問，與家長晤談學生背景資料，徹底了解學生，溝通彼此觀念，與離校後職業選擇建立共識。

### (8) 實施追蹤輔導三年

學生畢業後順利就業者，每月與之電話聯繫一次，每季實施訪問一次，與家長、雇主及學生本人晤談就業形勢，鼓舞服務士氣，必要時協助其解決困難或轉介其他廠商服務；學生畢業後尚未就業者，每週電話聯繫一次，每月家庭訪問一次，掌握其行蹤，了解其狀況，提供就業資訊，輔導其順利就業；藉追蹤輔導之便，喚醒學生進修意願，時機成熟後鼓勵其返回學校繼續進修。

### (9) 填報輔導資料

璞玉專案輔導教師輔導學生，無論是晤談、電話聯繫或家庭訪問等，均須按教育部提供之表式，簡要摘記輔導情形，並依個案建檔；學校按月向縣市政府函報就業輔導資料，縣市彙整後函報省教育廳，省市教育廳局彙整後函報教育部；行政機構應適時督導各校按時填報輔導資料，獎勵績優人員，輔導建立完整資料檔案。

## 3. 執行要點

指的是「輔導工作六年計畫」執行過程中的組織和協調工作要點，又分為行政協調和考核評估兩部分。

### (1) 行政協調

分列了九點內容，主要涉及四個方面：第一，成立「推動教育部輔導工作六年計畫督導委員會」、「執行小組」（各子專案）、「行政事務協調聯絡小組」，詳細規定各單位的人員組成、工作任務、費用等內容；第

二，培養輔導人員；第三，成立青少年問題與輔導研究中心，掌握青少年問題，配合計畫各項輔導措施的推廣；第四，規定計畫申請辦法及計畫經費的管理辦法。

### (2) 考核評估

目的是檢討和改進計畫執行過程中出現的問題，增進計畫的成效。教育部、省市教育局、縣市政府配合各執行小組，聘請學者、專家和具有實踐經驗的人員組成考核小組每年開展考核評估工作（如表 5-9 所示）。

**表 5-9** 考核評估標準

| 考核項目 | 考核細項 | 項目權重 |
|---|---|---|
| 目標達成 | 分項目標達成 | 50% |
| | 計畫效益 | |
| 計畫作為 | 實施計畫的具體程度 | 20% |
| | 計畫目標與執行措施的配合 | |
| 計畫執行 | 進度控制結果 | 10% |
| | 協調作業 | |
| 經費運用 | 預算執行進度 | 10% |
| | 預算控制效果 | |
| 行政作業 | 作業計畫 | 10% |
| | 考評資料 | |

資料來源：教育部（1991：47）。

### 4. 預期成效

「輔導工作六年計畫」估計了每一計畫專案可能達到的成效。如「實施璞玉專案」（「國三」不升學學生輔導）計畫的預期成效為（教育部，1991：50）：(1)對於「國三」不升學學生編配璞玉專案輔導教師，實施追蹤輔導三年，輔導其順利就業，並協助解決困難問題，避免（其）遊蕩於外，產生問題行為，危害社會安寧；(2)補助國中辦理中途輟學及三年級學

業困難兒童學習輔導，使成績低落兒童獲得妥善照顧，增進成功經驗，促進健康生活。

 **第三節　「輔導工作六年計畫」的執行情況**

在「輔導工作六年計畫」執行過程中，教育部門每年都會對執行的情況進行記錄，形成執行工作紀要，一些專家學者還對計畫實施情況及成果進行研究和總結。

## 一、「輔導工作六年計畫」執行工作紀要

在「輔導工作六年計畫」執行過程中，教育部門對執行工作主要事項進行記錄，形成詳細到月份的工作紀要。這裡以 1991～1992 學年度為例，引述其主要內容（節錄自鄭崇趁，1999：329-332）。

1. 1991 年 6 月

   (1) 行政院函知 1992 年度「教育部輔導工作六年計畫」經立法院審議通過，以「專案動支」方式編列五億四千萬元（新臺幣，下同）。

   (2) 運用任務編組方式，成立三個層級組織──推動教育部輔導工作六年計畫督導委員會、教育部輔導工作六年計畫各子項計畫執行小組，及教育部輔導工作六年計畫行政事務協調聯絡小組確定執行事務運作型態。

2. 1991 年 7 月

   (1) 毛高文部長核定 1992 年度各子項計畫執行小組主持人，計有黃正鵠、金樹人、吳武典等十位教授，由楊極東任總召集人，鄭崇趁為執行秘書，每月定期召開主持人聯席會議，策動本計畫各項重要工作。

   (2) 召開第一次各子項計畫執行小組主持人聯席會議，研議分配規劃項

目及經費使用額度。

(3) 研訂各子項計畫年度作業計畫。

(4) 教育部擬訂「推動教育部輔導工作六年計畫督導委員會設置要點」、「教育部輔導工作六年計畫行政事務協調聯絡小組設置要點」報呈行政院鑑核。

3. 1991 年 8 月

(1) 聘用專任助理研究員陳慧玲、楊美慧等十位，由鄭崇趁任召集人，程淑華、張里安為執行秘書，每週定期召開專任助理研究員彙報實際執行各項工作情況。

(2) 召開第一次推動教育部輔導工作六年計畫督導委員會議，審議通過 1992 年度作業計畫。

(3) 召開第二次各子項計畫執行小組主持人聯席會議，按年度作業計畫所訂工作內涵，積極推展各項事務。

4. 1991 年 9 月

(1) 教育部向行政院呈報「教育部輔導工作六年計畫 1992 年度經費計畫」申請動支所需經費五億四千萬元。

(2) 省市、縣市分別辦理「學校及行政人員輔導政策與實務作業研習」，由訓委會或協商子項計畫執行小組主持人宣導「當前輔導政策與具體措施」，參加人員包括中小學校長、輔導室主任及省市、縣市教育廳局行政人員。

5. 1991 年 10 月

(1) 依據年度作業計畫工作專案，分別研擬專案研究計畫或專案工作企劃。

(2) 陸續審查各項專案研究計畫或專案工作活動企劃案件。

6. 1991 年 11 月

(1) 各子項計畫依據個別需要，單獨或聯合成立子項計畫委員會，分別針對子項計畫工作做深入研議，策訂具體工作內涵，供監督執行。

(2) 「朝陽方案」諮商顧問小組暨「璞玉專案」指導委員會分別成立並

執行運作。

## 7. 1991 年 12 月

(1) 行政院第一次核定計畫專案動支經費三億七千六百十四萬元。

(2) 陸續核定並執行各項專案研究及專案工作。

(3) 1992 年度「學校及行政人員輔導政策與實務作業研習」執行完畢，共計 58 梯次，省市、縣市行政人員及中小學校長、輔導室主任 7,516 人參加。

(4) 出版《個別輔導手冊》、《團體輔導手冊》及《成長營活動手冊》三種，編列為「輔導計畫刊書」分送「朝陽方案」個別及團體輔導老師，並由心理出版社公開對外發行。

## 8. 1992 年 1 月

「朝陽方案」、「璞玉專案」分別辦理輔導教師研習，增進接案教師輔導知能。

## 9. 1992 年 2 月

(1) 委請臺北市教師研習中心、高雄市教師研習中心、臺灣省中等學校教師研習會、臺灣國民學校教師研習會，開辦中小學校教師基礎輔導知能研習。全面提供未接受輔導專案背景之中小學教師最基礎的輔導課程。

(2) 校園自我傷害防治專案選定內湖中學、師大附中、芳和國中、南門國中四校為「危機處理網絡」實驗學校。

(3) 行政院核定「推動教育部輔導工作六年計畫督導委員會設置要點」暨「教育部輔導工作六年計畫各子項執行小組設置要點」。

(4) 籌劃、編輯各級學校導師手冊，分成國小、國中、高中、高職、專科、大學六個層級，除教育部分送各級學校導師參考外，並由張老師出版社正式出版，公開對外發行。

(5) 設計製作各級學校通用之輔導資料媒體，本年度以各級學校輔導工作簡介之錄影帶製作為主，並分教師用及學生用兩種分別進行規劃。

## 10. 1992 年 3 月

(1) 《輔導計畫報導》創刊號出刊，每月定期報導輔導工作六年計畫執行工作，反映績效，普遍宣導。

(2) 北、中、南三區輔導知能宣導系列活動逐步展開，全面宣導輔導概念，增進民眾對輔導的認識。

(3) 各子項計畫委員會積極研議審訂各項將來輔助辦法。

(4) 教育部訓育委員會與中國輔導學會合辦「社會變遷中的適應發展──青少年問題與輔導」學術研討會。

(5) 「繼續辦理學校輔導評鑑」逐次展開，評鑑結果將作為「研訂各級學校輔導工作評鑑標準」之參考。

(6) 「朝陽方案」諮詢顧問審議完成《個別輔導記錄冊》、《團體輔導記錄冊》發送朝陽專案辦理學校執行使用。

(7) 「璞玉專案」指導委員會討論後決議，將「國三」中途輟學學生納入璞玉輔導對象。

(8) 毛部長頒獎宴請上年度朝陽方案績優人員，同時發布「朝陽方案效益評估報告」。

## 11. 1992 年 4 月

(1) 各種專案研究陸續提送期中報告，依規定審查及必要之調整後繼續進行各專案研究。

(2) 國中輔導諮商室設置標準初步完成，積極規劃在本年度內優先補助朝陽方案辦理學校及新竹縣、嘉義縣鄉鎮輔導網絡中心學校。

(3) 行政院第二次核准本計畫專案動支經費 2,121 萬元。

(4) 毛部長頒獎宴請上年度璞玉專案績優人員。

(5) 召開「攜手計畫」協調會，九所大學校院加入辦理攜手計畫行列。

(6) 規劃策訂大學層級輔導知能 20 學分班課程，其中 10 學分各校統一開設，餘 10 學分至 14 學分由各校參照「輔導活動教師登記科目表」及師資情形，彈性開設。計畫自 1992 年度起在師範校院全面開設，提

供中小學教師及大專校院輔導人員優先進修。

(7) 進行國小、國中、高中職學生問題家庭之調查，建立資料檔案，俾利輔導人員進行家庭輔導工作。

(8) 繼續委託中國廣播公司製播「窗外有藍天——迎向朝陽」節目一年，以多元廣播節目，協作解決大眾心理困擾。

(9) 策劃編輯家庭輔導手冊八種，包括《家庭暴力輔導手冊》、《問題家庭訪談工作手冊》、《父母溝通分析手冊》、《性侵害家庭輔導手冊》、《單親家庭父母手冊》、《親職教育活動設計實務手冊》、《少年生活小百科》及《單親家庭育兒手冊》。

## 12. 1992 年 5 月

(1) 舉辦「心理測驗學術及實務研討會」，介紹最新心理測驗理論，檢討國內測驗使用情形。

(2) 一卡終身制——「學生輔導資料卡」程式設計完成，初稿廣泛徵詢意見。

(3) 「春暉專案」完成第三次各級學校學生尿液篩檢工作，並規劃第四次篩檢計畫。

(4) 楊極東在教育部主管彙報中報告本計畫 1992 年度主要執行成果，並說明相關問題。

(5) 舉辦「青少年犯罪與教育」學術研討會。

## 13. 1992 年 6 月

(1) 各項專案研究陸續完成期末報告，依規定進行審查作業，辦理支出憑證核銷。並由《輔導計畫報導》摘要刊載重要結論與建議。

(2) 「春暉專案」分別在中美藥物濫用研討會及吳尊賢基金會主持之「安非他命防制研討會」上，由軍訓處卸元熙處長報告「教育部防制學生濫用藥物實施概況」。

(3) 「璞玉專案」徵文比賽計錄取輔導人員組優勝前三名及佳作 8 名、學生組 11 名，由毛部長親自頒獎。

(4) 行政院函知本計畫第二年經費總額度為五億二千九百九十六萬八千
元，其中四億九千四百四十四萬元編列於「訓育輔導」項下，三千
五百五十二萬八千元編列在輔助地方國民教育經費項下。

(5)「充實輔導活動經費計畫」——各級學校輔導活動經費運用需求之
調查研究，四組研究人員會同各級學校實務工作者代表，假陽明山
中國大飯店集中研議「各級學校輔導活動經費合理編配標準」。

(6) 各子項計畫召開委員會議，檢討本計畫第一年執行情形，策訂下一
年度工作重點。

(7) 召開年末子項計畫執行小組主持人聯席會議，討論後確定本計畫下
年度運作型態與工作重點。

以上執行紀要內容說明，「六年輔導工作計畫」的實施內容十分豐富，
過程記錄詳細，每個月的主要執行內容都進行了記錄。每年的執行工作紀
要還發揮了總結和反思的作用，為下一年度的工作開展提供了有益的參考。

## 二、「輔導工作六年計畫」的執行成果

### (一)師資培訓

「輔導工作六年計畫」不僅加強了對輔導教師的專業知能培訓，還針
對一般教師開展了大規模的輔導知能研習。「六年輔導工作期間，撥了很
多的錢，讓輔導老師開始免費培訓……輔導老師的專業也提升了，所以『六
年輔導工作計畫』在這個發展的過程中讓人力水準提高了」（林家興口述，
見本書附錄 II）。「所有的老師都分批封閉式受訓。一年內所有老師至少
都接受了三天的輔導練習」（吳武典口述，見本書附錄 II）。在「輔導工
作六年計畫」實施期間，數十萬教師接受了各種形式的輔導知能培訓，規
模堪稱空前（如表 5-10 所示）。

**表 5-10**　「輔導工作六年計畫」1992 至 1997 年度執行成果摘要表(一)

| 項目 | 內容 | | 執行成果 |
|---|---|---|---|
| 人才培育 | 一般教師輔導知能研習 | | 1,452 梯次，每梯次 3 天，計 145,010 人參加。 |
| | 大專導師輔導知能研習 | | 87 梯次，每梯次 3 天，計 7,180 人參加。 |
| | 大學層級輔導學分班 | | 「國小」教師暑假班 79 班，夜間班 105 班；中等學校教師夜間班 8 班，共 192 班，每班 45 人，總計 8,640 人參加。 |
| | 各項學術研討會 | | 38 場次，共計 5,480 人參加。 |
| | 輔導工作說明會 | | 41 梯次，共計 940 人參加。 |
| | 行政人員輔導政策實務作業研習 | | 40 梯次，共計 6,048 人參加。 |
| | 國民中學輔導人員生涯輔導研習 | | 6 梯次，共 300 人參加。 |
| | 諮商輔導博碩士論文輔助 | | 4 案 |
| | 兒童拒學症成因與輔導策略研習 | | 30 小時課程，120 人參加。 |
| | 專業研習 | 認輔制度 | 認輔教師說明會 51 梯次，每梯次 1 天，4,508 人參加。<br>認輔教師研習 211 梯次，每梯次 3 天至 6 天，16,085 人參加。 |
| | | 攜手計畫 | 初階組員訓練 16 梯次，每梯次 5 天，1,978 人參加。<br>進階組員訓練 6 梯次，每梯次 5 天，874 人參加。 |
| | | 朝陽計畫 | 朝陽教師研習 60 梯次，2871 人參加。 |
| | | 璞玉專案 | 輔導教師生涯輔導工作坊 32 梯次，3,242 人參加。<br>輔導教師研習 23 梯次，3,500 人參加。 |
| | 主題輔導工作坊研習 | | 高雄市教師研習中心、中等學校教師研習會、「國民學校教師研習會」、臺北市教師研習中心、政治大學等單位共辦理 82 梯次，省（市）、縣（市）辦理 245 梯次，總計 327 梯次，計 177,180 人參加。 |

資料來源：鄭崇趁（1999：143）。

## (二)理念宣傳

　　透過舉辦講座、製作廣播電視節目、出版書刊等形式，廣泛宣傳輔導工作，喚起民眾對輔導工作的重視，為輔導工作的開展提供了良好的社會觀念支持（如表 5-11 所示）。

表 5-11　「輔導工作六年計畫」1992 至 1997 年度執行成果摘要表(二)

| 項目 | 內容 | 執行成果 |
|---|---|---|
| 知能宣導 | 輔導知能研習專題演講 | 107 場次 |
| | 輔導知能座談會 | 36 場次 |
| | 心理測驗說明會 | 7 場次 |
| | 青少年問題輔導系列講座 | 36 場次 |
| | 真善美關懷青少年系列講座暨活動 | 中國青年社 268 場 |
| | 「掌握生命契機發揚生命光輝」系列宣導活動 | 「中國青年反共救國團」承辦 160 場 |
| | 「做個生活贏家」系列宣導活動 | 「中國青年反共救國團」承辦 120 場 |
| | 「超越 1997 激發生命力」系列宣導活動 | 「中國青年反共救國團」承辦 160 場 |
| | 輔導與人生廣播節目 | 教育資料廣播電臺：118 集 |
| | 「有情父母話親情」廣播節目 | 教育資料廣播電臺：52 集 |
| | 製作並發送「國民旅遊安全」錄影帶 | 國民中小學各一套 |
| | 製作並發送「校園安全」錄影帶 | 國小組及國中組各四卷 |
| | 編製「中等學校教師諮商技術輔導教材」 | 錄影帶 10 套 |
| | 製作並發送「加強宣導心理衛生教育」宣導短片五個 | 四家無線電視臺及 80 餘家有線電視播放 |
| | 委託傳播公司製播生活教育節目 | 「快樂方程式」11 集 |

**表 5-11**　「輔導工作六年計畫」1992 至 1997 年度執行成果摘要表(二)（續）

| 項目 | 內容 | 執行成果 |
|---|---|---|
| 知能宣導 | 生活教育 | 協助臺灣省教育廳、高雄市政府、宜蘭縣政府、雲林縣政府、新竹縣政府、臺南縣政府、高雄縣政府、花蓮縣政府、彰化縣政府編印《生活教育卷宗》。 |
| | 出版書刊 | 《輔導計畫報導》40 期，《學生輔導》雙月刊 50 期，輔導計畫類書 32 種。<br>印製《陪孩子一起成長——國民小學家長手冊》85 萬冊。<br>印製《伴他走過少年時——國民中學家長手冊》93 萬冊。<br>印製《學生安全應變須知》發到各專科學校前三年以及高中、國中學生和國小家長。<br>編製「國民旅遊安全」、「校園安全」錄影帶之指導手冊。<br>編製 1992～1997 年度論文摘要專輯，編製 1992～1997 年度執行成果專輯。 |

資料來源：鄭崇趁（1999：143）。

## （三）專案實施

　　「輔導工作六年計畫」中包括許多專案，例如針對國三不升學學生的「璞玉專案」、針對問題學生的「朝陽方案」等等。透過專案的形式，針對青少年中存在的不同問題，開展有針對性的輔導工作，從而提高輔導工作的實際效果（如表 5-12 所示）。

表 5-12　「輔導工作六年計畫」1992 至 1997 年度執行成果摘要表(三)

| 項目 | 內容 | 執行成果 |
|---|---|---|
| 輔導活動 | 朝陽方案 | 認輔教師 4,545 名，受輔學生 6,003 名，計有 580 校參加；專業成長營 78 梯次，約 10,046 名「國中」學生參加。 |
| | 璞玉專案 | 認輔教師 11,846 名，受輔學生 38,193 名，計有 2,439 校參加。 |
| | 認輔制度 | 認輔教師 54,361 名，受輔學生 70,112 名，團體輔導計 1,559 場次。 |
| | 春暉專案 | 辦理 18 次尿液篩檢，參加學校 1,148 校，受檢學生 111,958 名。 |
| | 攜手計畫 | 參加大學校院共計 171 所，參與之大專學生共計 4,671 名，參加國中共計 72 校，受輔國中學生 8,798 名。 |
| | 生涯輔導計畫 | 補助大專輔導主題週，主辦 67 校，巡迴 270 校。補助公益事業團體辦理青少年假期營隊 131 單位。補助社輔機構及學校自辦生涯輔導活動 203 單位。補助省市縣市成立生涯輔導示範學校 118 校。補助省市縣市辦理專業學生成長營 85 梯，共計 11,087 人參加。 |
| | 問題家庭輔導 | 補助辦理適應困難家庭親職教育 169 單位。 |
| | 輔導網絡計畫 | 辦理說明會 231 梯次，社輔單位座談會 245 梯次，網路觀摩 63 梯次。編印社輔資源手冊 44 種，成立網路中心學校 117 校次。各縣市建立輔導網絡資料庫資料，各縣市彙整中輟學生資料。國民中小學中輟學生總數為 20,034 名，其中失蹤 6,011 名，尋獲及輔導復學數為 2,876 名。 |
| | 全面辦理「營造溫馨的家庭」系列活動 | 1. 家的經典（電視宣導短片）<br>2. 名人談親情（電視、廣播、報紙及網路宣導）<br>3. 有情父母話親情（廣播宣導節目）<br>4. 溫馨小語（宣導文宣）<br>5. 親子海報、徵文比賽（報紙）<br>6. 親職教育講座（演講）<br>7. 分區團進會（活動宣導）<br>8. 親子感恩故事（廣播）<br>9.「我的家、我的愛、請全家 NEW 一下」全臺師生家庭歌唱大賽 |

資料來源：鄭崇趁（1999：143）。

　　除了以上工作成果，「輔導工作六年計畫」實施期間，各個大專校院輔導諮詢中心還舉辦了個案研究會 77 場，輔導實務研討會（工作坊）36 場，主任或委員工作研討會 16 場。在充實輔導設施方面，協助各級學校的宣導室及諮商室建設共 816 校，其中國小 167 校，國中 417 校，高中職 176 校，大專校院 56 校。在宣導考核方面，辦理輔導工作有功人員 600 名頒獎典禮及敘獎；輔導計畫輔導團 76 團，個案研討會 1,811 次，輔導訪視 18,756 人次；24 個省縣市廳局辦理督導業務，實地督導學校共計 974 次；行政督導共計 34 個縣市，編印督導報告 38 冊（鄭崇趁，1999：143）。

　　由此可見，「輔導工作六年計畫」在各個方面都取得了良好成效，充實了學校輔導設施的建設，提高了輔導工作的實際成效，擴大了學校輔導的影響力，全面提升了學校輔導工作的水準。

## 第四節　討論與結論

　　「輔導工作六年計畫」實施期間，學校輔導工作得到了前所未有的重視，輔導工作在整個教育體系中的地位得到提升，獲得了巨大的政策、資金、人員等方面的支持，輔導工作的各方面都得以加強，輔導工作進入第二個「黃金期」。與此同時，輔導工作的發展也出現了一些新情況，一些政策和措施的實施，也讓部分輔導界人士感到憂慮，輔導工作「專業化」與「普及化」的矛盾和爭論初見端倪。

### 一、「輔導工作六年計畫」實施的效果

　　「輔導工作六年計畫」的實施，使輔導工作很多方面都取得了積極成效，提升了學校輔導工作的整體水準，同時由於「輔導工作六年計畫」過於宏大，內容繁多，也帶來了實施不徹底等一些問題。

## （一）「輔導工作六年計畫」取得的成效

　　「輔導工作六年計畫」是一項耗資巨大、持續時間達六年的浩大工程，它的實施對臺灣地區的輔導工作產生了極其深遠的影響。正如鄭崇趁（1987：16）所言：「這個計畫，是教育計畫的經典；規劃作業程序、計畫結構，曾是八十年以來，中長期教育計畫的範本……這個計畫，有效帶動教師接觸輔導、認識輔導，提升教師輔導知能，改善學生心理環境，持續為學校輔導工作奠基……這個計畫，提供專業輔導人員更為寬廣的運作空間；有做不完的專案研究、主題工作坊、學術研討會、輔導學分班、基礎輔導知能研習講座、專業進修，加上半專業輔導工作人員的督導，中高階層專業輔導人員『人人滿檔』，為輔導工作專業化的進程，營造了渾厚潛能。」

　　「輔導工作六年計畫」自 1991 年 7 月執行至 1997 年 6 月，在培育輔導人才、充實輔導設施、整合輔導活動、擴展輔導層面等各方面都取得了諸多成效。以師資培訓為例，根據教育部統計，從 1991 年到 1998 年，九所師院共辦理 242 班的輔導學分班，若以每班 40 人計，已有九千人以上的小學教師完成輔導課程的訓練（林美珠，2000：53）。總之，過去 15 年中，教育部積極辦理相當多的輔導知能研習，讓國小現職教師，透過在職的研習進修，充實輔導知能（王麗斐、趙曉美，2005：46）。此外，以專案形式推動的各種具針對性的輔導工作，在預防青少年犯罪、解決校園暴力問題等方面發揮了更加積極的作用。透過專案的形式，許多教師開始在專家的指導下，開展對學生的個案輔導。許多教師還對個案輔導進行詳細記錄和總結，寫成文章，發表在相關刊物上，以供他人借鑑，例如：王訓錫（1992：44-45）的〈朝陽拾穗──欣見朝陽映璞玉〉、徐美鈴（1992：48）的〈朝陽拾穗〉等。

　　「輔導工作六年計畫」的實施，提升了輔導工作在整個教育體系中的地位，推動了輔導理念的普及化，使更多的民眾了解輔導工作，更多的教師參與輔導工作，促進了輔導工作整體效能的發揮。

## (二)「輔導工作六年計畫」實施中的問題

不可否認，作為學校輔導史上迄今規模最大的一項輔導工作提升計畫，「輔導工作六年計畫」在推動學校輔導工作發展的各個方面，都取得了令人矚目的成果。但是在另一方面，規模如此龐大、時間跨度如此之久的一項計畫在具體實施中，也必然存在一些不足。

教育部訓委會在 1996 年舉辦了「教育部輔導工作六年計畫」執行成果評估研究報告會。在會議上，鍾文認為：「輔導工作六年計畫」實施以來，雖然有相當豐碩的成果，但仍有值得檢討的地方，包括：缺乏連續性，缺乏合作性，缺乏具體目標，地方教育行政機關的配合不足，研究專業缺乏管制，重量輕質等（劉焜輝，1997：封面裡頁）。

首先，在計畫的執行情況方面，鄭崇趁（1999：306-310）作為「輔導工作六年計畫」的重要參與者與執行者之一，根據自己多年對計畫執行情況的研究，得出如下結果：(1)整個計畫的總目標達成度約四成，第一階段目標達成度約六成，第二階段目標達成度約五成，第三階段目標達成約僅三成；(2)整個計畫的認同率為 72.1%，五大層面的優劣排序為：計畫內容層面 77.2%；規劃作業層面 76.8%；計畫策略層面 76.6%；執行過程層面 70.3%；執行績效層面 59.7%。執行績效認同率未達 60%，主要原因在「輔導工作六年計畫」經費縮編，實際執行量僅有預估執行量的三分之一多。

從鄭崇趁的調查結果看，「輔導工作六年計畫」設想與執行過程之間存在脫節。

其次是計畫的實施效果不夠理想。劉焜輝（1994a：封面裡頁）認為：「『輔導工作六年計畫』是一個可遇不可求的機會，主其事者應該審慎規劃，在執行的過程中，建立全體教育工作者的共識，珍惜這份寶貴的資源，奠定學校輔導工作的基礎。然而，第一個六年計畫下來，就算留下龐大的『成果』印刷品，對於輔導工作並未達成應該有的效果。」例如在專案的實施方面，「儘管教育部為朝陽、璞玉投下龐大的人力與物力，所得到的

效果卻是微乎其微。即使每年的績效評估都相當可觀，稍具常識者都看得出來，難脫自欺欺人之嫌」（劉焜輝，1994a：封面裡頁）。「輔導室服務的對象，說穿了，是遠在天邊的教育部，不是校內立體可見活蹦亂跳的學生。學校輔導工作逐漸遠離著學生的問題，而靠近專案的要求」（彭天福，2002：53）。「輔導室受隸屬關係以及評鑑壓力所牽制，不能對於各專案保留主體的批判思考，以至於無法不淪為完成專案的工具。為了靠近專案，學校輔導工作不僅遠離了學生的問題，更遠離自己」（彭天福，2002：54）。

劉焜輝（1994a：封面裡頁）更詳列出專案實施中存在的問題：

1. 「問題行為」羅列一大堆，以為寫得越多，越顯得出符合朝陽、璞玉專案的標準，就連目前已不存在的行為或只出現一次的行為也羅列下來。

2. 對於「問題行為的形成原因」未曾去探究。前面列舉一大堆問題行為，可是對於這些行為的形成原因沒有任何交代，背景資料欠缺，寫了一些無關重要的廢話。

3. 對於「問題行為的診斷」流於空洞。既然未針對問題行為去蒐集背景資料，既然客觀的背景資料闕如，何診斷之有。

4. 對於「問題行為的輔導策略」幾乎是「亂蓋」一場。輔導策略必須有輔導知能才能提出，既然對於輔導知能所知有限，不可能提出對症下藥的系統性輔導策略，不是策略的策略也公開亮相，令人啼笑皆非。

5. 對於「輔導策略的實施」毫無交代，因為不知道輔導策略為何物，無從交代輔導的過程。於是隔著幾天就記錄一次，每次記錄都寫些案主如何犯規、如何受處罰之類，個案輔導記錄成為「學生違規行為記事簿」。

## (三)「輔導工作六年計畫」實施問題的原因分析

劉焜輝（1994a：封面裡頁）認為，雖然「教育部為朝陽、璞玉煞費苦心，除了朝陽、璞玉個案輔導人員分別舉辦輔導知能研習之外，『運動員學者』到校指導」，但是實際的效果卻很有限。其中一個重要原因就是「擔

任朝陽、璞玉輔導工作者對於個案研究都是門外漢」（劉焜輝，1994a：封面裡頁），而最根本的原因在於專案的實施「但求其有——不求績效」（劉焜輝，1994a：封面裡頁）。專案的實施者缺乏對專案的理解，缺乏對於計畫意圖的理解，導致了實施效果的不佳。

作為計畫實施官方負責人之一的鄭崇趁，則將計畫實施問題的原因系統地進行了歸納（鄭崇趁，1994b：6）。

第一是經費縮編。「輔導工作六年計畫」在實施過程中，經費被縮編為原來的三分之一，因此即使行政人員再努力，也只能完成原計畫工作量的三分之一左右。其餘未完成的部分，只好以後續計畫或融入其他方案辦理。經費的縮編是「輔導工作六年計畫」推動上的第一個阻力。

第二是人力不足。「輔導工作六年計畫」包括 18 個子項計畫，102 項重要工作，全面展開之後，中高層輔導人力明顯不足，雖然動員了整個輔導學界及實務人員積極投入，仍無法順利承接各項工作負擔。每個輔導人員大多同時負責多項工作，品質和時效都面臨極大考驗。兩年多以後，積累不少應做而未完成的工作，第一階段與第二階段之間的轉換實際上已延緩一年左右。中高階層輔導人力無法配合整個計畫的策動職能，是「輔導工作六年計畫」推動上的第二個阻力。

第三是輔導觀念尚未普及，輔導工作未被普遍認同。「輔導工作六年計畫」的最終目的在於喚起民眾認識輔導、接納輔導、認同輔導、運用輔導，爭取社會各界人士的支持，建立合理確當的輔導體制，但是，輔導觀念尚未普及，輔導工作未獲得應有的認同與支援，這是「輔導工作六年計畫」推動上的第三個阻力。

第四是過多的專案造成了實施中的混亂。以臺北市為例，臺北市教育局曾經硬性規定學校輔導室必須推行春暉專案、朝陽專案、璞玉專案、認輔制度、技藝班、身心障礙資源班、潛能開發班等。資深的輔導教師推行起這些專案來沒有太大的困難，可是對於新手而言，這些不同的專案常常令他們心力交瘁。

此外，「輔導工作六年計畫」由上而下的執行方式，造成研究成果與學校基層實際需要之間脫節，無法為原已存在於學校整個體制架構中的問題提供實質性的改變（夏林清、邱延亮、許維素、黃宜敏、王慧婉、陳孟瑩等，1998；引自張麗鳳，2008：47）。

上述原因加上輔導專業人員自我迷失（窄化輔導工作範圍，認為輔導工作不是一般教師有能力參與的）；青少年問題不再是社會焦點（被政治和經濟所替代）；大學法修正案學生事務處的設置（以學生事務處代替輔導處，窄化了輔導訓育的內涵）；輔導行政的傳統弱勢風格等原因，使「輔導工作六年計畫」的推動未能盡如人意。

## 二、「輔導工作六年計畫」的歷史貢獻

瑕不掩瑜，無論是從「輔導工作六年計畫」本身的制定和實施，還是從學校輔導工作發展的歷史來看，這個計畫都具有重要的價值和指標性意義。

### (一) 為後續期計畫奠定了基礎

學校輔導工作從 50 年代開始以來，經歷了近四十年的發展，其中雖然有「九年國教」將輔導工作全面納入國中教育課程體系的重大舉措，但是卻始終缺乏一項全面提升輔導工作的大型計畫，輔導工作在學校中始終處於邊緣地位，輔導工作自身缺乏整合，輔導功能的發揮也很有限，呈現一種比較散亂的發展狀態。「輔導工作六年計畫」的實施，使學校輔導第一次有了明確的官方發展規劃，輔導的各方面建設都得到了重視，對輔導工作的整體發展有極大的提升作用。

同時，「輔導工作六年計畫」的實施，也表明了臺灣社會對於輔導工作的重視。這是第一次由政府部門主導的大規模輔導工作提升計畫，無論是在政策的力度、計畫的完備、經費規模、人力投入、觀念推廣等各個方面，都達到了前所未有的高度，成為學校輔導史上的一個輝煌時期。作為

學校輔導史上的第一個計畫，它為後續相繼實施的「青少年輔導計畫」等
二、三期輔導計畫的制定與實施，奠定了良好的基礎。

## (二) 重新審視、檢討並試圖建立全面輔導體制

　　「輔導工作六年計畫」對於學校輔導體制的重建可謂意義重大。計畫
的目標之一就是建立全面的輔導體制，改變以往輔導工作零散和缺乏相互
配合的情況。「輔導工作六年計畫」從學校輔導整體功能發揮的角度考慮，
透過審視學校輔導四十年來發展中的問題，試圖建立全面的輔導體制，以
實現學校輔導工作的跨越。雖然實際效果沒有達到預期，但在很大程度上
提升了學校輔導的發展空間，擴大了輔導工作的影響力，在輔導工作的許
多方面都帶來了積極的影響。如：培育輔導人員計畫建立了輔導人才資料
系統、聘請海外學者到臺灣講學、辦理教師研習班、獎勵輔導學術研究和
交流、出版輔導書刊等工作，提高了輔導工作者的素質。設置輔導研習中
心計畫、充實輔導室及諮商室計畫、整編心理與教育測驗計畫等等，也為
輔導工作留下了寶貴的物質財富。

　　更為重要的是建立新體制的探索，為之後輔導工作的改革拉開了序幕。
輔導工作改革的核心理念「統合」從「輔導工作六年計畫」開始就已經有
所顯現。「輔導工作六年計畫」最重要的一個思路就是充分發揮輔導的作
用，結合學校、家庭、社會共同開展輔導工作。這種理念背後所蘊含的觀
點就是輔導工作要擴大工作範圍，輔導工作需要更廣泛的參與，要充分實
現輔導工作的應有功能。輔導工作的改革與「輔導工作六年計畫」在「統
合」這一理念上無疑是一脈相承的，下一階段的教育改革，可以看作是「輔
導工作六年計畫」在建立新的輔導體制這一總目標上的延續和具體化。

## (三) 這是一個輔導專業效能全面提升的時期

　　經過「輔導工作六年計畫」的實施，學校輔導的地位得到了極大提升，
專業教師與非專業教師的輔導知能都得到強化，輔導設施得以充實，輔導

理念得到廣泛宣傳，輔導工作影響了眾多的學生，取得了積極的成效。「那個時候是臺灣輔導工作的高峰期」（馮觀富口述，2006）。無論是輔導工作本身的發展提升還是輔導功能的發揮上，都達到了前所未有的水準，成為臺灣學校輔導發展的第二個黃金期（吳武典口述，見本書附錄 II）。

「當時投資了很多，全部的輔導界的人都被動員起來。再下一步是建立一個五十幾個人的諮詢委員會……那時候差不多的頭面人物都過來了，都是顧問」（吳武典口述，見本書附錄 II）。這充分說明，輔導工作在臺灣行政得到了足夠的重視。「就是說行政的力量進去以後……每一個學校都非常注意輔導工作」（馮觀富口述，2006）。

「輔導工作六年計畫」的實施過程是推廣輔導工作理念的過程，也是大眾了解和接受輔導工作的過程。輔導工作六年計畫的一些子計畫，如「璞玉專案」和「朝陽方案」等都是直接面對學生和家長的，這大大地推動了輔導工作的大眾化和實用化進程。由於計畫的經費高達幾十億新臺幣，實施時間長，引起社會的高度關注，這種關注對輔導工作既是一種鞭策，也是一種推動。

## 三、輔導工作整體提升大背景下的政策「倒車」

在學校輔導工作整體提升的大背景下，也出現了一些引起爭議的「倒車」政策，其中最為重要的莫過於取消對於輔導主任專業資格的要求。

1995 年修正的《國民中小學教育人員甄選儲訓及調遷辦法》，刪除了《國民教育法》第十條「輔導室主任應具備輔導專業知能」的規定。這樣一來，教務、訓導、總務等處的主任可以調任為輔導室主任，對於輔導室主任專業背景的要求，改為在主任儲訓課程時予以增加輔導知能方面的培訓。

### (一)取消輔導主任專業資格後的爭議

取消輔導室主任專業資格的規定實施後，引起了臺灣輔導界的廣泛爭

議。部分輔導學專家認為，在輔導工作的專業化建設還不夠完善的情況下，取消輔導室主任的專業資格規定，對學校輔導工作的有效開展是一個巨大的打擊，是輔導政策「開倒車」。「以輔導而言，原本是非具有專業知能者無法勝任的工作。臺灣自建立學校輔導制度以來，教育部從來就未曾認真處理過輔導人員的專業問題，除本科系之外，還有相關科系，就連未曾修過輔導課程的教師也大搖大擺地躋身輔導陣營裡……放眼臺灣各級學校輔導主任，非本科系出身者比比皆是，以致輔導室內一片烏煙瘴氣，有知能者紛紛求去」（劉焜輝，1994b：封面裡頁）。由於取消了輔導主任任職資格的專業要求，導致對輔導主任角色認識的混亂，輔導主任究竟應該是輔導專業崗位還是一個單純的行政管理崗位，許多學者專家也莫衷一是，但多認為取消輔導主任專業資格負面影響甚大。「教育部放棄非具備輔導教師資格者不能擔任輔導主任之限制……乍見之下，人才流通的管道更順暢，更公平，其實對於輔導工作落實與推展，有百弊而無一利。何況欠缺輔導專業知能，對於輔導工作在學校的角色一無所知，就算有些許認識，也難免失之偏頗。前者無從規劃正確的輔導工作，後者只能規劃掛一漏百的輔導工作，其弊甚明，此其一；再者，當前學校校長真正拿出教育良心經營學校者不多，熱衷政治、總務事務者不少，過去無法隨便更動的輔導主任職位，將成為這些校長酬庸人事的最佳職位，對於輔導工作所帶來的負面影響，可為預見，此其二。任用不適任者擔任輔導主任，無異為輔導工作宣判死刑，在此惡性循環之下，輔導工作永遠達不到預期的目標」（劉焜輝，1994b：封面裡頁）。「半專業者觀念容易偏差，帶來錯誤導向……皆足以使輔導未來之發展層面缺乏樂觀。今若讓非輔導、半專業者充斥，豈不開教育之倒車？徒顯朝令夕改、無全盤和規劃之遠見罷了」（陳錦雀，1997：107）。

　　從政策制定者的角度考慮，取消國民中小學輔導主任的專業資格規定符合行政管理的原則，有利於輔導工作的開展，更佳地體現學校各類人員的分工協作，符合現代管理學的原理。時任教育部訓委會第三組組長的鄭

崇趁（1994a：16）就非常支持取消輔導室主任專業資格的規定：「取消國民中小學輔導室主任專業資格之規定，非但不影響輔導專業的發展，反而將有助於國內輔導工作的生根落實，輔導行政與輔導專業的明確劃分，以及全面輔導體制之逐步建立。此一政策之轉變，實與輔導室主任角色功能之詮釋有關。」「如此做法是基於輔導主任係為一行政職務，不須具備專業能力，只要能規劃活動，就能透過行政效能帶動輔導工作發展」（王麗斐、趙曉美，2005：47）。

## (二)政策倒車背後的「專業化」與「普及化」之爭

輔導學者與政策制定者對於取消輔導室主任專業資格規定在認識上的分歧，表面上是輔導學界與教育部門之間在輔導工作思考角度方面的差異，實際上卻深刻投射出兩者在輔導工作基本理念上的差異，也就是輔導工作「專業化」與「普及化」之爭。

「輔導工作六年計畫」實施期間，教育部門就一直在推行輔導工作的「普及化」，例如：透過對教師開展全員輔導知能培訓，讓盡可能多的教師參與並從事基本的輔導工作。這種大規模的輔導知能培訓，促進了輔導工作的普及化，也有利於輔導工作與學校教育工作的進一步整合。「教育部自民國 80 年至 86 年推動『輔導工作六年計畫』，以及 87 年起推動『青少年輔導工作計畫』……而這樣的發展似有朝輔導普及化發展的趨勢……除了輔導知能的普及化趨勢之外，輔導工作的發展似乎也朝著整合性的方向發展」（林美珠，2000：53）。原來對於輔導室主任的專業資格要求，主要是為了保證輔導工作的專業治療性功能的發揮。但是從教育部門的角度而言，學校輔導工作的預防性與發展性的功能相較於治療性功能，更接近學校教育的本意（鄭崇趁，1994a：17）。在大多數教師都獲得必要的輔導知能培訓的情況下，能夠保證輔導工作的有效開展。在這種情況下，輔導室主任的專業資格要求就不是太重要了。此外，取消輔導室主任的專業資格要求有助於學校建立起行政與專業相結合的工作系統。管理者與專業

教師之間較為明確的分工合作，有利於輔導工作體系與學校工作系統的整合。總體而言，教育部門的這些思路和做法，都是將輔導工作置於整個教育體系之中進行考慮，使輔導工作能夠融入日常教育之中，輔導工作與學校整體教育工作實現有系統的整合，背後體現的是一種推動輔導工作「普及化」的理念。

　　許多輔導專家的思考，則更多是從輔導工作「專業化」建設的角度出發，力求輔導工作能夠形成一個專業地位明確、專業領域完整的工作體系。以這種「專業化」的理念來看待取消輔導室主任資格的規定，自然是一種「專業化」發展上的開倒車。「《國民中小學教育人員甄選儲訓及遷調辦法》將國民中小學輔導室主任必須具備輔導專業資格之規定取消後，引起輔導工作同仁爭相討論，認為教育部在走回頭路，今後輔導工作專業導向的發展將受到嚴重的影響，甚至強調，今後輔導工作人人能做，那輔導到底算什麼？」（鄭崇趁，1994a：16）「由輔導專業的角色轉而傾向於行政的角色，強調只要有能力規劃活動，具備行政長才即可推動輔導工作。此一轉變再加上近些年來許多小學採用處室主任輪調的做法，便使得目前各小學輔導室的人員，特別是輔導室主任，因為缺乏輔導專業知能，容易將輔導工作轉為活動化、行政化，久而久之，也就無形中弱化了輔導室的專業效能，距離小學校園的輔導需求愈來愈遠」（王麗斐、趙曉美，2005：43）。

　　顯然，學校輔導「專業化」與「普及化」的論爭已經開始。隨著下一階段教育改革運動的興起，我們將會看到，「專業化」與「普及化」的矛盾愈加突出，這一爭論也變得更加複雜。❖

# 參考與延伸閱讀文獻

毛仲偉（1992）。〈李郝體制的回顧與展望〉。《臺灣研究集刊》，（3），28。

王訓錫（1992）。〈朝陽拾穗：欣見朝陽映璞玉〉。《輔導月刊》，28（5，6），44-45。

王麗斐、趙曉美（2005）。〈小學輔導專業發展的困境與出路〉。《教育研究月刊》，（134），41-53。

行政院（1991）。《國家六年建設計畫》。臺北：行政院。

朱清雅（1997）。〈當前學校輔導工作的理念〉。《菁莪》，9（1），16-24。

吳松林（1992）。《未來十年各級學校專業輔導人力需求推估之研究：教育部輔導工作六年計畫專案研究》。臺北：教育部訓育委員會。

吳英璋（1994）。〈「輔導」是專業嗎〉。《輔導學會會訊》，（10），1-2。

吳端陽（1991）。〈臺灣普及九年國民教育述評〉。《臺灣研究集刊》，（2），110。

李家泉（1990）。〈關於四十年來臺灣經濟發展的評估〉。《臺灣研究集刊》，（4），43。

李詠吟（1992）。《我國國民小學輔導單位的組織和員額編制調查研究：教育部輔導工作六年計畫專案研究》。臺北：教育部訓育委員會。

法務部犯罪問題研究中心（1994）。《青少年犯罪狀況及其分析》。臺北：法務部印行。

林幸台（1994）。〈心理測驗的版權認證與使用〉。《輔導學會會訊》，（8），3。

林建平（1995）。〈國小輔導工作的瓶頸與突破〉。《教育研究雙月刊》，（44），18-22。

林美珠（2000）。〈國小輔導工作實施需要、現況與困境之研究〉。《中華輔導學報》，（8），51-76。

林家興、洪雅琴、黃炤容、王明傳（2000）。〈國民中學試辦專業輔導人員實施成效及可行推廣模式評估〉。《學生輔導》，（67），126-143。

林家興（2005）。《心理師執業之路》。臺北：心理出版社。

林耀欣、鄒俊明（1984）。〈臺灣青少年犯罪社會原因初探〉。《臺灣研究集刊》，（4），115。

金樹人（1993）。〈我國學校諮商專業之隱憂及證照制度之建立〉。《輔導學會會訊》，（2），1-2。

徐美鈴（1992）。〈朝陽拾穗〉。《輔導月刊》，28（7，8），48。

高雄市大學生輔導中心（1994）。〈高雄市大學新生輔導實施簡介〉。《輔導月刊》，28（5，6），39-44。

張植珊（2002）。〈我們是怎樣走過來的〉。《中央日報（副刊）》，2002 年 1月 13 日。

張麗鳳（2008）。〈輔導教師專業組織發展與學校輔導工作〉。《輔導季刊》，44（3），45-51。

凌坤楨、郭生玉（1991）。〈「朝陽方案試辦效益評估研究」報告〉。《輔導月刊》，27（11，12），36-41。

許維素（1996）。〈學校輔導人員的專業角色認定〉。《諮商與輔導》，（132），25-28。

許維素（1999）。〈高中輔導教師推展諮商工作的行動策略分析〉。《暨大學報》，3（1），157-182。

郭翔（1996）。〈臺灣的青少年犯罪問題〉。《統一論壇雜誌》，（3），25。

陳若璋（1993）。〈我國實施輔導專業證照制度之必要性〉。《輔導學會會訊》，（3），1-2。

陳錦雀（1997）。〈對「『輔導專業』與『輔導行政』孰重：談輔導室主任的角色與功能」之迴響〉。《學生輔導》，（49），104-107。

教育部（1991）。「教育部輔導工作六年計畫」。臺北：教育部。

教育部（1998）。《教育部輔導工作六年計畫成果總輯》。臺北：教育部編印。

教育部（1998-1999）。《國民中小學教職員基本編制及專兼任行政之研究》。臺北：教育部。

傅木龍（1997）。〈「以專業管教盡掃體罰陰霾」：讓我們平心靜氣看待「教師

輔導與管教學生辦法」〉。《學生輔導》，（52），92-100。

彭天福（2002）。〈回歸問題與專業的學校輔導工作〉。《諮商與輔導》，
　　（200），51-55。

曾盛聰（1999）。〈臺灣社會轉型中青少年犯罪問題剖析〉。《青年研究》，
　　（10），35。

楊昌裕（1994）。〈大學法修正後：輔導中心的定位與編制〉。《輔導學會會
　　訊》，（12），1-2。

楊極東、鄭崇趁（1990）。〈當前輔導政策與發展取向：「全國輔導工作六年計
　　畫」內涵分析〉。載於中國輔導學會（主編），《邁向 21 世紀輔導工作新紀
　　元》（頁 3-25）。臺北：心理出版社。

廖瑞銘（1992）。《國民小學學生輔導活動現況研究：教育部輔導工作六年計畫
　　專案研究》。臺北：教育部訓育委員會。

褚玫玲（1992）。〈學校輔導人員之兩難〉。《輔導月刊》，*28*（11，12），
　　43-46。

劉淑卿（1998）。〈從事學校輔導工作的心得〉。《諮商與輔導》，（156），
　　47-48。

劉焜輝（1994a）。〈不求績效：朝陽、璞玉、春暉的通病〉。《諮商與輔導》，
　　（99），封面裡頁。

劉焜輝（1994b）。〈開倒車：輔導主任不必具備輔導知能〉。《諮商與輔導》，
　　（104），封面裡頁。

劉焜輝（1997）。〈有良心：輔導工作六年計畫的評估〉。《諮商與輔導》，
　　（133），封面裡頁。

蔡德輝、楊士隆（1995）。〈臺灣地區少年犯罪問題與預防對策〉。載於《1995
　　輔導工作國際比較學術研討會會議手冊》（頁 44-49）。臺北：教育部訓育委
　　員會。

鄭崇趁（1987）。〈執行輔導計畫的心情故事〉。《學生輔導》，（56），
　　16-19。

鄭崇趁（1993）。〈教育部輔導工作六年計畫：八十三年度工作重點概述〉。《輔

導學會會訊》，（4），1-4。

鄭崇趁（1994a）。〈「輔導專業」與「輔導行政」孰重：談輔導室（中心）主任的角色與功能〉。《學生輔導》，（35），16-18。

鄭崇趁（1994b）。〈當前輔導工作的檢討與展望〉。《學生輔導通訊》，（30），5-11。

鄭崇趁（1999）。《整合導向評估模式之運用：以「教育部輔導工作六年計畫」為例》。臺北：國立政治大學教育學系博士學位論文。

蕭文（1995）。〈當今臺灣輔導工作現況及發展趨勢〉。載於《1995 輔導工作國際比較學術研討會會議手冊》（頁 7-15）。臺北：教育部訓育委員會。

賴念華（1999）。〈臺灣青少年學校輔導工作的困境初探〉。《輔導季刊》，35（1），55-62。

韓清海（1990）。〈80 年代臺灣經濟發展的幾個特徵〉。《臺灣研究集刊》，（1），35。

鍾思嘉（1991）。〈「我國」青少年犯罪的現況與輔導〉。載於中國輔導學會（主編），《輔導理論與實務：現況與展望》（頁 180-213）。臺北：心理出版社。

Barclay, J. R., & Wu, Wu-Tien. (1986). The development of school psychological services in Taiwan. *Journal of School Psychology, 24*, 1-7.

Wu, Wu-Tien. (1993). Counseling and guidance in the twentieth century: The Taiwan experience. *Asian Journal of Counseling, 11*(1), 1-6.

第**6**章

# 學校輔導的「統合」與轉型

（20 世紀 90 年代後期至今）

　　進入 20 世紀 90 年代後期，臺灣興起的「新教育改革運動」開始進入行動階段。作為學校教育體系的一部分，學校輔導工作也在教育改革的推動下，以「統合」為核心理念，進行了一系列重大的調整。「教訓輔三合一」方案開始實施，教育部門開始嘗試建立教學、訓導、輔導三合一的工作機制。「九年一貫課程」的實施，迫使輔導課程取消獨立學科設置，被整合到「綜合活動」領域之中。雖然作為「輔導工作六年計畫」延續的「青少年輔導計畫」也在這一時期繼續執行，但執行情況已遠不如「輔導工作六年計畫」。在教育改革浪潮席捲下，學校輔導工作的發展遭遇了一連串的矛盾與問題，正在「統合」所帶來的迷茫中進行著艱難的轉型。

 **第一節　教育改革運動與學校輔導工作**

　　現今學校輔導已是學校教育體系的重要組成部分，因此，臺灣90年代後期開展的教育改革運動（指教育改革的行動階段），其中一項重要內容就是學校輔導工作的改革。「輔導已經是教育的核心工作，輔導工作之加

強，可以透過『助長』、『發展』、『布網』、『標準』、『計畫』五者呼應『鬆綁』、『開放』、『多元』、『自主』、『人性』之教改理念，輔導工作亦是教育改革的核心之一」（鄭崇趁，1996：17）。對學校輔導工作而言，面對發展中的困局，也希望能夠透過教育改革所提供的新理念與新角度，找到新的發展空間。

# 一、教育改革運動

教育改革運動的興起，與 80 年代末 90 年代初臺灣社會政治文化生態走向寬鬆有關。同時，臺灣的教育經過幾十年的發展，無論是制度還是體制方面，都存在許多問題，亟待改善。

## (一) 教育改革運動的背景

臺灣的教育改革運動是在政治體制轉型、社會結構重塑、校園民主覺醒的背景下產生的。20 世紀 80 年代末 90 年代初，臺灣的政治體制開始由「一黨獨大」走向「多黨競爭」，政治上的日益寬鬆，民眾的民主意識抬頭，教育界與社會大眾提出了教育進一步自由化與民主化的訴求。政治體制上的轉型為教育改革提供了良好的環境。各種教育改革團體紛紛成立，如 1987 年成立的教育人權促進會等。另外，在社會轉型、社會結構重新塑造的過程中，民眾對於法規與制度方面的要求也推動了教育法規的制定、修訂，教育制度也面臨改革與調整，例如：1990 年初，大學中的民主化運動要求制定《大學法》；教師人權運動要求制定《教師法》；為打破師資培育的一元化，要求制定《師範教育法》；此外還有《國民教育法》、《私立教育法》等等。最後是校園民主風氣開始萌芽，大學校園開始爭取校園言論自由，並創辦各種刊物，宣傳民主自由理念（周祝瑛，2003：3-4）。

隨著臺灣社會從專制開始走向多元，舊的教育體制已愈來愈不能適應時代的需要，民間要求教育改革的呼聲日益升高。臺灣地區在 1994 年 9 月

成立「行政院教育改革審議委員會」，開始著手推動教育改革。1996 年 12 月「行政院教育改革審議委員會」提出《教育改革總諮議報告書》，揭示教育改革的「五大方向」，即教育鬆綁、帶好每位學生、暢通升學管道、提升教育品質、建立終身學習社會。還有「六個重點」及「八大優先推動專案」（教育部，1998c：1），並提出教育改革的目標為「結合國家資源和全民力量，透過對當前教育問題的省思，及前瞻新世紀發展之趨勢，建構現代化教育體制。期使多元化的制度、人本化的環境、科技化的設施、生活化的課程、專業化的師資，提升學校教育水準，並連結正規教育、非正規教育與非正式教育，形成全民終身學習的社會」（教育部，1998c：2）。

## (二)教育改革的階段

　　自 1994 年以來，教育改革運動的內容包括多元入學、「九年一貫課程」、師資培育多元化、廣設高中大學、高中職社區化、校園民主化、教育本土化（含鄉土語言教學）等教育革新大工程（吳武典，2005：38）。教育改革成為這一時期學校教育主旋律，貫穿了 90 年代至今臺灣學校輔導工作的改革發展歷程。

　　對於臺灣教育改革運動的階段，不同的學者有不同的劃分方式。鄭崇趁（2000b：6）認為大體可分為三個時期：宣導期、研議期以及行動期。

### 1.宣導期（1994 年「教改會」成立之前）

　　當時臺灣的專家學者不斷倡議進行教育改革，從根本上解決教育中的陳疾，規劃未來教育的發展，其中以「民間 410 教改團體聯合會」提出的四大訴求較為具體。

### 2.研議期（1994 年～1996 年）

　　1994 年，臺灣當局開始正式著手推動教育改革，教育部召開第七次全國教育會議，宣布成立行政院教育改革審議委員會（簡稱教改會，人員組成參見表 6-1），由李遠哲具體負責，將同年定位為「教育改革年」，並在之後的兩年內完成了成果頗豐的四期教育改革諮議報告及總諮議報告。1996

表 6-1　行政院教育改革審議委員會名單

| 姓名 | 委員會職務 | 當時任職 |
| --- | --- | --- |
| 李遠哲 | 召集人 | 中央研究院院長 |
| 張京育 | 副召集人 | 政務委員 |
| 牟中原 | 委員 | 臺灣大學化學系教授 |
| 何壽川 | 委員 | 永豐餘企業董事長 |
| 余陳月瑛 | 委員 | 前高雄縣縣長 |
| 李亦園 | 委員 | 中央研究院院士 |
| 李國偉 | 委員 | 中央研究院院士 |
| 沈君山 | 委員 | 清華大學校長 |
| 周麗玉 | 委員 | 臺北市中山國中校長 |
| 林明美 | 委員 | 嘉義女中校長 |
| 林清江 | 委員 | 中正大學校長 |
| 施振榮 | 委員 | 宏碁企業董事長 |
| 韋　端 | 委員 | 行政院副主計長 |
| 孫　震 | 委員 | 國防部部長 |
| 殷允芃 | 委員 | 天下雜誌發行人 |
| 馬哲儒 | 委員 | 前成功大學校長 |
| 張清溪 | 委員 | 臺灣大學經濟系教授 |
| 曹亮吉 | 委員 | 大考中心副主任 |
| 陳伯璋 | 委員 | 花蓮師院校長 |
| 陳其南 | 委員 | 文建會副主委 |
| 游錫堃 | 委員 | 宜蘭縣縣長 |
| 黃炳煌 | 委員 | 政治大學教育系教授 |
| 黃榮村 | 委員 | 臺灣大學心理系教授 |
| 黃鎮台 | 委員 | 教育部次長 |
| 楊國樞 | 委員 | 臺灣大學心理系教授 |
| 楊國賜 | 委員 | 教育部常務次長 |
| 萬家春 | 委員 | 臺北市金華國小校長 |

**表 6-1**　行政院教育改革審議委員會名單（續）

| 姓名 | 委員會職務 | 當時任職 |
|------|-----------|---------|
| 劉兆玄 | 委員 | 交通部部長 |
| 鄧啟福 | 委員 | 交通大學校長 |
| 簡茂發 | 委員 | 臺灣師範大學教授 |
| 許倬雲 | 委員 | 中央研究院院士 |
| 張光直 | 委員 | 中央研究院院士 |
| 劉源俊 | 委員 | 東吳大學物理系教授 |
| 林懷民 | 委員 | 雲門舞集創辦人 |
| 曾憲政 | 委員兼執行秘書 | 臺北工業技術學院化工系教授 |

資料來源：王秋絨（1997：332-333）；周祝瑛（2003：35）。

年，教改會總諮議報告書定稿，正式確定臺灣未來教育改革的「五大方向」、「六個重點」和「八大優先推動專案」。中小學教科書由「統編本」改為「審定本」。

### 3. 行動期（1997 年至今）

　　1997 年，教改會完成階段任務後，行政院另行成立了由副院長兼任召集人、由各主要部會的負責人和專家學者任委員的臺灣教育改革推動小組，以督責和協助教育部實際推動執行教改工作，並確定了教育改革的八大重點專案與完成期程。教育部在整合《教育改革總諮議報告書》和《中華民國教育報告書——邁向二十一世紀教育遠景（教育白皮書）》（1995 年版）的基礎上，1997 年 7 月頒布實行《教育改革總體計畫綱要》，1998 年 5 月頒布《教育改革十二行動方案》，並向行政院爭取了約 1,500 億經費，以五年為期，優先執行。

　　1998 年，「教改行動方案」決定從次年起，連續五年用新臺幣 1,570 億餘元推動十二項教育改革工作，「『九年一貫課程』總綱綱要」出爐，社區大學面世。1999 年，包含七個領域的「『九年一貫課程』綱要草案」進入試驗階段。義務教育年限延長到十二年方案進入規劃階段，私立學校受

到鼓勵。與此同時，大學學費彈性化開始實行；大批專科學校升格為技術學院；大學「公立改民營」與大學合併也進入實施階段。2001年，國中升高中遂以「基本學科能力測驗」取代傳統升學考試，「九年一貫」措施落實。

## 二、呼應教育改革運動的學校輔導工作

90年代開始的教育改革運動為學校輔導工作帶來了一次改變的契機。一方面學校輔導工作在幾十年的發展過程中，體制與制度上的一些局限日益顯現，影響了學校輔導工作的進一步發展，亟待調整；另一方面，教育改革也為學校輔導工作的開展提供了新的思路。雖然教育改革對幾十年來形成的學校輔導工作體系產生了挑戰，但也可能使輔導工作獲得一次審視、提升與完善的機遇。

### (一) 學校輔導工作發展之困局

幾十年來，學校輔導工作的發展基本上是以一門專業的學科身分推行的，設置獨立的輔導課程，建立輔導室等等。學校輔導工作擁有較為獨立的工作體系和工作領域，這種專業學科式的開展模式，長期以來使輔導工作與學校傳統的其他教育部門之間缺乏足夠的配合，造成輔導工作與學校教育體系相割裂的困局，其中最為突出的是輔導工作與訓導工作的對立。從輔導工作與學校整體工作的配合來看，學校輔導工作面臨如下幾個方面的問題（林清文，1999：497）：

1. 學校輔導工作的組織和執行有多種法規規定，各種法規對輔導與訓導工作均作出分別的規定，從而在法規層面上缺乏統合。

2. 訓導和輔導分屬不同部門。雖然全體教師都具有輔導和訓導的責任，但是在機構的設置上，卻分別設置訓導處以及與之相平行的學生輔導單位（國小為輔導室，高中為輔導工作委員會），分別負責訓導與輔導工作，因此，在實際工作中，出現訓導和輔導的分歧、對立或矛盾。

3. 在中小學中將輔導工作「標準課程化」，設置獨立的課程，有專門的教學時間。學校輔導工作流於內容和標準統一的教學科目，失去配合學校教育資源的彈性和因應學生需求的自主性，輔導活動科專任教師的設置也耗蝕大量的專業人力。

4. 中小學缺乏專任輔導人員。雖然設置了輔導教師，但輔導教師的編制主要是任課教師的編制，由於教師忙於其他課程，事實上專門的學生輔導工作得不到保障，無法真正全面落實學生輔導工作。

## (二) 教育改革運動對學校輔導工作的建議

正是由於學校輔導工作沉浸於自身專業天地中的發展模式，弊端日益顯現，教育部門從教育改革的角度出發，提出了建立新的輔導體制的建議。

在行政院教育改革審議委員會的第二期諮議報告書中，針對中小學學生行為輔導，提出了如下建議：「建立以學生為主體的教育觀，培養人性化的教師，建立學生行為輔導新體制，重視休閒教育，增設活動設施，全面檢討並修訂有關青少年的法律，重視學校的親職教育，建立青少年輔導之專職機構與規劃長期研究，全面檢討輔導工作六年計畫成效。」同時，還對建議做了具體說明（林清文，1999：499）：「目前中小學之訓導處與輔導處應考慮合併設立，國民教育法施行細則第十三條第一項第二款規定之訓導工作應加以檢討，性質上屬於一般性之道德教育、生活教育、公民教育等，明定為教學活動；將性質上必須具備專業輔導知識，非一般教師普遍具有之對於特殊人格與心理之學生的教育，在法律上明定由輔導教師與其他專業人員為主體。至於體育與健康教育可由目前訓導體制中分離，而一般事務性工作，如出勤等依法由專人管理。應以輔導學生、管理事務的概念，重建學生行為輔導體制。」「適度減少導師及輔導老師之任教負擔，以增強其生活教育與輔導功能。」

在第四期諮議報告書中進一步建議，建立《學校教育法》取代現行的《國民教育法》、《高級中學法》和《職業學校法》，並就學校的體制改

革提出各項基本原則，提出以下幾點改革的建議（林清文，1999：499-500）：

1. 明晰學生事務的理念和工作內涵，取消輔導和訓導的對立，減少教化、訓育的色彩，鼓勵全體教職員工人人參與。

2. 建立以服務和輔導為導向的學生事務工作團隊，統合輔導和訓導的內涵，學生事務處下設學生輔導組、生活事務組、諮商與轉介組、特殊教育資源組，引入人才，提升學校學生事務處的工作品質。

3. 尊重學校教育目標與學生事務工作的自主性：加大放權力度，減少行政干預。

4. 重新定位認輔制度。

　　從以上各項建議中，可知對學校輔導工作所進行的改革，主要目的在於建立具有「更新學生輔導理念」，「簡化行政組織，統一事權」，「引進專業人員，提升專業工作品質」，「教師普遍參與輔導學生」四項特色的「學生輔導新體制」，以統合學生輔導工作，實現輔導工作與整體教育的良好配合，全面提升學校教育品質。

## 第二節　「青少年輔導計畫」的制定與實施

　　「青少年輔導計畫」是臺灣「輔導工作六年計畫」的延續，是為配合臺灣的「跨世紀國家建設計畫」的需要，被列為教育文化建設重要的軟體計畫之一。「青少年輔導計畫」以學校輔導工作為核心，透過結合社會資源，解決青少年面臨的問題，實現促進學生適性發展、陶冶學生現代社會適應能力的目的，計畫專案共包括 18 大項 96 小項，自 1997 年核定執行，為期六年（教育部，1997）。

# 一、「青少年輔導計畫」的制定

「青少年輔導計畫」的整體構思與實施模式基本上與「輔導工作六年計畫」一致。在「輔導工作六年計畫」執行成果的基礎上，參考行政院教改會各期諮議報告的建議，以兼顧普及化與專業化、結合正式課程與潛在課程、建構輔導網絡系統服務、促使核心業務落實發展為政策導向，制定了 18 項具體措施，從而有效帶動學校輔導工作的發展。

## (一) 背景

「青少年輔導計畫」的實施主要基於兩方面的考慮，一是為了應對臺灣青少年出現自殺等各種心理與行為問題，二是為了減少這一時期臺灣社會的不利環境對青少年成長帶來的消極影響。

在青少年存在的心理問題方面，綜合「教育部輔導工作六年計畫」長期委託多種專案研究及一些學者專家研究調查的結果，這一時期臺灣青少年主要存在幾類問題：(1)青少年生活困擾多，且以課業及情感問題最為顯著；(2)情緒管理不佳，心理衛生狀況不理想；(3)抱負水準高，挫折容忍力降低；(4)發展個人色彩的價值體系，而道德認知發展卻有待加強；(5)青少年性教育有待加強；(6)偏差行為仍然嚴重，校園暴力頻傳，少年犯罪以偷竊、暴力、嗑藥最多。

在青少年的成長環境方面，隨著社會生活節奏的加快，臺灣家庭成員之間的相互交流日益減少，父母在精神上給予子女的關注嚴重不足。許多青少年沉迷於網路世界尋找情感寄託。青少年對家庭、對社會愈來愈不信任，與家庭成員的隔閡不斷加深，進而走向叛逆和自我封閉。同時，由於從小生活環境相對平順安逸，青少年的抗壓性較差，解決問題的能力不足，一旦遇到挫折就無所適從，容易尋找極端的方式解決困擾，飆車、吸毒、打群架、殺人放火甚至自我了結生命等事件屢屢發生。

## (二) 總體情況

　　1997 年，教育部正式核定實施「青少年輔導計畫」，每年預計投資約 4 億元經費。「青少年輔導計畫」承接了「輔導工作六年計畫」，在實施期間，正逢臺灣教育改革興起，學校輔導工作面臨改革，因此頗有承上啟下的作用。

### 1.「青少年輔導計畫」的六大任務

　　時任教育部訓委會第三組組長的鄭崇趁（1997：20-23）指出「青少年輔導計畫」有六大任務。

#### (1) 延續「輔導工作六年計畫」的三大目標，並以舒緩青少年問題為重點

　　「輔導工作六年計畫」的三個目標為整合輔導資源、貫穿學校輔導工作、舒緩青少年問題嚴重程度。其中「青少年輔導計畫」在三個目標上均有所涉及，但其最根本的目標還是舒緩青少年問題嚴重程度。「在舒緩青少年問題嚴重程度方面，此乃本計畫之根本功能，本計畫定名為『青少年輔導計畫』，又增列『情緒教育與心理衛生教育』、『防制校園暴力』、『推動認輔制度』、『加強生涯輔導與實用生活教育』等重要工作專案，相信對於青少年問題嚴重程度之舒緩，具有更大助益。」

#### (2) 帶動學校重點輔導工作發展

　　青少年為計畫的主要對象，學校輔導工作為計畫的核心。因此，「青少年輔導計畫」的重要任務之一就是帶動中小學做好認輔制度、生涯及生活輔導、輔導網絡的了解與運用，以及落實輔導活動科教學等重點工作發展。在大專校院方面，透過分區輔導中心的建立與運作，結合大專輔導人力資源，提升輔導諮商人員專業化程度，確保輔導工作品質，實現普及輔導功能的任務。

#### (3) 提升教師輔導職能

　　教師的責任可以分為教學與輔導兩部分。教學是教師傳統的職責，但是隨著社會變遷與時代需求的變化，輔導已逐漸發展為教育的核心工作，

稱職的教師，除了要具備有效教學的基本素質，還要擁有輔導學生的能力。因此，「青少年輔導計畫」的第三個任務就是提升教師的輔導職能。

### (4) 建構輔導網絡系統服務

輔導網絡的建立本來就是「輔導工作六年計畫」的重點工作之一，原本的功能重在輔導資源的整合，希望結合整個社會的輔導資源，與學校教師一起擔負輔導學生的責任。「青少年輔導計畫」在此基礎上，成立了輔導網絡諮詢小組及維修小組，定期蒐集輔導資訊，維修輔導資訊網路系統，分區設置諮詢服務中心，配合中小學、省市縣訓輔工作小組以及大專校院分區訓輔工作資訊聯絡中心的運作，形成完善的輔導工作網絡系統。

### (5) 結合輔導活動正式課程與潛在課程

「輔導工作六年計畫」並未觸及當時國中輔導活動科教學，因此，在「青少年輔導計畫」中，列出專項辦理各級學校輔導活動科正式課程與潛在課程整合實驗工作。希望透過實驗，提升輔導活動科教學品質，探索與現實生活有效結合的模式，使一般教師能夠與輔導活動科教師分工合作，共同投入輔導工作。

### (6) 建立學生輔導新體制，實現輔導工作與其他工作的「統合」

「青少年輔導計畫」挑戰了兩個輔導工作上最難解決的難題——訓輔整合以及專業普及的均衡發展。在訓輔整合方面，實驗推廣訓導處與輔導室整合實施模式，結合學校教師會、家長會及義工組織推動訓輔工作。在專業普及的均衡發展方面，規劃輔導專業人員證照制度，全面辦理教師輔導知能研習活動，編印各級學校輔導工作手冊、教師手冊等普及工作資料。訓輔工作整合發展後，將用輔導的觀念及原理來開展原來的訓育工作以及生活輔導，提供學生普及化的協助服務。師生諮商中心為學生提供更為專業化的輔導諮商服務，並為一般教師提供輔導工作諮詢服務。

由以上幾大任務可見，「青少年輔導計畫」既要延續「輔導工作六年計畫」的許多未盡事項，更要結合教育改革的思路，探索建立新的輔導工作體制，力圖開啟臺灣學校輔導工作的一個新局面。

### 2. 計畫的內容

與「輔導工作六年計畫」一樣,「青少年輔導計畫」也對計畫的目標、策略、專案、實施要點、考核評估等內容做了詳細的規定。

#### (1) 計畫的目標、策略與專案

「青少年輔導計畫」為中長期行政計畫,其總體目標是:「結合整體輔導資源,落實輔導工作,以促進學生自由、適性的發展,陶冶現代社會適應能力。」計畫實施的目的旨在協助青少年達成兩大指標:自由適性的發展與現代社會適應能力。

在實施策略方面,主要包括輔導資源的整合和促成輔導核心業務的落實發展。具體內容包括:開發輔導模式,推廣計畫活動,以預防青少年負面行為,增進其心智發展;提升學校整體效能,結合全校教師員工力量,有效輔導學生;整合校內外輔導資源,建立輔導網絡,全面提升輔導效果。

這一計畫策略體現了三個方面的輔導工作:從應對焦點問題入手,針對當前青少年最需要的核心問題,如情緒、校園暴力、少年犯罪、中途輟學、法律教育、性教育、親職教育、生涯發展等規劃應對措施;從提升學校整體的輔導效能著眼,包括一般教師輔導知能的提升、導師輔導職能、設置國中專任輔導教師、輔導人員專業化的發展等;透過輔導網絡與青少年文化心理態度指標的建立,訓輔工作諮詢服務網絡和學校輔導工作評價的實施,開發並整合輔導資源,全面提升輔導效果(見表6-2)。

#### (2) 執行要點

執行要點指的是計畫執行過程中的組織和協調工作要點,共七個,可概括為四個部分:第一,成立「推動『青少年輔導計畫』督導委員會」及各子項計畫執行小組,負責策訂本計畫的推動原則及實際事務;第二,督導委員會負責審議整體計畫辦理原則、各子項計畫執行小組成員名單、各子項計畫實施辦法(要點)、年度作業計畫、執行進度報告、考評報告以及協調解決部會間共同事項等;第三,各子項計畫執行小組共同負責擬訂各子項計畫之實施辦法(要點)、年度作業計畫、執行進度控制、考評規

(表 6-2)　「青少年輔導計畫」結構表

| 目標 | 策略 | 計畫專案 |
|---|---|---|
| 結合整體輔導資源，落實輔導工作，以促進學生自由、適性的發展，陶冶現代社會適應能力。 | 推廣輔導活動 | 1. 加強情緒教育及心理衛生教育<br>2. 防制青少年犯罪與校園暴力<br>3. 推動認輔制度<br>4. 輔導中途輟學學生復學與安置<br>5. 推動兩性平等教育及性教育<br>6. 加強學生家長親職教育<br>7. 推動學校生涯輔導及生活教育工作 |
| | 提升學校整體輔導效能 | 8. 全面辦理教師輔導知能進修研習<br>9. 提升導師輔導職能<br>10. 規劃整合輔導活動科輔導及教學活動<br>11. 執行「國民中學試辦專業輔導人員實施計畫」<br>12. 建立學生輔導新體制 |
| | 開發及整合輔導資源 | 13. 建立青少年文化與心理態度指標<br>14. 推廣輔導資訊網絡系統服務<br>15. 開發及整編心理與教育測驗<br>16. 重視休閒教育，增設活動設施<br>17. 建立訓輔工作諮詢服務網絡<br>18. 實施學校輔導工作評鑑 |

資料來源：教育部（1997），引自鄭崇趁（1999：89）。

劃作業以及協調聯絡事項等工作；第四，規定計畫申請辦法及計畫經費的管理辦法。教育部應擬訂各子項計畫重要業務實施要點、補助審查原則、經費編列標準等，發送至省市、縣市教育廳局和各級學校。執行本計畫所需經費，省市、縣市要自行編列預算執行，不足的另行申請。

### (3) 考核評估及其基準

為檢討改進本計畫之執行過程，增進計畫成效，教育部、省市教育廳局及縣市政府應配合年度作業計畫，聘請學者專家及具有實務經驗人員，每年辦理考核評估工作，以了解執行優缺點，作為修正本計畫各項重要業

務實施要點之依據。具體考評基準有五項：

第一項，目標達成（50%）：分項目標之達成；計畫效益。

第二項，計畫作為（20%）：實施計畫之具體程度；計畫目標與執行措施之配合。

第三項，計畫執行（10%）：進度控制結果；協調作業。

第四項，經費運用（10%）：預算執行進度；預算控制效果。

第五項，行政作業（10%）：作業計畫；考評資料。

# 二、「青少年輔導計畫」的實施及成果

## (一)「青少年輔導計畫」的實施

「青少年輔導計畫」分年度制定詳細的作業計畫綱要，在實施過程中要求各縣市政府教育廳局、各高校及中小學緊密配合，盡量細化執行要項。這裡以教育部編印的 1999 年度「作業計畫綱要暨各級學校需配合辦理事項」中的部分內容為例，來說明「青少年輔導計畫」的實施。

「綱要」主要分為四大部分進行闡述：輔導工作內容；省市、縣市政府教育廳局配合執行事項；國民中小學及高中職需配合辦理事項；大專校院需配合辦理事項。每個部分又分成幾項進行表述，例如：輔導工作內容又分為四個部分，分別為：推廣輔導活動；提升學校整體輔導效能；開發及整合輔導資源；計畫執行考核評估措施。以「提升學校整體輔導效能」為例，文件做了以下規定（教育部，1998a：6-8）：

---

**(一) 全面辦理教師輔導技能進修研習**

    1. 辦理中小學教師基礎輔導技能研習

        (1) 基礎班 200 梯（前 18 小時）

        (2) 進階班 300 梯（後 18 小時）

---

（續上表）

基礎班與進階班以課程設計來區分，參加對象順序為校長、主任、新進教師、一般教師。

2. 辦理大專教師輔導主題研習（20 梯）

3. 推動中小學教師主題輔導工作坊研習

　(1) 編製主題輔導工作坊研習手冊 4 種。

　(2) 規劃辦理輔導計畫輔導團團員主題輔導工作坊種子研習 20 梯次。

　(3) 結合省市、縣市「輔導計畫輔導團」有效推展主題輔導工作坊 80 梯，提升教師輔導技能，落實輔導績效。

4. 開設輔導學分班

　(1) 國民小學教師暑期班 23 班、夜間班 15 班（每班 45 位教師，得含 5 位行政人員）。

　(2) 中等學校教師暑期班 4 班、夜間班 14 班、行政人員班 1 班、遠距教學班 2 班（每班 45 位教師，得含 5 位行政人員）。

5. 定期辦理輔導學術及實務研討活動 4～6 場

**(二) 提升導師輔導職能**

1. 規劃推廣「導師輔導職能」主題工作坊，編印研習手冊。

2. 辦理初任導師傳承座談活動。

3. 編印各級學校導師手冊 6 種。

**(三) 規劃整合輔導活動科輔導及教學活動**

1. 成立省市、縣市「輔導活動教學」發展中心學校，規劃「輔導課程及輔導活動」整合實施模式。

2. 辦理「輔導活動教學」觀摩。

3. 策劃大專校院輔導主題週及巡迴展示活動，規劃辦理 15 項主題，巡迴 60 校。

4. 配合輔導主題週，編印輔導活動參考手冊。

**(四) 執行「國民中學試辦專業輔導人員實施計畫」**

1. 省市訂頒「國民中學設置專業輔導人員試辦要點」。

2. 甄選專業輔導人員。

3. 推動辦理初任專業輔導人員研習。

4. 編印「國民中學專業輔導人員工作手冊」。

5. 加強宣導溝通觀念。

6. 進行試辦計畫評估。

（續上表）

---

**(五) 建立學生輔導新體制**

1. 試驗推廣各級學校訓導處輔導室整合實施模式。
2. 結合學校教師會、家長會及義工組織協助推動訓輔工作。
3. 協調各級教育行政機構設置輔導行政專責單位及專業行政人員。
4. 結合中國輔導學會，規劃輔導專業人員證照制度，訂頒輔導專業人員層級劃分及專業標準，辦理輔導人員資格檢核，頒授專業證照。
5. 依據專業標準開啟輔導人員培育管道。
6. 辦理輔導專業人員定期進修研習活動。
7. 編印各級學校輔導工作手冊，明訂各級學校輔導核心工作。
8. 編印學生輔導雙月刊 6 期。

---

　　由以上可知，「青少年輔導計畫」的內容規定具體細緻，可操作性強，體系完備，考慮周全。計畫近乎完美，只是由於各種因素，在實施中未必盡如人意。不過「青少年輔導計畫」對於臺灣學校輔導工作的理解已經達到了很高的水準。

## (二)「青少年輔導計畫」的成果

　　「青少年輔導計畫」實施之後，在各方面都取得了良好成效。透過舉辦各種形式的進修、培訓、研討（如表 6-3～6-12 所示），不僅提高了輔導教師的專業知能，也向為數眾多的一般教師宣揚輔導工作的理念。同時，還編印出版了學生輔導刊物（如表 6-13 所示）。這些都對提升輔導工作的效能有著積極的貢獻。

### 1. 各縣市辦理教師基礎輔導技能研習基礎班與進階班情形

表 6-3　1999 年度下半年及 2000 年度進階班和基礎班級梯次數量

|  | 北區 | 中區 | 南區 | 東區、離島 |
|---|---|---|---|---|
| 進階班梯次數量 | 57 | 76 | 101 | 19 |
| 基礎班梯次數量 | 25 | 15 | 16 | 5 |

資料來源：教育部（2001：14）。

**表 6-4**　各類型學校辦理進階輔導班數一覽表

| 各類型學校 | 基礎班 | 進階班 | 合計 |
|---|---|---|---|
| 國小 | 32 | 133 | 165 |
| 國中 | 23 | 81 | 104 |
| 高中職 | 10 | 39 | 49 |
| 合計 | 65 | 253 | 318 |

資料來源：教育部（2001：13）。

**表 6-5**　臺灣各區教師輔導技能研習人數比較

| 地區 | 參與人數 |
|---|---|
| 北區 | 7,590 |
| 中區 | 9,700 |
| 南區 | 11,720 |
| 東區、離島 | 2,172 |
| 合計 | 31,182 |

資料來源：教育部（2001：13）。

## 2. 推動中小學教師主題輔導工作坊研習

　　輔導工作坊主要針對單一輔導主題理論與實務做深入的了解，習得實用輔導技巧。

**表 6-6**　各縣市辦理主題輔導工作坊梯次數量

| 縣市 | 梯次 |
|---|---|
| 臺北市 | 9 |
| 高雄市 | 4 |
| 中部辦公室 | 3 |
| 宜蘭縣 | 4 |
| 臺北縣 | 13 |

表 6-6　各縣市辦理主題輔導工作坊梯次數量（續）

| 縣市 | 梯次 |
|---|---|
| 桃園縣 | 3 |
| 基隆市 | 1 |
| 新竹市 | 3 |
| 新竹縣 | 1 |
| 苗栗縣 | 5 |
| 臺中縣 | 4 |
| 臺中市 | 4 |
| 南投縣 | 2 |
| 彰化縣 | 4 |
| 雲林縣 | 2 |
| 嘉義市 | 2 |
| 嘉義縣 | 4 |
| 臺南市 | 7 |
| 臺南縣 | 3 |
| 高雄縣 | 3 |
| 屏東縣 | 3 |
| 花蓮縣 | 4 |
| 臺東縣 | 3 |
| 澎湖縣 | 0 |
| 金門縣 | 1 |
| 連江縣 | 0 |
| 合　計 | 92 |

資料來源：教育部（2001：14）。

### 3. 辦理大學層級輔導學分班

　　教育部請 12 所師範院校及政大、中正、中原等院校培育在職中小學教師輔導專業技能，利用暑假、週末、夜間時間修習 8～20 個輔導專業學分。

表 6-7 　1992 至 2000 年度大學層級各類輔導學分班開設班別一覽表

| 班別 | 暑期班 | 夜間班 | 週末班 | 進階班 | 初級班 | 遠距教學 |
|---|---|---|---|---|---|---|
| 班數 | 154 | 188 | 2 | 1 | 3 | 1 |
| 合計 | 349 班 | | | | | |

資料來源：教育部（2001：15）。

## 4. 辦理大專教師輔導主題研習

(1) 辦理大專校院校內導師輔導技能研習。

表 6-8 　大專校院辦理導師輔導技能研習成果一覽表

| 序號 | 承辦單位 | 辦理時間 | 活動人數 |
|---|---|---|---|
| 1 | 體育學院 | 1999/9/9～10 | 120 |
| 2 | 樹德技術學院 | 1999/9/14～16 | 80 |
| 3 | 大葉大學 | 2000/1/8 | 120 |
| 4 | 高雄海洋技術學院 | 1999/11/18<br>1999/12/16 | 80 |
| 5 | 屏東科技大學 | 1999/11/17 | 150 |
| 6 | 中正大學 | 2000/1/20 | 100 |
| 7 | 宜蘭技術學院 | 2000/1/11 | 40 |
| 8 | 東華大學 | 2000/1 | 120 |
| 9 | 東華大學 | 2000/4/15<br>2000/5/20 | 60 |
| 10 | 臺北護理學院 | 1999/9/2～3 | 100 |
| 11 | 臺北護理學院 | 2000/6/29 | 40 |
| 12 | 臺北護理學院 | 2000/8/31～9/1 | 100 |
| 13 | 高雄第一科技大學 | 1999/10/12 | 120 |
| 14 | 高雄第一科技大學 | 2000/2/15 | 100 |
| 15 | 高雄第一科技大學 | 2000/9/21 | 130 |
| 16 | 東華大學 | 2000/10/13<br>2000/10/20 | 60 |
| 合計：16 梯次　參加人數：1,520 | | | |

資料來源：教育部（2001：16）。

(2) 辦理 2000 學年度校際性大專校院導師輔導技能研習。

表 6-9　2000 年度校際性大專校院導師輔導技能研習會

| 序號 | 承辦單位 | 辦理時間 | 活動人數 |
|------|----------|----------|----------|
| 1 | 杏陵醫學基金會 | 2000/1/28～30 | 70 |
| 2 | 杏陵醫學基金會 | 2000/2/17～19 | 70 |
| 3 | 玄奘人文社會學院 | 2000/11/23～24 | 80 |
| 4 | 玄奘人文社會學院 | 2000/11/29～30 | 60 |
| 5 | 龍華技術學院 | 2000/12/18～19 | 160 |
| 6 | 靜宜大學 | 2000/11/17～18 | 100 |
| 7 | 弘光技術學院 | 2000/10/6～7 | 110 |
| 8 | 南臺科技大學 | 2000/10/26～27 | 110 |
| 9 | 正修技術學院 | 2000/12/7～8 | 140 |
| 10 | 慈濟技術學院 | 2000/12/1～2 | 60 |
| 合計：10 梯次　　參加人數：960 人 | | | |

資料來源：教育部（2001：17）。

## 5. 各區大學院校輔導工作協調諮詢中心工作辦理各項研習

表 6-10　大專校院輔導諮詢中心工作成果一覽表

| 分區 | 工作名稱 | 辦理場次 | 參與人數 |
|------|----------|----------|----------|
| 北區大學院校輔導工作協調諮詢中心 | 主任工作研討會 | 3 | 160 |
| | 大型個案研討會 | 2 | 180 |
| | 小型個案研討會 | 15 | 600 |
| | 分組導師個案研討會 | 4 | 170 |
| | 心理諮商及心理輔導研討會 | 6 | 380 |
| | 輔導義工技能研習會 | 6 | 555 |

**表 6-10**　大專校院輔導諮詢中心工作成果一覽表（續）

| 分區 | 工作名稱 | 辦理場次 | 參與人數 |
|---|---|---|---|
| 北區專科學校輔導工作協調諮詢中心 | 規劃委員會議 | 1 | 10 |
| | 專書研習暨全體主任會議 | 1 | 50 |
| | 從個案研討整合輔導資源的運用研習會 | 1 | 100 |
| | 性侵害防制研習會 | 1 | 70 |
| | 學校安全、意外事件處理及幫派問題的認識與輔導研習會 | 1 | 120 |
| | 品格第一班級經營策略研習會 | 1 | 100 |
| | 師生諮商會談技巧與演練之輔導研習會實施計畫 | 1 | 80 |
| | 諮商員精進與訓練研習會 | 1 | 58 |
| | 壓力調適研習會 | 1 | 80 |
| | 家族治療進階工作坊 | 1 | 80 |
| | 小型個案研討會 | 2 | 60 |
| 中區大學院校輔導工作協調諮詢中心 | 個案諮商專業督導會計畫 | 1 | 162 |
| | 校園精神疾病的認識與處理個案研討會 | 1 | 80 |
| | 合理情緒行為治療模式工作坊 | 1 | 35 |
| | 校園危機處理網路研討會 | 1 | 150 |
| | 中區輔導主任會議實施計畫 | 1 | 80 |
| | 遊戲治療實施計畫 | 1 | 36 |
| | 大學院校輔導義工聯合研習營 | 1 | 120 |
| | 專科學校輔導義工聯合研習會 | 1 | 75 |
| | 「九二一」地震校園心理輔導與復健研討會 | 1 | 70 |
| | 短期諮商工作坊 | 1 | 40 |
| | 大專校院師生人際溝通工作坊 | 1 | 40 |
| | 藝術治療實施計畫 | 1 | 25 |
| | 校園兩性問題個案研討會 | 1 | 50 |
| | 認識同志工作坊暨輔導主任會議 | 1 | 5 |
| | 專職行政人員工作研習會暨輔導主任會議 | 1 | 55 |

表 6-10　大專校院輔導諮詢中心工作成果一覽表（續）

| 分區 | 工作名稱 | 辦理場次 | 參與人數 |
|---|---|---|---|
| 南區大學院校輔導工作協調諮詢中心 | 大專學生問題行為之輔導策略 | 1 | 100 |
| | 青少年自殺之輔導 | 1 | 50 |
| | 分區個案研討 | 1 | 50 |
| | 遊戲治療進階計畫 | 1 | 60 |
| | 遊戲治療 | 1 | 50 |
| | 結合家庭與個人之輔導——家族治療工作坊 | 1 | 60 |
| | 專業個案研討會 | 1 | 60 |
| | 生命教育工作坊 | 1 | 50 |
| | 新舊學生輔導中心主任經驗傳承研討會 | 1 | 50 |
| | 大學院校性騷擾與性侵犯處理研討會 | 1 | 80 |
| | 短期心理諮商研討會 | 1 | 80 |
| | 義務（兼任）輔導老師輔導技能在職訓練 | 1 | 50 |
| 總計 | | 75 | 4,616 |

資料來源：教育部（2001：18）。

表 6-11　各大專校院辦理主題輔導週成果一覽表

| 分區 | 承辦學校 | 計畫名稱 |
|---|---|---|
| 北區大學院校輔導工作協調諮詢中心 | 輔仁大學 | 兩性關係 |
| | 淡江大學 | 情緒管理與壓力調適 |
| | 中央大學 | 「九二一」震災心靈重建 |
| | 世新大學 | 兩性情感 |
| 北區專科學校輔導工作協調諮詢中心 | 萬能技術學院 | 生命教育 |
| | 明新技術學院 | 休閒輔導 |
| 中區大專校院輔導工作協調諮詢中心 | 臺中師院 | 生命教育 |
| | 樹德工商專 | 兩性關係 |
| 南區大專校院輔導工作協調諮詢中心 | 中華醫事學院 | 人生意義 |
| | 嘉義大學 | 潛能激發 |
| | 高雄第一科技大學 | 生涯輔導與壓力調適 |
| 總計 | 11 場次 | |

資料來源：教育部（2001：19）。

## 6. 定期辦理輔導學術及實務研討活動

表 6-12　各機關學校及民間團體辦理輔導學術研討會情形一覽表

| 場次 | 辦理單位 | 活動名稱 | 人數 |
|---|---|---|---|
| 1 | 臺北市生命線協會 | 自殺防治工作研討會 | 250 |
| 2 | 中華民國兒童保健協會 | 「想了解您的孩子嗎」——現代親子溝通研討會 | 200 |
| 3 | 中華民國兒童保健協會 | 震災兒童的創傷與復健研討會 | 400 |
| 4 | 臺北市政府 | 臺北市公私立高國中生命教育工作實務研討會 | 300 |
| 5 | 中國輔導學會 | 跨世紀輔導諮商工作的省思與再出發 | 500 |
| 6 | 中國輔導學會 | 2000 年諮商專業發展學術研討會——邁向新世紀的諮商與輔導 | 700 |
| 7 | 財團法人人格建構工程學研究基金會 | 青少年人格建構研討會 | 120 |
| 8 | 高雄師範大學 | 千禧年「全國兩性平等教育學術研討會」 | 200 |
| 9 | 財團法人婦女新知基金會 | 兩性平等教育資源中心學校暨「九年一貫課程」試辦學校工作發展研討會 | 265 |
| 10 | 南華大學 | 性別教育與生命教育學術研討會 | 120 |
| 總計 3,055 人 |||| 

資料來源：教育部（2001：20）。

## 7. 編印《學生輔導》雙月刊

表 6-13　《學生輔導》雙月刊各期主題一覽表

| 期別 | 主題焦點話題 | 出刊時間 |
|---|---|---|
| 63 | 心理測驗 | 1999 年 7 月 5 日 |
| 64 | 班級輔導 | 1999 年 9 月 5 日 |
| 65 | 黑幫入侵學校 | 1999 年 11 月 5 日 |
| 66 | 「九二一」災後輔導 | 2000 年 1 月 5 日 |
| 67 | 導師與輔導 | 2000 年 3 月 5 日 |
| 68 | 諮商技巧 | 2000 年 5 月 5 日 |
| 69 | 性教育 | 2000 年 7 月 5 日 |
| 70 | 青少年價值觀輔導 | 2000 年 9 月 5 日 |
| 71 | 教師與輔導工作 | 2000 年 11 月 5 日 |

資料來源：教育部（2001：20）。

需要指出的是，「青少年輔導計畫」實施期間，正逢臺灣地區教育改革運動蓬勃興起。作為教育改革的一項重要內容，學校輔導也開始經歷巨大的調整與改革，在這種情況下，「青少年輔導計畫」的實施不可避免地被打了折扣，整個計畫並未全程實施，多少顯得虎頭蛇尾，執行情況已經遠不如「輔導工作六年計畫」。

## 第三節　建立學生輔導新體制 ──「教訓輔三合一」整合實驗方案

為了實現輔導工作與學校教育體系的有效整合，教育部 1998 年 7 月 21 日函頒《建立學生輔導新體制 ── 教學、訓導、輔導三合一整合實驗方案》，主要目的在於引進輔導工作初級預防、二級預防、三級預防觀念，培養教師具備統整的教、訓、輔理念與能力，激勵學校教師全面參與學生輔導工作（廖茂村，2003：108）。「教訓輔三合一」方案中的「三」，指的是三種人：教學人員（所有教師）、訓導人員以及輔導人員。「一」指的是學生輔導工作，「合」則希望本方案實施之後，能帶動三種人產生「交互作用、整合發展」，把學生輔導工作做得更為周延（鄭崇趁，2003：22）。

這一方案為教育部十二項教改行動方案之一，與《邁向學習社會白皮書》所列的十四項行動方案，並稱為帶動組織文化改革的兩大方案（鄭崇趁，2005：78）。

### 一、「教訓輔三合一」整合實驗方案的緣起

「教訓輔」的興起緣於教育改革總諮議報告的建議，以及 1998 年初清華大學研究生不幸事件。教育改革總諮議報告（行政院，1996）建議「學

校應進行訓輔整合，建立學生輔導新體制」，且最主要的內涵為「訓輔整合」工作，這是「教訓輔三合一」興起的起因之一。這時，清華大學兩位關係密切的碩士班女同學因同時與一位博士班男同學交往，導致甲女殺害乙女，之後又以其專業知能，調製王水試圖毀屍滅跡，引起各界人士震驚，直接促進了「教訓輔」方案的產生。行政院副院長劉兆玄認為學生之所以會發生類似問題，單靠訓導與輔導人員的努力遠遠不夠，應設法鼓勵所有教師一起投入大學生輔導工作。因此行政院在擬訂「教訓輔」行動方案時，明確指出「學校應結合社區資源，建立教學與訓導、輔導三合一之學生輔導新體制」（鄭崇趁，2000c：15）。

## 二、「教訓輔三合一」方案的主要精神及架構

　　教育部依行政院教育改革推動委員會決議，實施《建立學生輔導新體制 —— 教學、訓導、輔導合一整合實驗方案》，希望激勵一般教師全面參與輔導工作。除了具體規範教師在教學歷程中負責輔導學生之責外，還要培養全體教師皆具輔導理念與能力，以達教師輔導學生之責。「教訓輔三合一」方案反映了這一時期教育部門極力推動學校輔導知能的普及化，讓更多的教師擔負起輔導學生健康成長的職責，也反映了教育部門希望輔導工作朝著整合性的方向發展，透過與其他教育形式的有效配合，提高學校教育的成效。

### （一）「教訓輔三合一」方案的主要精神

　　「教訓輔」的主要精神在於四個方面（鄭崇趁，2000c：20-22）：實現帶好每位學生的教改願景；學校能夠充分發揮教學、訓導、輔導學生的功能；教師與行政人員能夠產生最佳互動模式；所有教師均能善盡有效教學及輔導學生之責任，發揚教師大愛（如圖6-1）。

圖 6-1　「教訓輔三合一」的主要精神與實施策略結構

資料來源：鄭崇趁（2000c：25）。

## 1. 帶好每一位學生

即不僅帶好一般常態的學生，還要能帶好非常態的學生，從適應的觀點而言，適應困難、行為偏差甚至犯罪有案返校就讀的學生均需照顧。從學校實施「教訓輔三合一」的角度來看，可以針對不同性質的學生採用不同的策略：對一般學生以教育和輔導為重心，採用初級預防和教學為主；對適應困難的學生以輔導和諮商為重心，採用次級預防和輔導為主；對有偏差行為的學生以訓育和諮商為重心，採用三級預防和訓輔兼施的方案；對犯罪返校就讀的學生，以三級預防和矯正教育優先。

## 2. 結合社區資源發揮學校「教訓輔」功能

學生行為日趨複雜多變，要「建立學生行為輔導新體制」，單靠學校教師以及訓輔人員的力量還是不夠，依據教改會總諮議報告之原意以及行政院教育改革推動小組審查「十二行動方案」之建議，「教訓輔」的主要精神之一就在於有效地引入社區輔導資源，發展出「以輔導為核心」、「管

教為輔助」的學校訓輔功能。

## 3. 孕育最佳互動模式

「教訓輔三合一」具有「交互作用、整合發展」之意，其實施主要在於充分彰顯兩系統（教學人員與訓輔人員）人際層次之間的相互支援結果，產生一種最佳互動模式與內涵，所有教職員工與學生教學之間形成積極、責任、感恩、愛人、努力的氛圍，並彼此激勵，力求進步成長。

## 4. 發揚教師大愛

「教訓輔」照顧的對象是學生，因此學校行政與教師實施的方法必須以「為了學生的健康發展」為中心，進行有效教學，辨識學生問題行為，融輔導理念於教學過程中，擔任導師做好班級經營，認輔學生，對於特殊需要學生給予個別關懷，了解運用網絡資源等，透過多元途徑協助學生，關愛學生，使教師的大愛得到充分的發揚。

## (二)「教訓輔三合一」方案的構成

「教訓輔三合一」方案嘗試從四個層面建立學生輔導新體制：系統規劃教師輔導職能；教師有效教學；訓輔行政組織調整；建立學校輔導網絡（鄭崇趁，1999：90）。

## 1.「教訓輔三合一」的目標、策略與方法

實現「最佳互動模式與內涵」是「教訓輔三合一」方案的主要目標。該目標明確表示：「建立各級學校教學、訓導、輔導三合一最佳互動模式與內涵，培養教師具有『教訓輔』統整理念與能力，有效結合學校與社區資源，逐步建立學生輔導新體制。」期望能達到教學人員與訓輔人員產生「交互作用、整合發展」效果，能以「最佳互動模式與內涵」為學生服務。1999 年，鄭崇趁將本方案之目標、策略、方法，進一步予以結構化，列成表格（如表 6-14 所示），其中策略的第一項內容主要指成立推動計畫實施的組織機構，其餘內容則為實際工作的重點。

表 6-14 「教訓輔三合一」方案結構表

| 目標 | 策略 | 方法 |
|---|---|---|
| 建立各級學校教學、訓導、輔導三合一最佳互動模式與內涵，培養教師具有教訓輔統整理念與能力，有效結合學校及社區資源，逐步建立學生輔導新體制。 | 成立規劃執行組織 | 1. 成立「建立學生輔導新體制規劃委員會」<br>2. 擬定實驗學校實驗計畫<br>3. 辦理學生輔導新體制實驗績效評估 |
| | 落實教師輔導學生職責 | 4. 落實教師在教學歷程中輔導學生之責任<br>5. 培養全體教師皆具有輔導理念與能力<br>6. 實施每位教師皆負有導師職責<br>7. 鼓勵每位教師參與認輔工作 |
| | 提升教師有效教學 | 8. 策勵教師實施高效能的教學，幫助學生獲得人性化及滿意的學習<br>9. 強化各科教學研究會功能，將輔導理念融入教學歷程，提升教學品質<br>10. 實施教學視導及教師評鑑 |
| | 調整訓輔行政組織 | 11. 調整學校訓導處之行政組織及人員編制，兼具輔導學生之初級預防服務功能<br>12. 調整學校之輔導室（學生輔導中心）之行政組織及人員編制，加強各級心理輔導及諮詢服務工作<br>13. 調整學校行政組織及人員編制 |
| | 建構學校輔導網絡 | 14. 建立學校輔導網絡，結合社區資源，協助辦理學生輔導工作<br>15. 運用社區人力資源，協助學校推動教育工作<br>16. 研訂學校教師輔導工作手冊<br>17. 辦理學校教師、行政人員、義工及家長研習活動 |

資料來源：教育部（1998），引自鄭崇趁（1999：91）。

## 2.「教訓輔三合一」的評估指標

　　「教訓輔三合一」方案在臺灣實施四年以來，根據實驗學校的實施現狀提出了相應的評估指標。

### (1) 社會輔導資源的利用

　　「建立學校輔導網絡」為「教訓輔三合一」方案四大核心工作之一，包括建立輔導網絡系統和實際運作兩個層面，實驗學校基本已建立輔導網絡系統，然而實際運作與否才是有效利用社會輔導資源的關鍵，比如是否與網絡中的社輔機構相聯繫，學校中的大型活動是否有邀請社區人員參與等等。

### (2) 學校的輔導文化氛圍

　　「教訓輔三合一」旨在經營一個具有輔導文化的學校，也就是人性化的校園文化組織，教師們帶著自己的人文素養願意無條件並且有能力關愛學生，行政措施與活動規劃均能從學生最大價值考慮，師生互動良好，到處展現積極、主動、關愛、交互支援、力爭上游的優質組織文化。

### (3) 教職員工之間的合作與自身成長

　　合作主要指行政人員與教師的實際互動，如行政人員規劃活動時，教師的參與、認可和落實程度。成長指教師必須具備人文素質，在勝任有效教學之餘願意輔導學生、關愛學生以及協助學生，並且能夠在「帶好每位學生」的前提下，給予「適應困難」及「行為偏差」學生個別關懷及愛心相伴，形成全校教師均願意認輔一至二位學生，落實「個別輔導」的局面。學校教師認輔學生的比例也是「教訓輔三合一」方案成效評估點之一。

### (4) 學生妥善照顧的落實程度

　　「教訓輔三合一」方案希望能夠實現「帶好每位學生」的教改願景，從「輔導學生」的立場來看，學校中的每位學生是否均已得到老師們的妥善照顧是一個可觀察的具體指標，尤其是學校中「適應困難」、「偏差行為」學生，以及「學業成就低下」的學生是否有一完整的輔導機制。

## 三、「教訓輔三合一」的實施成效與問題檢討

1998 年，教育部將「教訓輔三合一」納入教育改革十二項行動方案之一，採用邊實驗邊總結、逐步推廣的策略，先在部分學校小規模（28 校）試辦，經評估檢討後，再進行中型規模（區域）試辦。最後再對試辦結果進行評估與檢討，確認可行之後逐步擴大試辦學校。「教訓輔三合一」方案的實施，改變了輔導工作的原有方式，加強了輔導工作與其他教育工作的配合，開始探索建立教學、訓導與輔導有效協同的工作機制。

### （一）「教訓輔三合一」方案的實施成效

鄭崇趁（2003：82-84）透過對教師的調查，得出了「教訓輔三合一」方案的各項指標實施情況，結果如下（如表 6-15 至 6-19）：

表 6-15　「教訓輔三合一」方案總目標之達成程度

| | 合計 | | 充分達成 | | 大部分達成 | | 成效平平 | | 不太理想 | | 極不理想 | |
|---|---|---|---|---|---|---|---|---|---|---|---|---|
| | 人 | % | 人 | % | 人 | % | 人 | % | 人 | % | 人 | % |
| 合計 | 1,198 | 100 | 45 | 3.8 | 553 | 46.2 | 493 | 41.2 | 87 | 7.3 | 20 | 1.7 |

表 6-16　「教訓輔三合一」方案第一項任務指標達成程度
　　　　　（激勵教師全面參與輔導工作）

| | 合計 | | 充分達成 | | 大部分達成 | | 成效平平 | | 不太理想 | | 極不理想 | |
|---|---|---|---|---|---|---|---|---|---|---|---|---|
| | 人 | % | 人 | % | 人 | % | 人 | % | 人 | % | 人 | % |
| 合計 | 1,198 | 100 | 104 | 8.7 | 622 | 51.9 | 389 | 32.5 | 76 | 6.3 | 7 | 0.6 |

表 6-17　「教訓輔三合一」方案第二項任務指標達成程度
（增進教師有效教學措施）

| | 合計 | | 充分達成 | | 大部分達成 | | 成效平平 | | 不太理想 | | 極不理想 | |
|---|---|---|---|---|---|---|---|---|---|---|---|---|
| | 人 | % | 人 | % | 人 | % | 人 | % | 人 | % | 人 | % |
| 合計 | 1,198 | 100 | 98 | 8.2 | 628 | 52.4 | 415 | 34.6 | 50 | 4.2 | 7 | 0.6 |

表 6-18　「教訓輔三合一」方案第三項任務指標達成程度
（彈性調整訓輔行政組織運作）

| | 合計 | | 充分達成 | | 大部分達成 | | 成效平平 | | 不太理想 | | 極不理想 | |
|---|---|---|---|---|---|---|---|---|---|---|---|---|
| | 人 | % | 人 | % | 人 | % | 人 | % | 人 | % | 人 | % |
| 合計 | 1,200 | 100 | 45 | 3.8 | 495 | 41.3 | 519 | 43.3 | 120 | 10 | 21 | 1.8 |

表 6-19　「教訓輔三合一」方案第四項任務指標達成程度
（建立學校輔導網絡）

| | 合計 | | 充分達成 | | 大部分達成 | | 成效平平 | | 不太理想 | | 極不理想 | |
|---|---|---|---|---|---|---|---|---|---|---|---|---|
| | 人 | % | 人 | % | 人 | % | 人 | % | 人 | % | 人 | % |
| 合計 | 1,199 | 100 | 65 | 5.4 | 509 | 42.5 | 466 | 38.9 | 140 | 11.7 | 19 | 1.6 |

　　由以上調查結果可知，這一時期的「教訓輔三合一」方案實驗，大部分教師的觀點都選擇了「大部分達成」與「成效平平」，其中選擇「大部分達成」的人數比選擇「成效平平」稍多一些，唯獨「彈性調整訓輔行政組織運作」這一專案，選擇「成效平平」的人數略多於選擇「大部分達成」的人數。此外，極少教師認為「充分達成」、「不太理想」、「極不理想」。可見，大部分教師都認為「教訓輔三合一」方案實施後，輔導工作的各項內容都取得了一些成績，但在各項目標中，「調整訓輔行政組織運作」卻是實施情況相對較差的一項。

由表 6-20、6-21 可知，在「教訓輔三合一」方案實施過程中，在教師輔導知能提高、促進教師參與開展輔導工作方面效果較好，在促進輔導工作與訓導的體制整合、輔導評鑑以及輔導工作與社區的配合方面效果較差。這也從側面反映了「教訓輔三合一」方案的實施要想實現「建立學生輔導新體制」，遠比提升教師的輔導知能要難。

表 6-20 「教訓輔三合一」方案推動之十七大項具體工作，實施績效最好之三項

| 項目 | (07) 鼓勵每位教師參與認輔工作 | (05) 培養全體教師皆具有輔導理念與能力 | (17) 辦理學校教師、行政人員、義工及家長研習活動 |
|---|---|---|---|
| 人次 | 554 | 446 | 421 |

表 6-21 「教訓輔三合一」方案推動之十七大項具體工作，實施績效最不理想之三項

| 項目 | (13) 調整學校行政組織及人員編制 | (10) 實施教學視導及教師評鑑 | (15) 運用社區人力資源，協助學校推動教育工作 |
|---|---|---|---|
| 人次 | 398 | 395 | 314 |

從表 6-22 中可以看出，全體教師輔導知能的提升、教師對學生的輔導、教學與輔導的結合這三項內容對輔導工作的開展具有重要作用。

表 6-22 「教訓輔三合一」方案推動之十七大項具體工作，影響輔導工作發展最重要之三項

| 項目 | (05) 培養全體教師皆具有輔導理念與能力 | (04) 落實教師在教學歷程中輔導學生之責任 | (08) 策勵教師實施高效能的教學，幫助學生獲得人性化及滿意的學習 |
|---|---|---|---|
| 人次 | 564 | 515 | 409 |

　　表 6-23 充分顯示了「教訓輔三合一」方案實施後，主要成效還在於教師輔導工作的實施能力及參與輔導工作的意願提升方面。

**表 6-23**　「教訓輔三合一」方案規劃教師輔導學生職責之六大工作專案，已具實質績效之三項

| 項目 | (03) 導師（讓導師具備班級經營理念及團體動力知能） | (02) 教學中輔導（讓教師具有辦理學生行為問題能力而從教學中輔導） | (04) 認輔教師（讓教師願意擔任認輔教師個別關懷學生） |
|---|---|---|---|
| 人次 | 745 | 637 | 618 |

　　綜合以上調查結果，可以發現「教訓輔三合一」方案的四大內容（落實教師輔導學生職責、提升教師有效教學、調整訓輔行政組織、建構學校輔導網絡）中，前兩項內容實施情況較好，後兩項內容的成效相對不明顯。從「教訓輔三合一」方案的初衷來看，建立學生輔導新體制是其最為重要的目標之一，但是以上調查結果卻顯示輔導新體制的建立並不容易。畢竟要想實現訓導和輔導以及其他機構的有效整合，必須破除原有的觀念，透過體制上的探索與創新找到適切的整合方式。

　　綜合而言，「教訓輔三合一」方案的實施，還是取得了一定的成果。教師在教學過程中融入輔導的理念，增強了教學的人性化，教學品質與實驗前相比有所提升；學校的輔導室由原來的配角晉升為主角，學校的訓導與輔導組織的運作更加彈性化，更能適應學生與教師的需求；學校、社會、家庭開始更多的配合；社區資源的投入與輔導網絡的建立與運用，為學生在發生困擾或挫折時及時化解危機發揮了作用，並成為這個方案的一個最顯著的成果（王宏方，2002：27）。此外，許多社會輔導機構也和學校開展了更為密切的聯繫，例如警察局的少年輔導委員會、兒童福利中心、家庭扶助中心、家庭教育中心等機構都與學校的輔導工作相互配合，共同為學生提供更為有效的輔導服務。當然，「學校的發展成果不是一朝一夕形

成的……而三合一方案的理念、目標也非一蹴可幾,可能需要更多的時間才能顯現出其效應來,有些成效是日積月累逐漸醞釀出來的」(吳錫鑫,2003:129)。

## (二)「教訓輔三合一」方案的問題檢討

「教訓輔三合一」方案自 1998 年公布實施以來,有效帶動學校的實質改變,其「交互作用、整合發展」的影響力,已為學校組織再造營造了可予發展(升級)之基礎,但在執行過程中仍有一些核心問題未能有效解決,在理念和具體操作上都存在許多有爭議的地方。

林清文在中國輔導學會四十週年慶學術討論會暨 1998 年年會上就「教訓輔三合一」整合實驗方案提出自己的觀點,認為整體方案對於輔導新體制的規劃仍植根於輔導、訓導的二分思考,方案中的組織調整構想仍落入訓導、輔導二元對立的思維。劉焜輝(2006 口述,見本書附錄 II)更是認為「把輔導變成一個三級的預防模式絕對是錯誤的,因為它違反了本質。」

「教訓輔三合一」方案在實施過程中,還存在以下問題(鄭崇趁,2003:84-86):

一是理解該教育改革方案實質者為數不多。除教育部同仁中的訓委會成員能真正了解本方案外,其他教育行政人員以及地方規劃委員和督導大部分未能深入解讀方案內涵。

二是「換湯不換藥」現象普遍存在。教改總諮議報告第 43 頁明示「學校應行訓輔整合,建立學生行為輔導新體制」,在行動方案中進一步明示「學校應整合社區資源,建立教學與訓導、輔導三合一之學生行為輔導新體制」,「以實驗結果作為修法之基礎」,但大部分實驗學校僅僅將訓導處改為學生事務處,核心事務邊緣化。

三是專業化程度不夠,行政支持較欠缺。口頭談「認輔」的多,真正實施的少,且在實施過程中要求全部教師的參與還需行政上的支持。

儘管「教訓輔三合一」在實施過程中存在一些不足,但大部分專家如

鄭崇趁（2003：86-87）等，對該方案寄予了厚望。認為方案在教育輔導發展史上有其獨特的角色與歷史價值，隨著方案的進一步實施，將進一步貼近民意，發揮更好的作用。

首先，在教育行政部門以及學校層面行政的支持中，將「教訓輔三合一」方案的工作納入年度發展計畫，甚至制定校級「教訓輔三合一方案績效評估量表」，進一步落實認輔制度。

其次，真正實現輔導的專業化，如能夠定期進行「輔導網絡及危機處理小組」的演練，提供相應的學習進路改革以及課程內容的改革。希望在部門之間、教師之間、教學與訓輔人員之間實現「交互作用，整合發展」。

最後，應以「輔導學生，管理事務」的概念重新整合學生的事務工作。發展學生輔導的專業分工體系理念，釐清教師的學生輔導權責──學校教師不是「認輔者」或專業的輔導工作者，他們是一種資源，以本身具有的資源協助學生，輔導教師對於個案學生應負起輔導的責任，而不是分案。

總體而言，教育部公布的「教訓輔三合一」方案，引進了輔導活動三級預防觀念，配合學校行政組織的彈性調整，激勵一般教師積極投身於學生輔導工作，並結合社區資源構建學校輔導網絡，其初衷雖然是美好的，但如何將實驗方案中的種種願景落實於行動，如何實現理念與具體實施過程的整合，則仍存在許多有待解決的問題。

## 第四節　「九年一貫課程」中的輔導活動

因時代變遷快速，環境變化迅猛，教育部門先後於 1993 年和 1994 年修訂公布了《國民小學課程標準》和《國民中學課程標準》，之後又於 2000 年 9 月公布了涵蓋國小一年級至國中三年級各學習階段的《國民中小學九年一貫課程暫行綱要》（以下簡稱「九年一貫課程」）。所謂「九年一貫課程」，其「一貫」的意旨在於，在學制上把國小六年和國中三年制改為

一至九年級，且課程以七大學習領域直接貫穿於九個年級。

# 一、教育改革中的「九年一貫課程」

「九年一貫」的構想源於李遠哲召集的行政院教育改革審議會在教育改革諮議報告書中提出的教育改革建議。報告指出，臺灣當時的學校課程「分科太細，缺乏統整；教材太難，不夠生活化；上課時數太多，教學方法及評量方式亦過於僵化」。因此，有必要對現有的學校課程進行一次改革，改變學校課程體系中存在的缺乏整體一貫性的問題。

1997 年 4 月，教育部召集專家學者、校長、主任、教師、家長、民意代表、實業界、婦女界、前行政院教改會委員及相關業務行政人員成立「國民中小學課程發展專案小組」，積極修訂《國民中小學九年一貫新課程綱要》，並於 1998 年 9 月 30 日公布了《國民教育階段九年一貫課程總綱要》。在教材方面，教育部編印了《國民中小學九年一貫課程綜合活動學習領域教學示例手冊》以及《國民中小學九年一貫課程綜合活動學習領域基礎研習手冊》，臺灣省國民學校教師研習會編印了《九年一貫課程綜合活動領域教學示例》。

九年一貫新課程以學生、生活為中心，以七大學習領域取代現行的學科，教學以統整、合科為原則，顧及學生、學校及社區的需要，實施學校本位的課程發展，提升教師的專業自主性，培養學生基本能力，讓教育改革的理念真正落實於一般的生活當中（吳麗娟，2000：3369）。

「九年一貫課程」改革，「無論在改革的理念，或課程的目標、內容、組織、實施與行政上，均有諸多突破傳統的新思維和新做法」（黃嘉雄，2002：31），例如：「在改革理念上，強調培養具有人本情懷、統整能力、民主素養、鄉土與國際意識及能進行終身學習的健全國民。提出十項課程目標，並具體擬出十項基本能力指標」（教育部，2000）。這十項基本能力指標為：增進自我了解，發展個人潛能；培養欣賞、表現、審美及創作

能力；提升生涯規劃與終身學習能力；培養表達、溝通與分享的知能；發展尊重他人、關懷社會、增進團隊合作的能力；促進文化學習與國際了解；增進規劃、組織與實踐的知能；運用科技與資訊的能力；激發主動探索與研究的精神；培養獨立思考與解決問題的能力。

「在課程內涵上，則將原來國民小學的 11 學科和國民中學的 21 必修學科及其他選修科，整合為語文、社會、數學、自然與生活科技、健康與體育、藝術與人文、綜合活動等七大學習領域，並將兩性、家政、環境、資訊、人權和生涯發展等六大教育議題融入於七大學習領域課程中」（黃嘉雄，2002：32）。表 6-24 列出了有關七大學習領域的名稱及學習階段劃分表。

表 6-24　國民中小學「九年一貫課程」學習領域與階段劃分表

| 學習領域 ＼ 年級 | 一 | 二 | 三 | 四 | 五 | 六 | 七 | 八 | 九 |
|---|---|---|---|---|---|---|---|---|---|
| 語文 | 本國語文 | | | 英語 | | | 英語 | | |
| | | | | 本國語文 | | | 本國語文 | | |
| 健康與體育 | 健康與體育 | | | 健康與體育 | | | 健康與體育 | | |
| 數學 | 數學 | | | 數學 | | 數學 | | 數學 | |
| 社會 | 生活 | | | 社會 | | 社會 | | 社會 | |
| 藝術與人文 | | | | 藝術與人文 | | 藝術與人文 | | 藝術與人文 | |
| 自然與生活科技 | | | | 自然與生活科技 | | 自然與生活科技 | | 自然與生活科技 | |
| 綜合活動 | 綜合活動 | | 綜合活動 | | 綜合活動 | | 綜合活動 | | |

資料來源：黃嘉雄（2002：37）。

## 二、綜合活動學習領域中的輔導活動

「九年一貫課程」總綱綱要中明確規定，「綜合活動」包含輔導活動、

團體活動及運用校內外資源獨立設計之學習活動。因此,「九年一貫課程」實施後,輔導課程就被併入「綜合活動」學習領域中,不再設置獨立的輔導學科課程。至此,從 1958 年以來在中小學實施的輔導工作不再以獨立課程的形式存在,這項改革對於中小學輔導工作而言,可謂是動搖根基的巨大調整。

輔導工作融入到「綜合活動」學習領域之中,其理念也貫穿到「綜合活動」學習領域的許多方面,例如:綜合活動學習領域有四大基本理念,分別為:提供反思訊息——提供給學生獲得直接經驗的機會,使學生能檢驗知識與體會意義;擴大學習經驗——調動學生的多種感官,協調行動,提供更開放、更多面的學習環境;推動整體關係——綜合活動課擁有與其他六個學習領域一樣多的學習課時,提供學校統整各學習領域的認知、情感與技能等學習內容的機會;鼓勵多元、自主——鼓勵各個學校依據學校實際情況和實際需要,自行設計各具特色的綜合活動課程。

「綜合活動」學習領域設定有四大目標:生活實踐——強調培養學生在真實生活中的實踐能力;體驗意義——重視學生在實踐活動中體驗活動的意義,並在體驗、反思過程中增進對自己的了解;個別發展——針對學生不同能力、興趣、需求設計多元的活動,因材施教,提供個別發展的學習機會;學習統整——「學校成立『綜合活動課程小組』以獨立之設計,運用校內外資源,進行若干學習領域的統整設計」(高紅瑛,2000:3377)。

從「綜合活動」學習領域的理念與目標上看,都是以「全人」的培養為核心價值觀。鼓勵學生的自我成長,注重生活習慣的培養,關注學生的道德發展,這些「綜合活動」學習領域的核心目標與輔導工作的內涵是吻合的,也符合教育部門宣導的以輔導理念來推動教育改革的一貫做法。

從輔導工作開展的實際情況來看,輔導活動被整合到「綜合活動」學習領域後,輔導工作在學校中的實際地位降低了,輔導工作的開展也受到了影響。由於「綜合活動」學習領域包含內容眾多,各部分都在極力爭搶課時。「教育部課程發展委員會」就提到,各個領域的時數分配,其實是

充滿各個委員會之間的較勁，也就是誰的力量大，誰就可能爭取到比較多的課時數（周祝瑛，2003：204）。在這種情況下，輔導活動在教育體系中的先天弱勢地位難以保證其擁有足夠的課時，輔導工作的開展必然受到影響。另一方面，輔導活動的實施也容易受到各種主觀人為因素的影響。「綜合活動」包含輔導活動，可是被學校安排上綜合活動課的教師來自各式各樣的學科領域，有擅長家政的，有擅長戲劇舞蹈的，大部分與輔導專業無關。「在這樣的設計前提之下，為了落實國民中小學的輔導工作，必須非常慎重地發展和規劃綜合活動的課程內涵，以免在課表上沒有輔導活動的現實之下，班級輔導活動亦淪為名實俱亡的命運」（吳正勝，1999：71）！所以「要理出輔導活動在綜合活動課程裡的角色地位，尚需深入探索」（吳正勝，1999：73）。

## 三、「九年一貫」課程改革對輔導工作的影響

正如詹志禹（2000：1）在〈九年一貫課程改革春秋〉中寫到的：「春秋是一段歷史，我們都用行動在寫歷史，春秋是一段擾攘的歷史，意涵即將進入戰國。」九年一貫新課程總綱公布，輔導活動課程與團體活動、童軍教育統整為「綜合活動」學習領域，引起了臺灣輔導學界的強烈爭議，也對於培養輔導專業師資的師範院校及相關系所造成相當程度的衝擊（吳正勝，1999：76-77）。作為學校輔導工作開展幾十年來重要內容的輔導活動課程，在「九年一貫」課程改革實施後，被取消了獨立學科課程的地位。這種改變對於輔導學界而言，的確是一個巨大的撼動。

事實上，「九年一貫」課程改革是針對整個課程體系做出的調整。在這個過程中，教育行政部門只是將輔導工作作為整個教育體系的一部分進行考慮。在這種背景下，對輔導工作的安排和考慮必然不可能只從輔導工作自身的角度出發，更多是從整個教育工作體系改革的角度進行綜合安排。另外，從理念上看，輔導工作整合到「綜合活動」學習領域，體現了教育

行政部門以及教育改革者們希望輔導工作融入學校教育體系的一貫理念。但是，在實際的實施過程中，這種理念是否符合學校輔導工作的實際情況，是否有助於充分發揮輔導工作的功能，卻是眾說紛紜。

「九年一貫」課程改革的實施引起輔導界的一陣議論，更對培養輔導專業師資的師範院校相關系所造成衝擊，最明顯的疑慮有四（吳正勝，1999：76-77）：

一是沖淡原本重視輔導工作的教育特色，降低輔導活動課程的重要性。

二是輔導教師失去了專業領域。由於無輔導活動科目，那麼在教師登記時有何配套措施，讓具專業條件的師資可以登記為「輔導教師」？輔導相關系所畢業學生將何去何從？

三是輔導師資的編制問題。如果在新課程裡，綜合活動時間所占時數比例在 15%以下，那麼在國中要包含輔導活動、團體活動及童軍教育，則授課時間分配不足，輔導教師的配備比例自然也會受到影響。

四是綜合活動學習領域課程教師由誰來主導？「綜合活動學習領域」顯然已不只是輔導活動，那麼也就不是「輔導活動科教師」或「團體活動科教師」甚至「童軍教育科教師」所能擔任的，那麼「綜合活動科教師」該由誰擔任主要角色？

輔導學界專家的顧慮不無道理。由於輔導尚未真正融入整個社會民眾以及教育者的觀念中，輔導工作自身的建設還存在許多問題，在這種情況下將輔導與其他工作整合，只會讓人感覺輔導工作在學校教育中比重的縮小，直接導致輔導工作地位的弱化。同時，輔導活動被納入「綜合活動」學習領域之下，通常由不同學科背景的教師擔任「綜合活動」課程的教學，在實際教學中，常常出現其他學科擠占輔導工作的應有時間，導致輔導工作的開展時間上得不到保證。不少學校因為師資不足，或要將課程配給學科教師，以因應基本學力測驗。部分學校因為缺少專業教師，將綜合領域課程的三節課變成兩節綜合，一節配給學科教師自行運用，或三節課分別切割給三位教師上課（林小麗，2004：189）。

　　「九年一貫」改革後的課程，也為教師帶來巨大的挑戰。課程統整之後，輔導教師首先要接受課程統整的訓練，增進課程綜合能力，強化統整課程設計的能力。同時還必須打破過去單打獨鬥的傳統，走出自己的領域和其他領域的教師相互交流，以協同、統整各種團隊的方式，設計出以學生為主體並具有統整性的課程方案（吳麗娟，2000：3369）。這無疑提高了對輔導教師專業能力以及相互協調能力的要求。因此，在課程改革後的短期內，輔導教師必然無所適從。

　　也有教師對於「九年一貫」課程改革表示贊同，認為教育改革激發了自己的思考。「九年一貫課程的革新熱潮，不斷強調要讓孩子們能學到真正帶得走的能力。怎樣的內涵才是真正可以培養孩子帶得走的能力？怎樣的教學才能讓孩子健康快樂成長？過去照本宣科教學多年，一直未曾努力思考自己的教學是否合乎孩子的需要，所教的內容是否真正對孩子有意義。直接面對教改，身為教師的我們，開始需要深入了解新課程的理念與內涵，要統整過去教學活動的精華，配合時代潮流和學生特質，設計出更系統化、更多元化、更統整化、更能達成教育目標的課程內容」（林小麗，2004：192）。「綜合活動的實施，是教改中最有條件實施的一項，最有生命力的一項改革方案。其他領域，可能由於升學壓力依然存在，或其他主客觀條件實施起來較為艱辛，但是，綜合活動，應該是可以讓老師和學生都一起快樂成長的課程。如果不再緊張要教完多少技能，不再擔心要趕時間做很多活動，而是讓老師選擇做適合學生成長與學習的重點，不斷帶學生體驗與省思，相信在一段日子的變化之後，我們的孩子會變得較知道思考，較知道內省，較為了解自己，較知道如何追求生命的價值與意義。原來的分科科目教師會因為不斷互相協同學習而更求新、求進步，將最好的教材教法帶給學生。隨著時代的進步，我們或許要拋棄一些過去舊知識的包袱，迎接新時代和未來」（林小麗，2004：185-186）！由此可見，教育改革激發了部分教師對於教育教學工作的思考，這種反思無論對於教學還是輔導工作，在理念上都是一種重要的提升。

　　九年一貫新課程具有不少和班級輔導活動相似的內涵與主張（吳麗娟，2000：3369-3370）。其一，九年一貫新課程和班級輔導活動皆強調「全人的發展」、多元的發展，重視學生「人」的發展。在新課程中即使是數學科的學習，都強調以學生為中心，加入許多人性化、社會性的學習，和班級輔導活動教學多年來以學生為中心，強調「全人發展」的人本教學精神及內涵不謀而合。其二，九年一貫新課程和班級輔導活動一樣重視「個別的需求」，強調「獨立自主性」、「個別性」，能因應地方學校、學生等個別的需要，彈性設計學生需要的課程。如何由原來的獨立作業「走出去」而不「故步自封」？如何將輔導的精神「普遍化」，和各領域教學配合？如何將輔導的人本本質帶入學生各領域的學習中？這將會是未來輔導活動教學變革的重要方向。換言之，九年一貫新課程的走向和昔日國小推展輔導活動教學的方式──「輔導活動配合各科教學」類似，但在層級上與內涵、本質上，九年一貫新課程的改革更深入、更普遍，是全面性的人本化，在各級學校、學習的各領域與整個學習環境中，全面性地鬆綁。企盼各科的教學者都能以學生為本位，關心學生的個別需要與興趣，重視每個個體不同的需要，尊重其獨立自主性，設計符合其需求的課程，不強行制式的要求，不硬邦邦地灌輸知識，不過度強調智育，而是真正關心學生這個「人」，並能根據學校社區的特性，發展其特色。

　　筆者認為，「九年一貫」課程的實施，對學校的教育體系是個巨大的改革，打破了原來各個學科之間各自為政的局面，促使學校各個教育內容之間的有效整合。對於學校輔導工作而言，這種改革在短期內必然會為原有的學校輔導工作帶來一定的衝擊，也許輔導工作的實踐者更應該去體會改革背後所蘊含的理念，探索將改革理念與實踐工作有效結合的途徑。「九年一貫新課程是我國教育上的重大變革，然而其所主張的人本化、生活化、多元化、個別化與自主性等內涵，都是輔導活動的內涵，因此新課程在教學精神、內涵上的主張，對輔導教師的衝擊並不大，甚至輔導教師可將多年實施人本教育的心得，協助其他各領域教師，使輔導普遍化於各領域中。

教育人員或輔導教師本身的人味與輔導態度、信念的內化，會是決定制度、教材效果的重要因素，更是課程是否成功推展的重要基石」（吳麗娟，2000：3373）。

## 第五節　討論與結論

　　教育改革運動以來，「教訓輔三合一」實驗方案的實施、「九年一貫課程」綜合學習領域的設置、《心理師法》的立法、《國民中小學組織再造及人力規劃試辦方案》的提出以及《國民教育法》第十條修正草案的爭議等幾項重要議題，對臺灣學校輔導工作及專業輔導人員都帶來了巨大的影響。學校輔導工作發展至此，面臨著一系列問題：學校輔導體系是否有繼續存在的必要？學校輔導究竟應該強調全體教師參與，還是以實施專業性的學生個案諮商工作為主？學校輔導工作究竟應該設專責單位置專業專任人員，或是應實施「教訓輔三合一」的體制？輔導教師是否應作為專業角色來承擔學生輔導的主要職責？該如何界定、釐清學校輔導教師與諮商心理師、社工師的職責分工並促進三者的合作？輔導教師究竟是負責綜合領域教學的老師，還是專任輔導工作的專業諮商師，抑或是需同時承擔具初級預防功效的輔導課程教學和初級預防的學校諮商師角色？有適應問題的學生應交由專業諮商人員輔導，或由一般教師認輔？凡此種種，有關學校輔導工作觀念與做法的混淆與困頓，導致「學生輔導工作也陷入十字路口，彷徨無措」（中國輔導學會，2005）。那麼，學校輔導所面臨的一系列困擾究竟是一次「沉淪」還是一次新的轉捩點？

## 一、「統合」對學校輔導工作意味著什麼？

　　進入 90 年代，「統合」成為學校輔導工作發展中的一項重要理念。學

校輔導經過了幾十年的發展，1968 年以來建立的學校輔導體制的局限性日益暴露，其中最為突出的問題在於學校輔導工作沒有與學校教育體系充分融合，學校輔導工作與教學、訓導工作之間缺乏有效的配合。輔導工作更多是局限在以輔導課程為主的小空間內，難以在更大範圍內發揮效果。教育改革使輔導工作被整合到「教訓輔三合一」體制中，輔導課程與其他內容一起融入「綜合活動」領域中，由此正式開始了輔導工作「統合」的改革歷程。所謂的「統合」，在宏觀上，蘊含了學校、家庭與社會三者的配合。而在學校教育體系中，主要是指輔導工作與其他教育工作的有效配合。劉焜輝（2006 口述，見本書附錄 II）認為：「所謂統整，就是指輔導是學校跟家長、跟全體老師的事，老師跟學生、家長的事，學校跟社會的事。」

## （一）「統合」也許是學校輔導的終極目標

「統合」的理念其實本身就是學校輔導的一種要求，是基於更大程度發揮輔導功能而考慮的。要真正發揮輔導工作對學生學習、生活、訓導方面的積極影響，輔導工作就必須與教學、訓導密切配合，才有助於輔導功能的全面發揮。然而，學校輔導工作幾十年來的發展，卻一直以輔導課程為核心，在學校中設置相對獨立的輔導機構，在客觀上影響了輔導工作與教學、訓導等工作的配合，也使輔導工作長期以來無法實現其應有的成效。「輔導工作的實施困境也與學生所處的系統有關，故社會變遷下的學校輔導工作不能僅以單一對象或活動為滿足，尚需顧及兒童所處的系統，在這系統中相關的人事物（諸如：家長、老師、行政人員、制度、輔導理念等），構成對輔導工作阻礙的來源，卻也構成了未來學校輔導工作可以著力與發展的方向」（林美珠，2000：71）。因此，無論是從輔導發揮自身的應有功能來看，還是從學校輔導工作的發展方向而言，「統合」都將是輔導工作更能發揮其影響力，實現其應有價值的終極追求。

## (二)「統合」本身也是一種「困局」

　　「統合」雖然是學校輔導工作發展的終極目標和追求，但是在實施中卻陷入了一種「困局」。學校輔導工作一系列以「統合」為核心的改革出現了許多矛盾和問題，引起了諸多爭議。

　　雖然輔導工作的「統合」在理念上有其合理的地方，但是在實施過程中，卻難以處理「統合」理念與學校輔導工作實踐之間的矛盾，「統合」理念說起來容易，實踐起來卻是一大挑戰。從整個臺灣教育體系的現實來看，「統合」面臨著許多困難。「中小學的課程早已是僵化的『標準化』主義，從目標到教材大綱、實施及評量方法無一不講究標準化。新課程採合科的統整型態，同一學習領域中採相當程度的分科教學恐無法避免，教育部預定於今年 9 月公布者，『課程標準』或字眼的訴求即使不再存在，但亦勢必以『教材綱要』呈現」（吳正勝，1999：78）。因此，在這種情況下，要想實現「統合」的目標，的確不是短期內能達成的。

　　如何使「統合」理念在實踐中不會變成形式拼盤一樣的「湊合」？實際上，要想真正做到「統合」，首先是要全體教師能夠充分理解「統合」的深刻涵義，在思想上首先實現「統合」，例如：對於課程的統整，「課程統整的概念，往往不是全有或全無的問題，而是統整程度與層次的問題。而且，不只是課程組織的方法或技術問題，而是涉及更深層的課程理論或課程理想之問題」（黃嘉雄，2002：95-98）。但是對於觀念上的轉變而言，卻遠比輔導機構與輔導課程上的合併來得困難。

　　其次是「統合」需要具備一定的現實條件支持。如「教訓輔三合一」的整合實驗計畫建議學校將訓導處調整為學生事務處，兼具輔導學生之初級預防功能，並將輔導室調整為諮商中心或輔導處，以加強各級輔導及諮詢服務工作（鄭崇趁，2000c：17）。但這項政策卻又規定輔導專業人員的位置，須由校內現有的教師員額編制中調整出來。因此在此計畫推動八年之後，整個臺北市 149 所的公私立國民小學中，也僅有兩所國小能在編制

員額內設置專任輔導教師（王麗斐、趙曉美，2005：44）。「這種『經費、人員、專業、與時間』均匱乏的條件下，一切美好的輔導制度與法令的規劃，也就只能束之高閣，讓關心小學輔導工作的學者專家痛惜扼腕」（王麗斐、趙曉美，2005：44）。

### (三)以「統合」為核心的教育改革本身存在諸多問題

教育改革所宣導的許多目標雖然在理念上是進步的，但在實施中卻遇到了不少問題。「十年來，雖獲得了若干成效，卻也製造了更多的問題，雖未正式宣布失敗，但確實尚未成功，亟待重整」（吳武典，2005：38）。存在的問題主要集中在幾個方面：「九年一貫」課程並不銜接，弱化了學生最基本的「讀、寫、算」能力；「九年一貫」課程的「審定本」教科書，未經試用便匆促面世，錯誤百出；「一綱多本」不但造成了書價上漲，而且因不同版本的內容有差別，導致每個學生需看幾套教材，並大量參加課後補習班；「多元入學」方案雖已推行，但其實質是「一種考試，多種入學管道」。更讓人不滿的是「多元入學」方式及「一綱多本」除了加重學生的學習負擔之外，更加重了家長的經濟負擔，被批評為「多錢入學」。此外，在「廣設高中大學」的思維指導下，造成了普通高中與大學數量猛增，大學錄取率超過100%，導致職業高中減少，不但影響了教育資源的分配，也減少了中層技術人員的培養。另外，在大學中推行所謂的「教授治校」，更是惡化了大學校園風氣。這種教育改革的結果是「四不一沒有」：「政府不負責、老師不支持、家長不安心、學生不快樂，和畢業沒有頭路」。過半數的老師認為改革失敗。

## 二、「向左走」還是「向右走」：「專業化」與「普及化」的較量

除了「統合」的爭議，這個階段的改革再次凸顯了學校輔導工作「專

業化」與「普及化」兩種觀點的爭論。所謂「普及化」，是指全體教師共同參與輔導工作，將輔導工作融入學校教育教學過程中，而「專業化」是指主要由輔導教師負責輔導工作，輔導工作有獨立的組織機構、工作領域、工作內容。教育行政部門與輔導學界專家在學校輔導工作改革方面的各種分歧和爭論背後，反映的都是「普及化」和「專業化」的觀念衝突。

## (一)教育行政部門極力推動輔導工作「普及化」

在教育部門的政策制定者看來，學校輔導工作必須走向普及化，才能在更大範圍內實現輔導的效果。「輔導活動應該是教師每人都有的專業能力，如此才能全體參與，觀念才能建立起來」（任陸森，1997：17）。因此，90 年代開始的教育改革政策基本上是以輔導的普及化作為基本方向。

從「輔導工作六年計畫」開始，教育部門就對全體教師開展輔導理論與實務的培訓，力圖使全體教師都能擔負起「初級預防」的任務。教育部自 1991 年起，陸續透過推展「輔導工作六年計畫」、「青少年輔導計畫」等大型政策性計畫，在各縣市積極辦理一般教師及認輔教師的各式短期輔導知能研習，同時在各師範學院開設大學層級輔導學分班課程等，比較注重培養具「輔導知能」之一般中小學教師，而不強調培育專職輔導人員。之後，教育部基於統整課程的理念，積極推動教育改革，將輔導活動與「童軍活動」、「家政活動」等合併成為「綜合活動」學習領域，並計畫以此學習領域來培育中小學的相關師資。1999 年修正的《國民中小學校長主任教師甄選儲訓遴調及介聘辦法》，規定輔導主任不必具備任何輔導知能，只要具備一些行政或擔任導師的資格，考試通過後即可派任。臺灣中小學輔導人力的培訓，主要是透過培育現行中小學師資具輔導知能者的做法來實施。這一系列變革推進了中小學輔導工作朝綜合化與普及化方向發展。

輔導工作要想獲得良好的成效，教師、家長等所有相關人員的參與是必不可少的。輔導工作「普及化」是基於輔導工作在整個教育體系中的定位而做出的一種決策，體現了教育決策者希望輔導工作能夠彌補教育中的

不足、積極參與學校教育整個過程的期望。

## (二)輔導學界多期望輔導工作「專業化」

在大多數輔導學界人士看來，輔導工作的專業化是必須的，有助於輔導的開展與輔導功能的發揮。「學校輔導是一種長期性、持久性、連續性的服務工作，工作的推展有賴於健全的組織系統，並以科學、經濟的方法，獲得最大的效果。學校輔導工作要有效率，便需有正式的編制，所有行政人員不但要有適當領導與鼓勵，而輔導機構更要有明顯的組織」（何金針，1979：50）。「國中指導活動實施十年，至今毀譽參半，高中大專亦然，惜因中等學校之專職輔導人員，多係客串而非學有專精斯業者，故難以發揮較佳之效果」（於騰蛟，1980：89）。許多學者研究也發現，臺灣小學輔導工作面臨的最大挑戰與困境與其專業性不足有關（林美珠，2000：66）。

從眾多輔導學界人士認為教育改革宣導的「統合」與推動的輔導「普及化」是對輔導工作專業化的一種打擊，對輔導工作的開展是不利的。張植珊（2006 口述，見本書附錄 II）認為：「要保留輔導工作的專業性，現在雜草亂生……是不能統整的！」王麗斐等（2005：45）認為：教育部長期的輔導政策（如「輔導工作六年計畫」、「青少年輔導計畫」等），總是企圖在極短期的時間內（如兩、三天的短期輔導知能工作坊）養成教師的相關輔導知能，運用不具專業知能的人員對複雜而難處理的學生問題提供輔導（如「認輔制度」、「愛心媽媽」、「大手攜小手」計畫），強調「輔導工作人人有責」，以為教師只要有愛心、熱心就可從事輔導工作，建構不需輔導專業背景，以行政專長優先原則聘用輔導人員，結果漸漸造成一般人將輔導淺薄化，誤解輔導專業的價值與重要性。吳武典（2006 口述，見本書附錄 II）認為：「輔導的專業化和普及化本應兩者要兼顧，但是後來計畫做得多，專業化做得少，把輔導的架構又解散掉了。此外普及化最後的形式就是『三合一』，『三合一』對普及化是一個重要的措施，但對於專業化是一個打擊。」「學校的輔導老師覺得普遍不如從前，感到受重

視程度不那麼高，士氣很低落，因為可以發揮的空間減少，獨立的空間減少」（吳武典口述，見本書附錄 II）。王麗斐等（2005：85）更總結道：「多年下來，這些做法迅速地培養大量具初級輔導知能的教職員工，達到輔導理念普及化的進展，然而在輔導工作的效能與推展上，則漸漸出現專業性不足的問題。」

## 三、沒有結論的討論：是向上提升，還是向下沉淪？

### (一)政策制定者認為是提升，輔導學界主流意見認為是沉淪

從政策制定者的角度思考，無論是輔導體制的統合，還是輔導課程的整合，都是為了使輔導能夠與整個教育體系更佳地相互配合，成為一個有效能的整體，從而實現輔導工作功能的最大化，提升輔導工作。但在輔導學界的許多專家看來，《心理師法》的立法，使得輔導教師的專業化被弱化、邊緣化、被排擠；《國小組織再造及人力規劃試辦方案》的提出，讓許多試辦的國民中小學撤去輔導室，直接將其併入訓導處；《國民教育法第十條修正草案》則導致中小學輔導體系險些被瓦解。「輔導活動本來就是整合的。學習、生活、生涯輔導領域本身是各種學科的整合，現在的悲哀是把整合的課程拆散，弄得面目全非」（劉焜輝，1999：封面裡頁）。吳武典（2006 口述，見本書附錄 II）甚至感慨：「最近幾年在體制上遭受的破壞，第一個就是『三合一』的破壞，第二個就是課程改革的破壞。」改革破壞了輔導工作的專業性，降低了輔導在學校中的地位，是一種沉淪（劉焜輝，1999：封面裡頁）。

### (二)觀念、理念提升，學科身分、地位沉淪

筆者認為，學校輔導的一系列改革與調整，的確改變了臺灣學校輔導工作長期以來形成的生態，但並不能一味地說是提升或是沉淪。準確地說，

應該是觀念與理念提升，學科身分與輔導工作地位沉淪。

　　「統合」和「普及化」對於輔導工作的長久發展而言，無疑是一個積極的改革目標，也為學校輔導工作的長期發展指明了方向，擴大了輔導工作的內容空間。改革的一系列理念是基於學校輔導幾十年來發展中的問題提出的，改革所宣導的輔導工作改革理念，對於解決學校輔導體制與制度上的問題具有積極的價值。但是任何理念的推行都需要一定的時間，也要求一定的現實條件。20 世紀 90 年代中後期以來，臺灣學校輔導的改革過於倉促，缺乏對改革的現實基礎的深入分析與調查。在這種情況下，無論是輔導體制的「統合」還是課程體系的「整合」，都難免淪為簡單的拼湊，不僅沒有達到良好配合的目標，反而使輔導工作失去了原有的工作領域，在學校中的地位下降，空間被壓縮，輔導教師的定位也變得更為尷尬。「引入心理師、社工員的做法……無助於改善輔導人員專業生涯發展上的困境、工作適應問題以及逃兵現象。倘若產生取代輔導人員專業角色的效應，反而可能惡化輔導人員的工作適應問題。換句話說，輔導人員更沒有機會從事專業活動，專業能力、地位、形象將惡性循環往下直落」（彭天福，1999：39）。

## (三)這或許也是另一種意義上的「專業化」

　　學校輔導工作是提升還是沉淪的爭議，輔導工作「普及化」與「專業化」的分歧，背後顯示的是輔導學界與教育政策制定者之間立場與角度的差異。

　　對於輔導學界而言，專業化無疑有助於明確界定自身的學科界限，有助於凸顯與其他學科所不同之處，獲得獨立的地位。「專業化」在實際操作層面上也容易實施，無論是輔導工作的開展還是評估，都擁有許多優勢。但是從教育政策制定者的角度而言，需要考慮輔導工作在整個教育體系中的位置，需要考慮輔導工作功能的發揮，輔導的「普及化」無疑有助於擴大其實際影響力。

　　也許在討論輔導工作「專業化」與「普及化」問題時，應該以一種嶄

新的思路來理解這二者的關係，輔導的「普及化」與「專業化」並不矛盾，二者的結合甚至可以看作是另一種意義上的「專業化」。

輔導工作的「專業化」首先要找到自己的定位，找到輔導工作原有的目標與功能。雖然在具體實施方面有一些問題，難以界定工作範圍，但只要能找到最大限度發揮輔導功能的途徑，實現輔導工作的價值，就是最能體現輔導工作專業價值的方法。因此，最重要的是要探索輔導工作如何在普及的過程中實現自身專業功能的途徑，探索在普及化過程中增加專業性的具體機制。吳武典（2006 口述，見本書附錄 II）也坦言：「專業化和普及化應該要並進。因為輔導工作的推展需要各種人員的參與，所以要從整體的架構，要合作性的機制才行。」

輔導工作的普及化對於專業化的要求實際上是更高了。「當校園中所有教師所擁有的輔導知能皆僅止於初級預防的功能，特別是輔導室人員也與其他教師無異，一樣只擁有初級輔導知能、不具備其他更進階的輔導專業資格與能力時，面對校園日趨普遍、複雜且困難處理的學童適應問題時，輔導室自然就無法成為教師們的後盾，發揮輔導室該有的功能，也難以贏得大家對輔導專業的信賴與信心」（王麗斐、趙曉美，2005：45）。因此，在全體教師都具有基本的輔導工作知能、輔導工作普及化的背景下，就要求「輔導教師不但要博學，也要在自己的領域上更專業化，才能引領其他領域的教師，在分工合作中仍保有輔導科的專業性」（吳麗娟，2000：3372-3373）。就這種意義而言，學校輔導工作也許又站在了一個新的歷史起跑點上。

需要指出的是，隨著 2011 年 1 月修正《國民教育法》第十條條文和2012 年 2 月新的教育部組織法的公布，有關學校輔導的本質與地位、輔導與其他教育的整合、專業化與普及化乃至「究竟誰更專業」等一系列問題的爭論還會繼續。臺灣學校輔導或許又將迎來新一輪的改革與轉型。❖

# 參考與延伸閱讀文獻

中國輔導學會（2005）。《支持推動〈學生輔導法〉立法聲明》。臺北：中國輔導學會。

王宏方（2002）。〈臺灣地區「教訓輔三合一」學校輔導體制述評〉。《中小學心理健康教育》，（7），22-23、27。

王秋絨（1997）。《我國國中師資培育學程之建構》。臺北：師大書苑。

王麗斐等（2005）。〈臺灣小學輔導工作的發展與專業內涵之實施現況〉。《香港中文大學基礎教育學報》，14（1），83-99。

王麗斐、趙曉美（2005）。〈小學輔導專業發展的困境與出路〉。《教育研究月刊》，（134），41-53。

任陸森（1997）。〈輔導活動教學回顧與檢討〉。《臺灣教育輔導月刊》，（3），15-17。

行政院（1996）。《教育改革總諮議報告書》。臺北：行政院編印。

何金針（1979）。〈學校輔導的組織與行政〉。《張老師月刊》，4（4），50-55。

吳正勝（1999）。〈國民教育九年一貫課程：綜合活動學習領域與班級輔導活動關係之探討〉。《學生輔導》，（64），70-79。

吳武典（2005）。〈臺灣教育改革的經驗與分析：以九年一貫課程和多元入學方案為例〉。《當代教育研究季刊》，13（1），38-68。

吳清山、林天佑、劉春榮、張明輝、蔡青芝、魏利祝（2001）。《「國民中小學學校組織再造」、「國民中小學學校教職人力規劃研究計畫」專案研究報告》。臺北：臺北市立師範學院。

吳錫鑫（2003）。《教學、訓導、輔導三合一方案試辦學校輔導文化之研究》。國立新竹師範學院進修暨推廣部教師在職進修國民教育研究所輔導教學碩士班碩士論文，新竹。

吳麗娟（2000）。〈輔導活動教師因應九年一貫課程變革之道：以人本態度推展人本教育，並向外和其他領域統整之〉。《測驗與輔導》，（161），3369-3373。

周祝瑛（2003）。《誰捉弄了臺灣教改》。臺北：心理出版社。

於騰蛟（1980）。〈國民小學輔導活動設施調查研究〉。《臺東師專學報》，
　　（8），89-200。

林小麗（2004）。〈令人著迷的成長：談國中綜合活動之實務〉。《中等教育》，
　　55（6），184-192。

林美珠（2000）。〈國小輔導工作實施需要、現況與困境之研究〉。《中華輔導
　　學報》，（8），61-76。

林美珠、王麗斐、田秀蘭、王文秀、林幸台（1999）。〈國小輔導師資培育模式
　　之研究：輔導工作現況與困境之訪談研究〉。彰化：跨世紀輔導與諮商學術
　　研討會。

林清文（1999）。〈學校輔導工作的統合與改革：呼應教育改革運動的呼籲〉。
　　載於中國輔導學會（主編），《輔導學大趨勢》（頁 493-518）。臺北：心理
　　出版社。

林瑞峰（2004）。〈撼動學校輔導體系談「國民教育法第十條修正草案」〉。《諮
　　商與輔導》，（217），2-4。

林萬億（2003）。〈學校社會工作與學生輔導團隊的重整〉。《學生輔導》，3
　　（85），64-73。

林萬億、黃韻如等（2004）。《學校輔導團隊工作：學校社會工作師、輔導教師
　　與心理師的合作》。臺北：五南圖書公司。

林家興（2005）。《心理師執業之路》。臺北：心理出版社。

洪莉竹（2005）。〈創造學校輔導人員的專業定位：專業學校諮商師的角色與功
　　能〉。《教育研究月刊》，（134），11-22。

高紅瑛（2000）。〈推展九年一貫課程中實施輔導活動的實況與困難〉。《測驗
　　與輔導》，（161），3377。

教育部（1997）。《教育部青少年輔導計畫》。臺北：教育部。

教育部（1998a）。《青少年輔導計畫：1999 年度作業計畫綱要暨各級學校需配合
　　辦理事項》。臺北：教育部編印。

教育部（1998b）。《建立學生輔導新體制：教學、訓導、輔導三合一整合實驗方

案》。臺北：教育部。

教育部（1998c）。《教育改革行動方案》。臺北：教育部。

教育部（2000）。《國民中小學九年一貫課程暫行綱要》。臺北：教育部。

教育部（2001）。《1999下半年及2000年度青少年輔導計畫成果專輯》。臺北：
教育部編印。

張明輝（2002）。《學校經營與管理研究：前瞻、整合、學習與創新》。臺北：
學富文化事業公司。

彭天福（1999）。〈國民中學輔導工作系統現況分析〉。《諮商與輔導》，
（161），36-39。

彭天福（2002）。〈回歸問題與專業的學校輔導工作〉。《諮商與輔導》，
（200），51-55。

彭若梅（2005）。《國民中學輔導教師在九年一貫課程改革中的衝擊與因應》。
臺灣師範大學教育心理與輔導研究所碩士論文，臺北。

黃武雄（1996）。《臺灣教育的重建：面對當前教育的結構性問題》（增訂版）。
臺北：遠流出版公司。

黃嘉雄（2002）。《九年一貫課程改革的省思與實踐》。臺北：心理出版社。

詹志禹（2000）。〈九年一貫課程改革春秋〉。《教育研究月刊》，（80），
1-12。

廖茂村（2003）。〈教訓輔三合一整合實驗方案建立學生輔導新體制實施問題之
探討〉。《學校行政》，（28），108。

臺灣海洋大學師資培育中心（2004）。《課程領導與有效教學》。臺北：高等教
育出版。

劉焜輝（1999）。〈如此草率：九年一貫課程（綜合活動）問題重重〉。《諮商
與輔導》，（162），封面裡頁。

鄭崇趁（1994）。〈「輔導專業」與「輔導行政」孰重？：談輔導室（中心）主
任的角色與功能〉。《學生輔導》，（35），16-18。

鄭崇趁（1996）。〈教育改革與輔導工作〉。《學生輔導》，（47），12-17。

鄭崇趁（1997）。〈建立學生輔導新體制：青少年輔導計畫的時代任務〉。《學

生輔導》，（51），20-23。

鄭崇趁（1999）。《整合導向評估模式之運用：以「教育部輔導工作六年計畫」為例》。國立政治大學教育學系博士論文，臺北。

鄭崇趁（2000a）。〈訓輔整合的前提與作法〉。《學生輔導》，（72），4-7。

鄭崇趁（2000b）。〈探尋教育改革的發展脈絡〉。《學生輔導》，（69），6-17。

鄭崇趁（2000c）。〈教訓輔三合一的主要精神與實施策略〉。《學生輔導》，（66），15-25。

鄭崇趁（2003）。《教育政策分析文集：建立學生輔導新體制：教學、訓導、輔導三合一整合實驗方案》（內部資料）。臺北：臺北教育大學。

鄭崇趁（2005）。〈從學校組織再造的需求探討教訓輔三合一方案在教育改革中的角色功能〉。《臺北教育大學學報》，18（2），75-100。

鄭崇趁（2006）。《教育的著力點》。臺北：心理出版社。

Gysbers, N. C. (2005). Comprehensive school guidance programs in the United States. *Journal of Basic Education, 14*(1), 49-60.

Gysbers, N. C., & Henderson, P. (2000). *Developing and managing your school guidance program* (3rd edition). Alexandria, VA: American Counseling Association.

Wu, Wu-Tien. (1993). Counseling and guidance in the twentieth century: The Taiwan experience. *Asian Journal of Counseling, 11*(1), 1-6.

# 結語

# 歷史與現實的對話

　　半個多世紀的歷史，雖遠不能用悠久來描述，卻也一樣跌宕起伏，紛繁複雜，千頭萬緒。沿著時間的軌跡，考察臺灣學校輔導半個多世紀的發展，既是為了記錄、解讀、梳理歷史，也是為了解答現實中的困惑。但「歷史是現在與過去之間永無止境的問答交流」（引自丁國強：2008）。在這種問答中，筆者不奢望能為學校輔導的未來發展找到一個明確的方向，但希望透過對學校輔導發展特點、經驗與存在問題的評述，能夠增加一些對臺灣學校輔導未來走向的觀點和思考。

 **學校輔導發展的總結與反思**

　　由於臺灣特殊的歷史文化背景及地緣特徵，學校輔導的發展既與美國等西方國家不同，又有別於大陸與港、澳地區，具有鮮明的本土化特徵，也有值得總結的經驗與檢討的問題。

# 一、學校輔導發展的特點

縱觀臺灣學校輔導的發展歷程,可以發現幾項特點。

## (一)官方主導,自上而下推行

美國等西方國家在開展學校輔導的過程中,基本遵循自下而上的方式。先是民間以職業輔導與心理衛生運動的形式興起,經過幾十年時間的發展與醞釀,在具備良好社會觀念的基礎上,政府再實施相關政策推動,最後形成一種教育制度。「先是全民的社會運動,在社會上造成一股共識,再經由國會立法的提議而設立的。從先天的觀點來看,美國學校輔導工作之推展,是在良好的社會基礎之上發展出來的,輔導工作在美國之所以受到全民之重視,是因為它能反映社會的需求」(蕭文,1983:109)。

與美國不同,臺灣學校輔導遵循一種自上而下的方式。學校輔導在早期探索與實驗階段即由官方主導,教育主管部門一開始就陸續制定並頒布一系列輔導工作法規。官方的推動成為促進學校輔導產生與發展的重要因素,加速了學校輔導走向制度化的進程,例如:被看作學校輔導開端的僑生輔導工作,就是在政府對僑生教育的一系列政策支持下發展起來的。正如劉焜輝(2008:90)所說:「臺灣的輔導運動是因為僑生輔導上的需要,由教育部點火。」在僑生輔導工作開展後的短短十幾年時間內,1968 年以《課程標準》的方式在國中全面推行,使輔導工作在短期內即成為教育體系的組成部分。早期輔導工作的「星星之火」迅速形成「九年國教」後的輔導工作燎原之勢,如此快的發展速度,要歸功於官方的全力推動。在其後四十年的發展歷程中,學校輔導更是凸顯,並深受官方教育改革方針政策和大型輔導計畫的影響,發展軌跡始終呈現「政策性痕跡」。換言之,官方的主導作用(特別是政策取向)完全左右了學校輔導在不同歷史時期的發展走向,政策支持力度大的時候,學校輔導工作發展就快;沒有新的

■ 本書作者（左二）2011 年 4 月拜訪教育部訓育委員會時與傅木龍常委
（右二）等合影（左一為林家興教授）

政策實施，學校輔導工作往往停滯不前。這種自上而下、「完全的政府行
為」的推行模式，成為學校輔導五十多年發展的最大特點。

　　學校輔導之所以能形成官方主導、自上而下的特點，一方面是臺灣當
局基於不同歷史時期特殊的政治背景和社會安定、穩定等需要，始終把學
校輔導當作一種重要的手段或途徑加以看待和使用；另一方面是由於許多
輔導專家如蔣建白等在政府機構、教育部門擔任要職，他們能充分利用自
身的專業優勢和有利條件，在早期就為輔導工作提供各種強有力的支援。

## (二)法規健全，剛性政策突出

　　由於官方的主導作用，學校輔導一開始就注重法規建設，到 80、90 年
代更可以用「繁榮」來形容。輔導法規頒布機構廣泛，包括各種中央部門
及臺灣省、臺北市、高雄市等眾多單位；形式多樣，包括了法律、命令及
規程（馮觀富等，1993：編輯要旨）；數量眾多，包括中央級、省市級，

涵蓋一般輔導、資優輔導、特教輔導等，約有六百種之多（馮觀富等，
1993）；內容豐富，涉及面廣，包括輔導組織機構設置、輔導的資源配置、
輔導人員的配備與選拔、輔導工作範圍的界定、輔導工作的評鑑等；規定
明細，可操作性強，如《國民中學指導活動科設備標準》、《國民小學輔
導活動設備標準》、《國民小學與國民中學班級編制及教職員工員額編制
標準》、《國民中學指導活動實施要點補充規定》等。五十多年來學校輔
導法規建設富有成效，體系十分健全。迄今為止，尚未發現世界上有哪一
個國家或地區像臺灣一樣制定數量如此之多、形式如此多樣、內容涵蓋如
此之廣、規定如此之具體的輔導法規。

　　學校輔導的許多政策都為硬性要求，剛性特徵明顯，都是要在實際工
作中強制執行的，並且納入教育督導和學校考核的範圍。如「九年國教」
在國中全面推行輔導工作，要求指導活動作為一門學科，納入國民中學課
程體系，在所有國民中學開設一週一個小時的指導活動課程。對學校輔導
有重要提升作用的「輔導工作六年計畫」、「青少年輔導計畫」、「教訓
輔三合一」實驗方案等，也都是由教育部或行政院制定、頒布並監督實施的。

　　輔導法規建設達到了很高的水準，堪稱臺灣學校輔導發展的一大特點。
這為學校輔導工作的開展提供了堅實的制度保障。

## (三) 學校輔導工作體系完整

　　事實上，「九年國教」時期學校輔導已經完成初步建制，雖不完整，
也不完善，但已基本成形。隨著 80 年代的推展、90 年代的提升，學校輔導
體系不斷健全並趨於完善。20 世紀初以來，臺灣教育改革運動風起雲湧，
學校輔導工作經歷巨大的調整與轉型，學校輔導體系似乎正在被改造，但
輔導體系的根基並未動搖，體系也沒有被瓦解，其完整性與完善程度在華
人社會的學校教育中依然獨樹一幟。

　　說它完整，是因為學校輔導在學校層級上已經建立起從小學到大學各
級各類學校一貫而完整的體系；在輔導對象上，不僅服務全體一般學生，

而且包括特殊學生；在體系構成上，涵蓋了學校輔導的課程體系、法規體系、組織與管理體系、師資培育與任用體系以及評鑑工作體系等，堪稱全方位。此外，社會輔導機構蓬勃發展，對學校輔導工作形成支持與補充，使學校輔導工作體系不斷向校外延伸，更進一步形成完整的臺灣學校輔導工作體系。

說它較為完善，一是因為學校輔導在建制的基礎上，根據輔導工作的實際發展情況和新的需要，幾十年來不斷對輔導政策和輔導實踐進行修訂、調整、充實、改進；二是因為學校輔導的各種制度、措施規定明晰，要求具體，考慮周延。

## （四）普遍化程度高

臺灣學校輔導的普遍化程度在華人社會的學校教育中也是一個範本。

首先，臺灣地區從小學到大學的所有學校都已經開展了形式多樣的輔導工作，在課程設置、組織建立、師資配備、輔導室建設、輔導活動開展等方面極具普遍性，輔導工作已經成為各級各類學校教育體系的組成部分。

其次，學校輔導工作覆蓋面廣，輔導工作的對象不僅有特殊學生，也包括一般學生，在內容上涵蓋了生活輔導、生涯輔導和學習輔導等學生學習、生活的各個方面。

再次，教師普遍接受過輔導知能培訓，輔導知識在教師中的普及化程度高。特別是經過「輔導工作六年計畫」、「青少年輔導計畫」以及「教訓輔三合一」方案的實施，大量的非專任教師接受了輔導知能培訓。這種由官方策動、出資並全程督行的普遍化加普及化的輔導工作全員培訓，在華人社會的學校教育中也是難得一見的。

最後，校內外輔導機構共同開展輔導工作，建立起普遍化的輔導工作網絡。校外輔導機構遍布臺灣全島，為青少年提供了專業且內容廣泛的輔導服務。這種覆蓋全面的社會輔導網絡與學校輔導工作的對應，也是學校輔導普遍化程度高的一種反映。

## 二、學校輔導發展的經驗

透過歷史回顧與總結，筆者認為臺灣學校輔導的成就主要得益於如下幾方面的經驗。

### (一)制度建設優先，輔導在短期內即成為一種教育制度

從 50 年代初開展對僑生的輔導，到 1968 年「九年國教」在所有國中推行輔導工作，使輔導正式成為一種學校教育制度，不過十幾年的時間。在國中全面推行輔導工作，標誌著輔導工作從一種零散的實驗全面提升成為一種官方的教育措施與行為，輔導工作從「準政府行為」迅速過渡為一種「完全的政府行為」。這對於輔導工作的發展而言，無疑意義重大。

首先，作為一種制度，其強制性特徵有利於學校輔導工作的推行。面對傳統的教育教學，作為後來者的輔導工作，如果沒有制度的強制保障，生存空間必然被嚴重擠壓，制度的強制性保證了輔導工作的各項政策能夠在學校教育系統中得以有效執行。

其次，制度化為輔導工作提供了一個良好的平臺，為輔導工作的長期發展奠定了穩固的基石。在制度化的基礎上，輔導工作的政策、內容、方法體系建設能夠在一個穩定的框架內不斷發展完善。

再其次，輔導成為一種制度，大大提升輔導工作在教育體系中的地位，擴大了輔導工作在臺灣教育體系甚至整個社會中的影響力，能夠讓更多的教育者了解並參與輔導工作，為輔導工作的開展提供觀念支援。

學校輔導能夠在日後取得良好的成效，注重制度建設並在短期內就將學校輔導工作制度化，是一個很重要的因素。輔導工作在短期內就成為一項教育制度，奠定了學校輔導工作快速發展的基礎，特別是在輔導工作推行的初期，更是發揮了舉足輕重的作用。

相對於學校教育的其他內容，學校輔導一開始就有著先天的弱勢。教

育組織的三大主力是教學、學校行政與輔導（Shaw, 1993: 7-8）。其中以教學的歷史最為悠久，也是學校教育的中心與重點。到了學校教育日趨發達，學校行政就演變為教育的第二主力。最後發現作為教育對象的人與機器不同，填鴨式的教育違背了人的天性，難以實現教育的真正目的之後，在人文主義思潮興起的背景下，輔導也開始萌芽。從時間上看，輔導工作是學校教育中最遲發展起來的一項內容，「遲到」的後果就是在其他教育內容已經發展得很完善的情況下，能夠為輔導工作空出的空間已經很小。在此種意義上，輔導能很快在臺灣教育組織中樹立自我的旗幟並成為一種教育制度，實屬不易。

## (二) 獨立設置輔導專業課程，以課程化方式推進

「課程化」既是臺灣地區開展學校輔導工作的重要手段，也是輔導工作的重要形式。「九年國教」時期，輔導工作以設置獨立課程科目的方式在國中實施，之後，小學、高中、高職也陸續在課程體系中增加輔導科目。直至「九年一貫」課程改革取消獨立的輔導課程，輔導課程的獨立設置已經延續了三十多年。

設置獨立的輔導專業課程，以課程化方式推進，使得建立在學科教學基礎上的輔導工作易於實施，便於執行，可操作性強，也可以進行量化評估。馮觀富（1997：244）認為：「依舊課程標準，國小輔導活動的實施，不另定科目。可是細查輔導活動實施專案與內容有七、八十項，實施辦法亦訂有一百六十餘種，洋洋灑灑不謂不多，林林總總這麼多，它不是科目是什麼？不予訂定，又如何使其貫徹實施？」同時，把輔導當作一門獨立的學科課程，使輔導教師可以與其他學科教師一樣，具備專業特徵，有利於輔導工作的專業化，從而對教師的任職資格、工作內容做出更為準確的界定，保持輔導工作體系自身的完整性。1993 年，新的國民小學課程標準修訂，小學也開始強制實施輔導活動學科課程後，馮觀富（1997：244）就認為「國小輔導活動秀才紙上用兵的空談時代宣告結束，進入另一個嶄新

的時期」。正因為輔導課程的設置，保持了輔導工作的專業性和完整性，使學校輔導在很長一段時間內能夠在專業化的框架內得以穩健發展。

從學校輔導的發展歷史可以看出，輔導工作課程化推行的時期，正是學校輔導經歷建制、推展、提升的三個發展時期，而在獨立的輔導課程取消後（在綜合學習活動領域中仍保留有輔導課程），學校輔導進入轉型期，也進入了一種改革帶來的迷茫之中。這也在某種意義上，顯示了設置獨立的輔導專業課程在推動學校輔導發展中的積極作用。

## (三)行政主導與學術社團專業支持的完美結合

教育部門、行政部門與中國輔導學會的完美配合，成為促進學校輔導發展的巨大推動力。這一方面要歸功於中國輔導學會早期的許多專家，例如蔣建白等人在行政部門、教育部門等機構任要職；另一方面要歸功於教育部在美援計畫項目下，選派了許多大專教師與教育行政人員赴美研究進修，這些人回臺之後均作為中國輔導學會的主要骨幹，成為推動學校輔導運動的中流砥柱。特別值得一提的是，在蔣建白之後，又出現輔導的「一代宗師」宗亮東。宗亮東 1977 年底被推選為中國輔導學會理事長，從 1978 年至 1986 年，共擔任九年的理事長，卸任後被學會授予「中國輔導學會輔導宗師」牌匾及榮譽理事長的頭銜。退休之後，他仍忙碌於臺灣輔導界，承擔許多官方委託的事務。「在教育部，凡大學聯招改革、中小學課程標準研訂、輔導方案規劃、中小學師資培育方案等，莫不借重，且大多擔任召集人」（吳武典，2008：97）。中國輔導學會專家與教育行政部門密切聯繫的強大優勢，為輔導工

■ 中國輔導學會召開 1985 年度全體會員大會

作的開展提供了許多有利條件。

　　中國輔導學會積極宣導輔導理念，推動官方制定、頒布輔導政策，之後再由中國輔導學會配合實施，二者的相互配合共同主導了臺灣學校輔導幾乎每一個階段的發展與變革。從僑生教育到「九年國教」，由「指導活動室」、「指導活動課」到「輔導室」、「輔導活動課」的轉變，從培育「輔導教師」為主到培養「輔導教師」與「諮商心理師」並重的演變，從設立了第一個「輔導系」以培育輔導人員到如今有將近三十個輔導與諮商學系，一直到近年《心理師法》的立法和目前正在推動制定的《學生輔導法》，都是中國輔導學會與官方相關機構配合、積極呼籲與宣導的結果。劉焜輝（2008：90）指出：「成立學會的旨趣明確，以教育部為後盾，成為教育部推展輔導工作的靠山，相得益彰，無往不利，這是其他學會望塵莫及的。50年來，輔導學會的發展始終與教育部息息相關，利弊互見，有目共睹。」由於中國輔導學會的輝煌成就以及與教育部門的完美結合，使之在臺灣學術社團中有極大的影響力，該會成立五十週年之際，受到馬英九親致賀電的「禮遇」（臺灣輔導與諮商學會，2008：封面裡頁）。

## （四）致力於學校輔導的本土化

　　每個國家和地區的政治、經濟、文化與人口特徵都各不相同。社會背景的不同，決定了只有結合自身特點的本土化學校輔導工作，才能獲得良好的效果，才更具有生命力。臺灣學校輔導在開展的過程中，一直致力於學校輔導的本土化，在介紹西方輔導理念的同時，不忘從中國的歷史文化中挖掘輔導的理念與觀點，探索符合自身特點的輔導工作模式。因此，雖然臺灣學校輔導的基本理念來源於美國，但並沒有完全依樣畫葫蘆。臺灣的學校輔導既不同於美國、日本，也不同於中國香港與大陸地區。

　　首先，在輔導理念上，臺灣學校輔導概念的內涵更大，不僅包括心理輔導，還結合了訓導、教導、指導的內容。

　　其次，在具體的實施模式上也存在許多獨具特色的地方。「東門方案」

就是一個特殊的模式;「張老師」機構的運作也是一個非常本土化的工作社區輔導模式（吳武典，2003：19-21）；還有「教訓輔三合一」方案等等。這些都是臺灣在自身探索過程中結合實際情況創立的輔導工作實施模式。正如王麗斐等（2005：95）所總結的:「隨著社會急劇變遷以及日趨複雜的學童問題，臺灣小學輔導工作的概念，也逐漸由早期追隨西方傳統輔導理念的做法，慢慢摸索出更具效能且符合本土需求的輔導工作模式。」

在心理測評工具的建設上，臺灣也一直在進行本土化的探索。臺灣在使用西方的量表時不是簡單的「拿來主義」，而是挖掘主要大學院系研究院所的合作力量，建立以臺灣文化背景為依據的各種教育和心理測驗（引自吳武典，1982：215-217），這可看作臺灣致力於學校輔導本土化嘗試的一個縮影。

## 三、學校輔導發展存在的問題

臺灣學校輔導取得了令人矚目的成績，但這並不意味著學校輔導的發展是完美無缺的，學校輔導發展過程中也存在一些需要檢討的問題，既有全程性的，也有階段性的。

### (一)缺乏足夠的社會觀念支持

從學校輔導幾十年來的發展來看，缺乏足夠的社會觀念支援一直都是輔導工作開展不力的重要原因。幾乎每一個時期對輔導工作實施效果的調查，都提到了輔導理念沒有普及，教師、家長和社會對輔導觀念的溝通不足是阻礙輔導工作有效開展的重要原因之一，例如，「家長缺乏輔導理念」是所有輔導所遇到的困境項目中平均最高者，該項困境也是最難被克服者（林美珠，2000：71）。由於觀念不到位，輔導工作與校內外相關部門和機構缺乏有效配合，始終沒有形成一個有效的協作機制。「若以此觀點來衡量臺灣學校輔導工作之發展，則不難解釋今日部分學校及社會人士對學

校輔導仍抱持存疑與冷漠之態度……學校輔導工作不過仍然是一種『法令下的制度』而已」（蕭文，1983：110）。

從20世紀50年代開展僑生輔導時對輔導理念的推介，到此後各時期對輔導「普及化」不同程度的努力，教育行政部門和輔導學界在傳播輔導理念、宣導輔導工作重要性上可謂不遺餘力。令人疑惑的是，雖然輔導工作在臺灣已經被大眾所認識，許多教師也接受過輔導理念培訓，但在實際工作中，輔導卻始終得不到預期的重視。筆者認為，有兩個重要因素阻礙了教育人士與民眾真正接受輔導理念。首先是臺灣地區的學校輔導工作一直自上而下推行，民眾觀念基礎先天不足。輔導理念沒有在社會民眾中經過充分的醞釀，就已經透過官方的方式在教育體系中迅速推行，導致學校輔導的發展缺乏足夠的內在獨立性，一直深受官方政策方針的影響。一旦官方的政策出現搖擺，輔導人員的積極性和輔導工作的開展也會受到相應的影響，這也是造成學校輔導在不同時期中出現不同困惑的部分原因。其次是輔導理念來自西方，基於西方個人主義文化下「以人為本」的核心價值觀，而處於東方文化潤澤下的臺灣，延續了中國幾千年來的文化傳統，更多的是一種強調集體主義的文化。在這種文化下，知識的傳授、道德的教化就成為社會民眾的集體潛意識，因此，集體取向的學科教學與訓導工作始終是教育的主流，關注個人的輔導工作難以在這種文化土壤中得到教師、民眾內心的真正認同。

## (二) 對學校輔導的性質認識不清

劉焜輝（2008：92-93）認為：「當前學校輔導工作錯誤的根源，是不了解20世紀初葉，先進國家建構輔導學理論初期經過一番論爭之後已有定論的『輔導是一種功能而非領域』，採取『領域論』，以致全盤皆黑。輔導三級制、教訓輔三合一都是『領域論』的錯誤觀念下的產物……」所謂領域論，就是強調輔導作為一門專門的學科，應該擁有自己獨立的工作和研究領域。作為一種功能，輔導則應該與具體的教學教育實踐相結合，在

潛移默化中實現輔導的效果，實現協助個人成長的最終目的。「功能論」與「領域論」一直困擾著臺灣學校輔導，幾十年來左右學校輔導的規劃與實施，反反覆覆。正如輔導學界所總結的：「學校輔導工作由國中小、高中職，到大專校院；從個案追蹤輔導、建置系統性的輔導方案，到宣稱要建立學生輔導新體制，從數量和經費花費的觀點來看，教育行政單位對學生輔導工作的重視與推動可說是不遺餘力，也做出了部分的成果。然而社會各界對於學生輔導工作的效能仍有所批評，學生的適應問題仍然層出不窮。究其原因，校園對輔導工作的觀念不清、做法不一，應為主因」（中國輔導學會，2005a）。

「認識不清」尤其表現在以下三方面：

### 1. 深陷在「課程化」的是非之中

輔導工作的「課程化」是一直存在隱性爭議的，即使在輔導學界也是如此。教育改革運動以來對輔導課程的改革，不過是這種爭議在政策上的爆發。輔導的「課程化」是一把雙刃劍。一方面，在輔導工作推行的早期，「課程化」推進的方式的確有利於輔導工作在學校教育領域中占據屬於自己的一席之地，也有利於輔導工作的專業化建設；但另一方面，由於輔導課程教學在輔導工作中的重要地位，使得輔導工作的開展在一定程度上安於現狀，導致輔導工作內容的狹隘化。同時，學科化的方式也讓輔導教師工作負擔過重。因此，輔導作為一門獨立的課程設置，多少限制了輔導功能的完全發揮，影響了輔導工作的實際成效。然而，在輔導的整合性理念及現實條件尚未完全成熟之時，教育改革運動徹底打破輔導活動獨立的課程設置，也有「矯枉過正」之嫌，於是又引來一片斥責之聲。

### 2. 游離在「專業化」與「普及化」之間

輔導學界眾多專家一直都在強調輔導工作的「專業化」，認為輔導工作應該更專業，要有獨立的領域、獨立的機構、專業化的教師隊伍等等。「學校教育在幫助學生成長的措施上，生活輔導、學習輔導、生涯輔導的內涵缺一不可，並且在幫助的過程中，專業知識與技能要充分加以利用，

輔導工作在歐美先進國家受到重視就是由於它的專業，把輔導工作導入學校教育就是基於這個需要」（劉焜輝等，2003：序）。教育部門則一直在輔導工作「普及化」的理念下（雖然新近修正的《國民教育法》第十條似有強化「專業化」的趨勢）推行各種輔導工作改革措施：讓普通教師參與輔導工作，讓輔導工作融入學校教育，嘗試建立輔導與訓導、教學相互配合的工作體制，構建更為合理的三級預防體系，讓諮商心理師、社會工作人員進入學校，開展輔導與諮詢工作等等。顯然，「專業化」與「普及化」頻繁而又長期的拉鋸，帶來了輔導工作各項改革措施在實施中的問題，既沒能提升「專業化」，也沒能實現「普及化」，從而影響了輔導工作的有效開展。

### 3. 糾纏於輔導與訓導的關係上

　　輔導在臺灣學校出現後，與訓導之間的區別就一直是輔導工作需要澄清的內容。「學校師生乃至社會大眾論及輔導，也習為不察的以之與訓導相對稱，學者之間更有訓導、輔導異同的論點或論戰」（林清文，1999：496）。過分強調輔導與訓導的區別與對立對學校輔導的開展是不利的。「一旦坐實訓導與輔導的不同對立之後，『輔導之外的訓導』、『訓導為嚴父』、『輔導為慈母』等等錯誤觀念漸入人心，逐而混淆學生事務的整體性，形成訓導、輔導處室的雙頭馬車」（林清文，1999：496）。在教改之後，輔導與訓導之間的統合趨勢顯得格外明顯，這又引起許多輔導學界專家的爭議與反對，擔心此種改革會導致輔導功能的削弱。

### (三)輔導政策缺乏連續性，執行不澈底

　　首先，學校輔導政策、法規雖然頻出，但系統性與延續性不夠，在同一個內容上的政策變化較大，例如：輔導活動課程的地位；輔導主任與輔導教師資格的規定；教學、訓導、輔導的關係及其處理；《國小組織再造及人力規劃試辦方案》的提出；《心理師法》的相關規定及其補充條款；教育部擬定的國民教育法第十條及新近公布的修正國民教育法第十條等等。

這種政策的頻繁起伏造成了學校輔導觀念與實施上的混亂，對原有的輔導工作體系造成了衝擊。其次，有些法規規定不夠明確，缺乏強制約束力。「過去在法令訂定時，為考量各地方財政與人力的限制，往往會採取『得』字的陳述，亦即表示可作為也可不作為。如此過度彈性的結果，常導致輔導專業猶如鏡中水月不可得」（王麗斐、趙曉美，2005：49）。再者，許多政策與法規由於受到各種現實因素的制約，影響了實際執行。許多輔導政策與措施在制定與執行中都存在實施不徹底的情況。即便是「九年國教」後教育部門強制在國中全面推行輔導活動課程，在實施中依然有許多學校沒有依據要求開設輔導課程。在師資方面，輔導人員的培育與任用長期以來存在脫節現象，造成輔導師資不足與輔導人力資源浪費並存的局面。臺灣官方實施的輔導史上規模最為龐大的「輔導工作六年計畫」、「青少年輔導計畫」等，由於各種原因，也未能得到完全執行。

臺灣幾十年的輔導工作發展，在政策法規的制定與頒布上可謂不遺餘力，但是眾多的政策法規實施後，由於缺乏連續性、規定不夠明晰以及實施中遇到各種因素的制約，影響了輔導政策在推動輔導工作上發揮更大的作用。「總在法令規章訂定之後，缺乏完善的配套措施去落實執行，特別是許多做法仍停留在舊有的思維，以既有的框架、現有的非專業人力來運作，這恐怕是目前學校輔導工作未能專業化、在原地空轉的首要關鍵因素」（王麗斐、趙曉美，2005：44-45）。

那麼，學校輔導發展中存在的問題，其最根本的原因是什麼？教育改革運動以來，學校輔導沒有繼續保持一種向上提升的發展態勢，卻進入一個充滿爭議的時期，這究竟又折射出了怎樣的問題？筆者以為，其背後最根本的原因是缺乏一種堅實的觀念支撐。這種觀念的缺乏源於對輔導本質的迷茫，源於輔導哲學的迷失。「除非有正確的輔導學哲學基礎，否則輔導制度的存在岌岌可危，從小學到大學，輔導工作被冷落、被降級已經是不足為奇」（劉焜輝，2008：93）。

對輔導哲學基礎建構的忽視是整個輔導學發展的通病。正如美國心理

學界對輔導發展的評價所言：「任何學科必須有它自己的理論基礎。早在三十年前（1949），輔導學界已開始尋找自己的理論，設法建立自己的制度。當時的輔導學家，一方面渴望跳出傳統的哲學、教育學以及心理學的範疇；另一方面又不願接受物理、化學、生物等自然科學研究法的約束（Mathewson, 1949）。輔導學需要理論的基礎，但不能僅限於抽象的推論。輔導學需要科學的方法，但亦不能終止於自然科學的量化。輔導學接觸的是人。關於人，自古以來，包括柏拉圖、亞里斯多德在內，都沒有提出令人滿意的定論。因此，發展了七十多年的輔導竟然沒有建立自己的哲學。1970 年代，由於各家意見的分歧，大家的注意力又集中於技術的革新，輔導學界追求理論整合的動力，反而逐漸消失。輔導學的發展方向就此模糊不清」（朱秉欣，1983：89）。

　　由此可見，輔導哲學的迷失才是學校輔導發展過程中存在的問題，乃至目前面臨一系列困惑的深層原因之所在。如果說學校輔導從 20 世紀 50 年代到 90 年代初中期之間良好的發展態勢，可以讓我們不需要深究輔導工作背後的理論基礎，那麼現在學校輔導發展中出現的種種問題，則需要我們進行深入的反思，尋找支撐與推動輔導工作發展的內在制約力量，從而找到未來的發展方向。而這種反思，必然要回到輔導工作最深層次的輔導哲學層面，去尋找輔導工作的自身價值與終極意義。

## 第二節　學校輔導發展的機遇與挑戰

　　目前臺灣學校輔導依然處在改革與轉型之中，教育部門與輔導學界對於學校輔導現狀的認識仍有待統一，學校輔導工作從未像現在這樣爭議不斷。隨著臺灣社會急劇變遷，傳統價值體系快速瓦解，新價值觀與社會秩序尚未完全建立，臺灣青少年的心理與行為問題不斷增多，學校輔導工作的壓力將進一步加大。那麼，學校輔導工作又將如何面對未來？

## 一、學校輔導發展面臨的機遇

　　過去的十來年乃至現階段，學校輔導的發展的確遭遇了諸多危機，如輔導政策、法規調整帶來的困境，輔導工作的弱化與「矮化」，輔導教師角色認同的混亂等。然而，隨著臺灣教育行政主管部門的組織再造和《國民教育法》第十條修正條文的施行，以及後續將會不斷實施的輔導政策的深化，學校輔導的發展也充滿著機遇。何況，我們還需要理性看待學校輔導發展的現狀。

### (一) 危機中的生機與機遇

　　在輔導哲學的視野裡，雖然學校輔導目前仍面臨一系列危機與困境，但並不一定就是退化或沉淪。相反地，目前的危機很可能是學校輔導將來進一步提升的起點。劉焜輝等（2003：3）曾提到看待學校輔導工作開展的三種角度：第一，要從學校教育的整體觀點去看輔導工作，而不是只從輔導的角度去談輔導；第二，要從時間的流程去看輔導工作的歷史演進，而不是從任何一個時段去做片段的說明；第三，要從輔導工作的本質去檢驗輔導工作的績效，而不是從實際呈現的表象去定論輔導的成敗。筆者認為，即使從這三個角度考慮，我們對當前乃至未來的學校輔導發展也並不悲觀。

　　首先，從學校教育的整體、從輔導工作的本質來看，當前的輔導改革理念與方向還是正確的。教育改革運動中對輔導的「統合」，正體現了輔導作為一種功能，在整個教育過程中的全面滲透。正如劉焜輝（2006口述，見本書附錄 II）所言：「輔導是中心，任何領域都要發揮輔導功能。」如此一來，學校輔導的工作範圍就不再局限於輔導學科之內，而成為促進和提高整個教育效果的一種方法，這正是輔導作為一種功能所需要的。

　　其次，如果我們將視野擴大到整個臺灣學校輔導的發展史，就會發現，學校輔導的發展確實到了一個需要調整的時期。輔導作為一門獨立學科或

獨立領域在臺灣學校中生存、發展了幾十年，但是依然存在許多問題，其本身的發展已經到了一個瓶頸階段。從歷史發展的角度而言，任何一個學科在發展進程中都會經歷向上發展的時期，也需要經歷一個重新調整甚至是瓦解後的重建階段。當然這種重整是否能為下一步的提升做好準備，則需要看這種調整的深度如何、調整的方向是否正確。學校輔導目前的「統整」雖然像是一種「形式拼盤」，但其中所蘊含的理念無疑是可取的，是具有前瞻性的。輔導工作要想獲得進一步的發展與提升，就必須跳出原來的小專業領域的圈子，到更大的空間尋找自身的價值。無論是在教育教學中，還是在學生管理工作中，都應該貫徹輔導的理念，讓輔導成為一種全校教師甚至全社會民眾都重視的觀念，以實現輔導的終極目標。

再者，從政策層面看，教育行政部門對輔導工作的改革決心已定，改革的腳步無法阻擋。輔導學界應順勢而為，全面理解教育改革背景下的輔導政策，充分認識新輔導政策的必要性，積極挖掘新輔導政策的合理因素及其可行性，把思考的重心轉移到「如何做」的思路上。教育改革運動中輔導的「統合」政策並不是一蹴而就的，早在 20 世紀 80 年代後期就已初露端倪。隨後，「輔導工作六年計畫」已經顯現了輔導的「統合」理念，「專業化」與「普及化」的取向問題也已經在輔導計畫中嶄露頭角。教育改革運動中的輔導政策只不過將「統合」的理念與「普及化」的取向更加明朗化了。我們應該認識到，教育行政部門對輔導工作的政策思路（至少在理念上）從 90 年代以來還是有一定的連貫性，其「統合」與「普及化」導向也很清晰，政策意圖相當堅定。我們更應該認識到，這種政策導向有其必要性與合理性，也有可行性。以「專業化」與「普及化」為例，二者其實就是相互依存的辯證關係。輔導工作要想取得良好的成效，「專業化」固然是必不可少的，但是「普及化」也是一種必須。學校輔導工作必須走「專業化」與「普及化」相結合的路子。僅有「專業化」而沒有「普及化」，輔導工作因失去依託最終可能淪為孤芳自賞、自娛自樂；僅有「普及化」而沒有「專業化」，輔導工作因沒有專業支撐，最終也可能難逃「路

線錯誤」的「群眾性運動」。教育部門極力推行輔導工作的「普及化」是一種全局考慮下的決策，這種輔導政策並非要捨棄「專業化」，而是要實現更高層次的「專業化」。這或許也是臺灣教育行政部門對輔導哲學進行重新思考後的選擇。事實上，現在學校輔導的「普及化」已經有了相當的基礎，學校輔導的「專業化」也有了一定的保證。就後者而言，專任輔導教師、輔導主任的配備因《國民教育法》第十條修正條文有了制度上的保障，專業輔導人員的數量也有大幅度的增加。根據林家興教授提供的資料，臺灣《心理師法》於 2001 年通過並實施後，至 2011 年 1 月，通過考試取得臨床心理師證書者計有 934 人，執業登記者計有 767 人；取得諮商心理師證書者計有 1,643 人，執業登記者計有 1,080 人。那麼，《專業輔導人員與學校社會工作師進駐校園試辦方案》實施後，臺北市試行諮商心理師國小校園服務方案等獲得成功，這是否意味著輔導工作三級預防理念開始在輔導實踐中找到一種合適的實施途徑？更是否意味著輔導改革正在逐漸展現其生命力，開始迎接新的曙光呢？

如果目前臺灣的教育改革理念能夠與臺灣社會的具體情況相結合，在實踐探索中能夠找到一條可以貫徹新理念的輔導工作新路線，群策群力，不斷解決前進中的問題與困難，完全可能實現學校輔導工作的新跨越。這或許也是另一種意義上更重要的屬於行動中的輔導哲學。

## (二)《學生輔導法》的立法將是一個新的起點

輔導學界試圖透過提供一部全面、系統、權威的法規，為學校輔導工作的開展提供完善的法律保障。輔導學界這幾年正在推動的《學生輔導法》的立法將可能成為學校輔導體系重建的新起點。「單獨立法則是排除學生輔導工作混淆及困境最直接有效的方法。因此，推動《學生輔導法》立法工作確屬刻不容緩必要之舉」（中國輔導學會，2005a）。「為學校輔導或學校諮商專業奠定扎實穩固的根基，以化解學校輔導體系可能崩裂的危機」（吳芝儀，2008：37）。中國輔導學會把推動《學生輔導法》的立法作為

今後的一項重要工作，主要由學校輔導工作小組負責，並由組織發展組、研究推廣組及公共關係組支持協助（陳金燕，2007）。

醞釀中的《學生輔導法》涉及學校輔導工作的幾乎所有內容，涵蓋的學校包括公私立國民小學、國民中學、高級中學、職業學校及大專校院，對學校輔導工作的重點做了明確規定（中國輔導學會，2005b）。

一是明確了輔導教師、社工人員和諮商心理師之間的角色定位，例如：將專任輔導教師定義為：各級學校具有各該級學校合格輔導教師證書，並以學生輔導為其本職者。社工師、心理師、諮商心理師則統稱為專業輔導人員，部分辦公時間到學校從事學生輔導工作者定義為兼任輔導人員。

二是在輔導的體系與機構建設方面，指出了全體教師與行政人員均肩負輔導的責任，不僅在校內要實現教學、行政與輔導人員的相互配合，還要積極利用家長、社會輔導機構等社會資源，構建一個全面涵蓋的學校輔導工作體系。在機構建設方面，高級中等以下學校應設立學生輔導工作委員會，由校長兼任主任委員，委員由校長指定各處室主任及有關專任教師擔任。

三是在教師任用方面，教師可以是專任或者兼任，但是對教師配置的數目做出了具體的規定：小學每 14 班設置一名輔導教師；國民中學、高級中學與職業學校每 12 班設置一名輔導教師；大專校院以低於 500 ： 1 的師生比設置輔導教師或人員。

四是在輔導內容方面，以三級輔導目標設立輔導內容：(1)發展性輔導：針對學生身心健康發展進行一般性的輔導；(2)介入性輔導：針對適應困難或有初步行為偏差學生進行專業輔導與諮商；(3)矯治性輔導：針對嚴重適應困難或行為偏差學生進行諮商或轉介，並配合轉介後身心康復指導。

《學生輔導法》還規定了輔導工作的經費來源與數目，提出各級政府應按年從寬編列學生輔導預算，以為輔導工作的開展提供經費保障。

可以看出，《學生輔導法》不僅致力於輔導工作的體系重建，讓輔導工作重回有序發展的軌道，也在隊伍組成、輔導內容、「專業化」與「普

及化」等方面對教育改革中的輔導理念做出了妥協，例如：在「專業團隊」方面，就明確提到「應將諮商心理師、社工師、臨床心理師及精神科醫師等專業人力以約聘或兼任的方式，組成專業工作團隊，提供專業性的協助」（中國輔導學會，2005a）等。倘若假以時日，《學生輔導法》能成功立法並順利實施，相信學校輔導工作又將進入一個全新的發展時期。

舊的體制瓦解之際，必將是新的體制建立之時，雖然其中必然會帶來改革中的陣痛，但是對於學校輔導工作的未來發展而言，這種陣痛無疑具有深遠的意義。

## 二、學校輔導發展面對的挑戰

輔導工作的一系列改革對於學校輔導究竟是危機還是契機，尚難有定論，但改革的腳步是無法阻擋的。「今天與其徒然發問『未來的國中、國小學校輔導會怎樣？輔導活動科還存在嗎？』不如積極尋思『在教改的方向上，國中、國小的輔導工作該怎樣走？專業輔導教師如何揮灑這可能更寬廣的天空』？專業輔導人員加入關切和專業的思考，將會使得未來的學校輔導工作展現更樂觀的遠景」（吳正勝，1999：79）。

從未來的發展來看，臺灣社會將不斷湧現新的輔導課題，如校園霸凌問題（2010 年 12 月桃園縣八德國中發生的霸凌事件曾引起社會各界不小的震動，並引發教育輔導界的反思），新住民子女的教育與輔導（黃德祥，2006：18-24），「關懷新弱勢族群與建立諮商與輔導的多元視角」（中國輔導學會 2005 年年會主題）等，學校輔導工作將面臨新的壓力。同時，青少年心理與行為問題的解決也需要進一步加強學校輔導工作，並提高其實際工作成效。另一方面，學校輔導需要在調整與改革中重建，實現其新的跨越。

## (一) 輔導體系的重建

在未來的發展中，學校輔導體系的重建將是一個必然的步驟。在這個過程中，必須考慮幾方面的問題。

### 1. 重新界定輔導工作內容

隨著輔導課程被整合到綜合活動領域之中，輔導工作的內容需要重新調整。原有輔導課程的內容設置只需考慮學生對於輔導工作的需求，以此設置課程內容，例如將輔導課程以學習輔導、生活輔導、生涯輔導的形式予以劃分，但在新課程體系下，輔導課程不僅要考慮輔導工作的原有內容，更要考慮如何與其他學科內容有效整合，如何將輔導的理念與做法融入其他學科。

此外，三級預防體系的建立，也要求輔導工作對不同的工作內容依據預防、發展與治療的標準進行劃分，從而由不同的人員來負責。「不可諱言，一旦學校輔導工作需由多種不同專業一起合作，若無法釐清職掌並發展與其他專業清楚分工的制度，就很容易造成因分工不明而相互掣肘的困境」（王麗斐、趙曉美，2005：52）。在這種情況下，一般教師、輔導教師、諮商心理師、社工師要如何分別負責不同的內容，有效配合，則需要做出明確的界定。時任教育部訓育委員會常委的陳金燕提出：「學校可以真正應用一、二、三級的概念來實施學校輔導工作。一級應該是一般老師跟導師可以做的，二級就是由輔導教師來做，三級則是專業人員來負責」（鄭曉婷，楊景雯，2005：6）。當然，這種表述要付諸實施還需要具體化並可操作。

輔導工作內容的界定涉及輔導教師等各類人員的職責分工，唯有分工明確，各司其職，輔導工作才能有序開展。「學輔導的人都知道輔導活動是工具而非目的。目前輔導活動已納入綜合領域，如果將其中不必要以上課方式處理的主題抽出，就可以減輕輔導教師的課程負擔，輔導教師才能回歸輔導專業」（林萬億，2003：72）。

### 2. 建立新的輔導工作體制

「學校組織再造的進程，代表教育改革的實質績效之一」（鄭崇趁，2005：98）。同樣，建立一個新的輔導工作體制，也是新輔導體系建立的核心內容。從目前臺灣地區學校輔導工作的發展來看，建立一個輔導與教學、訓導等其他教育工作整合的全面體制是必然的趨勢。但是，建立全面的輔導工作體制面臨著觀念和實際操作兩方面的問題。

在觀念上，建立輔導新體制的推動和學生輔導功能的落實，必須在正確的觀念、明確的專業分工和合理的專業信念下才能取得成效。「建立輔導新體制的本質就是分工合作」（鄭曉婷、楊景雯，2005：9）。但是由於長期形成的輔導、訓導、教學各自為政，缺乏有效合作的狀況，讓負責各自教育內容的人員之間在觀念上缺乏協作思維，甚至對於不同工作的整合充滿了抗拒情緒。當然，教育部組織法修正案的頒布也許為這種狀況的改變提供了一個契機。「新組織法」的最大變革就是整併現有體委會與部分青輔會業務，讓教育、體育、青輔三合一。新設置的「學生事務及特殊教育司」，對今後建立新的學校輔導工作體制將可能產生積極的影響。

然而，在實踐中，如何讓不同的教師做好同一件事，更是一項巨大的挑戰。「學校要能『整合教訓輔功能』亦非容易，有待教師與訓輔行政人員產生最佳互動模式與內涵才能做到」（鄭崇趁，2005：87）。學校教師職工能否「孕育最佳互動模式」，不僅僅是觀念上的配合，更需要在實踐中探索有效合作的具體做法。「輔導教師必須打破過去單打獨鬥的傳統，現在必須走出自己的領域，以自己的領域專長，和其他領域的教師相互支援，以協同、統整各種團隊的方式，一起設計研發以學生為主體，並具統整性的教案。課程統整並非只是教材統整，教師更要統整」（吳麗娟，2000：3372）。如何讓不同專業背景的教師共同攜手，結合不同的工作內容對學生開展整合的教育，有賴於輔導專家、一線教師、教育管理者發揮聰明才智，共同努力。

除了校內輔導工作整合體制的建立，如何與校外輔導機構建立更為穩

固有效的合作關係，也是輔導新體制的重要內容之一。輔導新體制的最終目標是能夠實現校內各種人員之間的良好配合協作，同時能夠積極調動校外的各種輔導機構與有效資源，從而為學校輔導工作的開展提供全面的體制及更高平臺的資源保障。這方面，2005年10月高雄市政府教育局成立的「各級學校學生心理諮商中心」（高雄市學生心理諮商中心）是一種很好的嘗試，值得推廣。

### 3. 統一輔導師資的培育與任用

　　長期以來，輔導師資培育與任用之間的脫節已經成為影響輔導工作有效開展的因素之一。高校以及各種短期研習班、培訓班所訓練的輔導教師人數眾多，但是這些教師很多並沒有被任用為輔導教師，有的雖然在輔導工作崗位上，卻沒有發揮應有的作用。在未來的發展中，必須對輔導師資培育與任用的脫節問題給予足夠的重視。培育與任用的脫節一方面反映了學校輔導人員任用制度的缺陷，學校對輔導人員的專業背景沒有給予充分重視；另一方面也反映了輔導師資培育上的一些不足，例如過於重視理論、

■ 高雄市政府教育局成立「各級學校學生心理諮商中心」

實踐技能訓練不夠，許多短期培訓、研習的品質與水準難以保證等等。未來的學校輔導工作必須重視這兩方面的問題，並尋找有效解決的辦法。

2011 年 1 月公布的修正《國民教育法》第十條條文，為統一輔導師資的培育與任用提供了必要條件，但還不是充分條件。專任專業輔導人員設置所需經費，人員之資格、設置、實施方式、期程及其他相關事項等，還須由教育部及各地教育主管部門根據輔導工作的實際情況，進行明確的規定，從而建立起更加科學合理且具操作性的輔導師資培育與任用體系。

### 4. 制定新的輔導法規

幾十年來的學校輔導工作法規，基本是建立在《課程標準》的基礎上。隨著輔導活動獨立課程的取消，《課程標準》也失去了存在的條件，以《課程標準》為核心的輔導法規體系也受到巨大的衝擊。21 世紀以來推動和醞釀中的許多法規和政策不僅未能繼續完善原有的輔導法規體系，反而對原有的輔導法規體系形成衝擊。《學生輔導法》的立法推動是輔導學界當前面臨的一項巨大工程，也關乎學校輔導工作的未來發展。與已取得一些成效的《心理師法》相比，《學生輔導法》仍處於起步初期。由於立法工作跨度涉及小學、中學乃至大學，觸及不少相關的教育法令，涉及的法律合作等問題更是紛繁複雜。「現在學生輔導工作的法源依據頗為混亂，國民中小學是《國教法》裡面的第十條，高中職有《高級中學學生輔導辦法》、《職業學校學生輔導辦法》，大專校院的就是回歸《大學法》。如果要訂一個《學生輔導法》，要涵蓋各個層級，也要在裡面做不同的區隔」（鄭曉婷、楊景雯，2005：6）。可見，完成《學生輔導法》的立法是一項頗為艱巨的任務。

### (二) 輔導哲學的重構

輔導活動中必然包含著輔導人員、受輔者、輔導關係、輔導方式、輔導目標，這一系列關係中都含有哲學的意義。有賴哲學對這些關係的分析、批判與整合，得出正確可行的原理原則，輔導工作才能沿著正確的方向前

進（何英奇、何榮桂，1982：74-75）。「目前臺灣學校輔導工作最需要做的是回到原點，回到教育的原點，去界定輔導工作在學校教育的定位」（劉焜輝等，2003：序）。學校輔導站在歷史發展的「十字路口」，需要重新建構新的符合時代發展與輔導自身特性的輔導哲學，為未來發展提供堅實的理論支撐。輔導哲學的重構，最根本在於兩個方面。

## 1. 還原輔導的真實本質

只有把握輔導的本質，才能保證輔導工作發展與改革的方向。劉焜輝（1979：316）認為：「輔導就是學校教育的全體，因此『輔導與教育』或者『教育與輔導』是無法加以區分的，若要勉強區分，或者可以說教育是我們的目標，輔導是達到目標的過程或方法，教育是我們培植人才的方向，輔導是達到這個方向的途徑。」Gysbers 在回顧 21 世紀美國學校輔導與諮商工作的發展時指出：學校輔導與諮商的焦點在於協助全體學生的成長與發展，是教育中的主體，而非附屬地位。林孟平認為：學校教育工作者應接納輔導，對學校輔導的基本哲學也要有所認識；學校輔導應以全體學生為主要對象，並將重點放在學生發展性的需求上，同時又兼顧到學生的個別差異；輔導工作不僅止於解決學生問題，而是幫助學生在其獨特的狀況中，能健康愉快地生活成長；學校輔導不是將全部的心力放在少數有問題的學生身上，學校輔導的本質不是只去滿足少數補救性學生的需求（賴念華，1994：56-57）。

筆者贊同以上這些觀點。輔導首先應該是一種功能，應該體現在所有的教育領域之中，體現在所有教師的理念之中。無論是教學過程還是訓導過程，都應該借鑑輔導的理念，將輔導融入具體的教育教學過程中，提升工作效果。「透過學生輔導工作的推動與落實，可以和學校教學工作互濟並彰，而達成學校教育的目標和功能。」「所有的教育改革的規劃必須和（學生）輔導措施充分配合，才能達成全方位的教育改革目標」（林清文，1999：494）。「長期以來，輔導在教育領域內所扮演的角色與功能始終並未明確，也存在著一些爭議，教育行政主管，包括教育部，省市教育廳局

首長，都有不同的體驗與看法，雖然輔導已逐漸成為教育的核心工作，但國民教育階段是否要設專任的輔導教師專責策動輔導工作？輔導本身不是目的，發揮輔導的教育功能，讓接受輔導的學生回過頭來接受正常的教育有效，才是輔導的最終旨趣」（鄭崇趁，1996a：15）。

其次，輔導更應該是一種教育理念、一種教育思潮。它的內容和範圍不應該局限於一門學科或者一門技術，應該是全社會民眾、學校和教育部門的所有教師與管理人員需要具備的一種基本理念。只有所有的人都經歷過輔導理念的洗禮，體會輔導理念所體現對人的生存與發展的深刻關懷，才能在教育教學以及其他工作中獲得更好的效果，實現輔導的終極目標，實現人與社會的和諧發展。

輔導的推行，首先是民眾一種理念上的洗禮與更新。「當代學校輔導運動主要的目標不在於提出新的工作專案或新的處室部門，而是將新的理念和方法引入學校既有的教育工作之中」（林清文，1999：496）。輔導的首要目的就是要讓社會民眾都能了解輔導工作，能理解輔導對於教育與社會發展所具有的積極意義，讓更多的人參與輔導工作，充分發揮輔導工作在提升民眾心理健康、改善生存品質上的巨大作用。輔導不僅僅是一種教學手段，而是一個提升整個社會的教育效果、幫助每個人潛能發揮與自我價值實現的重要過程。「輔導已經是教育的核心工作」（鄭崇趁，1996b：17）。輔導不應該局限於專業化和輔導工作的學科獨立性，而應該融入到教育體系中，融入到社會的發展中，在更廣泛的空間裡實現自身的價值。

## 2.進一步推進輔導的本土化

任何一種理念，都需要回到社會現實之中，才能化為實際的行動。不同地區的歷史文化背景都是不同的，要想讓一種新的理念在一個社會中生根發芽，獲得成長的生命力，就必須與當地的社會基礎和文化背景相結合，才能開出絢爛的花朵。輔導源自西方的民主理念和個性化教育的思潮，一進入臺灣，輔導學界的前輩們就非常重視輔導的「本土化」。「我們最初就認為輔導的理念是最重要的，希望引進更多東方的哲學，尤其我們很強

調孔孟的思想，而不全是依靠國外的理念。可惜，這方面做的實際上不是很多，諮商做的不多，輔導理念的探討比較少」（彭駕騂口述，2006）。一線的輔導工作者對此也有清醒的認識：「國外翻譯過來的輔導理論，有多少符合我國的國情？我們必須腳踏實地的去試驗，才能去蕪存菁，找出一套適合我國兒童的輔導方法」（葉莉薇，1987：225）。在學校輔導發展的進程中，輔導學界前輩還不忘敲警鐘：「現在很多輔導界的教授們貪方便，到美國某個大學深造，學了一點東西就搬回來照套，缺少國情化觀念……輔導要適合於自己的風俗民情、文化背景、社會需要，全盤引進國外的輔導是非常格格不入的」（張植珊口述，見本書附錄 II）。

輔導理念的核心是一種對人的深刻關懷，一種對人的成長的協助。如果沒有觀念上的認同和接受，即使輔導工作繼續以設置課程的方式強制推行，也難以真正實現輔導工作的終極目標。因此，如何增加輔導理念在東方集體主義文化中的適應性和生命力，倒是輔導學界應該更加重視並不斷研究的課題。畢竟，輔導和教育都是生長在文化土壤上的花朵。

臺灣在輔導工作開展過程中一直致力於輔導工作的本土化，努力將西方的輔導理念與臺灣的獨特歷史文化和地域特徵相結合，這種努力收到了良好的成效，使得學校輔導在臺灣的發展獨具特色，但這並不意味著本土化的使命已經完成。在教育改革背景下，在推動學校輔導體系重建的過程中，要將輔導的「本土化」進行徹底，還需要更深入地挖掘臺灣文化傳統、教育土壤中適合輔導生長的要素，讓學校輔導改革能夠基於臺灣社會發展的實際情況，在理念上獲得更新的同時，也在實踐上取得成功。譬如，「家長和學校過於重視學業成績而忽略了兒童的需要和感受，忽略了每個孩子獨特的想法和理念，有違輔導之精髓」（賴念華，1999：59）。這便是學校輔導工作進一步「本土化」需要認真研究的課題。期待臺灣輔導學界不斷根據文化與地域風俗，建立屬於中國化、地域化的輔導學。❖

# 參考與延伸閱讀文獻

丁國強（2008）。〈在過去與現在之間問答交流：近年來史學理論類圖書概觀〉。《中國教育報》，2008 年 1 月 31 日，第 7 版。

中國輔導學會（主編）（1991）。《輔導原理與實務》。臺北：心理出版社。

中國輔導學會（2005a）。《支持推動〈學生輔導法〉立法聲明》。臺北：中國輔導學會。

中國輔導學會（2005b）。《學生輔導法（草案）》。臺北：中國輔導學會。

王連生（1985）。《教育輔導與技術》。臺北：五南圖書出版公司。

王麗斐、趙曉美（2005）。〈小學輔導專業發展的困境與出路〉。《教育研究月刊》，（134），41-53。

王麗斐等（2005）。〈臺灣小學輔導工作的發展與專業內涵之實施現況〉。《香港中文大學基礎教育學報》，*14*（1），83-99。

朱秉欣（1983）。〈八十年來美國輔導學的演進及今後的趨勢〉。載於宗亮東等（著），《輔導學的回顧與展望：中國輔導學會成立二十週年學術論文集》（第三版）（頁 77-96）。臺北：幼獅文化事業公司。

何英奇、何榮桂（1982）。〈學校輔導的哲學基礎〉。載於吳武典（主編），《學校輔導工作》（第四版）（頁 73-85）。臺北：張老師月刊社。

吳正勝（1999）。〈國民教育九年一貫課程：綜合活動學習領域與班級輔導活動關係之探討〉。《學生輔導》，（64），70-79。

吳武典（1982）。《學校輔導工作》（第四版）。臺北：張老師月刊社。

吳武典（2003）。〈臺灣心理輔導的發展與現況〉（會議資料）。廣西桂林：第一屆海峽兩岸心理輔導研討會。

吳武典（2008）。〈珍視歷史，再創未來：輔導學會 50 週年感言〉。《輔導季刊》，*44*（3），95-98。

吳芝儀（2008）。〈學生輔導法的研擬與影響〉。《輔導季刊》，*44*（3），34-44。

吳麗娟（2000）。〈輔導活動教師因應九年一貫課程變革之道：以人本態度推展

人本教育，並向外和其他領域統整之〉。《測驗與輔導》，（161），3369-3373。

林建平（1993）。《輔導原理與技術》。臺北：五南圖書出版公司。

林美珠（2000）。〈國小輔導工作實施需要、現況與困境之研究〉。《中華輔導學報》，（8），51-76。

林家興（1997）。〈學校輔導工作的四個困境與突破〉。《學生輔導》，（50），112-115。

林家興（2008）。〈臺灣諮商心理專業的發展與挑戰〉。《輔導季刊》，*44*（3），99-102。

林清文（1999）。〈學校輔導工作的統合與改革：呼應教育改革運動的呼籲〉。載於中國輔導學會（主編），《輔導學大趨勢》（頁493-518）。臺北：心理出版社。

林萬億（2003）。〈學校社會工作與學生輔導團隊的重整〉。《學生輔導》，（85），64-73。

陳明終（1994）。〈國民小學適用測驗目錄〉。《學生輔導》，（31），48-57。

陳金燕（2007）。《中國輔導學會未來兩年（2007-2008）工作重點》（內部資料）。臺北：中國輔導學會。

馮觀富（1997）。《輔導原理與實務》。臺北：心理出版社。

馮觀富等（1993）。《學校輔導法規彙編：教育部輔導工作六年計畫研究報告》。臺北：教育部訓育委員會委託專案（編號：13-06）。

黃德祥（2006）。〈臺灣新住民子女的教育與輔導新課題〉。《教育研究月刊》，（141），18-24。

葉莉薇（1987）：〈推展兒童輔導工作之回顧與展望：「東門方案」實施之成效與檢討〉。《中華心理衛生學刊》，*3*（2），217-229。

臺灣輔導與諮商學會（2008）。《輔導季刊：臺灣輔導與諮商學會成立50週年專刊》。臺北：臺灣輔導與諮商學會。

劉若蘭（1994）。〈專科學校適用心理測驗介紹〉。《學生輔導》，（31），58-61。

劉焜輝（1979）。《輔導原理與實施》。臺北：天馬文化事業公司。

劉焜輝（2008）。〈回到原點，重新定位〉。《輔導季刊》，44（3），90-94。

劉焜輝、汪慧瑜（1982）。《輔導論文精選》。臺北：天馬文化事業公司。

劉焜輝等（2003）。《學校輔導工作的多元面貌：專業理念與實務的對話》。臺北：天馬文化事業公司。

鄭崇趁（1996a）。〈國民中小學設置專任輔導教師的背景與策略〉。《學生輔導》，（43），12-15。

鄭崇趁（1996b）。〈教育改革與輔導工作〉。《學生輔導》，（47），12-17。

鄭崇趁（2005）。〈從學校組織再造的需求探討教訓輔三合一方案在教育改革中的角色功能〉。《臺北教育大學學報》，18（2），87-98。

鄭曉婷、楊景雯（2005）。〈學校輔導工作的現況與變革：專訪教育部訓育委員會常委陳金燕教授〉。《教育研究月刊》，（134），5-10。

蕭文（1983）。〈學校輔導工作的發展趨勢〉。載於宗亮東等（著），《輔導學的回顧與展望：中國輔導學會成立二十週年學術論文集》（第三版）（頁109-110）。臺北：幼獅文化事業公司。

賴念華（1999）。〈臺灣青少年學校輔導工作的困境初探〉。《輔導季刊》，35（1），55-62。

Barclay, J. R., & Wu, Wu-Tien. (1986). The development of school psychological services in Taiwan. *Journal of School Psychology, 24*, 1-7.

Chang, C. (1979). *The development of education guidance*. Taipei: Enjoy Enterprise Co.

Gysbers, N. C. (2001). School guidance and counseling in the 21st century: Remember the past into the future. Professional School Counseling, Dec. Retrieved August 30th, from http://www.findarticles.com/p/aticles/mi_m0KOC/is_2_5/ai_84152029

Gysbers, N. C., & Henderson, P. (2000). *Developing and managing your school guidance program* (3rd edition). Alexandria, VA: American Counseling Association.

McDaniel, H. B. (1957). *Guidance in the modern School* (3rd edition). Printing, NY: The Dryden Press.

Mortensen, D. G., & Schmuller, A. M. (1976). *Guidance in today's schools* (3rd edition).

New York: John Wiley & Sons.

Shaw. M. C. (1973). *School guidance systems*. Boston, HA: Hougton Mifflin.

Wu, Wu-Tien. (1993). Counseling and guidance in the twentieth century: The Taiwan experience. *Asian Journal of Counseling, 11*(1), 1-6.

# 附錄

# 附錄 ① 學校輔導發展大事紀要（1950～2012）

| 時間 | 事件 |
|---|---|
| 1951～<br>1962 | 教育部選派十餘位大專教師與教育行政人員赴美進修輔導，回臺後協助推動各級學校輔導工作。 |
| 1954 | 「臺灣輔導學之父」蔣建白規劃僑生輔導。 |
| 1955 | 教育部增設華僑實驗中學及僑生大學先修班，以擴大輔導僑生回臺升學。 |
| 1956 | 教育部在各大專校院設置僑生輔導委員會。 |
| 1957 | 自 1957 年起，教育部先後舉辦 6 次「暑期僑生輔導研習會」，培訓各大中學校教職員近 300 人。同時，編印《輔導研究》期刊 3 卷共 26 期，編輯《輔導小叢書》50 種。 |
| 1958 | ①5 月 24 日，教育部僑務委員會公布「僑生回國升學及輔導實施要點」。<br>②12 月 21 日，經內政部批准，中國輔導學會成立。 |
| 1959<br>年起 | 奉臺北市政府教育局指示，臺北東門國小與臺大醫院臺北兒童心理衛生中心籌劃開展學校心理衛生工作，促就了日後著名的「東門方案」的產生。該方案 1960 年開始正式實施，為小學輔導工作的開展揭開了序幕。 |
| 1960 | ①教育部指定華僑中學和臺北第二女子中學為實驗學校，分別就輔導制度與實施方法展開為期一年的實驗與試辦工作。<br>②教育部商請當時聯合國教科文組織（UNESCO）派遣顧問挪威籍教育專家 Dr. F. M. Stromes、Dr. T. Sain Rossy 到臺灣，先後以三年時間，與中國輔導學會的專家一起，協助開展國民學校課程實驗及資優兒童教育實驗。 |
| 1962 | ① 1 月，僑務委員會在該會下設置僑民教育組，聘請有關學者專家為設計委員。<br>②臺灣省教育廳與中國輔導學會合作，推行「中等學校輔導工作實驗計畫」。到 1965 學年度止，先後共有各級學校 31 所參加實驗。<br>③中國輔導學會參與成立臺灣大學學生輔導中心。此後，政治大學、臺灣師範大學也陸續成立了學生輔導中心。 |

（續上表）

| 時間 | 事件 |
|---|---|
| 1963 | 臺北市陽明、福星兩國小試辦資優班。 |
| 1964 | 中國輔導學會於1964年冬受教育部委託，為越南政府派來之教師實施為期六週之輔導專業訓練，第一次為他國提供教育訓練服務。 |
| 1965 | ①教育部延聘聯合國教科文組織（UNESCO）專家來臺協助設計職業輔導計畫。<br>②中國輔導學會協助臺灣大學、政治大學、臺灣師範大學等學校實施輔導與測驗計畫，逐漸在大學院校中推廣測驗與輔導設施。<br>③民間輔導機構——「耕莘心理輔導中心」成立。 |
| 1966 | ①行政院成立「青年輔導委員會」，綜理青年輔導工作業務。<br>②7月，教育部中等教育司召集國內輔導學專家，研究如何在中學實施輔導制度。<br>③教育部制定《中等學校加強指導工作實施辦法》，並在指定的實驗學校進行分年實驗。同時訂定了《中等學校指導活動分年工作計畫》、《中等學校指導活動實驗辦法》、《中等學校指導人員訓練辦法》、《中等學校實施指導工作效果考查辦法》。<br>④教育部成立「指導工作委員會」。<br>⑤臺灣師範大學教育系首設「指導組」，開始教授輔導課程，培養輔導人員。<br>⑥教育部委託臺灣師範大學、政治大學等舉辦輔導人員暑期研習班。 |
| 1967 | ①6月27日，蔣介石於「國父紀念月」會上宣誓：「我們要繼續耕者有其田政策推行成功之後，加速推行九年義務教育計畫。」這段宣誓正式為「九年國教」拉開了序幕。<br>②8月17日，蔣介石以「（1967）臺統（一）義字第5040號令」，正式命令實施「九年國教」。<br>③官方策劃實施「九年國民教育」，建立國民中學體制。<br>④暑期開始，中國輔導學會專家為臺灣各縣市培養首批輔導教師。<br>⑤8月24日，由蔣建白為團長、楊寶乾為發言人的代表團一行赴日本參加於8月28日起在東京召開的亞洲區教育及職業輔導會議。會議決定由臺灣召開第一次全體會員大會，並正式成立「亞洲區教育及職業輔導協會」。 |

（續上表）

| 時間 | 事件 |
|------|------|
| 1967 | ⑥9月間，中國輔導學會召集各輔導工作實驗學校，舉行1966學年度輔導工作實驗檢討會。<br>⑦臺灣師範大學與政治大學開始培訓首批指導活動課程教師。<br>⑧中國輔導學會拍攝反映輔導內容的教育影片《輔導教師的任務》。影片由宗亮東編劇，鄧綏勇導演，臧英年主演。 |
| 1968 | ①2月10日，蔣介石發布了《革新教育注意事項》手令，指示對學生的培養應身心並重。<br>②4月12日，蔣介石發布《對國民教育小學「生活與倫理」課程、中學「公民與道德」課程之指示》。<br>③教育部開始推行「九年國民教育」並於1月1日頒布《國民中學暫行課程標準》，增列指導活動一科，在行政體系中設置指導工作推行委員會，並置「執行秘書」一職，以掌理學生輔導事務。國中課程設指導活動，實施每週一小時團體輔導。<br>④中國輔導學會受臺北市教育局委託，舉辦輔導工作人員研習班，為臺北市培養了首批44名國中輔導教師。<br>⑤臺灣師範大學成立教育心理學系，招收大學部學生。<br>⑥臺灣省教育廳公布《臺灣省國民中學校務設施評量表》。 |
| 1969 | ①教育部發布年臺（58）中字第15875號令，規定指導教師應修的專門科目及其學分。<br>②教育部頒布《國民中學指導活動科設備標準》。<br>③民間輔導機構「青少年輔導中心——張老師」於11月11日成立，並設置「張老師電話」。 |
| 1970 | ①11月9～14日，「亞洲區教育及職業輔導協會」成立大會暨第一次全體會員大會在政治大學舉行，會上成立「亞洲區教育及職業輔導協會」（ARAVEG），蔣建白榮任協會首任會長，並在省立教育學院建白館設立協會輔導資料中心。<br>②教育部修訂《各省市辦理國民小學教師進修辦法》。<br>③「臺灣省中等學校教師研習會」在彰化市郊白沙山莊成立，開辦「國民中學指導工作研究班」，提供在職輔導人員短期訓練課程，推動輔導工作理念。 |

（續上表）

| 時間 | 事件 |
|------|------|
| 1971 | ①教育部頒布修訂的《高級中學課程標準》，高中部分在課程總綱中增列了輔導工作。<br>②省立教育學院（後改名為國立臺灣教育學院，今為國立彰化師範大學）正式成立於白沙山莊，並創辦臺灣大學院校中的第一個輔導學系（1998年更名為輔導與諮商學系）。 |
| 1972 | ①教育部修訂公布《國民中學指導活動課程標準》，編輯了《指導活動學生手冊》及《指導活動教師手冊》。<br>②教育部訂頒《大專學校學生輔導中心設置辦法》和《學生輔導委員會組織準則》。<br>③臺灣省政府教育廳頒布《臺灣省高級中等學校指導活動實施綱要》和《臺灣省高級中等學校指導工作實施要點》。 |
| 1973 | ①教育部9月1日公布《高級中學學生評量與輔導工作實施要點》，規定必須對高級中學學生進行心理測量。高級中學開始試辦評估與輔導工作。<br>②教育部國民教育司於1973年至1976年策劃並完善輔導評鑑制度，推展輔導評鑑工作。<br>③省立高級中等學校設輔導工作委員會並設置主任輔導教師。<br>④成立亞洲區教育與職業輔導資料中心。<br>⑤正式啟動第一階段國小資優教育實驗。 |
| 1974 | ①臺北市教育局指定全市小學借鑑「東門方案」，全面推廣實施學校心理衛生工作。<br>②教育部於9月2日訂頒《高級中學輔導工作實施方案》，先後指定五十多所高中先行試辦，並於1979年在全臺所有高中施行。 |
| 1975 | ①教育部頒布《國民中學指導活動實施要點補充規定》。<br>②教育部在頒布的《國民小學課程標準》中增列了「國民小學輔導活動實施要領」，正式將輔導活動科目列入其中，編印《輔導活動教師手冊》供教師參考，並於1977學年度試行，1978學年度開始全面實施。 |

（續上表）

| 時間 | 事件 |
|------|------|
| 1976 | ①教育部通令規定大專校院應設置學生輔導中心或心理衛生中心，公布《專科以上學校設置學生輔導委員會暨學生輔導中心實施要點》及《專科以上學校設置學生心理衛生中心實施要點》，輔導正式成為臺灣大專校院教育工作的一環。<br>②教育部從 1976 年開始分別對國中、高中、高職、大專校院實施輔導評鑑或訪視。<br>③教育部首次發布《國民中學輔導工作評鑑報告》。 |
| 1977 | 教育部要求開始試行國民小學輔導工作。 |
| 1978 | ①教育部要求全面實施小學輔導工作，小學輔導在臺灣得以普遍推廣。<br>②教育部擬訂《國民中學評鑑實施要點草案》及評鑑表格，指定基隆市及桃園縣先行試辦。<br>③中國輔導學會成立 20 週年。學會舉辦輔導學術研討會，出版《輔導學的回顧與展望》一書。 |
| 1979 | ①《國民教育法》於 5 月 23 日公布，明確要求國民小學應設置輔導室或輔導教師；國民中學應設輔導室，輔導室配主任一名。自此輔導室成為正式組織編制。<br>②《高級中學法》公布，具體規定輔導工作範圍、組織、人員與工作辦法，並要求對資質優異的學生給予特別輔導。<br>③ 8 月，教育部核定臺灣師範大學及省立教育學院分別成立輔導研究所，並設輔導碩士班。<br>④教育部正式公布《國民中學評鑑暫行實施要點》，頒布《國民中學評鑑標準》及《國民中學評鑑手冊》，通令全面實施。國民中學輔導工作的評鑑也包含在其中。 |
| 1980 | 將大專學生輔導中心納入編制。 |

臺灣學校輔導發展史

（續上表）

| 時間 | 事件 |
|------|------|
| 1981 | ①公布《高級中學規程》。<br>②公布《高級中學學生輔導辦法》。<br>③頒布《國民小學與國民中學班級編制及教職員工員額編制標準》，從根本上解決了輔導教師的編制問題。<br>④教育部制定《國民小學輔導活動設備標準》。<br>⑤行政院於 3 月 13 日公布《防制青少年犯罪方案》。 |
| 1982 | ①《國民教育法實施細則》於 7 月 7 日頒布。<br>②教育部全面修訂《國民中學課程標準》，正式改指導活動之科目名稱為輔導活動，輔導活動由此正名。<br>③教育部頒布《國民中小學教育人員甄選儲訓及選調辦法》，其中第十條規定國中輔導主任應具有一般主任資格及輔導之專業知能。 |
| 1983 | ①教育部頒布了修訂後的《國民中學輔導活動課程標準》，以「輔導」取代「指導」，並規定輔導教師應由輔導本科系或相關科系畢業，受過輔導專業訓練的教師擔任。<br>②教育部於 4 月 30 日檢發《國民中小學輔導室主任應具備之輔導專業知能規定》。<br>③7 月公布《高級中學課程標準總綱》、《國民中學課程標準總綱》。 |
| 1984 | ①教育部制定《發展與改進國民小學輔導工作訪視計畫書》。<br>②《高級中學學生輔導辦法》規定高中設專職輔導人員。<br>③教育部頒布《職業學校章程》，對高職生展開生活、學業和就業輔導。<br>④全面設立國民中小學輔導室。<br>⑤教育部頒布《加強高級中學實施輔導工作三年計畫》。<br>⑥臺灣省政府教育廳公布《臺灣省國民小學輔導室主任甄選儲訓要點》，對輔導室主任的遴用資格做出詳細規定。<br>⑦臺灣省政府教育廳頒布《臺灣省各公私立高級中等學校輔導工作委員會主任輔導教師遴用資格標準》，提出把「輔導工作委員會執行秘書」統一改稱為「主任輔導教師」。 |

（續上表）

| 時間 | 事件 |
|------|------|
| 1985 | 7 月，教育部公布《職業學校學生輔導辦法》。 |
| 1986 | 教育部制定《輔導活動訪視表》。 |
| 1987 | ①臺灣第一家民間諮商機構——「現代人力潛能開發中心」成立，並於 1988 年 12 月 1 日起正式對外服務。<br>②「財團法人心路社會福利基金會」成立。<br>③臺灣師範大學設輔導博士班。 |
| 1988 | 「張老師輔導中心」改名為「青年諮商服務處」。 |
| 1989 | 1989 年省立教育學院改制為「國立彰化師範大學」，輔導學系被批准參加大學擴招，全面招收高中畢業生。同年，彰化師範大學設輔導博士班。 |
| 1990 | ①教育部制定《國民小學評鑑表》。<br>②中國輔導學會主編、心理出版社出版《邁向 21 世紀輔導工作新紀元》一書。 |
| 1991 | ① 1 月 30 日，臺灣「國建六年計畫」經行政院院會通過並開始實施，是當時臺灣經濟社會文化建設的綱領性計畫。<br>② 2 月，教育部頒布「輔導工作六年計畫」，並於 7 月開始執行。 |
| 1992 | 「朝陽方案」、「璞玉專案」開始正式實施。 |
| 1993 | ①教育部修訂《國民小學輔導活動課程標準》，對輔導場所、設備等做細部要求。<br>② 4 月 16 日，「四‧一○教改聯盟」成立。<br>③ 10 月始，民間首度發起要求當局對教育做根本改造的大規模運動，即「四‧一○教育改造運動」。 |
| 1994 | ①教育部修訂《國民中學輔導活動課程標準》，對輔導場所、設備等做細部要求。<br>②《教師教育法》修正為《師資培育法》。<br>③教育部修正公布《國民中小學教育人員甄選儲訓及調遷辦法》，刪除了《國民教育法》第十條「輔導室主任應具備輔導專業知能」的規定。<br>④ 1994 年被定為「教育改革年」，政府當局正式著手推動教育改革，成立了「行政院教育改革審議委員會」（簡稱「教改會」）。 |

（續上表）

| 時間 | 事件 |
|------|------|
| 1995 | ① 2 月，教育部編印《中華民國教育報告書》，提出臺灣未來教育發展的 11 項重要內容，其中一項為「訓育輔導」。<br>② 8 月，《教師法》公布，該法第 17 條明定教師負有「輔導或管教學生，導引其適性發展，並培養其健全人格」之義務。 |
| 1996 | ①「教改會」總諮議報告書定稿，正式確定未來「教育改革」的「五大方向」、「六個重點」、「八大優先推動專案」。其中建議「學校應進行訓輔整合，建立學生輔導新體制」。<br>② 國民小學中高年級開始設置每週一次的輔導活動課程。 |
| 1997 | ① 教育部頒布實行《教育改革總體計畫綱要》。<br>② 教育部核定執行為期六年的「青少年輔導計畫」。<br>③ 教育部於 8 月公布了「建立學生輔導新體制——教學、訓導、輔導三合一整合實驗方案」。<br>④ 立法院核准通過《社工師法》。 |
| 1998 | ① 5 月，行政院通過並核定《教育改革行動方案》。在 12 項行動方案中，第 8 項為「加強身心障礙學生教育」，第 11 項為「建立學生輔導新體制」。<br>② 教育部公布《「九年一貫課程」總綱綱要》。<br>③ 高中新課程標準正式實施。<br>④ 中國輔導學會成立 40 週年。學會舉辦慶祝活動，包括舉辦「1998 年國際心理衛生與輔導工作會議」、「輔導學大趨勢學術研討會」，編輯、出版《輔導學大趨勢》一書。 |
| 1999 | ① 立法院公布《高級中學法》和《教育基本法》。<br>② 修訂的《國民教育法》將「輔導人員」更名為「輔導教師」，並規定輔導主任及輔導教師以專任為原則。<br>③ 修正的《國民中小學校長主任教師甄選儲訓遷調及介聘辦法》，規定輔導主任不必具備任何輔導知能，只要具備一些行政或擔任導師之資格，考試通過後即可派任。 |

（續上表）

| 時間 | 事件 |
|------|------|
| 2000 | ①教育部公布涵蓋國小一年級至國中三年級各學習階段的《國民中小學「九年一貫課程」暫行綱要》。輔導活動與「童軍活動」、「家政活動」等合併成「綜合活動」學習領域。<br>②4月18日，中國輔導學會成立「心理師法推動小組」。<br>③教育部公布《輔助大專校院輔導身心障礙學生實施要點》，規定輔導人員應優先聘用特殊教育輔導相關系所畢業的人。<br>④中國輔導學會在本年度大會上首創主題論壇：「海峽兩岸諮商輔導專業的現狀與發展」，第一次邀請大陸學者參加年會活動。 |
| 2001 | ①教育部發布《高級中學學生輔導辦法》。<br>②10月31日，立法院三讀通過《心理師法》，並於11月21日由陳水扁公布實施。<br>③12月14日，「考選部」舉辦第一屆心理師高考。 |
| 2002 | ①教育部於6月提出「國民中小學組織再造及人力規劃試辦方案」，導致許多試辦學校幾乎不約而同地撤除了「輔導室」，將其與「訓導處」合併為「學務處」，或在「學務處」下設「諮商組」代之，大大降低了輔導的行政地位。<br>②6月3日，「衛生署」發布《心理師法施行細則》。<br>③7月16日，中國輔導學會第36屆第四次理監事會議通過《諮商心理實習課程辦法》。<br>④8月13日，「考試院」發布《專門職業及技術人員高等考試心理師考試規則》。 |
| 2003 | ①3月19日，衛生署發布《心理師執業登記及繼續教育辦法》。<br>②4月12日，「中國輔導學會諮商心理學組」正式成立。<br>③《國民教育法》第十條修正案經立法院教育與文化委員會一讀通過，刪除了學校設置「輔導室」或「輔導教師」的法源依據。 |

（續上表）

| 時間 | 事件 |
|------|------|
| 2003 | ④中國輔導學會於7月29日緊急草擬《國民教育法第十條一讀修正條文的聲明——搶救與重建學校輔導體系》，提出「建立專責、專業與專職的輔導體制與人員」以及「重建學校輔導的專業形象」兩項主要訴求。8月，中國輔導學會公共政策小組針對《國民教育法》第十條修正案提出再修正條文，發動連署及拜會相關「立法委員」。經過輔導學界的共同努力，《國民教育法》第十條條文維持1999年修正的原貌。<br>⑤8月19～21日，「第一屆海峽兩岸心理輔導研習會」在中國廣西桂林舉辦，臺灣輔導界組團參加。 |
| 2004 | ①臺北市政府試行心理師國小駐區服務方案。<br>②4月2日，「衛生署」發布《心理諮商所設置標準》和《心理治療所設置標準》。<br>③7月26日修訂公布《國民教育法施行細則》，將「輔導工作」職責和內涵加以調整，使訓導和輔導併於一爐，規定「輔導工作」成為校長及全體教師均應擔負之責任。<br>④中國輔導學會組團赴中國廣州參加「第二屆海峽兩岸心理輔導研習會」。<br>⑤11月6日，「中國輔導學會諮商心理學組」第一屆執行委員會議擬定《心理健康法草案》。 |
| 2005 | ①2005年，教育部擬定《國民教育法》第十條，不再強制要求國民中小學需要設置輔導室。<br>②教育部訓委會成立「輔導工作諮詢小組」，並初步草擬《學生輔導法》。<br>③中國輔導學會召開第38屆第六次理監事聯席會議，建議公共關係組與學校輔導工作任務小組密切配合，推動《學生輔導法》立法催生。<br>④8月10～18日，中國輔導學會組團赴成都參加「第三屆海峽兩岸心理輔導研習會」。<br>⑤臺灣第一個地方諮商心理師公會——臺北市諮商心理師公會成立。<br>⑥10月24日，高雄市政府教育局舉行「各級學校學生心理諮商中心」成立市長揭牌暨記者說明茶會，宣告「高雄市學生心理諮商中心」正式成立。 |

（續上表）

| 時間 | 事件 |
|---|---|
| 2006 | ① 1 月 7 日，中國輔導學會成立「海峽兩岸學術交流小組」，擬定《臺灣輔導與諮商學會接待大陸參訪辦法》。<br>② 教育部決議研擬《學生輔導法》，公開招標《研擬學生輔導法草案計畫》。<br>③ 7 月 7 日，中國輔導學會得標《教育部 2006 年度委辦研擬學生輔導法草案計畫》，開始為期一年的學生輔導法草案研擬。<br>④ 8 月 6 日，中國輔導學會組團參加在廈門召開的「海峽兩岸心理輔導論壇」。<br>⑤ 9～12 月，中國輔導學會分別在高雄、嘉義、花蓮、臺北等地舉辦「2006 年度委辦研擬學生輔導法草案計畫」之焦點團體及專家學者座談會。<br>⑥「中華民國輔導教師協會」成立。 |
| 2007 | ① 中國輔導學會召開第 39 屆第三次理監事聯席會議，討論關於內政部檢送社工師法修正草案，並將研擬的決議發函至內政部及行政院衛生署。<br>② 中國輔導學會召開第 39 屆第四次理監事聯席會議，提交「研擬學生輔導法草案」專案計畫的期末報告至教育部。 |
| 2008 | ① 3 月，教育部訓委會宣布，教育部將於 2010 學年度起，補助各縣市政府增置國民中學專、兼任輔導教師。<br>② 中國輔導學會獲得內政部核准，於 5 月 7 日正式更名為「臺灣輔導與諮商學會」（Taiwan Guidance and Counseling Association, TGCA）。<br>③ 10 月 18 日在彰化師範大學舉行「臺灣輔導與諮商學會 50 週年（2008）年會暨學術研討會」，馬英九於 9 月 30 日發電祝賀；10 月，第 44 卷第 3 期《輔導季刊》出版「臺灣輔導與諮商學會成立 50 週年專刊」。 |
| 2009 | 8 月 14 日，教育部首次函報教育部組織調整規劃報告送行政院審議。 |

（續上表）

| 時間 | 事件 |
|---|---|
| 2010 | ①3月3日、5月13日教育部分別函報教育部組織調整規劃修正案送行政院審議。<br>②行政院於7月開始審定教育部組織架構草案及修正案。<br>③12月，桃園縣八德國中發生學生「霸凌」事件。 |
| 2011 | ①行政院於1月6日第3229次會議、1月27日第3232次會議通過教育部組織架構草案及修正案，函請立法院審議。<br>②1月12日立法院第7屆第6會期第15次會議通過修正《國民教育法》第十條條文。1月26日「華總一義字第10000016631號令」正式公布修正後的《國民教育法》第十條條文。 |
| 2012 | ①立法院1月20日三讀通過教育部及所屬機關（構）組織法。<br>②2月3日「華總一義字第10100022781號令」正式公布修正後的《教育部組織法》。修正後的《教育部組織法》規定，教育部底下設置八個司，其中之一為學生事務及特殊教育司。 |

# 附錄 II 學校輔導學者訪談錄（節選）

　　【作者按】應臺灣師範大學教育心理與輔導學系及學生輔導中心的邀請，本人於 2006 年 2 月及 2011 年 3、4 月間兩次赴臺進行臺灣學校輔導發展史專題訪學。訪學期間，本人在吳武典教授、林家興教授等的精心安排下，不僅查找了相關文獻，現場考察了在臺灣學校輔導的歷史與發展中承載著特殊意義的學校及場所，如彰化師範大學、臺灣師範大學、臺北中山女中、東門國小及蔣建白紀念館、中國輔導學會會址、「張老師」機構等，參加了兩場由大學及民間社團組織的教改總體檢研討會，拜訪了劉焜輝、張植珊、彭駕騂、馮觀富、吳武典、蕭文、鍾思嘉、林家興、金樹人、陳秉華、鄭崇趁、王麗斐、傅木龍、張德聰、陳貴龍、黃正旭等多位老、中、青輔導學者及前輔導行政官員。這些與本人亦師亦友的輔導學者對學校輔導歷史與發展的相關敘述，成為本文的重要參考，也成為進一步研究臺灣學校輔導發展史的珍貴資料。限於篇幅，以下只節選對五位輔導學者訪談的錄音資料。

## 之一　對劉焜輝教授的訪談

劉焜輝教授，資深輔導學者，中國輔導學會第 31 屆（1991～1992）理事長。

訪談時間：2006 年 2 月 10 日上午 10：30～12：00

訪談地點：臺灣師範大學學生輔導中心

**葉一舵**（訪談者，以下簡稱「葉」）：從史料上看，大家比較承認僑生教育是一個直接的動因和因素。那麼，如果沒有僑生教育，臺灣的學校輔導是不是照樣能興起？

**劉焜輝教授**（受訪談者，以下簡稱「劉」）：僑生只不過是引子，很多人以為有僑生才有輔導，其實不是。如果沒有僑生教育，輔導仍然會有。因為輔導是 1902 年開始的，在美國有八個輔導的研究，最早是職業與教育，隨著時代潮流的發展，就出現了針對個別差異提供學校教育。再來，就是在第二次世界大戰以後的安插工作，就相當於諮商的服務。後來，美國由於一個競賽輸給前蘇聯，美國回頭看它失敗的原因在於課程，所以就用大量的國防、教育經費在學校培養輔導老師，去發現制約學生發展的因素；美國的輔導發展到現在，成為了統整的觀點。所謂統整，就是指輔導是學校跟家長、跟全體老師的事，老師跟學生、家長的事，學校跟社會的事。所以今天談的輔導是一個整體。整個世界，不管各國的政治體制如何，都很重視輔導。有沒有輔導的名稱不重要，有輔導的實質、需要才重要。臺灣那時做的僑生輔導，在我看起來只是一塊皮毛，其實有沒有僑生不重要，有沒有輔導這個名稱不重要，本來就是要有輔導，輔導的功能決定了輔導的存在。

**葉**：也就是說，輔導的本質決定了它這種必然性。是嗎？

**劉**：對。

**葉：** 我在大陸看到一篇講到僑生教育問題的碩士論文，論文中說道，僑生是跟隨蔣介石遷臺的那些人的子女，是嗎？

**劉：** 完全不是。真正僑生是從馬來西亞、泰國等等回來的，他們是華僑的小孩。那篇碩士論文的前提就弄錯了。

**葉：** 在僑生這一時期，臺灣有幾個重要的人在做這項工作？

**劉：** 教育部有一個「僑生輔導委員會」，這是最重要的。

**葉：** 我是指具體的專家或者當時自發在做這個工作的。

**劉：** 沒有特別的人，這是制度之下的人，並不是某一個人。

**葉：** 有著作說，在「僑生輔導委員會」成立之前，有一批從國外留學回來的人就已經開始在做這個工作了。

**劉：** 我想是的。因為僑務委員會本身的工作就是負責華僑的聯繫之類的，我想這個早就應該做的。

**葉：** 沒有特別說明哪一個輔導專家在做這個工作？

**劉：** 對。沒成氣候。

**葉：** 另外，「東門方案」對之後的整個臺灣輔導起了什麼樣的作用？當時60年代的時候做了一系列兒童心理衛生方面的工作，有些心理專家認為這是臺灣心理輔導緣起的其中一個原因。

**劉：** 對。有個臺大教授叫徐澄清，是臺大醫學院的大夫。他對最早時候的臺灣心理衛生教育有很大的貢獻，是由他主張然後推展這個工作的。正是因為徐澄清在背後推動，東門國小在臺灣心理衛生教育推展方面才變成一枝獨秀。

**葉：** 從歷史來看，可不可以說當時臺灣心理輔導的早期階段也是側重於心理衛生這個層面？

**劉：** 不是。那就是我們對輔導定義的問題。我們說心理衛生組織是從「東門方案」開始的，但談的是輔導的本質問題，有教育就有輔導。對於優秀的人，需要發揮他們的潛能，這本身就是輔導。所以如果沒有後來的有計畫的推動，東門仍然是東門，各個學校仍然只有「心理衛生」

的假想，就沒有「輔導」這兩個字了。所以真正的輔導還是因為教育部推動了教育指導活動，指導不叫輔導。

……

葉：您對學校輔導有很多的批評，您是不是覺得它現在有點走樣，有點變質？

劉：對。我們今天看到國外的輔導非常簡單，它就是幫助一個人解決問題、發展潛能。在這個大前提下，臺灣輔導發展最大的走樣就是輔導跟教育的定位。在理論上，輔導跟教育的定位在外國很早就有定論了，一個叫做「功能」，一個叫做「領域」。輔導是讓每一個人充分肯定自己，發揮潛能。所以學生的問題行為，比如偷竊，有沒有偷竊行為不重要，最重要的是為什麼偷竊。輔導是要理解行為背後的原因，之後再去矯治。所以輔導是中心，任何領域都要發揮輔導功能。

臺灣最早把它統整成三個——生活輔導、學習輔導、生涯輔導（就是職業輔導）。從早期來看，臺灣學校輔導最早的機制是非常完整的。我比較讚賞「輔導的本質」。那些「本質」是臺灣的教授到美國去了解美國輔導到底是什麼之後得出的。臺灣早期的方向是對的，但後來越走越差了，所以我並不是對現在不滿，而是不屑一顧。有沒有輔導這個名稱不重要，但是把輔導變成一個三級的預防模式絕對是錯誤的，因為它違反了本質。我這裡列出一個表格非常重要（按：本文略）。你看，這個目的之下有這幾種活動，它是從一個整體中分出來的，是一個人從進來到畢業要接受的輔導。

葉：那您認為，當前最根本的應該糾正什麼？或者說五十年來這項工作您最想說的是什麼？

劉：我現在作為一個學者，把正確的理念提出來，我只對我提出的理念進行討論，如果不對，我也接受——這是學者的一個基本素質。所以如果大陸要推展的話，真正重要的是政策，政策一錯誤的話，不可收拾。我曾經去一個學校評鑑，看到的情況非常糟糕。校長是師大教育系畢

業的，輔導老師是師大輔導系畢業的，陣容很強大。但校長不組織會議，輔導是全校最糟糕的一塊內容。輔導工作的推動需要校長、教務主任、訓導主任等等全部參加，輔導不是輔導師的工作，而是全校的工作。看看，教學工作一定落實到各個老師，訓導工作一定落實到各導師，只有輔導工作在早期是落實到全體老師，現在居然變成只有輔導師了，這已經違反本質啦！所以我在評鑑的時候告訴校長：「你不支持，你一定要換掉這個輔導老師。」第二年我再去評鑑，那個學校發生了很大的變化。所以政策、方向非常重要。

……

**葉：**為什麼當時臺灣的輔導是先在國中，然後再在高中、小學推廣呢？

**劉：**這主要是因為小學沒有分科教學，國中是分科教育，所以在國中可以安插一個指導活動的老師。但高中是準備升學的階段，所以課程負擔本身就非常重，在高中增加一科很難。

……

**葉：**您是《諮商與輔導》刊物的主編，《諮商與輔導》是哪一年創刊的？

**劉：**1985 年吧，那時我發現臺灣沒有這方面的材料，我就創辦了。我在刊物裡寫的是講座。到現在為止 241 期了。而教育部的《學生輔導》辦的不比我早，是委託學者編的，每次都有主題。

……

**葉：**臺灣現在對大、中、小學的心理輔導專業老師有什麼樣的要求？

**劉：**現在臺灣的高校裡都有學生輔導中心，最近因為改革，有的已經把它改成「諮商中心」。像我們這有教育心理輔導系，成立這個系後就進行心理輔導，培養我們的目的就是當輔導老師。現在中小學規定，輔導老師都是本科及以上，但班導師的要求後來取消了，因此我常常說教育部的政策開倒車。

……

葉：這幾年心輔系畢業的博士和碩士這麼多，都主要做些什麼工作？

劉：因為有一個《心理師法》，所以不一定到學校去，也可以走心理師的路線。臺灣心理師分為臨床心理師和諮商心理師。臨床心理師在醫院工作，諮商心理師在大專工作，有些人也可以自己開業。

……

葉：心理師駐校是什麼意思？

劉：是一個實驗制度，沒有推廣。比如說我聘請一個專業人員的經費是非常龐大，所以就請他們過來兼職，一個禮拜來兩次，而且是很多學校共用的，所以駐校名不副實。駐校在我看來是多多益善，但是條件不成熟。

## ▌ 之二　對吳武典教授的訪談 ▌

　　吳武典教授，資深輔導學者、特教專家，中國輔導學會第 34 屆
（1997～1998）理事長。

訪談時間：2006 年 2 月 14 日上午 10：00～12：00

　　　　　 2 月 16 日上午 8：30～10：30

訪談地點：臺灣師範大學吳武典教授研究室


**葉一舵**（訪談者，以下簡稱「葉」）：先說說輔導學會的事吧。

**吳武典教授**（受訪談者，以下簡稱「吳」）：第一任的理事長，是「輔導
　　之父」蔣建白，可是他在位不久。他是中國第一個（包括大陸和臺灣）
　　輔導學博士。

**葉**：第一批派去的就他一個人嗎？

**吳**：他不是派出去的，他本來是在美國讀書。回來做過中教司司長，後來
　　當上正中書局的董事長，正中書局等如大陸的人民出版社。他很有成
　　就：是第一任亞太教育輔導協會理事長；他發起的亞洲「奧爾本亞洲
　　教育輔導協會理事長第一次教育輔導協會會議」就在臺北舉行，那時
　　他就是國際性人物了，當時是得到亞洲基金會的資助；輔導工作有的
　　是對臺灣，有的是對亞洲地區、國際的；他還在彰化師大創立輔導協
　　會而且創辦輔導系 —— 那時候彰化師大還叫彰化教育學院；後來他又
　　建立了建白館、建白紀念堂，設立了建白獎學金，這個獎學金直到現
　　在還有。

**葉**：當時第一個輔導系是他創立的，但是是張植珊老師在那裡當系主任？

**吳**：是的。

**葉**：那這個系的創辦應當是算張老師還是蔣老師呢？

**吳**：蔣建白沒有在那邊教課，但是他推動了這個系的建成。他們都是留學

菲律賓的。今天是沒有人留學菲律賓了，會被人家笑，但那時菲律賓繼承美國的傳統、受美國的影響。當時的菲律賓在東南亞這一塊做得比較好。四十年前亞洲第一櫥窗是美國，菲律賓就是第二個櫥窗。菲律賓受美國的影響，在輔導方面的水準比較高。第二個輔導學博士是賈馥茗。賈馥茗後來也不做輔導了，他是那個老教育家的弟子。你在輔導書上幾乎都看不到他的名字了。輔導學會名單裡面也沒有他的名字了，但他是第二個輔導學博士。

……

葉：我昨天看了鄭心雄的一本書叫《輔導學研究在中國》。

吳：鄭心雄是Wisconsin大學的輔導學博士，回來在臺大心理系任教，後來做國民黨黨部的官員，可惜英年早逝。要不然他會非常活躍，他是非常優秀、非常傑出的一個……還有一位劉焜輝留在了日本——我們很少留學日本——很長的一段時間，回來在政大很長一段時間，然後又轉到師大來。他在輔導這方面投入非常多，寫的書也非常多，自己還成立了天馬出版社。

葉：他還出版了一個叫《諮商與輔導》的期刊。

吳：也出一些書，但出的不是很多。《諮商與輔導》倒是經常性的，還有《輔導月刊》，有點像輔導季刊。另外還有一本叫做《測驗與輔導》，這個刊物算是全臺灣性的經常性的刊物。這三個期刊現在就剩下頭兩個了，它們都是季刊。

葉：還有一個是《學生輔導》？

吳：教育部的《學生輔導》出的比較晚，是由訓委會來出版，用官方的錢、官方的名義輪流由一些中學來辦，是定期性的、全臺灣性的。另外一個叫《測驗與輔導》是由中國測驗學會來主編，裡面的內容都是普及性的，發行非常久，都是免費贈送，但是大概在七、八年前因為政策轉移停刊了，滿可惜的。所以它的東西難以被歷史引用，裡面內容還是滿多實用的，跟輔導關係非常密切。有一段時間，我的輔導室裡放

了一大堆測驗統計結果的表格。輔導計畫裡面一定有測驗計畫，叫做基本測驗。國一要做什麼、國二要做什麼、國三要做什麼都規定出來，就變成全面性的來做，到現在還是一樣。《張老師月刊》不能算是輔導的專業刊物，那是經過三個階段的轉型，現在變成社會普及性的刊物了。

**葉：** 那您怎麼看待輔導在臺灣的緣起呢？

**吳：** 臺灣輔導是做了一些工作之後才做起來的，先有實際，才有理論；先有實務，才有學會。臺灣的輔導發展是從中學開始、從僑教開始，這是它特殊的背景。美國的輔導從中學開始、從職業輔導開始。1968 年左右，那時的國中有些學生不適合升學，就要做職業調理。所以那時候的中學課程有兩個特色，一個是加了輔導，一個是加了職業調理。職業調理有很多科目，其中教育職業輔導是所有老師必修的科目，當時這個輔導模式就叫做教育職業輔導。在一部分學生在讀的時候就要加強職業管理、職業訓練，後來變成共同課程。那時候老師要修的科目有教育職業輔導、教育概論、教育心理學這三門課。最後輔導很強，所以臺灣的輔導變成強勢科目。「九年國教」以後，有兩個輔導系同時成立，一個是彰化那邊的省立教育學院的輔導學系，另外一個是師大這邊由教育系分出來的心理組，叫教育心理輔導學系。

臺灣輔導的發展有兩個黃金時段。第一個是「九年國教」時期的十年。因為兩個系成立以後，一般學校的老師都要接受輔導的訓練，也就培養了輔導老師。教育心理與輔導學系，那時候教育心理比較強，輔導比較弱。彰化師院是純粹做輔導的。第二個是「六年輔導計畫」時期。那段時間，教育部訓委會的主委等都是做這個的。當時投資了很多，全部的輔導界的人都被動員起來。再下一步是建立一個五十幾個人的諮詢委員會，當時我是主任委員。那時候差不多的頭面人物都過來了，都是顧問，大家都有各自不同的領域。六年（計畫）開始的前一年，有兩個計畫先上臺，一個「春暉計畫」，一個「朝陽計畫」。「朝陽

計畫」是我主持的。第二年的時候，全部計畫都上臺了。那時候是楊
極東時代，他那時當訓委會的主任。但是其中規劃用力最多的是鄭崇
趁。他主要是操作，寫了兩本書。所有的老師都分批封閉式受訓，一
年內所有老師至少都接受了三天的輔導練習。

葉：你當這個主任的時候是哪一年？

吳：那六年都是我。我是主任委員，然後再召集人。

葉：從看到的一些文獻還是其他一些學者，對這個六年計畫的公布有些不
同的評價和看法。我想聽聽您的意見。

吳：那時候方案太多，只是對某些做了評估。這個計畫太龐大了，投資很
多，大家的的確確也做了很多的研究，也編了很多的測驗，這些測驗
也都有在用，後來還培養了不少輔導人才，使輔導變成了一種顯學。
但是攤子鋪太大，廣而不深，有些是做表面文章，所以很難能夠拿出
具體的證據來。這個六年計畫衍生出幾個案子出來，我覺得太表面文
章，沒有抓到重點，最後反而壞處多於好處。輔導的專業化和普及化
本應兩者要兼顧，但是後來計畫做得多，專業化做得少，把輔導的架
構又解散掉了。此外普及化最後的形式就是「三合一」，「三合一」
對普及化是一個重要的措施，但對於專業化是一個打擊。雖然後期的
時候，曾經有蕭文規劃出輔導認證規劃，但後來沒有採納，很可惜。
我至今還在談論這個問題，輔導老師的認證——也就是專業化沒有做
到。本來大家認為行政組織要精簡化、簡單化，那麼學校組織也要精
簡化，在形式上應該把輔導合掉，然後再衍生出一個和政府的結合。
但政策轉向以後看不出一個方向來，非常混亂。事實上精簡不是目的，
效能才是目的，但是體制改造在這邊迷失了，認為再造的話就要精簡。
結果輔導首先被減掉了，機構就沒有了，這樣就把原有的好不容易建
立的系統破壞掉了。所以最近幾年在體制上遭受的破壞，第一個就是
「三合一」的破壞，第二個就是課程改革的破壞。直至有一次要把《國
民教育法》第十條修改，修改為學校不設專業輔導人員，就是輔導人

員一般化了，實際上就不存在了。當時輔導界危機重重……那時我發動各種勢力，包括立法院，包括網路上傳播、聯名，把那些立法委員鬧醒。當時擋住了，但是還是要小心，他們還會第二遍復活。

……

現在學校裡面不一定要輔導老師，而輔導一般化、普及化了，量愈來愈多。所以專業化和普及化應該要並進。因為輔導工作的推展需要各種人員的參與，所以要從整體的架構，要合作性的機制才行。這計畫就是質、量並進，專業化和普及化並進。到最後還有一個行政措施走岔路了──下了一個輔導室主任不必要輔導專業的文，這也是輔導計畫後期非常可惜的一點。

……

鄭崇趁他們在的時候，提出了這麼一個東西。國教司從行政整體的考量，認為各個主任都應沒有特定的專業素養要求，只要具備主任資格就可以了。因為如果要專業要求，就增加了校長運用人事的行政困難。本來輔導師主任一定要經過專業的篩選。考主任的時候，輔導主任是另外考的。輔導主任還可以轉做其他主任，其他主任則不可以轉做輔導主任。確定輔導主任行政上是個主管，另外還有它特殊的專業，兩者並進，這樣至少做了二十年。結果為了回應國教司的主張，變成了任何具備主任資格的人都可以當輔導主任，而當輔導老師卻還是要具備輔導老師的資格才可以，這樣就變成外行搞內行了，這是對輔導體制的另外一種打擊。不過最近輔導人才輩出，本地培養的和外地的增多，而且科系有所增加，像今年教育大學、師範大學等又成立了好幾個輔導系。但最近也面臨體制上的危機。

葉：你原來寫過一個提綱，講的這個轉型期從 2002 年開始，這個「轉型期」是什麼意思？

吳：轉型期就是剛才提到的，受到衝擊後輔導本身要重整、重新認定。這個衝擊還受到一點《心理師法》的影響，《心理師法》本來是臨床心

理學者爭取的領域，後來隨輔導和諮商的人搭便車上去，所以現在心理師包括臨床諮詢師和症狀諮詢師。這個屬於需要資格考試的。

葉：就像大陸的心理諮詢師的考試？

吳：對，就像勞動部的一樣。它的諮商心理師的來源大部分是輔導老師過去的，有幾十個都考上了，對輔導的專業化有幫助。但是還有一個問題，就是諮商心理師和臨床心理師都想進到學校去。他們如果自己開業的話保證沒飯吃，因為還沒進化到這個地步，而且學校比較穩定，待遇一般來講比外面要好。還有社工師也一直想進學校裡面來做學校心理諮詢師。

……

所以最近有些輔導老師的角色要重新定位討論，這種本末倒置、把學校臨床化、學校醫院化的傾向是不對的。所以去年年底，輔導學會年會在討論學校輔導的老師的角色到底應該怎樣調整，希望讓整個團隊合作，不應該排斥更多的人進來學校裡面，但是絕對要分工還有合作，而不是說產生一方排擠另一方。過去學校裡面輔導的模式，主要是關於中學採取教育職業輔導模式，而不是採取臨床模式，現在倒過來逐漸走向臨床……這個時候不能說誰對誰錯，還要來討論一下重整亂掉的秩序……

葉：轉型期是這樣，但要轉到哪裡去現在還不知道？

吳：是的，而且還有政治力量的影響、新的工作出現、城鄉差距等等。另一個問題就是整個社會變遷，但是從輔導體制本身的轉變，可以看出來目前的確存在一點動盪。重新調整以後，再向前進，也許會更坎坷，也許比過去更糟糕。

葉：是的！實際上等於從課程改革到現在這一段，幾乎有點像衰落期一樣。

吳：對啊！開始有一點兒走路走下坡路，或者比較好聽的話叫「高原期」，有點衝擊！你會發現學校的輔導老師覺得普遍不如從前，感到受重視程度不那麼高，士氣很低落，因為可以發揮的空間減少，獨立的空間

減少。

……

**葉：**臺灣為什麼都習慣用「學校輔導」這個詞而不用「學校心理輔導」呢？
也就是說為什麼不用「心理」兩個字？

**吳：**傳統上的輔導包括三個方面：教育輔導、生活輔導、職業輔導（相當
於生涯輔導）。心理輔導這個名詞涵蓋不普遍。如果是從心理健康這
個趨勢來的話，說心理輔導是很自然的，心理諮商、心理治療都是做
心理的。但從學校來講不一定只有心理，比如在教育方面、生涯方面，
心理輔導的廣義都可以包括進來。學校心理輔導，比如說學業的問題，
因為需要課程知識，需要學習的技術，找一般的心理諮詢師是做不到
的。老師對學生的學業問題進行了解，生涯問題也是一樣。心理輔導
不大重視職業輔導方面的，說說也是比較抽象的。我們要寫臺灣的話，
這個還是叫學校輔導史或者學校輔導發展史。

……

**葉：**還有一個很重要的問題，我要請教你一下的就是特教屬不屬於這一塊？

**吳：**輔導跟特教一定要談。根據我們教育法規定，輔導裡面可以設特殊教
育組，所以在形式上，特殊教育跟輔導是結合的……因材施教做得最
好的是特殊教育。比如說輔導裡面有輔導行為偏差的、情緒障礙的，
特教裡面就是其中一類，所以關係非常的密切。所以很多學輔導的，
最後做特教、做輔導。

……

**葉：**這裡（臺灣師範大學）的特教系是什麼時候成立的？

**吳：**1986 年。這裡的特教中心是臺灣的第一個特教中心，1963 年最早成立
的。後來到了 1975 年成立特教研究所，1979 年成立特殊教育系，系所
一家，從大學到博士班都有了。我進心理系 19 年，擔任特教系主任是
兼職。我教所有的必修課，比如團體動力學、團體輔導與諮商、特殊
教育發展總況等等。所以在臺灣，跟學校輔導工作最密切的，一個是

測驗，一個是特教。特教系很多，所有師範院校都有，還有市立大學、
中文大學都有特教系。這裡面的人力你會發現常常是分不清楚的。

# 之三　對張植珊教授的訪談

張植珊教授，資深輔導學者，中國輔導學會第 13～32 屆（1970～1994）、34 屆（1997～1998）常務理事。
訪談時間：2006 年 2 月 14 日 15：00～17：00；2 月 20 日上午
訪談地點：臺北張教授寓所、臺灣孔孟學會辦公室

**葉一舵**（訪談者，以下簡稱「葉」）：這兩天我在輔導學會的名錄上面發現第一至第四屆沒有設理事長，名錄上只有理事，這是什麼原因呢？

**張植珊教授**（受訪談者，以下簡稱「張」）：我這裡有一本《學會風雲錄》。這裡有寫，第一到第四屆全是蔣建白教授。

……

**張：**你現在是談輔導本身的發展呢，還是談臺灣輔導的萌芽？

**葉：**主要談有關臺灣輔導的發展歷史。比如說早期輔導的緣起，比如說師資培養，比如說輔導系的建立等。

**張：**臺灣各大學院裡面的第一個輔導學系，是我最初創辦的。我不是理論性的創辦，而是實際蒐集各國的文獻資料。輔導系的成立很麻煩，是心理系、教育系、社會系這三個領域的結合，再取其精華而另外發展出來的一個課程型態。

……

在我們中國的滿清末年興起了一個新的制度，即在學校中設置了教務處和訓導處。訓導處的精神是從日本傳過來的，不過這並不是日本人創的，而是他們學德國。所以臺灣早期的制度以訓導為主，也存在導師制度，再加上輔導制度。大家存在競爭，因此我做輔導工作時是非常艱苦的。我花了很多功夫去研究訓導跟輔導在理論上和實際方法上有什麼不同，還在發表的文章中列出明細表。師大的輔導工作和彰化

的輔導工作是不一樣的，師大先有教育心理系，有許多心理學教授，這是個後來者，是教育與「國情」相結合的產物。

實際上，心理輔導是輔導的一部分，輔導還有社會學基礎、教育學基礎、生物學基礎、生理學基礎，甚至還有點醫學基礎，所以課程的配置有些像撒胡椒粉。另外，我有一本真正合適的書——《輔導學會早期的功能與貢獻》，這裡面談到臺灣地區輔導推動的情形。

……

從 1970 年到 1982 年，我在彰化師大致力於系的發展到學校的發展。我們學校是在夾縫中成立的，當時叫做教育學院，設置的系和課程要有別於臺師大和高雄師大，所以我們自創新奇，成立了輔導學系、特殊教育學系和語文教育系。

**葉：**這個輔導學系剛成立的時候有多少個教授？

**張：**大約二十多人。我們規定每個班配四個教師：一個教授、一個副教授、一個講師和一個助教。當時要找教授是很不容易的。我們找了教育系教授、心理系教授和社會系教授，大家湊在一起不斷建立新的觀念，設計出一套有別於教育系、心理系和社會系的新課程。一個新系就這麼產生了。

**葉：**第一屆學生有多少人？

**張：**我們第一屆收的學生不是高中畢業生，而是五年制的師專畢業的學生。等於他們入學時候已經大二了，還要再在我們學校讀三年。另外我們學校不是公費的，教育部交給我們很多的實驗工作，所以他們苦不堪言。我們在教學方面做了很多實驗之後，就把學校又歸到師範大學的體系中去了。在大學的任期滿了之後，我被調到了文化部，負責規劃文化的工作，但是仍然要用到輔導的精神，因為輔導技能可以用到文化中去。十年之後我又被調到僑委會，主管 3,800 多所海外學校的文化與教育。

葉：海外學校跟臺灣是有關係的？

張：對，是有關係的。包括八百多所美國、歐洲地區的華文學校，上課時間是週末，因為很多學生上的是美國學校、歐洲學校，但是為了不忘中國的語文，他們利用週末、假日再學習，這個叫做華文學校。

葉：那你對當時的這些學校輸出臺灣的輔導嗎？

張：不僅僅是輔導，而是整個文化的教育，當然這裡面包括了輔導。比如，學生在進行雙語學習時會出現語言障礙等學習適應的問題。

葉：實際上可以這樣理解，輔導也是延續了 50 年代的僑生教育。

張：對，因為僑生回來後都不適應我們臺灣的生活，而我又正好在僑委會，可以給他們開展輔導工作，所以我的一生都跟輔導結緣。退休之後，我來到「救國團」。「救國團」跟大陸共青團有些相似，但是臺灣的「救國團」更有教育味道，因為裡面有「張老師」機構。

　　……

葉：那個時候訓委會主任叫楊希震。

張：我和他還有一段歷史呢。當時他和我們輔導學會創會人蔣建白先生一起留美回來的，蔣先生負責輔導，楊希震掌管訓務，楊先生仗著自己年輕氣盛處處為難在教育部的蔣先生。有一次開會時，我提出了他十點有實驗沒結果的例子來批評他，結果導致他住院。

輔導就是這樣「擠」出來的，能夠走到今天很辛苦。我想，你在大陸要推動輔導工作一定要把輔導國情化，不能抄襲。現在很多輔導界的教授們貪方便，到美國某個大學深造，學了一點東西就搬回來照套，缺少國情化觀念。所以，你們在大陸的輔導要適合於自己的風俗民情、文化背景、社會需要，全盤引進國外的輔導是非常格格不入的。

　　……

葉：在早期的時候，僑生教育是一個很重要的導火線嗎？在當時僑生輔導委員會成立之前，也就是「僑教會」時期，臺灣有沒有自發地在做輔導工作？

**張：**沒有。事實上國民政府在大陸時候已經有了輔導的萌芽，是1903年從波士頓引進的，但是當時處於對日抗戰時期，無法實現輔導所講究的民主，輔導觀念不受重視被擱置，這些資料都是我發動研究生翻遍所有的教育年鑑才找出來的。所以，一開始臺灣根本不重視輔導，直到發現僑生的教育中有輔導的工作。

不管這些學生是在華僑學校還是在當地學校，他們對當時臺灣教師過於嚴格的教學方式無法適應，所以蔣建白先生成立了僑生輔導室，專門指定一些性格比較溫和的老師在輔導室工作，給學生一些關懷，透過這樣的方式使得學生慢慢適應過來。這種做法在當時取得了成效，所以就有一批僑生學校的輔導老師聚在一起交流，並決定成立一個團體來接受蔣建白先生的指導。之後蔣先生在教育部的支持下成立了中國輔導學會，蔣先生任會長，一批大學老師也參與進來任理事、會員。當時輔導學會接到教育部的一個方案，因為學生的素質參差不齊，要讓國中老師的教學方法不同於初中階段的教學方法，所以輔導工作因此運行起來。

……

**葉：**那50年代回來最多的是東南亞的僑生？

**張：**對，韓國、歐美的比較少。因為歐美教育很普及，多半的僑生都來自於比較落後的國家。

**葉：**這個時候的僑生是否包含蔣介石撤退到臺灣所帶來的一些部隊軍員或居民的子女？

**張：**那些不算是僑生。

……

可以說輔導運動在臺灣的產生完全是因為僑生。

**葉：**僑生是輔導運動直接的動因或者說是直接的背景，那臺灣輔導的開始標誌是什麼？是僑生教育還是輔導委員會的成立？

**張：**開始的標誌是僑生教育。1968 年輔導工作在國中推廣，包含了行政的介入，這是輔導實驗推廣的標誌。

……

**葉：**當時彰化成立第一個輔導學系是出於什麼樣的考慮和什麼樣的背景？

**張：**在「九年國教」之前，我們中國輔導學會在臺灣地區是最有力量、擁有最多會員的團體，也是 28 個教育學術團體中最年輕、規模最大的團體。因為它有一個優勢，就是得到亞洲協會的經費幫助，同時又接受亞洲協會的委託，舉辦第三國輔導專業人員的訓練。當時輔導學會的收入不錯，在金門街置了房產，編印了很多的書。大家也發現輔導工作是當前教育的趨勢，是革新教育很重要的一個手段。在 1967 年正好要推動「九年國教」，聯合國文教組織通過決議，第二年的主題為「推動輔導工作」，這給了我們很大的鼓舞。還有就是美國的科學教育改革方案，也促使了輔導的工作在世界各地蓬勃的發展。

在設計「九年國教」的時候，就納入了輔導運動。問題在於要如何納入呢？教育工作是很保守、傳統的，多數人認為要漸進式納入，因為我們已經有訓導制度和導師制度，再加進美國的輔導制度，三個制度放在一起有問題。經過折衷協調，我們認為可以先試著從課程裡頭生根，先建立老師和學生的觀念，不要急於從行政上全面性來推動輔導工作，早期是漸進的設計。教育部的蔣建白認為要整個徹底地生根，楊希震則是完全地抗拒，一個改革派、一個保守派。我們就認為要從行政上全面的生根，所以我們的材料用「手冊」命名，而不是用「課本」，我們不承認課程標準裡面產生的課程。「手冊」向老師和社會人士等人表示我們的工作不是教學，而是完全運用輔導的方法來幫助學生成長，能夠在德智體群美育各方面齊頭並進的發展。最早的設計者包括蔣建白、宗亮東、孫邦正和張慶凱，我也有參加課程設計，負責將他們的方案進行整合。到 1968 年的時候就要推動方案了，當時國中生素質參差不齊，老師叫苦連天，無法集中學生的學習程度，怎麼

辦呢？這個時候更顯現出了輔導工作的重要性吧。我們輔導學會受教育部、教育廳的委託，編寫有關老師如何增進輔導觀念等內容，要吻合臺灣的情況、社會需求、大家的接受能力。我們把教育學、心理學、社會學、生物學各個領域裡頭有助於學生發展的學問與方法整合在一起，包括測驗、諮商、個案研究、資料建立、個別輔導、職業輔導、職業選擇等等。當時「九年國教」需要大量的師資，師範院校的學生供不應求，於是便組織所有的大學畢業甚至專科畢業生參加國中老師任教的登記，再給他們20個學分的專業訓練，可以說是很簡陋的。

……

後來我們發現，一個班級每週只有一個小時的時間進行輔導活動是不夠的，而且由於它不屬於課程，不需要考試，得不到學校和老師的支持。所以我們急著在行政裡頭生根、在課程的設計裡頭生根，本來是從學校制度生根的，現在要倒過來從底下生根。所以我們在學校成立指導工作委員會，校長是召集人，各個主任是指導委員，資深的輔導老師則是臨時的執行秘書，委員會分成生活組、教育組、職業組。委員會通過後就開始運行。在這個過程中，我們有了指導工作室，名稱也由「指導」變「輔導」。接著我們的工作先後被納入了《國民教育法》、《高中教育法》到最後的整個教育法，經過二十年的時間才產生了一個很完備的輔導制度。

葉：從 1968 年開始推行到發展比較完整經過了二十年時間。

張：是的，制度經過了二十年才漸漸成熟起來。我講的經過在我的好幾本書裡都有提到，你可以看看。

……

葉：您認為目前臺灣輔導最大的危機是什麼？最需要檢討的是什麼？

張：臺灣的輔導走偏了，職業學校要普遍，職業輔導更重要。另外，對學業輔導不夠重視。學業輔導不是補習班，而是教學生如何以最少的時間獲得最適合的學習方法、最高的學習效率，這包括了學習觀念、學

習態度的建立、學習習慣的培養、學習能力的發揮、學習時間的安排、學習環境的適應、學習與課程的結合等等。所以臺灣的輔導整合起來有三個架構：一個就是社會輔導，還有一個是心理輔導，另外就是學習輔導，也可以叫做學業輔導，從廣義上可叫做教育輔導。

## ▌之四　對林家興教授的訪談 ▌

　　林家興教授，資深輔導與諮商學者，中國輔導學會第 37 屆（2003～2004）理事長。

訪談時間：2006 年 2 月 22 日下午 15：30～17：00

訪談地點：臺灣師範大學學生輔導中心林家興教授辦公室

**葉一舵**（訪談者，以下簡稱「葉」）：我想可能您比較熟悉大學院校這一塊，比如臺灣大學院校輔導的歷史情況、沿革情況、建制、政策調整等方面，想向您請教一下。

**林家興教授**（受訪談者，以下簡稱「林」）：高校這一塊跟 70 年代教育部的一個紅頭文件有關，大學院校設置學生輔導中心是從那個文件開始的。依據教育部所頒布的兩個行政規章（或者行政命令），一個是《大專學生輔導員設置辦法》，一個是《大專學生輔導委員會組織準則》。這兩個差別是什麼？就是在 1972 年之前，有幾個學校像臺灣大學、政治大學，它們在教育部頒發這個法案之前，就已經成立了學生輔導中心，是比較早的。所以臺大跟政大等三、四所學校，比教育部還早有這個。像臺大跟政大當初設置是叫做「學生輔導委員會」，這個委員會的主任委員是校長。這學校本是一級單位，師大也是，師大目前叫做「學生指導諮詢委員會」，校長是主任委員，我就是執行秘書。雖然它層級比較高，但是教育部說有些學校沒有這麼重視，所以就決定是否要設在以前所謂的訓導處，或者說學務處之下作為二級單位。設在訓導處或學務處之下，取名為「大專學生輔導中心」，它不是一個委員會，不要兼職，就是由這個中心主任編成我們的二級單位。所以為了適應不同學校的現況，有委員會的就按照這個準則來實施，沒有委員會的就用輔導中心來設置，就是這樣開始的。

葉：那在這個文件之前，就已經有幾個學校開始在做這個事情。大概是早了多長時間？

林：差不多「九年國教」的那一陣子。因為當時政大、臺大有僑生參與進來，就是有僑生來到臺灣升學，升學要輔導，可能也與這有關。據我所知，當初組織編制都非常需要，譬如說一個兼任的主任下面就一個助教或秘書，因為像這樣一個委員會力量很單薄。雖然有這麼一個辦法，但重視程度各校不一。重視的話，就會安排主任下面委派一個執行秘書，執行秘書下面還有一個助教，可都不是很專業，因為當初沒有心理輔導本科系。在 1960 年代，大家主要都是學教育之類的相關科目。像我們這一批專業化以後的老師來做學生輔導工作，大概就是最近十幾二十年，在慢慢學習心理輔導專業以後才有這些所謂專業輔導老師，當初很少有專業的老師。你有這個設置辦法的原文的話，就會比較了解。但是也可能是條文式的。各校的時間也不一定是完全一樣的。

葉：執行要打折扣？

林：對。如果你想知道臺灣第一個成立學生輔導中心是哪一所大學院校，這個可以去了解。臺灣早期沒有幾所大學，我們讀大學的時候，沒有幾個志願可以填，頂多十個志願，也就是說只有十個大學而已。所以你只要從這幾個大學去問一問，就知道大概是誰最早成立的。

葉：問題是有沒有人認同誰是最早的。我們大陸經常碰到這種事情，這個學校說自己是最早的，但另一個學校卻說它們自己是最早的，存在爭議。

林：哈哈。在那個年代，我的印象是有臺大、政大、師大等大學，反正沒幾個學校。大概這些都是第一批的。我的印象是，在我當大學生的時候，政大就有學生輔導中心。

……

葉：那應該說臺灣目前每個大學的組織章程都應該會有涉及到這個？

林：應該都有。臺灣 160 所左右的大學院校普遍都有成立。規模大的是一

級單位，像師大就是一級單位，由我們跟校長負責。那二級單位就是學務長負責。

葉：學務處是學生事務處？

林：學生事務處，前身是訓導處。有的大學除了學生輔導中心還有生涯發展中心。

葉：等於是職業輔導？

林：是，等於職業輔導。我們這也做一點職業輔導，但是以心理輔導為主。所以教育部的兩個法案之前是一個階段，教育部兩個法案之後是一個階段，《大學法》之後又是另外一個階段。之後到《心理師法》，《心理師法》是 2001 年公布的。通過這個《心理師法》之後，就說明做心理工作需要執照。後來我們每個人都要考試，我們聘請的新老師也要有執照的。目前的情況是舊的沒有執照可以繼續工作，但是如果新的人員進來是有執照要求的。

葉：哦。就是說《心理師法》以前，只要是專業的老師都可以做，在《心理師法》出來以後，必須要有執照，包括大學裡面也是這樣要求的，是吧？

林：目前還是一個過渡的狀態。有人說學校是一個教育單位，不需要這個執照。可是如果別人知道你沒有執照，就不會選擇你。所以這樣就比較有優勢了。這些有執照的進來以後，輔導中心的這個人力編制就慢慢加倍。譬如，我進來之前是一個兼任主任、兩個專任，我進來之後就跟學校說兩個不夠，我要四個專任，另外我再收四個全職實習生，就有八個人了，所以人力就加倍了。《心理師法》之後影響了專業提升，人力增加，而訓練就回歸正常訓練。在《心理師法》之前，沒有要求大學本科或研究生畢業是否要念心理輔導，沒有什麼要求，所以有的人找大學的，有的人找研究所的，有的人是教育學出身，有的人是心理出身，有的是社工出身，只要是相關的就行，這是早期的狀態。等《心理師法》出來後，第一就要求研究所，要求執照，要求大學輔

導相關經驗。要求愈來愈多，走到今天大概就是這樣。另外，你大概已經聽過「六年輔導工作計畫」。鄭崇趁是規劃六年輔導工作計畫的主要經辦人，當時他花了很多錢。如果各大學院校設置一個學生輔導中心，要求什麼設備，只要上報經費，這邊就會撥款。現在回想起來，在「六年輔導工作計畫」期間，學生輔導中心的設施、設備、裝修普遍都提升了。

葉：所以從這一點來說，六年計畫還是貢獻多多。

林：在硬體設備方面貢獻很多，還有就是師資培訓。六年輔導工作期間，撥了很多的錢，讓輔導老師開始免費培訓，但現在是收費的。因為以前是公家出錢，當時不是輔導心理本科的人的確需要培訓，來學習充實。所以硬體也充實了，輔導老師的專業也提升了，所以「六年輔導工作計畫」在這個發展的過程中讓人力水準提高了。大學院校輔導中心跟大學普設心理輔導系是相輔相成的，大學院校裡設有心理系跟輔導系的大學，它的輔導中心就會比較強，能夠上軌道！

葉：他們可能也就只安排一些本科畢業生負責值班而已。還有整個師資隊伍這個也會不一樣。

林：對，我們有一個有關諮詢業務的情況的人數統計資料，包括了最近五年的情況。這真的差很多。

　　……

葉：有沒有開全校學生都選的公選課，比如說心理衛生？

林：我們這邊叫通識課程。通識課程有跟輔導有關的內容，但不是我們開的。譬如說有心輔系，由各教學單位開設。我們本身是一個服務單位，沒有開課。但是我們有辦譬如說演講、工作方案、團體輔導等活動，特別是心理測驗。我們是做這樣一部分的，但沒有開有學分的課。

葉：那有開這種課的大學院校多不多？普遍嗎？

林：師範大學比較多。心理輔導或心理衛生的通識課程最近好像有一點增加，因為他們有這個需要，但是我沒有這個詳細的資料統計……在《大

學法》以後大學自治，學校想要多一點文學、哲學、心理衛生。最近由於社會進步、工商業進步，很多人生活壓力很大，於是就呼籲開設這樣的課，比如心理衛生、心理、健康、生涯規劃、生命教育等。

葉：那臺灣現在的大學院校學輔中心這塊是重頭戲，是經常性、常規性，是比較規範的，還有一些全校性的主題活動之類的嗎？

林：如果要講全校性的，不僅學務處老師要做學生輔導工作。學務處有生活輔導組、課外活動組、僑生外籍生輔導組。還有實習輔導處，實習輔導處裡面又有就業輔導組、實習輔導組。它們的輔導分散在大學院校各個單位裡面。因為專業分工的關係，跟心理輔導、心理問題有關的活動由我們來做，而就業這塊如今就不是我們做了，生活輔導也不屬於我們，而是分到各個單位去做。

葉：那麼以前學務中心就是一些專業的老師在帶工作，也沒有什麼其他的特別規定嗎？

林：就師大來講，早期的師大學務中心有個主任、兩個助教，或者叫專任輔導老師。我們聘請十個或五個兼任輔導老師，可能請一些有這方面興趣和專長的老師排班做兼任。坦白講，目前臺灣高等教育裡面的學生輔導工作人員兼任的比較多，專任的比較少。因為每個學校大概都一、二、三個而已的，他們都是做行政工作，很忙。學生愈來愈多，輔導老師時間不夠，就會請兼任老師，我們每年大概會請十個兼任輔導老師來排班做輔導工作。這事實上逐漸由兼任移到專任，目前大概是專兼結合，不全靠專任的，也不全靠兼任的。因為學生有緊急問題、有危機要處理的時候還是要靠專任老師。這些專任老師每天都上班，而兼任的每個禮拜來一次，半天時間的幫忙是很有限的，這就是人力上的現況。

葉：你們學務處理中心諮詢收費嗎？還是對校內同學是免費的？

林：我們完全不對校外的，是單純對內服務，不收費。公立單位對外不提供服務，而收費是很麻煩的，如何收、收多少、收給誰？但是我知道

　　有的大學，比如彰化師大，除學生輔導中心之外還有一個社區諮商中心對外服務，一次收費大概一千塊臺幣左右。臺灣大概有兩、三個大學是有這種情況的。

葉：那就是說社區的性質有些不一樣，而臺灣的學輔中心基本上是對內而不對外的。那經費都是由學校撥的？

林：對。學校撥款，包括人事費、業務費、雜費、辦公經費、設備費用等等。專任的人員有業務補貼，而兼任人員也會得到業務費。

葉：學輔中心這些的經費每年大概要多少錢？

林：這裡有記錄，有預算表。總計是 164.9 萬元（新臺幣）。我們以前就很少，現在是逐漸地、慢慢地增加，因為有需要我們就要爭取。

## ▌之五　對張德聰教授的訪談 ▌

張德聰教授，資深輔導與諮商學者，曾任中華心理衛生學會理事長、臺灣輔導與諮商學會理事長。現任臺灣「張老師」基金會董事長。

訪談時間：2012 年 10 月

訪談形式：書面

**葉一舵**（訪談者，以下簡稱「葉」）：「張老師」的發展已有四十多年的歷程。請您談談後期的發展情況。

**張德聰**（受訪談者，以下簡稱「張」）：「張老師」的成長與發展約可概分為六個階段，包括創始期、建制期、成長期、發展期、轉型期及創新挑戰期。這裡主要介紹一下後兩個階段。

**轉型期**（1996～2003）

2001 年 1 月 1 日，「張老師」全省「1980」依舊幫您簡撥碼系統正式啟用，及「張老師」網路輔導線上 Talk 系統正式啟用。

1996 年高雄、1997 臺中「張老師」升格為中心，擴大服務人群。

1998 年將「中國青少年輔導基金會」改為財團法人張老師基金會。1999 年更邀請專業倫理學者牛格正與王智弘老師指導成立了臺灣民間心理諮詢機構中最早成立的專業倫理委員會。

2001 年因應日漸興起網路交友、網路遊戲引發網路成癮等，推行網路輔導。「張老師」基於關懷的使命感，也積極參加社會重大災難服務工作及其他服務工作。如積極推動 921 大地震心理復建工作，支援汶川大地震心理重建，參與臺灣紅十字會 88 水災救災小組心理輔導組，結合資源於高雄、臺南、嘉義等地區推動災後心理重建工作達三年之久。與企業或政府機關合作推展「希望圖書館」、「心靈重建希望工程」、「關懷專案」等，並承辦衛生署「愛滋防治計畫」、青輔會「擁

抱自然重建信心──假期兒童營」等。為貼近社會變遷，「張老師」積極推展海外學術交流。如：辦理兩岸工作訪問團，至香港、美東地區等進行訪問。

**創新挑戰期**（2003 年迄今）

2003 年成立全亞首創「國民健康局戒菸專線服務中心」，提供戒菸諮詢及相關信息，協助戒菸者擬定戒菸策略與計畫，至今服務已超過 13 萬人，為亞洲地區最具規模的戒菸心理諮詢專線。戒菸成功比例達兩成七，與世界先進國家的戒菸成功率相當。

發展雙軌服務模式：因應《心理師法》通過，2005 年起臺北、臺中、高雄和桃園陸續成立心理諮商所，運用心理師、社工師來協助社會大眾。但仍維持原有免費的心理輔導服務。

2010 年臺北「張老師」承接臺北市社會局「東區少年服務中心」，以服務青少年為主。

桃園「張老師」亦因地區工作需要升格為中心。

邀請海外學者交流當代最新諮商輔導新知，如邀請Insoo Berg蒞臺多次講授焦點解決心理治療。

嘗試將心理諮商與社會工作融合發展社區心理衛生工作模式。

積極結合社會資源，增加政府心理衛生與社會工作標案。

葉：「張老師」專業輔導工作有哪些特性？

張：胡愈寧（在 1985 年）曾經概括過「張老師」最大的特色是在於運用志願性質的義務「張老師」從事具有專業性質的輔導工作，因此本質上具有下列的特性：

　1. **「張老師」訓練過程的嚴謹性**

　　「張老師」的第一線工作人員，包括專任「張老師」、義務「張老師」以及協助行政事務的行政志工，每一類工作人員均需要嚴格訓練。尤其義務「張老師」訓練需要經過三個階段前後 160 小時以上的輔導專業訓練，每一個階段皆須經過甄選淘汰。

2. 服務方式多元性

「張老師」工作內容包括(1)心理輔導：電話熱線心理輔導、網路心理輔導、函件心理輔導以及晤談心理輔導；(2)心理衛生教育：學校、社區、企業以及家庭心理衛生教育，更於臺北、桃園、臺中及高雄成立心理學苑開設心理衛生研習班；(3)輔導知能專業訓練：舉辦輔導知能研習班、義務「張老師」儲備訓練、專任及義務「張老師」在職訓練、輔導專題工作坊、焦點解決短期心理治療工作坊；(4)研究發展：針對青少年心態之調查研究、諮詢輔導相關理論實證模式研究、輔導人員人格特質、輔導技巧、態度與輔導效果相關研究、志願服務人員參與動機之調查研究，以及如「張老師」社會形象調查研究等。此外，有工廠「張老師」、街頭「張老師」、社區「張老師」，甚至有心理衛生教育「張老師」，包括主持廣播「張老師」時間，寫作心理衛生專欄的「張老師」，經過訓練可以擔任心理衛生教育演講的「張老師」。

3. 志願工作人員與專業工作人員並行發展的雙軌性服務模式

志願工作是出自內心對社會的關懷，是沒有報酬的，由服務中成長與學習，是一種榮譽。專業證照是因應臺灣於 2005 年公布《心理師法》，專任及義務「張老師」有許多均考取諮商心理師，或有些取得社會工作師證照，因此依法於臺北、桃園、臺中及高雄四分支事務所設立諮商心理所，兼行專業諮商服務，但仍以免費之志願服務工作方式為主要服務方式。

4. 訓練的完整與督導體制的建立

結合資深「張老師」經過督導訓練，於各值班時間擔任督導。於值班前後工作討論，透過個別與團體督導以及初談分案，以有效保障服務品質。

5. 服務地區普及性

在全臺灣設立 12 個「張老師」輔導中心可以利用電話 1980 於上午

　　九點到晚上九點為社會大眾服務，假如這個縣市沒有設立亦可轉到
　　鄰近設立縣市「張老師」專線。亦可利用網路輔導。

**葉：**「張老師」有哪些輔導成果？

**張：**「張老師」的輔導個案量 43 年來累積達 250 萬人次。以去年 2011 年分
　　析，性別男生占比較多，女生比較少，中國男人有可憐的自尊，但是
　　女性比較願意分享，年齡基本 41 到 50 的占 26.62%，其次 50 以上的占
　　22.44%，年輕未婚的占 50.28%，學歷大學約 56.88%，碩士次之占
　　33.88%。科系非相關科系多，相關科系少。職業社會人士比例為 57.54%。
　　以服務方式看，2011 年服務方式均以電話輔導最多。計 40,074 件，其
　　次是社工專案。網路輔導個案量也逐漸增加。

　　從個案問題分析看，性別上：女性約 60%，男性約 40%。年齡分類上：
　　最多 30 到 40 歲，其次為 41 到 50 歲，排第三為 23 到 30 歲，16 到 18
　　歲占 4.19%。有人說到 45 歲都算青年的話，16 歲以上青年到青少年為
　　主要求助對象。

　　教育程度分類而言，以大學以上學歷最多，其次是高中（職），連博
　　士學歷者有困擾也會求教於「張老師」。以婚姻狀況來看的話，未婚
　　者約占一半以上，已婚 26.71%，求助最多的是未婚者。

　　職業分析部分，求助最多是學生，代表青少年學生願意找「張老師」，
　　勞工、服務業、家管、教育界的老師。

　　以個案問題分類而言：排行第一是家庭問題，第二是自我人生觀，其
　　次為尋求資源，兩性感情，再其次是精神疾患。

**葉：**「張老師」在積極推動心理衛生教育方面都做了哪些工作？

**張：**「張老師」心理衛生推廣教育的內涵在以「愛」為基本經營元素，並
　　據以衍生五大基本理念：(1)輔導 —— 輔導專業品牌建立；(2)希望 ——
　　讓低沉的心看到希望；(3)學習 —— 心靈學習的花園；(4)快樂 —— 創造
　　快樂指數的園地；(5)健康 —— 提供心理健康元素。「張老師」為了預
　　防勝於治療，積極推展心理衛生教育，推動下列各項工作：

1. **高關懷青少年工作**：「張老師」對於需要高關懷的青少年，如低社經或低收入家庭青少年子女，或社會弱勢需要關懷青少年心理衛生教育如親職教育，週末假日或暑期育樂營。

2. **性教育推展工作**：許多青少年婚前性行為不會保護自己，不會安全或保險措施，教育青少年正確認識性，學習探索及扮演好自己的性別角色，學習尊重另一性，學習保護自己。體認性教育是人格教育，不只是生理衛生性教育。了解幫忙家事是每個家人的職責，不是幫媽媽做事。訓練性教育專業講師進入校園。

3. **反毒及愛滋病防治宣導**：愛滋和毒癮因為針管共用或未消毒有密切關係，「張老師」結合社會資源共同推動反毒及愛滋病防治宣導。

4. **大學入學考試選填志願活動**：「張老師」輔導應屆考生如何選寫志願，大學入學考試怎麼讓考生和家長共同探討與填寫，對學生未來志願，依據需要有時幫他做興趣、性向測驗以及價值觀量表。我的兒子考大學的時候，曾經帶小孩去他喜歡念的大學，看一看，讓他去探索。探索大學之旅未來可能是一個產業。

5. **危機與創傷輔導**：「張老師」因應社會發生危機，如臺灣 921 大地震、88 水災，引發之危機與創傷推動心理輔導專案，如希望圖書館、災區學校心理重建計畫。

6. **深度就業諮詢服務工作**：「張老師」加強生涯輔導專業知能，協助深度就業諮詢服務工作。

7. **卡債與理財**：臺灣大學生過去未妥善管控信用卡，平均負卡債一個人約一、二十萬。香港過去也有類似問題。結合理財專家與諮商輔導專家共同處理卡債輔導，「張老師」也曾經與理財專家共同協助學生卡債問題。

8. **媒體推廣工作**：例如有一些影星自殺，立即影響到可能模仿他的偶像，甚至有一些錯誤資訊。我們心理衛生工作者必須學習和媒體溝通，讓媒體工作者了解媒體對心理衛生的具體影響。

9. **國際交流**：整個心理學、心理治療、心理衛生，國際尤其華人地區這麼多華人，我們華人有自己獨特的心理治療建構。我正在發展詩詞療法，中國的詩詞療法，日本把中國禪宗發展為日本獨特的兩種療法，我們可以自己來逐漸建構。因為每個心理治療工作者我們建立自己理念，要把理念整合。世界各國只要是新的、有效的，就邀請來臺專題講座或工作坊。但會將西方理論經過消化重新整理，藉由「張老師」文化公司出版相關書籍。

10. **替代役男諮商工作**：「張老師」針對臺灣地區兵役制度中有些青年可以投入其相關專業替代義務兵役，但對於服替代役當中可能遭遇困難的開展心理輔導。

**葉**：現階段，「張老師」的發展面臨哪些挑戰？如何因應？

**張**：簡單說來，現階段乃至將來，「張老師」的挑戰和因應主要有以下幾個方面：

1. **志願服務之競爭**：目前臺灣志願服務制度興起，各單位皆需要志工，影響義務「張老師」的來源。而且志願服務，有若水能載舟能覆舟車，如果不能妥善督導與溝通，對使用志工單位是另一種壓力。

2. **輔導品質的維護**：「張老師」有良好形象，但良好服務品質需要維護。「張老師」督導制度與訓練制度這兩方面不斷繼續加強，每年要有不同專題訓練。

3. **網路時代之因應**：網路成癮逐漸成為新科技引發的議題。網路成癮個案逐漸增多。例如新郎要結婚前跑去網咖，等結婚時辰到了，找不到新郎，最後從網咖找到。另外有青少年打遊戲三天三夜沒有吃東西，猝死。因此需要加強「張老師」全球資訊網功能，提升網路輔導及媒體宣導功能。

4. **國際交流與兩岸合作之促進**：加強國際、兩岸交流活動，共同合作拓展輔導工作。

5. **諮商輔導倫理之教育與落實**：落實「張老師」諮商專業倫理守則。

6. 因應時代企業特色及客製化之需求：拓展心理諮商中心服務功能，推展職場健康方案及員工協助方案。

# 專有名詞概覽

## 一、中文專有名詞

《大專學生輔導中心設置辦法》

《大學法》

《少年事件處理法》

《少年福利法》

《心理師法》

《加強高級中學實施輔導工作三年計畫》

《各省市辦理國民小學教師進修辦法》

《改進國民小學輔導工作計畫》

《私立教育法》

《身心障礙者保護法》

《防制青少年犯罪方案》

《師範教育法》

《海外僑生來臺升入中等學校肄業辦法》

《海外學生回國升學保送小組工作要點》

《特殊教育法》

《特殊教育法施行細則》

《高級中等學校指導工作實施要點及活
　動綱要》

《高級中學法》

《高級中學規程》

《高級中學試辦學生評鑑與輔導工作評
　鑑表》

《高級中學輔導工作分年工作綱要草案》

《高級中學輔導工作實施方案》

《高級中學輔導組織實施方案》

《高級中學課程標準》

《高級中學課程標準總綱》

《高級中學學生評量與輔導工作實施要
　點》

《高級中學學生輔導辦法》

《高級職業學校學生輔導工作實施辦法》

《國小組織再造及人力規劃試辦方案》

《國民小學與國民中學班級編制及教職
　員工員額編制標準》

《國民小學輔導活動設備標準》

《國民小學輔導活動實施要領》

《國民小學輔導活動課程標準》

《國民小學課程標準》

《國民中小學教育人員甄選儲訓及調遷
　辦法》

《國民中小學教育人員甄選儲訓及選調
　辦法》

《國民中小學輔導室主任應具備之輔導
　專業知能規定》

《國民中學指導活動教師手冊》

《國民中學指導活動實施要點補充規定》

《國民中學指導活動暫行課程標準》

《國民中學指導活動課程標準》

《國民中學指導活動學生手冊》

《國民中學設置專業輔導人員試辦要點》

《國民中學曾受指導專業訓練指導教師
　之工作與待遇》

《國民中學評鑑手冊》

《國民中學評鑑實施要點草案》

《國民中學評鑑暫行實施要點》

《國民中學評鑑標準》

《國民中學試辦專業輔導人員實施計畫》

《國民中學輔導工作評鑑報告》

《國民中學輔導工作評鑑實施計畫》

《國民中學輔導活動課程標準》

《國民中學課程標準》

《國民中學課程標準總綱》

《國民教育法》

《國民教育法施行細則》

《國民教育法第十條修正草案》

《國防教育法》

《專科以上學校設置學生心理衛生中心實施要點》

《專科以上學校設置學生輔導委員會暨學生輔導中心實施要點》

《專科學校規程》

《張老師月刊》

《張老師月刊——生活心理雜誌》

《張老師月刊——輔導研究》

《張老師簡訊》

《教育改革行動方案》

《教育改革總諮議報告書》

《教育改革總體計畫綱要》

《教育部改進國民小學輔導工作計畫》

《教育部清寒僑生公費待遇核發要點》

《教育部發展與改進國民小學輔導工作訪視計畫》

《教育部輔助大專校院輔導身心障礙學生實施要點》

《教師法》

《殘障福利法》

《港澳高中畢業成績優良學生保送辦法》

《發展與改進國民小學輔導工作計畫》

《發展與改進國民小學輔導工作訪視計畫》

《發展與改進國民教育六年計畫》

《華僑學生申請保送來臺升學辦法》

《當前華僑文教工作綱領》

《當前僑務施政政策要點》

《鼓勵僑生回國升學方案》

《僑民子弟回國就學規程》

《僑生申請保送來臺升學大專辦法》

《僑生回國就學及輔導實施辦法》

《臺灣省公立學校教師及職員遴用辦法》

《臺灣省各公私立高級中等學校輔導工作委員會主任輔導教師遴用資格標準》

《臺灣省高級中等學校指導工作實施要點》

《臺灣省高級中等學校指導活動實施綱要》

《臺灣省高級職業學校組織員額設置基準摘要》

《臺灣省國民中學校務設施評量表》

《輔導活動實施要領》

《輔導活動課程標準》

《駐外使領館派員視導轄區僑民教育文化辦法》

《駐外使領館辦理僑民教育行政規則》

《學生輔導法》

《學校教育法》

《邁向學習社會白皮書》

《職業學校章程》

《職業學校規程》

《職業學校規程摘要》

《職業學校學生輔導辦法》

一綱多本

八大優先推動專案

十二行動方案

五大方向

四不一沒有

東門方案

國建六年計畫

「張老師」

「張老師」中心

「張老師」機構

救國團

現代人力潛能開發中心

媽媽教室

愛心媽媽

輔導工作六年計畫

輔導計畫刊書

B式測驗

九年一貫課程

九年一貫課程綱要草案

九年一貫課程總綱綱要

九年國教

三級預防

中國青年服務社

中國輔導學會

中等學校輔導工作實驗計畫

中華職業教育社

介入性輔導

升學輔導

心理治療

心理師

心理健康

心理健康教育

心理與教育測驗

心理與教育測驗計畫

心理輔導中心

心理輔導運動

心理衛生教育

心理衛生教育計畫

心理衛生運動

心理諮商

心理諮商師

心理諮詢

比西量表

平民保守團

幼獅育樂營

民眾服務之家

民間410教改團體聯合會

生命教育

生命線協會

生活化的課程

生活輔導

生涯輔導

全國輔導體制計畫

宇宙光心理輔導中心

次級預防

艾氏少年人格測驗卷

行政事務協調聯絡小組

行政院青輔會

行動期

亞洲區教育及職業輔導協會

兒童心理衛生

兒童輔導中心

教訓輔三合一

統合

勞工輔導

就業輔導

朝陽方案

測驗

畫人測驗

發展性輔導

童軍訓練

童軍教育

評鑑工作

評鑑制度

新教育改革運動

瑞文氏非文字推理測驗

督導

督導制度

虞犯少年育樂營

資優生輔導

資優輔導

預防性

僑生教育

僑生輔導

僑生輔導委員會

僑務委員會

團體心理治療

團體活動

團體活動指導

團體評鑑

團體輔導

團體諮商

團體諮商技術

臺灣省國語推行委員會

認輔制度

輔導人才計畫

輔導三級制

輔導工作委員會

輔導工作推行委員會

輔導中心

輔導委員會

輔導知能

輔導室

輔導活動課程

輔導研習中心計畫

輔導效能

輔導專業人員證照制度計畫

輔導教師

輔導教師在職進修制度

輔導處

輔導評鑑

輔導評鑑制度

輔導運動

輔導網絡及危機處理小組

輔導學

輔導學系

輔導諮詢員

輔導體制

標準課程化

墾丁育樂營

學生心理輔導工作

學生心理輔導中心

學生心理衛生中心

學生事務處

學生指導中心（指導室）

學生評量與輔導工作

學生輔導中心　　　　　　　American Personnel and Guidance Associ-
學生輔導委員會　　　　　　　　ation (APGA)
學校心理學　　　　　　　　American Psychological Association (APA)
學校輔導　　　　　　　　　Boston Vocation Bureau
學校輔導法規　　　　　　　career master
學校輔導評鑑　　　　　　　*Choosing a Vocation*
學校輔導體系　　　　　　　Civic Service House
學校輔導體制　　　　　　　Civilian Conservation Corps.
學校諮商師　　　　　　　　counseling
學習輔導　　　　　　　　　counseling psychologist
學業輔導　　　　　　　　　discipline
璞玉專案　　　　　　　　　guidance
興趣測驗　　　　　　　　　Guidance Council
親職教育　　　　　　　　　guidance counselors
諮商　　　　　　　　　　　guidance services
諮商心理師　　　　　　　　Minnesota Employment Stabilization Re-
諮商室計畫　　　　　　　　　search Institute
諮商員　　　　　　　　　　National Education Association
諮商機構　　　　　　　　　National Vocational Guidance Association
諮詢心理學分會　　　　　　National Youth Administration
諮詢心理學家　　　　　　　Observation Unit
矯治性輔導　　　　　　　　school guidance
職業指導　　　　　　　　　school mental health education
職業與倫理輔導　　　　　　school social service
職業輔導　　　　　　　　　self-direction
職業輔導運動　　　　　　　Smith-Hughes Act
轉型期　　　　　　　　　　social work
魏氏兒童智力測驗　　　　　The Asian Regional Association for Voca-
羅夏克墨漬測驗　　　　　　　tional and Education Guidance (ARA-
　　　　　　　　　　　　　　VEG)；

## 二、英文專有名詞
The National Defense Education Act

*A Mind that Found Itself*

後記

　　作為幾乎與中國大陸學校心理健康教育（即相當於臺灣的學校輔導）
同步成長的心理學工作者，二十多年來，我專心、專一、專業地致力於學
校心理健康教育的教學、研究與實踐。在自我專業成長的過程中，無論是
研究還是教學，抑或是實踐，都不能缺少對臺灣學校輔導發展的了解，也
不能沒有對臺灣學校輔導發展進程中所沉澱的經驗的借鑑。因此，近年來
我對臺灣學校輔導的發展有了持續的關注，並引發了要對五十多年來臺灣
學校輔導的發展進行一番系統梳理的衝動。可以說，本書的完成，是我長
期以來專業工作的延伸，更是因為華人社會中具有樣本意義與樣板價值的
臺灣學校輔導深深吸引我的結果。

　　感謝臺灣輔導界同仁對本課題研究及本書寫作所給予的大力支持與幫
助。感謝吳武典教授、林家興教授、毛國楠教授對我兩次赴臺進行研究工
作的邀請與安排；感謝吳武典教授、林家興教授、張植珊教授、張德聰教
授、馮觀富教授等在我赴臺訪學期間所提供的各種便利條件；感謝撥冗接
受訪談的劉焜輝教授、張植珊教授、彭駕騂教授、吳武典教授、林幸台教
授、馮觀富教授、蕭文教授、鍾思嘉教授、林家興教授、金樹人教授、陳
秉華教授、王麗斐教授、鄭崇趁教授、陳貴龍教授、傅木龍教授、黃正旭
主任等。由於他們的參與和多方協助，以及他們提供的珍貴意見乃至第一
手資料，方使本書有了更豐富的內容。

　　特別感謝前臺灣教育學院院長（今彰化師範大學）張植珊先生、臺灣
師範大學名譽教授吳武典先生和臺灣師範大學教育心理與輔導學系主任

林家興教授欣然為本書作序。這種提攜與厚愛讓我深為感動。

　　還要特別感謝心理出版社的洪有義董事長、林敬堯總編輯、李嘉浚副總經理和林汝穎編輯，正是由於他們的垂愛、接受與辛勤工作，方使本書得以面世。

　　顯然，這本書的完成，得益於個人的專業積累，更得益於許多人的幫助與支持。重要的是，因為此書，我與臺灣輔導學界結下了不解之緣。可以說，本書是兩岸輔導學者交流與合作的一種結晶，一次見證，這或許正是本書出版的延伸意義之所在。

葉一舵

*2012 年夏　於福建永泰高蓋山*

國家圖書館出版品預行編目（CIP）資料

臺灣學校輔導發展史／葉一舵著. --初版.--
臺北市：心理, 2013.11
面　公分.--（輔導諮商系列；21108）
ISBN 978-986-191-572-2（平裝）

1. 學校輔導　2. 教育史　3. 臺灣

520.933　　　　　　　　　　　　　102019916

輔導諮商系列 21108

# 臺灣學校輔導發展史

作　　者：葉一舵
執行編輯：林汝穎
總 編 輯：林敬堯
發 行 人：洪有義
出 版 者：心理出版社股份有限公司
地　　址：台北市大安區和平東路一段 180 號 7 樓
電　　話：(02) 23671490
傳　　真：(02) 23671457
郵撥帳號：19293172 心理出版社股份有限公司
網　　址：http://www.psy.com.tw
電子信箱：psychoco@ms15.hinet.net
駐美代表：Lisa Wu（Tel: 973 546-5845）
排 版 者：龍虎電腦排版股份有限公司
印 刷 者：東縉彩色印刷有限公司
初版一刷：2013 年 11 月
I S B N：978-986-191-572-2
定　　價：新台幣 500 元